교회가 부르는
승리의 교향곡

THE SYMPHONY OF VICTORY
IN THE KINGDOM OF GOD

교회가 부르는 승리의 교향곡
THE SYMPHONY OF VICTORY IN THE KINGDOM OF GOD

발행	2021년 2월 16일
지은이	최승락
발행인	윤상문
디자인	박진경, 이보람
발행처	킹덤북스
등록	제2009-29호(2009년 10월 19일)
주소	경기도 용인시 기흥구 동백동 622-2
문의	전화 031-275-0196 팩스 031-275-0296

ISBN 979-11-5886-205-3 (03230)

Copyright ⓒ 2021 최승락
이 책은 저작권법에 따라 보호받는 저작물이므로 무단전재와 복제를 금지하며,
이 책의 내용의 전부 또는 일부를 이용하려면 반드시 저작권자와 킹덤북스의
서면 동의를 받아야 합니다.

※ 잘못된 책은 구입한 곳에서 교환하여 드립니다.
※ 책 가격은 표지 뒷면에 있습니다.

킹덤북스(Kingdom Books)는 문서사역을 통해 하나님의 나라를 확장하고,
한국 교회와 세계 교회를 섬기고자 설립된 출판사입니다.

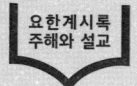
요한계시록
주해와 설교

교회가 부르는
승리의 교향곡

최승락 지음

THE SYMPHONY OF VICTORY IN
THE KINGDOM OF GOD

킹덤북스
Kingdom Books

머리말

요한계시록은 엑프라시스(ekphrasis)와 엑세제시스(exegesis)의 기법을 함께 필요로 하는 책입니다. 엑프라시스는 그림을 말로 풀어서 설명하는 기법인데, 이는 요한이 자기가 본 것을 말로 풀어 쓴 계시록의 본문 속에 이미 구현되어 있습니다. 우리는 글을 통해 요한이 본 그림(단순히 예술품을 의미하는 것은 아니지만)의 세계를 함께 맛보도록 초대를 받고 있습니다. 동시에 우리는 글로 된 요한의 문서를 정확히 이해하는 엑세제시스 곧 석의(釋義)의 과정을 거치지 않으면 안 됩니다. 글에 대한 정확한 이해와 동시에 글을 뛰어넘어 그림의 생동감에 사로잡히는 일, 이 두 가지를 한꺼번에 요구하는 것이 요한계시록의 특성입니다.

그림은 우리를 사로잡는 강한 힘을 가집니다. 그러면서 그림은 우리를 쉽게 오도하기도 합니다. 필자의 은사이신 앤터니 티슬턴(Anthony C. Thiselton)은 『그림의 힘』이라는 책에서 이런 양면성을 잘 지적하고 있습니다. "하나님은 때로 글만으로는 다 전달할 수 없는 것들을 시각적 표현이나 그림을 통해 전달하신다. 하지만 어떤 사람들은 요한에게 전하여진 것과는 전혀 다른 메시지를 전달하기 위해 그림들을 납치하기도 한다."[1] '그림의 납치'라는 표현이 정말 실감 나는 표현입니다. 요한이 글을 통해 묘사하는 것을 먼저 주의 깊게 석의(엑세제시스)하지 않고, 자신이 요한이기나 한 것처럼 부당하게 그림 설명(엑프라시스)을 하려 할 때 이런 그림 납치 현상이 일어나는 것입니다.

세상이 뒤숭숭하거나 세계적으로 안 좋은 일이 일어날 때마다 요한계시록이 주목을 받곤 하는데, 이는 매우 불행한 일이라고 봅니다. 지난 1990년 걸프전이 일어났을 때 한 번의 계시록 열풍이 불었던 적이 있습니다. 지금 코로나 바이러스 팬데믹(대유행)이 진행 중인 상황 속에서 일각에서는 계시록에 대한 관심이 다시 고개를 들고 있는 것을 봅니다. 이 책은 이런 시류에 편승하고자 하는 의도를 전혀 가지지 않습니다. 오히려 요한계시록을 시대의 현상들과 억지로 끼워 맞추려 할 때 '그림 납치'의 역효과가 일어난다는 것을 보아야만 합니다. 우리는 병적인 '종말론 열기' 때문에 잃어버린 종말론적 관점을 회복해야 합니다.

최근 KBS 다큐인사이트에서 방영한 "휴거, 그들이 사라진 날"(2020년 2월 20일)이라는 프로에서 잘 보여준 것처럼, 성장 가도를 달리고 있던 한국 교회는 다미선교회 사건으로 인해 추락의 변곡점을 맞게 되었습니다. 이 사건으로 인해 종말론은 위험한 것으로 인식되고 기피의 대상이 되어버렸습니다. 그러나 종말론적 관점을

---

[1] A.C. Thiselton, *The Power of Pictures in Christian Thought*, 190.

잃어버리면 더 위험한 일이 일어납니다. 눈앞의 현실에 매몰되어버리는 것이 그 위험입니다. 하나님께서 가지신 빅 픽쳐(big picture)를 잃어버리게 됩니다. 이 책은 이를 회복해야 한다는 외침입니다.

박윤선 목사님은 작고하시기 전 1년 반 정도에 걸쳐서 일반 성도들을 대상으로 그가 평생 사랑하고 의지했던 요한계시록을 강해하였습니다. 거기에서 그가 강조하고자 했던 핵심은 우리 성도들이 "하나님의 표준"을 우리의 삶의 표준으로 삼고 살아가야 한다는 것입니다. 그의 말을 잠시 옮겨보도록 하겠습니다. "때가 가깝다는 것은 하나님의 표준 시간으로 하신 말씀입니다. 우리도 하나님의 표준 시간으로 살아야 합니다. … 하나님의 표준을 삶의 표준으로 삼고 살아야 합니다. … 시간관에 있어서 우리가 하나님의 표준으로 살지 못하면 우리는 동물과 같이 됩니다. 시간이 많으니까 먹고 놀자 하는 것은 짐승의 사상입니다."[2]

그가 우려했던 것처럼 오늘 한국 사회는 동물의 왕국이 되어가고 있습니다. 삶의 목표도 방향성도 잃어버린 채 육체적 본능에 따라 살아가는 사람들의 세상이 되고 있습니다. 더 안타까운 것은 교회도 전혀 다르지 않다는 것입니다. 소위 '종교적 취향'이 다른 사람들과 조금 다르다는 것뿐이지 다른 부분은 세상 사람들과 다를 것이 전혀 없습니다. 교회가 힘을 잃고 있는 이유가 여기에 있습니다. "하나님의 표준"을 잃어버렸기 때문입니다. 더 이상 하나님의 계획을 바라보지 않습니다. 하나님과 눈을 맞추지 않습니다. 하나님께 보조를

---

2 박윤선, 『요한계시록 강해』, 20.

맞추어 걷지 않습니다. 이것은 교회가 아닙니다. 자기만족과 현실 축복의 우상 숭배를 하나님 신앙으로 착각하고 있는 것이 아닌지 모르겠습니다.

종말론을 잃어버린 교회는 거룩의 힘도 잃어버립니다. 증거의 능력도 잃어버립니다. 변혁의 소망도 사라지고 맙니다. 성도에 대한 뜨거운 사랑도 잃어버립니다. 교회 공동체의 순결과 사명과 정체성에 대한 인식도 사라집니다. 한 마디로 교회는 교회답지 않은 교회로 전락하고 맙니다. 맛 잃은 소금이며 꺼져버린 등불이 됩니다. 우리는 이렇게 가서는 안 됩니다. "하나님의 표준"을 다시 회복해야 합니다. 하나님께서 반드시 이루실 일을 위하여 세상 속에 나팔 역할을 하도록 세우신 그 존재의 이유가 분명한 교회가 되어야 합니다. 사람이 필요로 하기 때문에 존재하는 교회를 넘어 하나님께서 필요로 하시기 때문에 존재하는 교회가 되어야 합니다. 바로 이런 이유 때문에 우리는 요한계시록을 읽고 배우고 가슴에 품어야 합니다.

이 책은 크게 두 부분으로 이루어집니다. '요한계시록 이해' 부분은 2002년 12월호부터 2003년 5월호까지 「현대종교」에 연재되었던 글과, 2004년 3월호부터 12월호까지 「그말씀」에 연재되었던 글에 기반을 두고 있습니다. 오래된 글을 대폭 수정해볼까 하는 생각도 있었지만, 굳이 그럴 필요를 느끼지 못했습니다. 시간이 많이 지나긴 했지만, 그 사이에 생각을 바꾼 것이 그렇게 많지 않기 때문입니다. 큰 뼈대는 그대로 두고 필요한 곳에서만 조금씩 손을 보았습니다. 이 부분은 독자 여러분께서 요한계시록에 대한 서론적 개괄이라 생각하시고 읽어보시기를 권합니다.

'요한계시록 설교' 부분은 원문 묵상에 의거하여 이번에 새로 다

작성하였습니다. 다행스럽게 그 사이 요한계시록에 대한 좋은 주석들이 많이 나왔고, 또 정평있는 대작들이 우리말로 번역되기도 하였습니다. 이런 상황에서 또 하나의 주석에 욕심을 내기보다는 보다 폭넓은 소통이 더 필요하겠다고 여겨 설교의 형식을 선택하게 된 것입니다. 이런 선택은 킹덤북스(Kingdom Books) 대표 윤상문 목사님의 제안에 따른 것입니다. 좋은 제안에 감사를 표합니다. 오래전부터 요한계시록에 관한 글을 쓰도록 자극과 격려를 아끼지 않으신 데다, 긴 시간 동안 포기하지 않고 기다려주신 윤 목사님께 다시 한 번 감사를 드립니다.

글쓰기에 전념할 수 있도록 연구년을 제공해준 고려신학대학원 신원하 원장님과 동료 교수님들께도 감사를 드립니다. 일일이 밝히지는 않았지만, 교수회의 이름으로 출간한 『요한계시록 주석』과 많은 면에서 일치점들을 발견할 수 있을 것입니다. 주석과 설교의 가교를 잇는 면에서 다소나마 쓸모있는 보완이 되었으면 하는 바람입니다. 여기에 기록된 설교들을 현장에서 함께 나누며 하나님 나라 소망의 동반자들이 되어준 시냇가 교회와 KIC(KAIST International Chapel)를 포함한 여러 교회들에게도 감사를 드립니다.

2020년 초하(初夏)
공주 검새울(玄鶴里) 공부방에서

저자 최승락

차 례

• 머리말　　　　　　　　　　　　　　　　　　　　　　　　4

1부 요한계시록 이해

01 요한계시록의 특성과 해석의 주안점　　　　　　　14
　　계 1:1-8을 중심으로

02 예수 그리스도와 그의 교회, 그 하나됨의 회복을 갈망한다　　26
　　계 1:9-3:22를 중심으로

03 찬양과 예배의 회복, 그리고 예배자의 사명　　　45
　　계 4:1-5:14를 중심으로

04 일곱 인 심판과 성도들의 위로 및 사명　　　　　57
　　계 6:1-8:5을 중심으로

05 일곱 나팔 심판과 증거하는 교회　　　　　　　　70
　　계 8:6-11:19을 중심으로

06 승리하는 교회의 영적 싸움　　　　　　　　　　　80
　　계 12:1-15:4를 중심으로

07 일곱 대접 심판과 교회의 종말론적 축복　　　　94
　　계 15:5-16:21을 중심으로

08 음녀 바벨론의 멸망과 어린 양의 신부 교회　　　　　　　　107
　　　계 17:1-19:10을 중심으로

09 어린 양과 그의 교회의 싸움, 승리, 그리고 통치　　　　　　119
　　　계 19:11-20:15을 중심으로

10 어린 양과 신부 교회의 영원한 밀월과 영광　　　　　　　　132
　　　계 21:1-22:21을 중심으로

2부 요한계시록 설교

01 교회를 향한 예수 그리스도의 관심　　　　　　　　　　　　146
　　　계 1:1-8

02 교회의 주님께서 자기 교회에 바라시는 것　　　　　　　　155
　　　계 1:9-2:7

03 교회의 승리, 그 역설적 진리　　　　　　　　　　　　　　163
　　　계 2:8-11, 3:7-13

04 혼합주의의 도전과 극복　　　　　　　　　　　　　　　　172
　　　계 2:12-29

05 누가 합당한 자인가?　　　　　　　　　　　　　　　　　184
　　　계 3:1-6, 14-22

06 예배 전쟁의 서막　　　　　　　　　　　　　　　　　　　194
　　　계 4:1-11

07 죽임당한 어린 양과 우리 202
계 5:1-14

08 하나님의 얼굴, 재앙인가 축복인가? 214
계 6:1-17

09 어린 양과 십사만 사천 222
계 7:1-17

10 심판 속에서도 회개하지 않는 사람들 232
계 8:1-9:21

11 교회의 증언의 사명 239
계 10:1-11:13

12 앞당겨 부르는 그날의 노래 250
계 11:14-19

13 붉은 용 사탄의 활동과 운명 260
계 12:1-17

14 사탄의 전략과 무기 268
계 13:1-10

15 짐승의 지배와 십사만 사천 성도의 승리 279
계 13:11-14:5

16 영적 중심 이동 289
계 14:6-20

17 하나님을 찬양하는 자들과 비방하는 자들 298
계 15:1-16:21

18	음녀 바벨론의 교만과 하나님의 심판	307
	계 17:1-18:8	
19	땅의 사람들의 애곡과 하늘 성도의 찬양	317
	계 18:9-19:5	
20	어린 양의 혼인 잔치	329
	계 19:6-21	
21	붉은 용 사탄의 결박과 성도의 통치	339
	계 20:1-15	
22	새 하늘과 새 땅에 나타난 하나님의 뜻	348
	계 21:1-8	
23	별처럼 빛나는 어린 양의 신부	357
	계 21:9-22:5	
24	아멘 주 예수여 오시옵소서!	367
	계 22:6-21	

• 참고 문헌　　　　　　　　　　　　　　　　　　　　　379

1부

요한계시록 이해

THE SYMPHONY OF VICTORY IN
THE KINGDOM OF GOD

요한계시록 이해 1

01 요한계시록의 특성과 해석의 주안점

계 1:1-8을 중심으로

요한계시록 세계로의 초청

요한계시록의 세계는 매우 특이하다. 신약의 다른 책들과는 달리 우리는 계시록을 읽으면서 우리의 오감을 다 동원하여 저자와 함께 보고 듣고 만지고 맛보고 냄새 맡지 않으면 안 되게 되어 있다. 우리는 저자와 더불어 천사들이 오가는 것을 보기도 하며, 우레가 우는 것을 듣기도 한다. 우리는 하나님의 인 맞은 십사만 사천의 무리를 볼뿐만 아니라 그 수가 세어지는 것을 듣기도 한다. 독수리가 날아가며 "화, 화, 화"(8:13)라고 우짖을 때는 그 헬라어 소리(οὐαί οὐαί οὐαί 우아이 우아이 우아이)를 통해 독수리의 소름 돋는 울음소리를 듣기도 한다. 우리는 심판 가운데 하나인 '쑥'의 쓴맛을 느끼기도 하며, 하나님 앞에 올려지는 향연의 달콤함을 냄새 맡기도 한다. 뿐만 아니라 심판들이 하나씩 하나씩 계수될 때에는 우리는 마치 옛 사람들이 주판알을 튕기며 수를 세듯이, 또는 계산대의 알맹이 하나하나를 옮겨 놓듯이 촉감으로 그 숫자를 느끼기도 한다.

그런 점에서 우리는 요한계시록을 읽으며 냉랭한 관찰자로 머물러 있을 수 없다. 저자와 함께 가슴 졸이고 함께 환호하며, 함께 아파하고 함께 절규하지 않으면 안 될 것이다. 저자가 펼쳐 보여주는 세계 속으로 가장 강력하게 우리를 이끌어 간다는 점에서 요한계시록은 정말 특별한 책이다.

요한계시록이 신학적 내용을 제시하는 방식 역시 그러하다. 예를 들어, 예수 그리스도께서 유대인의 소망을 성취하는 메시아일 뿐만 아니라 온 세상 만민의 주가 되신다는 사실을 전하기 위해 계시록은 교과서적 산문을 사용하지 않는다. 오히려 예수께 돌려지는 상징적 이름이나 이미지들이 통합적이고 압축적인 방식으로 이를 전달한다. 그리스도는 "유대 지파의 사자"로, "다윗의 뿌리"로 제시 되면서 동시에 "어린 양"으로 제시된다(5:5-6). 사자의 이미지와 어린 양의 이미지가 중첩되고 있으며, 사자의 승리와 어린 양의 희생이 동시적 사건이 되고 있다. 뿐만 아니라 그의 어린 양 되심이 어떻게 "각 족속과 방언과 백성과 나라"(5:9) 가운데서 하나님의 새 백성을 이루어 그의 왕적 통치에 동참하게 하는지를 상징화된 표현을 통해 압축적으로 보여준다. 우리가 예수 그리스도를 이런 방식으로 이해하게 될 때, 땅 위의 성도들이 그리스도의 승리에 동참하는 길은 어린 양의 뒤를 따라 피 흘리는 순교자적 죽음을 무릅씀을 통해 가능하다는 결론이 뒤따른다. 그러므로 계시록의 신학은 이론에 머물 수 없다. 계시록의 신학은 실천이요 피 튀기는 싸움에의 참여다.

계시록은 특별한 책이지만, 계시록만 특별한 것은 아니다. 성경의 모든 책들이 다 특별하다. 왜냐하면 이들이 모두 이 세상에서 가장 특별한 사건인 예수 그리스도와 그를 통한 하나님의 구원을 증언하는 책들이기 때문이다. 요한계시록도 이런 면에서 예외가 아니다. 땅 위의 자기 사람들의 영원한 구원을 위하여 오고 계시는 승리의 주 예수 그리스도는 다름 아닌 그들을 위해 목숨 버린 어린 양이신 분이다. 이 예수 그리스도의 종말 영광의 현재적 임재 앞에 그 백성을 세우고자 하는 것이 요한계시록의 목적이다. 이런 면에서 요한계시록은 성경의 다른 책들과의 연속선 위에서 읽어야 한다.

과거와 현재와 미래에 있어서 가장 특별하신 분이신 예수 그리스도를 매우 특별한 방식으로 나타내고 있는 요한계시록을 읽는 것은 우리에게 큰 도전이면서 또한 특별한 경험이 될 것이다. 이 책이 가진 특성 때문에 해석상의 어려움이 매우 크다는 것은 누구나 인정하는 사실이다. 그래서 아예 읽고 설교하기를 꺼림으로 말미암아 이 특별한 책을 통하여 하나님께서 우리에게 주기를 원하시는 그 생생한 감동을 놓치는 사람들도 많은가 하면, 또 한 편 너무 별나게 이 책을 해석하고 적용하려 함으로 인해 성경이 가진 보편적 연속성을 깨트리고 있는 사람들도 많다. 우리는 이 양자의 폐단을 피하면서 이 책을 읽는 가운데 어제와 같이 오늘도 우리에게 다가와 말씀하시는 장차 오실 주님의 임재 앞에 때로는 압도적인 두려움으로, 때로는 흔들림 없는 사랑과 충절로, 또 때로는 말할 수 없는 위로와 감격으로 나아갈 수 있기를 소망한다.

정경 속에서 요한계시록의 위치

일반적으로 요한계시록은 로마 황제 도미티안(Domitian) 치세 말기인 A.D. 95년경에 당시 일어나고 있던 대대적 혹은 국지적 기독교 박해로 말미암아 에게해의 많은 섬들 가운데 하나인 밧모 섬에 유배당하였던 사도 요한에 의해 기록된 것으로 받아들여지고 있다. (물론 저작의 상황과 관련된 다른 견해들도 있으며, 이것이 계시록의 해석 구도와 맞물려 있기도 하지만, 여기서는 이 문제를 상술하지 않는다.) 이 책은 무라토리안 정경 목록 속에 포함되어 있으며, 2세기의 교부들인 파피아스, 이레니우스, 저스틴 마터 등이 이 책을 언급 또는 인용하고 있다.

그러나 이 책의 정경성에 대한 논란이 없었던 것은 아니다. 주로 동방 교회에서 이 책의 정경성에 대한 의문이 일찍부터 제기된 바 있다. 종교 개혁자들 가운데 루터나 츠빙글리 역시 매우 강한 어조로 이 책의 정경성에 대한 의문을 표시하였다. 루터의 경우 사도들이 '단순명료한 말'을 사용하였고 이상들을 다루지 않았다는 점을 고려할 때 계시록이 사도적인 책이라 볼 수 없다고 결론지었으며, 심지어 그 속에는 "그리스도가 가르쳐지지도 알려지지도 않은 책"이라고 평하였다. 츠빙글리는 계시록이 "성경적 책이 아니기에 나는 그 증거를 받아들이지 않는다"고 말하였다.[1]

그러나 우리는 그들의 기준이 너무 좁았다고 본다. 상징 언어의 가치는 오늘날에 와서야 그 진가가 제대로 평가받고 있다. 계시록은 예수 그리스도를 가르치지 않는 것이 아니라, 다른 책들처럼 '교리적' 방식으로 그를 가르치지 않는다. 그러나 다른 책들이 할 수 없는 강력한 힘으로 그리스도와 그의 교회의 공동 운명체 됨을 나타내고

---

[1] 이에 대해서는 참조, J. Roloff, *Revelation*, 2.

있다.

계시록에 대한 현대 사상가들의 도전은 더 거세고 부정적이다. 예를 들어, 무신론 철학자 니체(Friedrich Nietzsche)는 요한계시록을 인류의 역사 기록물들 가운데서 "가장 광신적인 보복심의 분출"을 담고 있는 책으로 보고 있다. 강한 자들에 대한 경건한 약자들의 증오심이 결집된 글로 보는 것이다. 신약 학자들 가운데서도 계시록에 대한 심각한 부정적 견해를 표방하는 사람들이 많다. 예를 들어, 잭 샌더스(Jack T. Sanders)는 "요한계시록의 존재와 그것이 정경 내에 자리를 잡은 것은, 단어의 의미 그대로 악(evil)"이라고 말한다. 스웨덴 출신의 신약 학자 크리스터 스텐달(Krister Stendahl)은 요한계시록의 시나리오가 마치 "공포 영화의 각본"과 같다고 말한다.[2]

물론 이런 부정적 견해들은 요한계시록이 포용성보다는 대결성과 배타성을 부추긴다는 인식에서 나온다. 그러나 우리는 이 책이 칼과 창에 의한 정복 사상을 말하고 있지 않음을 주목해야 할 것이다. 오히려 당대의 거대한 정치 권력에 의해 압박당하고 있는 소수 무리들의 영웅인 승리의 사자 그리스도는 십자가의 어린 양의 모습으로 나타나고 있다. 그리스도인들은 이 어린 양의 길을 따라 작은 능력의 큰 승리를 바라보며 기꺼이 세상의 압제에 짓밟히고 있는 사람들로 그려진다. 더군다나 계시록은 약자들의 집단적 보복심의 표출이 아니라 하나님의 정당한 심판을 그 주제로 하고 있다(19:2). 만일 성도들의 대리 만족이 이 책의 목적이었다면, 6:10과 같은 순교자들

---

2 이런 견해들에 대해서는 참조, Richard Hays, 『신약의 윤리적 비전』, 271.

의 신원의 부르짖음에 대해 하나님의 시원한 심판극이 곧장 따라와야 마땅할 것이다. 그러나 예상 밖으로 하나님의 대답은 아직 더 죽어야 할 자기 사람들이 있다는 것이다. 어디에 이런 잔인한 하나님이 또 있단 말인가? 그 자녀들을 사지로 내몰고 있는 아버지가 아닌가? 그러나 이것이 그리스도인의 현실이다. 죽음이 곧 승리의 길이요, 그 속에서 어린 양 그리스도와 교회는 일체성을 이룬다.

계시록의 저자는 어린 양과 그의 신부 교회의 현재적 싸움과 최종적 승리를 나타내기 위해 자신만의 독특한 상징의 세계를 고안하고자 애쓰기보다 성경의 다른 책들 속에 이미 나타나고 있는 다양한 이미지적 표현들을 대거 수렴해서 사용하고 있다. 유진 피터슨에 따르면, 요한계시록의 총 404구절 가운데 성경의 다른 책들에 대한 명시적, 암시적 언급이 518회나 나타난다.[3] 다시 말해서 계시록은 성경의 다른 책들을 모르고서는 읽을 수 없는 책이라는 이야기다.

그런 점에서 요한계시록은 그 저자가 의도했든 아니든, 성경의 다른 모든 책들의 총 말미로 가장 적합한 책이며, 정경 속에서의 현재의 위치에 가장 잘 어울리는 책이다. 문학 비평가인 노스롭 프라이(Northrop Frye)의 말이 이를 잘 대변해준다. "그의 책을 연구하면 할수록 그것이 정경 전체를 위한 하나의 종결부 혹은 피날레로 의도적으로 작성되었음을 더욱 확신하게 된다."[4]

---

3 Eugene Peterson, 『묵시: 현실을 새롭게 하는 영성』, 46.
4 N. Frye, *The Great Code*, 199.

요한계시록을 어떤 책으로 볼 것인가?

요한계시록의 해석은 이 책을 어떤 종류의 책으로 볼 것이냐에 따라 크게 좌우된다. 이와 관련해서 이 책의 서두 부분은 매우 중요한 의미를 가진다. 이 부분에서 우리는 이 책의 장르적 특성과 연관된 세 가지 표현들을 발견한다.

먼저, 계시록 1:1은 "예수 그리스도의 계시라"는 말로 시작하고 있다. 여기에 사용된 계시(ἀποκάλυψις 아포칼립시스)라는 말은 일반적인 의미에서 보면 예수 그리스도께서 밝히신 바 하나님께서 하시고자 하는 일을 드러냄이라는 뜻으로 볼 수 있겠지만, 보다 특수한 의미로 본다면 요한계시록 전체의 표제에 해당하는 말로서 기원전 1세기 이래 유대인들에게 익숙하던 묵시 문학의 배경을 바탕으로 하는 한 장르적 타이틀로 볼 수도 있다.

묵시서로서의 요한계시록은 유대인들의 묵시 문학과 유사성을 가지며 또한 동시에 큰 차이를 가지고 있다. 유사성이라고 한다면 억압받는 사람들의 저항 문서로서 구원자가 곧 나타나 그들이 경험하는 모든 곤궁의 상황을 종결짓고 신적 통치를 회복하는 것을 그 주제로 삼고 있다는 점일 것이다. 그러나 근본적인 차이는 계시록이 "예수 그리스도의" 계시로 규정되고 있다는 점이다. 이 계시의 내용은 "반드시 속히 될 일"이라는 점에서 미래성도 가지지만, 동시에 이미 오신 메시아 예수를 그 중심 메시지로 가지며 동시에 그가 주체가 되어서 전하는 계시라는 점에서 과거성과 현재성도 가진다. 이 예수 그리스도가 요한계시록의 신학적 중심 뼈대를 형성한다.

이를 감안할 때, 우리가 요한계시록을 묵시서로 본다고 하더라도 이는 결코 신학이 빠진 공상 소설식의 판타지 이야기가 아니라는 점을 분명히 할 필요가 있다. 이는 우리가 요한계시록을 자의적이고 신비주의적인 알레고리 해석 방식으로 접근해서는 안 된다는 것을 말해준다. 요한의 증거의 세계는 철저하게 예수 그리스도를 중심으로 하고 있다. 그는 요한에게 이렇게 자신을 알려주시는 분이다. "나는 처음이요 마지막이니 곧 살아 있는 자라 내가 전에 죽었었노라 볼지어다 이제 세세토록 살아 있어 사망과 음부의 열쇠를 가졌노니(1:17b–18)." 우리는 이 예수 그리스도의 과거를 통해 미래를 보고, 그 미래의 빛 속에서 현재를 보도록 부름 받고 있다. 요한계시록의 해석의 열쇠는 그 손에 사망과 음부의 열쇠를 가지신 생명의 주관자, 영원히 살아 계신 부활의 주 예수 그리스도이다.

두 번째로, 요한은 1:3에서 "이 예언의 말씀"이라는 표현을 사용하고 있다. 요한은 자신이 전하는 글을 '예언'(προφητεία 프로페테이아)으로 보고 있고, 자신을 예언자의 한 사람으로 이해하고 있다(10:11). 구약과 신약의 맥락 가운데서 예언이란 단지 미래의 일들을 미리 알리는 행위만 아니라 하나님 말씀의 대리적 선포를 의미한다. 구약 선지자들이 사용하던 대표적 문구 "여호와께서 이같이 말씀하셨다" 또는 "여호와의 말씀이 내게 임하여 가라사대"라는 표현들은 하나님 말씀의 현재성과 즉각성을 나타내는 말이다. 이스라엘은 선포되는 예언의 말씀을 통해 하나님 앞에 현재적으로 서게 된다.

이와 같은 성경적 맥락에서 예언을 생각한다면, 예언은 일반적으로 많은 사람들이 생각하듯이 미래의 사태를 예견하는 것이라는 의미에 제한되지 않는다. 요한계시록에 대한 많은 잘못된 해석들이 예언에 대한 이와 같은 성경적 맥락을 무시하는 데서 비롯된다. 다시 말해서 요한계시록이 예언의 책이지만, 이는 1:2에서 전제하고 있는 것처럼 하나님의 말씀의 즉각적 선포와 특히 예수 그리스도를 증언함으로써 그의 오심 앞에 사람들을 시급히 대비시키고자 함의 의미에서 예언의 말씀이라는 것이지, 사람들로 하여금 미래를 프로그램화하도록 유도하는 차원에서의 점장이식 예언서는 아니다. 할 린제이(Hal Lindsey)의 『대유성 지구의 종말』과 같은 책이 했던 것처럼, 바다에서 나오는 짐승을 구 소련과 연결시키고, 여타의 상징적 언어들을 일관되게 이와 연관해서 풀려고 하는 접근 방식은 결국 실패할 수밖에 없다.[5] 근본적으로 요한계시록이 가지는 예언의 특성을 곡해하고 있기 때문이다.

세 번째로, 계시록 1:4-5(1:11, 2-3장)은 요한이 기록한 글이 편지의 형식을 가진다는 것을 보여준다. 1:4-5은 세 가지 측면에서 편지의 형식을 완벽하게 갖추고 있다. 발신자는 요한이며, 그의 자세한 근황은 1:9에 추가적으로 나타나고 있다. 그리고 수신자는 아시아에 있는 일곱 교회들이다. 그리고 "은혜와 평강"이라는 인사말이 나온다. 이 인사는 요한 자신에게서 나오는 것이 아니라, 보다 근원적 차원의 발신자인 삼위일체 하나님께로부터 나온다. 요한은 이를 세 번 반복된 아포(ἀπό '~로부터') 전치사를 통해 보여주고 있다.

먼저는 성부 하나님을 언급한다. 그는 "이제도 계시고 전에도 계셨고 장차 오실 이"이시다(1:4, 8). 그리고 성령 하나님은 "일곱 영"으로 표현되고 있다(1:4c). "일곱 영"은 천사와 같은 창조된 영들을

---

5 참조, H. Lindsey, 『대유성 지구의 종말』 70-71, 167-73.

가리키는 것이 아니라, 그리스도와 교회들 사이의 중재자 역할을 하시는 성령을 가리킨다(슥 4:1-10, '여호와의 영', '온 세상에 두루 행하는 여호와의 일곱 눈'). 교회의 충만성과 관련하여 일곱 촛대, 일곱 별 등의 상징들이 사용되듯이 성령 또한 칠중적 충만성으로 언급되고 있다. 그리고 세 번째로는 성자 예수 그리스도가 언급된다. 그는 "충성된 증인"(또는 '증인', '신실하신 자'), '먼저 나신 자'(πρωτότοκος 프로토토코스, 골 1:15), 그리고 "임금들의 머리" 등으로 불리고 있다.

특히 이 예수 그리스도와 그의 교회와의 뗄 수 없는 관계를 인식하기에 5b-7절 사이에서는 이 그리스도께서 교회를 위하여 행하신 일이 집중적으로 소개되고 있다. 교회는 그의 피 흘리심을 통한 구속으로 존재하게 되었고, 아무 자격도 가치도 없던 자들이 오직 그분 때문에 가장 존귀롭고 특별한 하나님 백성이 될 수 있었기에 그리스도의 사랑은 이 교회를 향하여 지극하지 않을 수 없다. 이 사랑의 주님이 오시는 것이 그의 교회를 위해서는 무한한 축복이지만, 그의 대적자들, 그를 찌른 자들에게는 큰 낭패가 될 것이다(1:7).

편지로서의 요한계시록 속에는 그리스도의 사랑이 쏟아 부어지는 대상인 교회를 향한 가장 깊은 친밀성이 배어 있다. 특히 교회는 역사적 현장 속에서 핍박과 유혹, 좌절과 무기력을 경험하며 인내와 충성의 싸움을 감당하고 있다. 그들이 끝까지 인내하고 싸울 수 있는 이유는 그들에게 주어진 사랑의 증표가 있기 때문이다. 복음병원의 설립자인 장기려 원장이 북의 아내를 그리워하며 쓴 편지는 읽을 때마다 감동을 준다. 그러나 그 이상으로 우리 주님은 지상의 그의 교회를 향하여 진한 사랑의 증표를 보내고 있다. "내가 너희를 시련 가운데 홀로 버려두지 않는다. 내가 너희를 끝까지 사랑한다. 내가 반드시 너희들 찾아올 것이다." 이 사랑의 음성이 박해 가운데 있는 교회의 위로와 격려의 원천이 되는 것이다.

맺는 말

우리는 요한계시록을 어떤 시각에서 볼 것인가? 한 면에서 우리는 이 책을 '사회학적'이고 역사적인 시각에서만 보려 해서는 안 될 것이다.[6] 요한계시록은 현실적으로 억압받는 어떤 소수자 그룹이 미래 속에서의 보상 추구를 통해 그 내부적 결속을 다지기 위한 정치 프로그램화된 이데올로기 선전물이 아니다. 이 책은 1세기 당시의 사람들에게만 효용성을 가지는 책이 아니라, "세상 나라가 우리 주와 그의 그리스도의 나라가 되어 그가 세세토록 왕 노릇하시리로다"(11:15)라고 선포하는 모든 시대의 사람들에게 그들이 처한 현실의 상황들을 종말의 최종적 관점에서 바라보며, 그 종말론적 관점으로 오늘을 살아낼 수 있도록 돕는 책이다.

또 다른 한 면에서, 우리는 요한계시록을 미래에 될 일을 밝히는 일종의 종교적 예언서 정도로 격하시켜서도 안 될 것이다. 이 책이 서신의 형태로 주어져 있고, 그런 점에서 먼저 역사적 수신자들을 가진다는 점을 신중하게 고려해야 한다. 이런 고려가 없이 자신들의 시대를 계시록의 일차적 성취의 시대로 보고 그 속에서 일어나는 일들을 계시록의 '코드'에 따라 읽으려는 시도들을 경계해야 할 것이

---

6 그런 경향에 대해서는 참조, David Aune, *Revelation*, I, lxxxix.

다. 계시록의 종말론적 메시지는 그런 방식으로 적용되도록 고안되지 않았다. 우리가 처한 위치가 그 어디쯤이든지 간에 빌라델비아 교회처럼 작은 능력의 현실 속에서도 주님만을 의지하고, 그의 말씀을 충성되게 지키는(2:8) 그 사람들이 새 하늘과 새 땅으로 상징되는 그 새 창조의 실재를 이 삶의 현실 가운데서 구현하는 사람들임을 이 책은 힘있게 강조한다.

묵시요, 예언이며, 또한 동시에 서신인 이 세 가지 요한계시록의 특성을 균형 있게 고려하지 않고 어느 한 부분에만 지나치게 집착할 때 요한계시록의 해석은 역사상 나타났던 수많은 실수들의 전철을 되풀이하기 쉽다. 그러나 이 셋을 균형 있게 살피게 될 때, 우리는 미래의 빛으로 현실을 밝히며, 지금 처한 현실 속에 더 근원적인 새 창조의 현실을 구현하며, 그 가운데서 하나님의 말씀 앞에 항상 현재형으로 서고 응답하는 종말 시대의 하나님 백성의 삶을 능력 있게 살아낼 수 있게 될 것이다.

요한계시록 이해 2

02 예수 그리스도와 그의 교회, 그 하나됨의 회복을 갈망한다

계 1:9-3:22를 중심으로

구조와 관점

우리는 요한계시록을 예수 그리스도만을 나타내는 책으로 보아서도 안 되고, 동시에 교회만을 나타내는 책으로 보아서도 안 된다. 이 둘은 따로 떨어져서 이해될 수가 없다. 예수 그리스도는 그의 교회와 함께 모든 운명을 같이 하며, 교회는 그리스도의 어떠함에 철저히 의존하여 그 자신의 어떠함이 정의된다. 따라서 우리는 예수 그리스도를 묘사하는 부분 속에서도 그의 교회를 동시에 읽어야 하며, 또한 교회의 책임과 싸움을 나타내는 곳에서도 예수 그리스도의 임재를 항상 같이 읽어야 한다.

요한은 이런 메시지를 이 책의 구조 속에도 촘촘히 잘 짜 넣고 있다. 우리가 살펴보게 될 1:10-20에는 하나의 장면 속에 예수 그리스도의 전체적 모습이 압축적으로 묘사되고 있다. 많은 이미지들이 복합적으로, 그리고 동시적으로 그리스도의 어떠함을 한눈에 드러내고 있다. 그런데 이곳에 묘사되고 있는 그리스도의 모습은 2-3장의 일곱 교회들을 향한 편지들 서두에 각 교회들의 형편에 맞게 부분별로 재언급 된다. 예를 들어, 에베소 교회를 향하여 "오른손에 있는 일곱 별을 붙잡고 일곱 금 촛대 사이를 거니시는 이"(2:1)로 다가가시는 예수 그리스도의 모습은 1장에서 이미 묘사되고 있는 그리스도의 모습의 한 부분이다(1:12-13, 16). 이런 주님께서 에베소 교회의 잘못을 지적하시고, 그들이 회개치 아니할 때는 그 '촛대'를 옮길 것이라고 경고하신다(2:5). 또 버가모 교회를 향하여 "좌우에 날선 검을 가지신 이"(2:12)로 다가가시는 예수님은 1장에서 이미 "그의 입에서 좌우에 날선 검이 나오"는 것으로 묘사되고 있고(1:16), 버가모 교회의 구체적 형편 속에서는 그들이 용납하는 니골라당의 혼합주의에 대해 "내 입의 검으로 그들과 싸우리라"고 경고하신다(2:16).

이처럼 1장에 소개된 예수 그리스도의 모습과 2-3장에 나타난 교회들의 모습이 구조상 치밀하게 연결되어 있는 점을 잘 포착할 때, 우리는 그리스도의 모형을 따라 교회를 이해하고자 하는 저자의 관심을 바르게 이해할 수 있게 된다. 이는 교회가 주변 세상의 압력 속에서도 오직 그리스도의 증거만을 붙들고 죽기까지 충성해야 하는 이유이며, 또한 라오디게아 교회처럼 자기 평가에 만족하는 교회가 아니라 그리스도의 평가 앞에 끊임없이 자신을 세우는 교회가 되어야 하는 이유이다.

예수 그리스도의 이상

요한이 계시록 전체에 걸쳐서 1:10에 나오는 것과 같은 '성령 안에'(ἐν πνεύματι 엔 프뉴마티, "성령에 감동하여"는 다소 강한 번역이다)라는 표현을 사용하고 있는 것을 주목할 필요가 있다. 이 문구에 의해 도입되는 크게 네 부류의 이상들(1:10, 4:2, 17:3, 21:10) 가운데서 가장 먼저 나오는 것이 예수 그리스도의 이상이다.

그는 먼저 왕과 심판자(King-Judge)의 모습으로 나타난다. 나팔 소리와 같은 큰 음성을 듣고 돌아본 순간 요한의 눈을 가득 채운 분은 "인자 같은 이"이시다. 다니엘서 7장의 배경 속에서 '인자 같은 이'는 자기를 위해 예비된 '권세와 영광과 나라'를 얻기 위해 '옛적부터 항상 계신 자' 앞으로 나아간다. 신약 교회의 입장에서 볼 때 '인자 같은 이' 예수 그리스도는 이미 왕권을 받으신 분이다. 이런 점에서 요한은 그리스도께 돌리는 이미지들을 통해 하나의 과감한 선포를 시도하는 셈이다. 그리스도는 "그의 머리와 털의 희기가 흰 양털 같고 눈 같다"(1:14)고 묘사된다. 다니엘 7:9는 '옛적부터 항상 계신 이' 하나님께 "그 옷의 희기가 눈 같고 그 머리털은 깨끗한 양의 털 같다"는 표현을 돌리고 있다. 계시록은 이런 이미지를 예수 그리스도께 돌림으로써 예수께서 영원하신 하나님이심을 과감하게 선포하고 있는 것이다.

왕권을 받으신 '인자' 예수 그리스도는 동시에 불꽃 같은 눈을 가지신 분으로서 인간의 가장 깊은 것이라도 꿰뚫어보시며, 빛나는 주석 같은 발을 가지셔서 세상의 모든 악을 짓밟고 부수는 권능을 행사하신다. 또한 많은 물소리 같은 음성으로 온 세상을 호령하신다. 이런 각각의 요소들이 2-3장의 교회들의 형편에 맞게 구체적으로 적용될 때, 그리스도의 심판자적 권위와 직능이 매우 실제적으로 작용한다는 것을 볼 수 있다.

예수 그리스도는 또한 선지자(Prophet)의 모습으로 묘사된다. 이는 "그의 입에서 좌우에 날선 검이 나오"는(1:16) 것으로 묘사한 표현 속에서 잘 찾아볼 수 있다. 후에 그가 최종적으로 역사의 무대에 그 모습을 나타내실 때 그는 그 입의 검으로 만국을 치실 것이다(19:15). 또한 예수 그리스도는 대제사장(High priest)의 모습으로 묘사되기도 한다. 발에 끌리는 옷과 가슴의 금 띠(1:13)는 옛 제사장의 복장을 연상시킨다.

    그리스도의 삼중직 구도를 너무 고집해서도 안 되겠지만, 어쨌든 요한의 첫 이상이 제시하는 한 컷의 이미지 속에는 실로 많은 내용들이 압축되어 있다. 요한은 이것을 서술식 산문으로 나타내는 대신 하나의 생동감 넘치는 영상으로 보여주고 있다. 이것을 읽을 때 우리는 그리스도를 분석하지 않는다(설명을 위해 비록 불가피하게 그렇게 하긴 하였지만). 오히려 그를 예배하기 위해 요한이 하였던 것처럼 그 발 앞에 엎드린다. 그가 어떤 분인지를 조사하고 관찰하는 해석자는 조금도 중요하지 않고 다만 그분 자신만이 전부이다. 그의 영광과 위엄 앞에 우리는 압도당하며, 그 앞에 "엎드러져 죽은 자 같이"(1:17) 되고 만다. 우리가 그분에 대해 무엇을 말할까의 관심이 아니라, 그분이 우리를 향하여 무엇을 말씀하실까의 관심에 사로잡힌 채 우리는 그의 말씀을 기다린다. 그렇게 엎드린 자세로 우리는 그분의 편지를 받아야 한다. 그리고 우리를 철저히 꿰뚫어보는 그분의 말씀 앞에 우리 자신을 세워야 한다. 우리가 1장의 그리스도와 분리해서 2-3장의 편지들을 읽을 수 없는 이유가 바로 여기에 있다.

예수 그리스도의 편지

이 편지들 속에 나타나는 주님의 말씀의 내용들을 살피기 전에 우리는 먼저 이 편지들이 일정한 틀에 따라 기록되어 있다는 것을 주목할 필요가 있다. 그 순서는 이렇다.

① 교회를 대표하는 수신자: "○○○ 교회의 사자에게"
② 발신자 예수 그리스도와 그 적용된 특성
③ 교회의 상황에 따른 칭찬과 책망, 회개의 촉구
④ "성령이 하시는 말씀을 들으라!"
⑤ 이기는 자에 대한 약속
(두아디라 교회 이후부터는 ④와 ⑤의 순서가 바뀜)

우리는 이 일정한 구조 속에서 요한의 중요한 관심사들을 발견할 수 있다. 한 면에서 요한은 교회들을 향해 말씀하시는 분의 칭호를 1장에 나오는 그리스도의 이상과 연결시킴으로써 그리스도와 그 교회는 뗄 수 없는 관계임을 보여주고 있다. 또 다른 한 면에서 교회들에게 주시는 약속들을 21-22장의 새 예루살렘의 묘사와 연결시킴으로써 교회의 역사적 현실과 그 이상적 영광이 결코 별개가 아님을 보여주고 있다. 이 두 가지 측면이 복합적으로 작용함으로써 교회가 현실의 박해와 고난, 유혹들을 이길 수 있게 하는 원동력이 된다.

a. 에베소 교회를 향하여

에베소는 소아시아의 중심 도시이며, 그곳의 교회는 소아시아 교회들의 모체 역할을 하였던 교회이다. 바울은 에베소의 두란노 서원을 중심으로 소아시아 선교의 거점을 삼아 에바브라 등 많은 제자들을 배출하였다. 이런 면에서 에베소 교회가 가지는 자부심도 매우 컸을 것으로 짐작된다.

그러나 복음의 첫 세대가 지나간 후 이 교회는 양면성을 드러내고 있다. 한 면에서는 여전히 바른 가르침을 견지하면서 자칭 사도들의 거짓을 철저히 드러내고, 니골라당의 혼합주의적 잘못을 잘 분별할 뿐만 아니라 그것을 미워하고 있다. 주님은 "나도 이것을 미워하노라"(2:6) 하시면서 그들의 진리를 향한 사랑을 칭찬하신다. 그러나 이런 교리적 분별력이 그들의 사랑을 대신해주지는 않는다. 그들은 지난날 가졌던 처음 사랑으로부터 멀어져가고 있다. 그리스도께서 에베소 교회에 찾으시는 것은 그들의 사랑이다. 이 "처음 사랑"이 누구를 향한 사랑인지 분명하지는 않다. 주님 자신을 향한 사랑일 수도 있고, 다른 그리스도인 지체들을 향한 사랑일 수도 있다. 우리는 굳이 둘 중 하나를 선택할 필요는 없다고 본다. "낳으신 이를 사랑하는 자마다 그에게서 난 자를 사랑하"지 않을 수 없기 때문이다(요일 5:1).

교회가 많은 것으로 자랑거리를 삼을 수 있다. 오늘날의 교회들이 하는 것처럼 장자권 주장을 할 수도 있고, 거창한 사업과 활동들을 자랑할 수도 있고, 교회의 규모나 건물을 자랑할 수도 있다. 그러나 이런 모든 것들이 일순간에 사라져버리는 순간이 온다고 하더라도 주님과의 처음 사랑을 간직하며 늘 새롭게 시작할 수 있는 교회가 되고 있는가? 주님께서 가장 귀하게 여기시는 사랑으로 교회가 자신을 늘 점검할 필요가 있다. 만일 주님께서 교회 속에서 사랑을 찾을 수 없다면, 사람들이 자랑하는 것이 무엇이든 '이는 나와 상관 없다'고 말씀하실 수 있으며, 단적인 경우 그 촛대를 옮기실 수도 있다. 그러나 이기는 자들에게는 하나님의 낙원에 있는 생명나무(2:7 = 22:2)가 약속되고 있다.

b. 서머나 교회를 향하여

서머나는 에베소 북쪽의 항구 도시이다. 에베소, 버가모 등과 더불어 소아시아 중심 도시로 나서기 위해 경쟁이 치열하던 도시이기도 하다. 서머나의 교회에 대해서는 자세히 알려진 것이 없으나, 2:9의 "환난과 궁핍"에 대한 언급을 볼 때, 주변 사회로부터의 조직적 박해에 직면하고 있는 상황임을 짐작할 수 있다. 이런 박해 앞에서 그리스도인들은 사회적 지위나 생계의 수단을 잃어버리고 가난과 위험에 내몰리는 처지가 되고 만다.

그러나 이런 그들을 향한 주님의 평가는 세상의 관점과는 전적으로 다르다. "실상은 네가 부요한 자니라"(2:9). 핍박과 고난이 오히려 진정한 부요를 확인할 수 있는 기회가 된다. 그 속에서 우리는 나에게 진정으로 소중한 것이 무엇인지, 또 우리가 누리는 부와 능력의 원천이 무엇인지, 우리가 외부의 해프닝(happening)에 따른 행복(happiness)을 추구하는 자들인지, 아니면 야고보서 1장이 보여주듯 밖으로부터의 시험들을 오히려 시련의 기회로 바꾸고 그 가운데서 생명의 면류관(약 1:12, 계 2:10)을 바라보며 기뻐하는 자들인지 검증할 수 있기 때문이다.

더군다나 핍박과 고난의 상황은 교회를 정화하고 쭉정이들을 가려낸다. 핍박의 광풍 앞에서 쭉정이들은 다 날아가겠지만, 진정한 그리스도인들은 이 교회가 배출한 순교자 폴리갑(Polycarp)처럼 "내가 그리스도를 나의 주로 알고 고백한 이 86년 동안 그가 나를 한 번도 섭섭하게 한 적 없는데, 왜 내가 그를 부인할까? 결코 그럴 수 없다"라고 말하며 죽음을 이겨낼 수 있게 될 것이다.

주님은 이 교회를 향하여 "처음이며 마지막이요 죽었다가 살아나신 이"(2:8 = 1:17)로 다가가신다. 그는 역사의 주관자가 되시는 분이다. 현재의 핍박의 무기를 휘두르는 자들이 세상을 주관하는 듯 보이나 진정한 주관자는 주님 자신이다. 비록 세상의 박해자들이 성도들의 생명을 빼앗아 갈지라도, 생명의 주관자는 부활의 주님 예수 그리스도이다. 이런 주님과 더불어 교회는 고난 가운데서 그와 하나 됨의 비밀을 더욱 풍성하게 누리는 것이다. 이것이 교회의 진정한 부요다. 이런 부요를 누리는 교회를 향하여 주님은 "생명의 관"을 약속하신다. 비록 다가올 핍박의 상황이 더 심각한 것이 된다고 하더라도, 그 기간은 주님의 주관 아래 통제되고 있는 "십 일"밖에 되지 않는다. 원수들이 육신의 생명은 손댈 수 있을지 모르나 그 영혼의 주님을 향한 사랑과 정절은 결코 건드리지 못하며, 이처럼 죽기까지 충성하는 자들에게 생명의 주관자이신 주님께서 친히 생명의 관을 씌워주실 것이다. 그들은 "둘째 사망" 곧 영원한 불못의 해를 면하게 된다(2:11 = 21:4).

c. 버가모 교회를 향하여

버가모는 오랫 동안 소아시아 지역의 정치와 종교의 중심지였으며, 특히 통치자 숭배(ruler-cult)의 전통이 강해서 종교가 정치적 통치의 수단이 되는 곳이었다. 옛 버가모 왕국의 아탈루스 1세(Attalus

I, BC 241-197)가 당시 침략하던 골족을 무찌르고 왕이 되었을 때 그에게 구세주(*Soter*)의 칭호가 주어졌다. 그를 이은 유메네스 2세 (Eumenes II, BC 197-159)에게는 구세주의 칭호 위에 신(*Theos*)의 칭호가 주어지고 살아 있는 왕과 왕비를 위해 제사가 드려지기도 하였다. 이 지역이 로마의 통치하에 들어간 이후에도 이런 전통은 계속되었다. 버가모인들의 요청에 따라 BC 29년에 아우구스투스 황제가 자신과 로마를 숭배하는 신전의 설립을 허락하였는데, 그런 점에서 버가모는 1세기 로마 세계의 관례가 된 황제 숭배의 진원지라 볼 수 있다. 버가모를 가리켜 "사탄의 권좌가 있는 데"(2:13)라고 부르는 것도 이런 상황과 연결시켜볼 수 있다. 사탄의 영향력이 조직적으로, 또 다방면에서 수월하게 미칠 수 있는 곳이기 때문이다. 그 가운데서 교회가 당하는 핍박은 안디바의 순교를 낳기에 이르렀다.

이 교회를 향하여 주님은 "좌우에 날선 검을 가지신 이"(2:12 = 1:16)로 다가가신다. 그리고 교회 안에 잠입해 있는 니골라당의 무리에 대해 주님은 그 입의 검으로 이들을 치실 것이라고 경고하신다(2:16). 반면 이기는 자들을 위해서는 감추었던 만나와 흰 돌, 새 이름(2:17 = 22:4)의 약속들을 주신다. 특히 흰 돌은 고대 법정 관례상 죄 있고 없음의 판결을 위해 사용되던 흰 돌과 검은 돌을 연상시킨다. 이기는 자는 그 의의 표시로 '흰 돌'을 받게 될 것이다. 더군다나 그 위에는 주님이 주시는 '새 이름'이 적혀 있다. 합격통지서에 우리의 이름이 적혀 있는 것을 보는 것만 해도 기쁜데, 주님의 인정을 표하는 '흰 돌' 위에 자신의 '새 이름'이 적혀 있는 것을 발견할 때의 기쁨은 얼마나 더하겠는가! 그 이름은 우리가 지상에서 사용하는 현재의 이름이 아니라, 주님께서 우리에게 부여해주시는 우리의 최종적이고 영구한 이름이 될 것이다. 주님은 어떻게 우리의 이름을 지으실까?

d. 두아디라 교회를 향하여

두아디라 성은 셀류쿠스 왕조의 변방 식민지였다가 버가모 왕국이 형성되면서 BC 262년 이래 이에 편입되었고, 후에 로마 지배하에서는 상업 중심지로 번창하였던 곳이다. 과거로부터 군사 요지였던 까닭에 무기 생산을 위한 장인 길드가 형성되어 있었고, 그리스도를 묘사하는데 사용된 "빛난 주석"(χαλκολίβανον 칼콜리바논)이란 단어는 적어도 이 성의 사람들에게는 익숙하였을 것으로 보인다. 뿐만 아니라 식물 뿌리를 이용한 염료 기술도 발달하여 이 성의 '자주장사'(πορφυρόπωλις 포르퓌로폴리스) 루디아는 빌립보를 오가며 장사를 하였던 것으로 보인다(행 16:14).

두아디라 교회를 향하여 주님은 "그 눈이 불꽃 같고 그 발이 빛난 주석과 같은 하나님의 아들"(2:18 = 1:14, 15)로 다가가신다. 이 역시 이 교회의 구체적 현실과 직결되는 이름이다. 이 교회의 가장 큰 잘못은 여선지자 '이세벨'을 용납하고 있다는 것이다. 요한은 그 가르침을 "사탄의 깊은 것"(2:24)이라 표현한다. 그 의미에 대해서는 이들이 내세우는 '하나님의 깊은 것'을 비꼬아서 하는 말로 보는 견해(Swete, Roloff, Beale, Osborne 등)도 있고, 또는 영적인 사람은 악의 깊이에까지 내려가 보고 자신의 영성이 그 이상임을 보일 수 있어야 한다는 그들의 주장을 압축한다는 견해(Hort, Beckwith 등)도 있다. 유대인들이 자신들이야말로 하나님의 회에 속한다고 주장하는 것을 비꼬아 "사탄의 회당"(2:9, 3:9)이라 부르는 것에 비추어 "사탄의 깊은 것"도 하나의 풍자적인 표현으로 보는 것이 더 좋겠다. 아마도 그들은 영지주의적 성향을 받아들여 물질 세계보다 영적 세계에 더 깊이 들어가야 한다고 가르쳤을 것인데, 이는 이런 이원론을 허용하지 않는 성경적 사상과도 맞지 않고, 물질과 관련된 것들(우상 제물과 행음)의 자유가 능사가 아니라는 점(고전 6:12, 10:23)도 간과하고 있다.

이런 가르침이 사람의 눈에는 마치 고차원의 영성인 듯 보일지 모르나, 주님의 눈길을 속이지는 못한다. 불꽃 같은 눈길을 가지시고 "사람의 뜻과 마음을 살피는 자"(2:23) 되시는 주님은 무엇이 진정한 영성이며 무엇이 진정으로 그분과의 깊은 교제인지를 밝히 드러내신다. '깊은 것'을 주장하나 실상은 '사탄의 깊은 것'에 지나지 않는 거짓 영성을 주님은 심판하신다. 반면 이기는 자들에게는 만국을 다스리는 권세와 새벽 별(2:28 = 22:16)의 약속을 주신다. 주님 자신이 가지신 메시아적 권세를 우리가 세상 가운데서 행하게 하시는 것이다. 성도는 세상 가운데서 이미 메시아적 권세를 수행한다. 죄의 숨은 어두움을 드러내고 말씀으로 쳐서 깨트리는 철장 권세를 행하도록 부름받고 있다.

e. 사데 교회를 향하여

사데는 전략적 요충지요 깎아지른 언덕 위에 세워진 천연 요새로 고대로부터 명성이 있던 도시이다. 바사의 아하수에로 왕이 서방으로 진출할 때, 또 알렉산더가 동방으로 원정할 때 전진 기지로 삼았던 곳이기도 하다. 고대에 황금의 손을 가진 미다스(Midas) 왕이 사데의 한 작은 강에서 그 손을 씻어 정상을 회복하였고, 대신 그 강의 모래들이 황금으로 변하였다는 전설이 있는 곳이다. 이곳에서 사금이 채취되었다는 것은 역사가 헤로도투스(Herodotus)와 스트라보(Strabo)가 확인하고 있다. 사데는 금 산지로서 일찍부터 부요를 누리고 있던 도시였다. AD 17년의 지진으로 큰 타격을 입었으나 자체 복구가 가능할 정도였다.

사데 교회를 향하여 주님은 "하나님의 일곱 영과 일곱 별을 가지신 이"(3:1 = 1:4, 1:20)로 다가가신다. "일곱 영"을 단순히 천사적 존재들로 보는 견해도 있으나(종교사학파의 다신교적 영향 아래 Bousset, Charles 등), 스가랴 4:10의 배경 위에서 성령을 가리키는 것으로 보는 관점이 더 적합하다(Beckwith, Hemer 등). 스가랴 4장에서는 성령과 관련해서 일곱 등잔(4:2), 일곱 눈(4:10), 여호와의 영의 활동(4:6) 등을 언급하는데, 일곱 등불에 대해서는 계 4:5과, 일곱 눈에 대한 언급은 계 5:6과 직접 연결된다. 예수 그리스도는 '일곱 영'인 성령과 '일곱 별'인 교회의 사자들을 동시에 관계하시는 분이다. 사데 교회의 경우, "하나님의 일곱 영과 일곱 별을 가지신 이"라는 예수 그리스도의 이름 자체가 교회의 사자들이 성령의 인도를 받도록 깨어 있는 것이 중요하다는 것을 암시한다.

사데 교회는 "살았다 하는 이름은 가졌으나 죽은 자"(3:1)라는 책망을 받고 있다. 그 사회의 부요한 분위기 속에 휩쓸려 깊이 잠들어 있는 모습이다. 특히 사데 교회는 그 교회의 사자로부터 시작해서 말씀 앞에 성도들을 깨울 사람이 없는 상태인 것으로 보인다. "네가 어떻게 받았으며 … 들었는지 생각하고 지켜 회개하라"(3:3)는 촉구의 말씀은 1:3에서 '예언의 말씀'과 관련하여 언급하는 표현과 유사함을 보인다. 그들의 중병의 원인이 무엇인지를 정확히 진단하고 있는 것이다. 예배는 드리고 형식적인 모임은 가지고 있지만, 하나님의 말씀 앞에 현재적으로 서고 반응하지 못함으로 인해 생명력이 없고 무기력한 상태에 빠져 있어서 사탄이 경계할 필요도, 손을 댈 필요도 없이 스스로 죽어가고 있는 상태에 처해 있다.

이런 가운데서도 작은 희망을 찾을 수 있다면 "그 옷을 더럽히지 아니한 자 몇 명"(3:4)이 남아 있다는 점이다. 이들이 주님의 희망이며, 이들 때문에 주님이 교회의 촛대를 옮기지는 않으신다. 이기는 자에 대하여 주님은 '흰 옷'(3:5 = 22:14)과 생명책의 이름을 약속하신다. 흰색은 계시록에서 예수 그리스도를 묘사하는 대표적인 색이다(1:14 등). 주님은 흰 옷 입고 그와 함께 다닐 자들을 찾으신다. 이는 교회에 대한 주님의 관심과 기대가 무엇인지를 잘 나타내고 있다.

f. 빌라델비아 교회를 향하여

빌라델비아(Philadelphia: 형제애)의 이름은 버가모 왕국의 두 형제 왕 유메네스 2세(Eumenes II)와 아탈루스 2세(Attalus II)의 형제애에서 비롯되었다고 한다. 로마가 정치적 목적에서 동생으로 하여금 형을 배신하고 왕위를 찬탈하도록 꾀했지만 둘이 서로 의리를 지킴으로 끝까지 우애를 지켰고, 사람들은 이들의 우애를 기리는 경기를 정기적으로 가지기도 하였다. 불행히도 빌라델비아는 역사가 스트라보(Strabo)의 언급처럼 '지진이 끊이지를 않는 곳'이었고, 특히 AD 17년의 지진으로 인해 사데와 함께 큰 피해를 보았으며, 그 후 60년에 라오디게아를 강타한 지진에 의해서도 피해를 입은 바가 있다. 이런 이유로 그 주민들은 늘 집을 버리고 밖으로 나가야 했던 것이 빈번한 경험이었고, 이런 그들에게 3:12의 약속("그가 결코 다시 나가지 아니하리라")은 매우 현실적이고 절실하였을 것으로 보인다.

경제적 측면에서 이 지역의 삶을 매우 어렵게 만든 요인 중의 하나는 AD 92년에 도미티안 황제의 칙령으로 작황이 좋은 포도 농작의 절반이 폐하여지게 된 일이다. 포도 외에 다른 농작에 적합지 않은 토양으로 인해 심한 기근의 피해가 따랐고 곡물 가격이 급등하였을 것으로 보인다.

빌라델비아 교회의 상황은 척박한 도시의 환경이 말해주듯 외적인 측면에서 볼 때 크게 내놓을 만한 것이 없는 형편임을 알 수 있다. 주님은 그들이 "작은 능력을 가지고" 있음을 잘 아신다(3:8). 또한 그들이 주님의 말씀을 잘 지켰다는 것을 귀하게 보신다. 주님의 말씀을 지키는 것은 요한복음 14:23의 관점에서 볼 때 그를 향한 우리 사랑의 본질적 표현이며, 주님은 그런 사람들 속에 아버지와 그의 거처를 두기를 기뻐하신다. 말씀 지킴을 중심으로 하는 이런 사랑의 상호 관계가 빌라델비아 교회 안에 생생히 살아 있는 것을 볼 수 있다.

빌라델비아 교회에 대하여 주님은 "다윗의 열쇠를 가지신 이"(3:7)로 다가가시며, 그 교회 앞에 "열린 문"을 두신다(3:8). 이 열린 문의 언급은 이 교회를 통해 일어나게 될 유대인의 회심과도 연관된다. 유대인들이 돌아오는 이유는 이 교회 속에 하나님의 사랑이 함께 함을 보기 때문이다. 이런 열린 문의 축복을 우리 또한 사모하지 않을 수 없다. 하나님의 사랑이 우리 가운데 함께 함이 증거될 때 사람들이 우리 가운데로 나아오지 않을 수 없는 역사가 일어난다. 이 일은 우리가 주님의 말씀을 지킴으로 주님을 향한 우리의 사랑을 나타낼 때, 주님의 사랑이 우리 위에 거함으로써 이루어지는 일이다.

주님이 보시는 것은 우리의 외적 능력의 크고 작음이 아니라, 말씀 지킴을 통해 표현되는 참 사랑의 행위가 살아 있느냐 아니냐 하는 점이다. 우리가 주의 말씀을 지킬 때 주님께서 또한 우리를 지키실 것을 약속하신다(3:10). 이기는 자에 대해서는 하나님 성전의 기둥 됨과 다시 나가지 않음을 약속하시며, 또한 하나님의 이름 및 새 예루살렘의 이름을 그 사람 위에 기록하실 것(3:12 = 21:2, 22:4)을 약속하신다. 성전 기둥의 언급은 솔로몬 성전의 두 기둥인 야긴과 보아스를 연상시킨다(왕상 7:21, 대하 3:15, 17). 이것이 우리에게 주는 암시는 하나님이 그 백성 가운데 거하심으로 말미암아 우리가 누리는 평화와 안전이다. 환난의 때를 이기고 주님과 그의 백성이 영원한 밀월 관계에 거함의 축복을 다짐해주시는 것이다.

g. 라오디게아 교회를 향하여

라오디게아는 골로새, 히에라볼리와 더불어 리쿠스(Lycus) 계곡의 세 도시를 형성하였고, 상업과 은행업, 양모 생산으로 유명한 도시였다. 역사가 스트라보는 "라오디게아 주변 지역에서는 부드러운 양질의 양모를 생산할 뿐 아니라, 흑단 같이 검은 양모를 생산하는 것으로 유명하다. 이를 통해 사람들은 큰 세수를 올리고 있다"고 기록한다. 또한 이 도시에는 의학 학교가 있어서 고대 의학의 중심지이기도 하였다. 이곳에서 발행된 동전에는 의학 학교의 설립자인 제욱시스(Zeuxis)의 이름이 새겨지기도 하였고, 안약과 연고 등이 개발되어 폭넓게 보급되기도 하였다. 이 지역 역시 AD 60년의 지진으로 큰 타격을 입고 점차 몰락해 가기 시작했다. 이곳의 물 공급은 좋은 편이었으나 화산 등의 영향으로 인해 수질은 좋지 않았다고 한다.

라오디게아 교회의 상황과 관련해서 우리는 외적 핍박의 언급을 찾아보기는 어렵다. 대신 내적으로 부당한 자기만족에 빠져 있는 모습을 발견한다. 이 교회에 대하여 우리 주님은 "아멘"으로, "충성되고 참된 증인"으로, 그리고 "하나님의 창조의 근본이신 이"로 찾아가신다(3:14 = 1:5). 이사야 65:16에서 하나님은 "진리(아멘)의 하나님"으로 계시되고 있다. 이 이름이 지금 그리스도께 적용되고 있다. 이를 통해 부당한 자기만족에 빠져 있던 라오디게아 교회가 진리이신 주님의 평가만이 진정한 가치가 있음을 깨닫도록 하고 있다.

라오디게아 교회에 대하여 주님은 "차지도 아니하고 뜨겁지도 아니하다"고 책망하신다. 찬물은 찬물대로, 더운물은 더운물대로 마시는 자에게 만족을 준다. 그러나 미지근한 물은 마시기에 역겹다. 특히 수질 상태가 좋지 않은 이 지역 사람들로서는 미지근한 물을 마시는 기분이 어떤 것인지 체험적으로 잘 알았을 것이다. 이 교회에 대한 주님의 느낌이 그와 같다는 것이다. 스스로는 자기만족에 빠져 있지만, '아멘'의 주님이 보실 때는 전혀 만족을 주지 못하는 교회가 되고 있다.

주님은 문제를 지적하실 뿐만 아니라, 또한 그것을 치유할 수 있는 길도 보여주신다. 그들 스스로가 자랑하는 것들을 가지고는 자신의 병을 고칠 수가 없다. 그들의 치유는 주님 자신으로부터 나온다. "내게서 사라"고 명하시는 주님의 치유책은 진정한 교회의 부요가 어디에 있는지를 잘 보여준다. 우리가 주님을 위해 해드리는 일을 자랑하기 이전에 주님의 것으로, 아니 주님 자신으로 충만하게 되는 일이 먼저 필요하다.

　그래서 주님은 문 두드리는 분으로 라오디게아 교회에 다가오신다. 주님의 이름은 누리려 하지만 정작 주님 자신은 문 밖에 세워두는 교회는 주님이 가지고 오시는 친교의 부요를 누릴 수 없다. 문을 열면 들어오시겠다는 말씀은 단순히 개인적 영접 초청과 응답에 국한되는 것이 아니라 교회에 주시는 공동체적 약속이다. 예수 그리스도 때문에 존재하는 공동체가 정작 그분을 문 밖에 세워 놓고 자신들끼리의 교제나 활동에 만족할 것이 아니라, 주님을 그 중심에 모심으로 인해 진정한 교제의 기쁨을 회복하는 공동체가 되어야 함을 말해준다. 이런 교제를 현재의 삶 속에서 이어가는 자들에게 주님의 보좌에 함께 앉음(3:21 = 22:3)의 특권은 미래의 경험으로만 제한되지 않는다.

맺는 말: 오늘의 한국 교회를 향하여

　우리는 소아시아 일곱 교회들의 모습 속에서 역사적 교회의 다양한 양상들을 발견한다. 교회를 괴롭히는 내적, 외적 대적들의 얼굴은 바뀌고 그 가르침의 내용은 바뀌겠지만, 여전히 바뀌지 않고 다가오는 것은 세속주의의 위협과 유혹일 것이다. 교회는 때로 여기에 편승하기도 하고, 아예 그 속에 침몰되기도 한다. 그럼으로써 교회가 주님의 얼굴은 점점 잃어버리고, 세상의 모습만 드러내게 되는 것을 본다. 교회 속에서 주님의 모습을 볼 수 없다는 것, 이것처럼 안타까운 일이 있을 수 없다.

　그러나 주님은 교회를 포기하지 않으신다. 아니, 포기하실 수 없다. 교회를 위해 그분이 하신 일이 있기 때문이다. 교회를 사랑하사 그의 피로 그들을 구속하셨기 때문이다(1:5-6, 5:9-10 등). 뿐만 아니라 교회가 장차 그분과 함께 나눌 것들을 다 준비하시고 자신의 모든 것을 내어주려 하시기 때문이다. 주님은 흰 옷 입고 자기와 함께 다니기에 합당한 자들을 찾으신다(3:4). 그와 함께 만국을 다스리는 권세를 함께 나눌 자들과(2:26), 그의 보좌에 함께 앉을 자들(3:21)을 찾고 계신다. 이 주님과 함께 함을 위해 그의 말씀 앞에 자신을 세우고, 그 말씀을 지키며, 또한 그 말씀의 증거를 위해 충성하며 인내하는 자들이 주님과 하나 됨을 가장 긴밀히 누리는 사람이다.

오늘 우리는 주님의 약속과 경고들을 우리를 향한 현재적 말씀으로 듣고 현재적으로 반응하는 자세를 가져야 한다. 이기는 자에게 주시는 약속들이 비록 미래에 속하는 것이라 할지라도, 우리는 이것들을 믿음 안에서 현재적인 것으로 받아 누릴 수 있어야 한다. 특히 메시아적 심판의 권세는 오늘 우리의 말씀의 선포 가운데서 현재적으로 역사하는 힘을 가진다. 그 속에서 악한 것들과 주님을 대적하는 것들이 깨트려지고 굴복된다. 주님과 하나 됨을 이룬 주의 종들은 주님과 함께 흰 옷 입고 다니는 영적 '백의 민족'인데, 우리는 이 승리의 선물을 오늘의 실재로 이루어내도록 부름받고 있다.

요한계시록 이해 3

03

찬양과 예배의 회복, 그리고 예배자의 사명

계 4:1-5:14를 중심으로

중심으로 나아가기

　교회의 주님이신 예수 그리스도는 1장에서 "인자 같은 이"로 소개된 바 있다. 그분에게는 하나님께 돌려지는 영광스런 이미지가 돌려지고 있고, 교회는 그분의 뗄 수 없는 짝으로 그와 하나 됨을 이루도록 부름받고 있음을 보았다. 이 영광스러운 초청에도 불구하고 세상 속에서의 교회는 여전히 약한 소수자다. 거대한 세상의 세력 앞에 핍박과 미움의 대상으로 놓여 있다. 자칫 현실의 곤핍함 속에 매몰되어 자신에 대한 빈약한 자의식을 형성하기 쉬운 교회 앞에 예수 그리스도의 영광스러운 모습이 또 다른 방식으로 제시되고 있다. 1:10의 첫 번째 엔 프뉴마티(ἐν πνεύματι) 문구를 통해 교회가 자신과 동화되기를 요청하시는 예수 그리스도의 모습을 소개한 요한은 4:2의 두 번째 '엔 프뉴마티' 문구를 통해 이제는 그분의 가장 지고한 영광의 모습을 보여준다. 그분은 선포 속에서 뿐만 아니라 예배 속에서 하나님이 되신 분이다. 성부 하나님과 더불어 그는 예배의 중심에 계시고, 역사 운행과 통치의 중심에 계시며, 영원토록 찬양받으시기에 합당하신 분으로 나타나고 있다.

이와 같은 예수 그리스도의 모습은 교회에 대하여 큰 의미를 가진다. 지상의 교회는 현재 고난과 역경 가운데 처하여 있으며, 여러 가지 유혹과 악의 세력들과의 투쟁 속에 임하여 있다. 역사 속에서 교회의 위치는 하나의 변두리에 지나지 않는 것처럼 보인다. 그러나 이것만이 교회의 전부는 아니다. 가장 영광스러운 주님을 예배하는 자들로서의 교회의 가장 영광스러운 모습을 볼 필요가 있다. 중심이신 예수 그리스도와 더불어 역사의 중심의 자리로 부름받고 있는 자신의 모습을 볼 필요가 있다. 이 모습을 보는 가운데서 지상 교회는 자신의 현재를 새롭게 보게 되고, 또한 앞으로의 남은 여정을 힘있게 싸우며 헤쳐나갈 수 있게 되는 것이다. 이를 위하여 이 부분에서 요한은 교회와 그리스도의 하나 됨을 엮어줄 수 있는 또 다른 핵심적 이미지, 곧 "어린 양"의 이미지를 소개한다.

어린 양 예수 그리스도는 죽는 자 같으나 사는 자요, 보잘것없는 자 같으나 가장 존귀한 자요, 지는 자 같으나 이기는 자이다. 이것이 영광을 받으시는 예수 그리스도의 모습이요, 또한 그의 짝인 교회의 모습이기도 하다. 이제 우리는 요한과 더불어 교회의 진정한 영광이 무엇인지를 보여주는 천상 예배의 현장 속으로 나아간다. 그리고 그 관점으로부터 시작하여 지상 교회의 위치와 사명이 무엇인지를 재확인하는 여정 속으로 들어가보고자 한다.

찬양받으시는 창조의 하나님

하늘의 열린 문을 통해 요한이 인도함을 받은 곳은 하늘 성전의 가장 중심이 되는 지성소, 곧 하나님의 보좌가 놓인 곳이다. 요한은 다른 것에 앞서서 영광스런 보좌와 그 위에 앉으신 이를 본다. 보좌에 앉으신 이의 모습은 어떤 형상으로 묘사되는 것이 아니라, 다만 벽옥과 홍보석과 에메랄드(녹보석) 빛의 광채로 묘사되고 있다. 하나님을 묘사하는데 사용된 이 세 가지 보석들은 다가갈 수 없는 빛으로 옷 입으신 하나님의 영광과 위엄을 상징적으로 나타낸다. 그리고 하나님의 보좌로부터는 '번개와 음성과 뇌성'이 나온다. 이런 이미지는 출애굽기에 나타나는 하나님의 시내산 강림의 모습(출 19:16 이하)과 연관성을 가진다. 보좌에 대한 이런 표현은 계 8:5, 11:19, 16:18에서 다소 변형되고 확대되는 방식으로 되풀이되고 있다. 일곱 번째 인이 떼어지는 순간, 일곱 번째 나팔이 울리는 순간, 그리고 일곱 번째 진노의 대접이 쏟아지는 결정적인 순간들마다 보좌에 대한 이런 언급들이 되풀이해서 등장한다. 이는 이 모든 진행되는 일들의 진원지가 보좌임을 밝혀주며, 이 펼쳐지는 일들을 보면서도 우리의 시각을 보좌에서 이탈시켜서는 안 될 것을 제시하고 있다.

4-5장에서의 하나님의 보좌에 대한 전반적인 묘사는 구약의 이미지 세계와 연관되어 있다. 특히 다니엘 7장과 에스겔 1장, 10장과 긴밀히 연결되어 있다.[1] 그러나 구약의 이미지들이 요한에게서 단순

---

[1] 참조, G.K. Beale, *The Book of Revelation*, 314-15. 비일은 요한계시록 4-5장과 다니엘 7장 사이의 유사점을 14가지로 정리해준다.

히 반복되지는 않고, 요한의 증거 세계 속에 재융합되어 하나의 새로운 이미지 세계를 만들어내고 있다. 요한은 보좌와 더불어 그 주변을 둘러 있는 이십사 보좌들을 본다. 그 위에는 이십사 장로들이 앉아 있다. 이 이십사 장로들이 누구를 가리키느냐 하는 것에 대해서는 많은 논란이 있다. 구속받은 백성의 대표로 보기도 하고(헨드릭슨, Stonehouse 등), 천사적 존재들로 보기도 한다(Mounce, Poythress 등). 우리는 이들의 구성적 실체가 무엇이냐 하는 것과는 상관없이 이들이 구약과 신약의 하나님의 전체 백성을 대표하는 상징성을 가지는 인물들로 이해하는 것이 좋겠다. 이들은 순결의 상징인 흰 옷을 입고 있으며 또한 승리의 상징인 금 면류관을 쓰고 있다. 이들은 하나님을 찬양할 때 감사와 겸손의 표시로 자신들의 금 면류관을 벗어 던지며 하나님을 높이고 있다.

하나님의 보좌 가장 가까이에서 그를 모시고 있는 존재들로는 네 생물이 있다. 이들은 각각의 고유한 형상을 띠고 있다. 사자의 형상을 가진 자, 소의 형상을 가진 자, 그리고 사람의 얼굴을 가진 자, 날아가는 독수리의 형상을 가진 자이다. 얼굴에 대한 언급은 한 번만 나타난다. 그리고 각각이 별도의 형상을 가지고 있다. 이런 점은 네 생물이 각각 네 얼굴을 가진 것으로 묘사된 에스겔 1장과 차이를 보이는 부분이기도 하다. 에스겔의 경우 이 얼굴들은 보좌 수레의 이동성과 연관을 가지나, 계시록의 경우 보좌는 고정성을 가지고 있다. 아마도 이런 점이 이 차이의 이유일 것이다. 네 생물은 각각 여섯 날개를 가졌으며, 그 날개에는 안과 밖, 아래 위 할 것 없이 눈으로 가득한 모습을 가지고 있다. 이 많은 눈들은 이들이 모든 일어나는 상황들을 살펴서 알고 있다는 것을 상징하며, 그런 그들이 각각의 특성을 따라서 힘있게, 성실하게, 지혜롭게, 또 신속하게 하나님의 뜻을 수행하며 그를 보좌하는 역할을 감당하고 있다.

보좌로부터 가장 바깥 자리에 둘러 선 존재들은 그 수가 천천만만이나 되는 천사들이다. 이들에 대한 언급은 5:11에 가서 나온다. 이렇게 보좌를 중심으로 네 생물들, 이십사 장로들, 수많은 천사들이 차례로 원을 이루어 하나님을 모셔 선 모습은 너무나 장엄하고 영광스러운 모습이 아닐 수 없다.

하늘의 보좌에 대한 4장의 묘사는 시각을 통해 보는 것으로만 그치지 않는다. 청각을 통해 듣는 것까지를 포함한다. 보좌를 둘러싼 존재들에 의한 영화롭고 아름다운 찬양의 소리들이 울려 퍼지고 있다. 이 찬양은 먼저 네 생물에 의해 시작된다. 이 네 생물의 찬양은 "밤낮 쉬지 않고" 이어진다(4:8). 이는 후에 보겠지만, 14장에서 짐승의 숭배자들이 "밤낮 쉼을 얻지 못하고"(14:11) 그의 경배에 내몰리는 것과 문자적으로 유사성을 가진다. 하나는 참된 찬양의 모습이요 또 하나는 하나님을 모방하는 존재들에 의해 강요되고 조작된 찬양의 모습이다. 보캄(Richard Bauckham)이 잘 지적하는 것처럼, 찬양하는 외적 양상은 유사하지만, 그 실질적인 면은 전적인 차이를 가진다. 하나님을 찬양하는 자들에게는 끊임없는 기쁨이 있는 반면, 짐승의 찬양자들에게는 끊임없는 고통이 있다.[2]

네 생물의 찬양은 전능하신 자(παντοκράτωρ 판토크라토르) 하나님의 거룩함을 높이고 영광과 존귀와 감사를 돌려드리는 것으로 이루

---

2 참조, Bauckham, *The Climax of Prophecy*, 28.

어져 있다. 이들의 찬양의 내용은 하나님의 속성과 관련된다. 거룩하신 분이요, 전능하신 분이며, 영원히 계신 분이신 하나님을 높이고 있는 것이다. 이어서 이십사 장로들에 의한 또 다른 노래가 울려 퍼지고 있다. 이들의 노래는 하나님의 속성보다는 하나님의 사역과 관련된다. 하나님이 만물을 창조하셨고, 존재하는 것이 어느 것 하나라도 하나님이 아니고는 존재할 수 없기에, 그의 창조 사역의 결과로 존재함을 입게 된 모든 만물이 창조주 하나님을 높여 그에게 영광과 존귀와 능력을 돌려드리지 않을 수 없는 것이다. 이십사 장로들의 찬양은 이 만물이 돌려드려야 할 찬양을 대표한다.

봉인된 책과 어린 양의 등장

이런 영화로운 찬양의 장면과 대조적으로 요한을 감정적 저조의 상태로 몰아넣는 하나의 새로운 상황이 펼쳐지고 있다. 요한은 하나님의 오른손에 한 책(두루마리)이 들린 것을 본다. 이는 앞으로 이루어질 일들에 대한 하나님의 계획을 담은 책으로 매우 중요한 의미를 지니는 책이다. 그 책은 앞뒤로 가득 내용이 채워져 있으며 일곱 개의 인으로 봉인되어 있다. 이내 힘 있는 한 천사가 나타나서 온 천지를 향하여 크게 외쳐 부르며 그 책을 열기에 합당한 자를 찾고 있다. 그러나 아무도 이에 응할 자격을 가진 자가 없다. 이것이 요한을 극도로 상심하게 만든다. 그의 마음은 이내 큰 슬픔에 사로잡힌다. 이는 하나님의 손에 들린 그 책이 얼마나 소중한지를 알기 때문이다. 그 책이 열리고 그 내용이 밝혀지는 것이 지상의 교회를 위하여 꼭 필요한 일임을 그는 직감적으로 알고 있다.

상심하여 울고 있는 요한을 향하여 이십사 장로 가운데 하나가 나아와서 놀라운 소식을 알려준다. 그 인을 떼기에 합당한 한 분을 소개하고 있다. 그의 이름은 "유다 지파의 사자"로, 또 "다윗의 뿌리"로 소개되고 있다. 이 두 이름은 각각 창세기 49:9-10과 이사야 11:1-5에 그 뿌리를 가진다. 1세기 맥락에서 이 이름들은 메시아적 이름들로 특히 쿰란 공동체에 의해 빈번히 사용되었다.[3] 보캄은 이 이름들이 전투적 개념으로 이해되고 있었음을 지적한다. 중요한 점은 1세기 유대인들의 전투적, 민족적 정복자로서의 메시아 기대가 어떻게 한 민족의 범주를 넘어 온 민족들을 위한 메시아로, 그것도 폭력을 통한 정복자로서가 아니라 평화의 왕으로 그 개념이 바뀌고 있는가 하는 점이다.

이런 점을 고려할 때, 다윗 집의 소망을 이루고 유다 지파를 위해 승리를 가져오는 이 "사자"가 곧 이어서 "어린 양"으로 소개되고 있다는 점이 대우 주목할만하다. 더군다나 이 어린 양은 일찍 죽임을 당한 자의 모습으로 나타난다. 이런 이미지는 이사야 53장에서 그 뿌리를 찾을 수 있을 것이다. 그는 고난을 아는 자요, 고난을 통해 만민을 승리로 이끄시는 분이다. 죽음을 통해 승리하시는 분! 매우 이상한 결합이 아닐 수 없다. 그러나 이것이 계시록이 보여주는 구원자의 모습이다. 이제 이분이 나아와 하나님의 손으로부터 봉인된 책을 취하고 있다. 온 세상을 다스리시는 창조주 하나님으로부터 마지막 때에 속한 이 세상 통치의 권세를 받고 있는 것이다. 그가 피

---

3 참조, Bauckham, *The Climax of Prophecy*, 214.

흘려 구속하고자 했던 그 세상, 그 사람들에 대한 주권을 이와 같이 확인받고 있는 것이다. 이 세상이 맡겨져야 할 분의 손에 바로 맡겨지고 있다. 그가 세상을 위하여 하신 일이 그가 세상을 위하여 하실 일과 연결된다.

찬양받으시는 구속의 어린 양

4장의 두 노래에 이어서 5장에는 세 개의 노래들이 소개된다. 4장의 노래들이 전능자요 창조자이신 하나님을 높이는 '창조의 노래'라고 한다면, 5장의 노래들은 구속자 어린 양을 높이는 '구속의 노래'라 할 수 있다. 어린 양에 대한 노래를 요한은 "새 노래"(5:9)라 표현한다. 이 노래가 새롭다는 것은 전에 없던 새로운 음악적 스타일을 개발했기 때문이 아니라, 그 내용과 의미에 있어서 질적으로 새로운 차원의 일이 이 노래의 중심을 이루기 때문이다. 엄위롭고 거룩하신 전능자 하나님, 하늘의 천사들의 찬양을 받기에 합당하신 하나님이 죽임당한 어린 양을 통해 어떻게 우리의 아버지가 되시며, 한 민족과 한 혈통에 국한되지 않고 모든 민족과 모든 열방을 위한 한 아버지가 되시는지를 이 새 노래는 노래하고 있다. 그런 점에서 이 노래의 초점은 집중적으로 어린 양에게 모아진다.

어린 양($ἀρνίον$ 아르니온)이라는 표현은 계시록 전체에서 총 29회 사용된다. 그러나 13:11에서 짐승의 묘사를 위하여 사용된 한 번을 제외하면, 예수 그리스도와 관련하여 사용된 것이 총 28회이다. 이는 보캄이 잘 지적하듯이 7 x 4라는 계시록의 특징적인 숫자적 패턴

과도 무관하지 않다.[4] 이 7 x 4의 패턴은 일곱 영에 대한 네 번의 언급(1:4, 3:1, 4:5, 5:6)에서도 나타나고, 일곱 교회에 대한 네 번의 언급(1:4, 11, 20절에 두 번)에서도 찾아볼 수 있다. 또한 온 세상을 지칭하는 4중 형태의 표현("족속과 방언과 백성과 나라")이 7번 등장하는 것과도 연결된다(5:9, 7:9, 10:11, 11:9, 13:7, 14:6, 17:15).

특히 5장 6절과 8절에서 어린 양에 대한 첫 언급이 나온 데 이어서 9절에 온 세상을 지칭하는 이 4중 형태의 표현이 처음 등장하는 것은 매우 의미가 깊다. 이는 그의 메시아 사역이 한 민족의 소망을 넘어 온 세상의 소망을 이룬다는 것, 나아가서 이 세상은 예수 그리스도의 세상이라는 것, 그의 희생의 승리를 통해 그가 온 열방들 위에 통치권을 얻으시며, 일곱 영들을 통해 그의 권능이 지금도 행사되고 있다는 것을 말해준다.

어린 양에 대한 첫 번째 노래를 살펴보자. 어린 양이 하나님의 손에서 두루마리를 받는 순간 승리의 팡파르와 같이 이십사 장로들의 찬양이 터져 나오고 있다. 4장의 이십사 장로들의 찬양과 같이 이 노래도 "합당하도다(Worthy art thou!)"로 시작된다. 이는 로마 문화의 맥락에서 볼 때는 황제가 그 자리에 임함을 송축할 때 사용되던 예전상의 한 문구(vere dignus)이다.[5] 황제 숭배에 익숙해 있던 당시의 사람들에게는 이런 송축이 황제에게 돌려져야 마땅하다고 인식되었을 것이다. 그러나 요한계시록은 오직 보좌에 앉으신 하나님과 어린 양에게만 이 문구를 사용함으로써 찬양을 받으실 분은 지상의 인간

---

4 참조, Bauckham, *The Climax of Prophecy*, 34-35.

5 참조, R.H. Mounce, *The Book of Revelation*, 147.

왕들이 아니라 영원히 계시고 그 뜻대로 역사를 주관하시는 하늘의 하나님과 어린 양이심을 명백히 밝히고 있다.

무엇보다도 먼저 어린 양은 하나님의 백성을 그 피로 사서 아버지께 드린 일로 인해 찬양을 받고 있다. 우리가 영원하신 하나님께 속하게 되는 이 일을 위해 어린 양은 죽음의 대가를 지불하셨다. 이 희생을 통한 혜택이 이제는 한 민족의 범위를 넘어 "각 족속과 방언과 백성과 나라"의 사람들에게 제한 없이 돌아가게 되었다. 나아가서 이들이 이제 새로운 하나님의 백성이 됨으로써 얻게 된 놀라운 지위가 무엇인지를 노래하고 있다. 이들이 하나님 앞에서 나라와 제사장이 되어 땅에서 왕 노릇하게 된 것이다. 출애굽기 19:6의 '제사장 나라'와 '거룩한 백성'에 대한 말씀이 예수 그리스도 안에서 새롭게 성취되고 있다. 이제 이들은 이 세상 속에서 어린 양과 더불어 왕적 통치에 동참하며, 또한 제사장적 섬김에 동참한다.

어린 양에 대한 5장의 찬양은 점차 확대되는 찬양대에 의해 메아리를 이룬다. 5:12에서는 천천만만의 천사들에 의해 "능력과 부와 지혜와 힘과 존귀와 영광과 찬송"이 어린 양에게 돌려지고 있으며, 이어서 13절에서는 하늘과 땅의 모든 만물에 의해 보좌에 앉으신 하나님과 어린 양께 동시에 찬양이 드려지고 있다. 얼마나 영광스러운 모습인가! 우리의 예배 때마다 이 천상의 예배 모습을 떠올려야 할 것이다. 단지 우리만 아니라 천상의 무리들과 땅 위의 온 만물이 함께 하나님과 어린 양을 높이는 이 장엄한 예배 속으로 우리는 나아간다. 우리는 아직 "새 노래"를 배워 부를 줄 모르는 땅 위의 모든 사람들과, 언어가 없어 적절히 하나님을 찬양하지 못하는 모든 피조물을 대표하여 하나님을 찬양하는 예배자이다. 비록 우리가 시골 변두리의 작은 교회 속에서 예배할지라도 우리는 이 장엄한 우주적 예배의 자리로 제한 없이 나아가는 것이다.

또한 우리는 그 예배와 찬양의 중심에 창조와 구속의 두 축이 놓여 있음을 주목해야 한다. 흔히 찬양이 예배자의 감상이나 감정을 자극하려 하는 현상을 많이 본다. 그러나 찬양의 본질은 인간이 무엇을 할 수 있느냐 이전에 하나님이 어떤 분이며, 하나님이 무엇을 하셨느냐와 관계된다. 하나님의 하나님 되심을 높이는 찬양이 아닌 모든 노래는 다 인간의 노래일 뿐이다. 그러나 참 찬양은 인간의 불가능을 가능하게 하시는 하나님의 절대적 창조와 구속 행위 속에서 비롯된다. 따라서 감상적 찬양이 아니라 원리적 찬양을 바르게 하는 자들의 삶 속에 찬양의 창조적 능력이 나타난다.

또 하나, 우리는 천상의 찬양 속에서 지속적으로 지상의 예수 그리스도의 사역이 상기되고 있다는 것을 주목해야 할 것이다. 땅 위의 다른 일들이 천국에서는 더 이상 기억될 필요가 없을 것이다. 아무리 좋은 일이라도 그것은 천상의 즐거움에 비할 바가 되지 못하며, 아무리 괴로운 경험이라도 더 이상 그것은 기억될 필요가 없을 것이다. 그러나 다만 한 가지 우리를 하나님께 엮어준 첫 사랑의 사연, 예수 그리스도의 죽으심 만큼은 천국에서도 계속해서 기억되고 찬양해야 할 우리의 영원한 찬양의 제목이 되고 있다.

어린 양과 하나되는 그의 교회

우리의 존재는 우리가 누구를 예배하느냐에 따라 결정된다. 우리가 돈을 섬기는 자이면, 또는 몸을 섬기는 자이면, 우리의 가치는 그처럼 보잘것없는 것이 되고 만다. 우리는 우리가 섬기는 자에 따라 결정되는 자이기 때문이다. 교회는 하나님과 또한 "만왕의 왕이요 만주의 주"이신 예수 그리스도를 예배한다. 우리는 역사 운행과 통치의 중심에 계신 그리스도를 섬기며, 그분과 더불어 역사의 중심의 자리로 나아간다. 그리고 모든 거짓된 예배의 대상들과 싸우며 그 우상들을 쳐부수는 자리로 나아간다. 올바른 찬양과 예배를 드린다는 것은 또한 거짓 예배자들과 싸운다는 것을 의미한다. 예배는 우리에게 양면적 경험을 준다. 하나는 우리가 예배하는 분 앞에 온전히 나아가 그의 영광에 사로잡히는 것이고, 또 다른 하나는 거짓 예배인 우상 숭배와 싸우는 것이다.

이 두 가지 면 모두에 있어서 예수 그리스도는 가장 중심적인 자리에 계신다. 그는 우리의 예배를 가능하게 하신 분이요 또한 우리의 예배의 중심에 계신 분이다. 예배 속에서 우리가 그를 만나며 그와 하나 됨을 이루는 것은 우리의 모든 경험들의 근원이 되는 경험이다. 예배 속에서 우리는 온 세상과 만민들과 모든 피조물들을 대표하여 그로 말미암아 이루어진 새 창조의 영광 속으로 나아간다. 한편, 우리는 예배 속에서 만나는 그분과 더불어 세상 속으로 나아가며, 세상의 우상 숭배자들과의 싸움으로 나아간다. 교회는 이 사실의 발견 속에서 놀라운 위로와 격려를 받는다. 세상 속에서의 교회의 싸움은 결코 우발적인 것이 아니다. 그 싸움의 중심에 예수 그리스도가 계신다. 그의 싸움에 부름받고 있는 교회는 승리하신 그 지휘관의 다스림 아래에 있다. 그 승리하신 어린 양이 결코 그의 신부 교회와 멀리 떨어져 있지 않다는 것, 그들의 싸움에 현존적으로 참여하고 있다는 것, 이것을 아는 것이 교회가 거짓 예배자들과의 싸움에서 승리할 수 있는 길이다.

그런 점에서 요한계시록의 중심을 이루는 4-5장은 중심이신 예수 그리스도와 더불어 세상의 중심의 자리에 서는 그리스도인의 지위와 사명을 보여준다. 우리는 이곳에서 세상의 창조와 인류의 구속과 모든 역사의 진행이 계획되고 시달되고 집행되는 사령부로 초대받고 있다. 이를 경험한 사람들은 세상 군대의 말단 사병과 같이 주어진 명령에만 의존하는 오합지졸 군대가 아니라, 지휘관의 사령부에 직접 초대받고 그 작전과 통치의 플랜을 함께 나눔으로써 자기 위치와 사명이 무엇인지를 보다 분명히 알고 끝까지 싸우는 강력한 어린 양의 군대를 이룰 수 있게 된다.

계시록 4-5장은 예배의 본질과 더불어 우리 앞에 놓인 영적 싸움에 있어서 우리의 지휘소가 어디에 있는지, 우리의 지휘관이 누구인지, 그리고 우리가 들고 나가야 할 깃발이 무엇이며, 우리가 불러야 할 승전가가 무엇인지를 동시에 보여주고 있다. 이 양면적 시각의 확보가 계시록 전체를 조화 있게 볼 수 있도록 만들어준다.

요한계시록 이해 4

04
일곱 인 심판과
성도들의 위로 및 사명

계 6:1-8:5을 중심으로

흐름과 구조

어린 양과 교회의 하나 됨의 모습은 계시록의 이야기가 전개되는 과정 속에서 보다 복잡하고 다양한 양상으로 펼쳐지고 있다. 심판들의 과정 속에서 그 모습은 어떻게 나타나고 있는가? 세상과의 영적 싸움 속에서 그 모습은 어떻게 나타나고 있는가? 세상 속에서 교회가 그 받은 사명을 수행하는 과정 속에서 그 모습은 어떻게 나타나고 있는가? 이와 같은 다양한 측면들에 대한 관심을 가지고 우리는 6장에서부터 본격적으로 펼쳐지는 심판의 과정들 속으로 들어가 보고자 한다.

계시록에 나타나는 심판들은 하나의 통일된 구조 속에서 전개되고 있다. 먼저 이것들은 일곱으로 구성된 세 시리즈를 형성하고 있다. 일곱 인들의 심판과 일곱 나팔들의 심판, 그리고 일곱 대접들의 심판이 그것이다. 이는 숫자 7이 가지는 철저함과 완전함의 상징적 의미를 반영한다. 더 나아가서 일곱 심판들의 배열 사이에도 하나의 유사한 패턴이 반복되고 있음을 발견한다. 일곱 인 심판의 경우 첫 네 인들은 연속적인 성격을 가지고 있다. 그러나 이어지는 다섯 번째와 여섯 번째 인은 그 성격이 매우 다르다. 마지막 일곱 번째 인이 떼어지기 전에 7장의 긴 막간이 소개된다. 그 후에 다음 일곱 심판의 준비와 더불어 마지막 일곱 번째 인이 떼어지고 있다. 이 구조는 4+2+막간+1의 형태를 이룬다.

일곱 나팔 심판의 경우도 유사한 구조를 가진다. 연속적으로 네 나팔 심판이 창조의 네 영역인 땅과 바다와 물과 하늘에 임하고, 이어서 성격이 다소 다른 다섯 번째와 여섯 번째 나팔 심판이 임한 후에 10:1-11:13의 긴 막간이 소개된다. 그 후에 마지막 일곱 번째 나팔 심판이 임하고 있다(4+2+막간+1). 일곱 대접 심판의 경우 별도의 막간이 마련되지 않은 것은 차이가 나지만, 전체적인 구조는 유사하게 이루어져 있다(4+2+1).

이런 패턴화 된 구조를 통해서 우리가 알 수 있는 것은, 이 심판들이 첫째 인의 심판부터 마지막 일곱 번째 대접 심판에 이르기까지 연속적인 시간상의 순서대로 일어나는 것은 아니라는 사실이다. 각각의 시리즈는 각각의 시작과 종결을 가지고 있다. 그리고 각 시리즈의 클라이맥스 부분은 내용상 동일한 사건, 곧 예수 그리스도의 재림과 하나님 나라의 온전한 도래를 언급하고 있다(6:12-17, 11:15-19, 16:17-18). 이를 볼 때 세 개의 심판 시리즈들은 시간상의 순서대로가 아니라, 심판의 다른 측면들을 부각시키는 주제상의 순서대로 제시되고 있음을 알 수 있다.

이 심판 시리즈들은 그 맞추어진 초점에 따라서 심판의 범위와 강도가 점차 증가하는 방식으로 제시되고 있다. 일곱 인 시리즈의 경우 소개되고 있는 주된 내용은 심판들 자체보다도 그 심판들을 시행할 권능을 부여받은 말 탄 자들에 대한 것이며, 그 권한도 땅의 1/4에 제한되고 있다(6:8). 일곱 나팔 시리즈의 경우는 네 창조 영역들에 미치는 심판들 자체에 초점을 맞추고 있고, 그 범위는 좀 더 확대되어서 각 영역의 1/3에 미치고 있다. 일곱 대접 시리즈의 경우 역시 네 창조 영역들에 미치는 재앙을 소개하고 있지만, 이번에는 앞의 경우들보다 심판의 강도가 더욱 철저하고 파괴적이며, 그 초점이 재림 자체에 보다 집중적으로 모아지고 있다.

이런 구조들을 보면서 한 가지 짚고 넘어갈 점은, 구조상 드러나고 있는 것과 같이 클라이맥스 부분의 중요성에 각별한 관심을 기울여야 하겠다는 것이다. 특히 각 시리즈마다 소개되고 있는 마지막 심판과 더불어 하나님의 대적자들이 파멸되고 하나님의 나라가 도래하는 과정에 있어서 하나님의 종들의 위치와 역할이 무엇인가 하는 점을 우리는 주목해야 한다. 이것이 주로 막간 부분에서 집중적으로 다루어지고 있다.

우리가 주목해야 할 중요한 신학적 주제 가운데 하나는, 1장과 4-5장 속에 소개되고 있는 어린 양 예수 그리스도의 영광스러운 모습과 그가 십자가에서 죽으심으로 이루신 결정적 승리의 방식이 어린 양의 군대인 교회에 동일하게 적용되고 있다는 점이다. 그런 점에서 교회는 그리스도와 하나 됨을 이룬다. 이 교회는 누구를 위하여, 또 누구와 함께 싸우고 있는가? 그 승리의 길은 무엇인가? 이를 위해 지불해야 할 대가는 무엇인가? 쏟아지는 심판들에 대한 숨 가쁜 묘사들 배후에서 우리는 요한이 지속적으로 유지하고 있는 핵심적인 신학적 메시지의 맥을 잘 간파해내어야 할 것이다.

일곱 인 심판

성부 하나님으로부터 두루마리 책을 받으신 어린 양은 차례로 일곱 인들을 떼기 시작한다. 처음 네 개의 인이 떼어짐과 더불어 천상의 네 생물들의 호출을 받고 네 말 탄 자들이 등장한다. 이들은 각각 흰 말과 붉은 말, 검은 말, 청황색 말을 타고 있다. 그리고 그들의 손에는 그 권능과 역할들을 상징하는 활과 칼, 저울 등이 들려 있다. 그들은 각각 전쟁과 살육, 기근, 사망 등을 관장한다.

처음 등장하는 6:2의 백마 탄 자는 그 외양이 19:11의 백마 탄 예수 그리스도와 유사함을 가진다. 그래서 이 둘을 연결시켜 이해하려는 시각이 3세기의 빅토리누스(Victorinus of Poetovio) 이후 많은 주석가들에 의해 채택이 되고 있다. 백마 탄 그리스도의 이미지를 통해 복음의 승리를 읽고자 하는 것이다. 그러나 우리는 문맥상 이곳의 백마 탄 자를 이어서 차례로 등장하는 다른 세 말 탄 자들과 연결 짓는 것이 더 좋다고 본다. 승승장구하는 이 인물은 "이기고 또 이기려고 하더라"(6:2)는 표현 속에 잘 나타나고 있는 것처럼 오직 승리와 정복만이 그 추구의 전부가 되고 있다. 그러나 우리는 정복자의 야망과 환희 배후에서 굴복자의 억압과 신음을 동시에 듣지 않을 수 없다. 백마 탄 자를 통해 상징되는 세상 나라의 승리와 정복 배후에는 전쟁과 피의 대가가 반드시 따른다는 점을 묵과할 수 없다.

이는 1세기의 로마에만 아니라 모든 시대의 나라들에 동일하게 적용될 수 있을 것이다. 여러 가지 인간의 욕심들 때문에 세상 나라들 가운데는 전쟁이 그치지 않는다. 때로 가장 큰 평화와 번영을 앞세우며 이루어지는 전쟁이라 할지라도 그 이면에는 기근과 사망의 고통이 따르지 않을 수 없다. 21세기의 상황도 예외는 아니다. 혹독한 추위 속에서 매트리스도 없이 맨땅에서 잠을 자야 하며, 곰팡이 난 빵을 눈물로 씹어야 하는 아프간 사람들의 고통의 음성이 가슴을 울리던 기억이 아직도 생생하다. "우리에게 승리가 무슨 소용인가! 이 절망과 이 고통이 언제 끝이 날 것인가!" 이들의 울부짖음이 분노와 원한으로 가슴 속에 잦아드는 한 이 세상에는 참 승리도, 참 평화도 요원하기만 하다.

로마의 번영 배후에 일어나고 있던 현상 가운데 하나가 이런 것이다. 한쪽에는 기근과 굶주림이 있지만, 다른 한쪽에는 사치와 허영이 공존한다. 이것은 그 손에 저울을 들고 등장하는 검은 색 말 탄 자에 의해 상징된다. 하루 품삯 한 데나리온에 장정 한 사람의 하루치 식량에 해당하는 밀 한 되가 고작이다. 이는 평상시 거래가의 1/10 정도밖에 되지 않는 양이다. 생필품은 이처럼 턱없이 부족한데, 사치품에 해당하는 감람유와 포도주는 별도의 보호를 받고 있다. "해치 말라"(6:6)는 표현은 뒤에 그 이마에 인 맞은 하나님의 종들의 보호와 관련하여 동일하게 사용되고 있다(7:3). 모두에게 미치는 기근이 아니라 일부에게만 편중되는 이런 형태의 기근이 더 가혹하고 어렵다. 이것이 오늘 우리 시대의 현상이기도 하다. 한쪽에서는 너무 많이 먹어 비만으로 죽어가는 사람들이 느는 반면, 다른 한쪽에서는 먹고 버리는 음식 찌꺼기 한 조각을 얻지 못하여 굶어 죽어가는 일이 비일비재하다. 이 병들고 무딘 인간의 마음 자체가 심판을 반영하고 있다.

네 명의 말 탄 자들이 가지는 이미지는 다중적인 측면에서 역사적 실체들로 구체화될 수 있을 것이다. 1세기 교회의 입장에서 볼 때는 승승장구하는 로마의 승리와 그것이 가지는 양면성을 연상케 하였을 것이다. 한 면에서는 로마의 통치를 통한 평화와 번영이 약속되고 있지만, 그 이면에는 전쟁과 반란과 기근과 사망이 뒤따른다. 로마의 승리는, 그리고 그 이후 어떤 세상 나라의 승리도 마찬가지겠지만, 결코 진정한 평화의 왕 예수 그리스도의 통치와 비교할 수 없다.

다섯 번째 인이 떼어질 때 첫 네 인과는 성격이 매우 다른 한 장면이 펼쳐진다. 하늘의 제단 아래에 있는 순교자들의 모습이 보이고 그들의 탄원이 들려온다. 이들은 "하나님의 말씀과 그들이 가진 증거로 말미암아"(6:9) 순교한 성도들이다. 이들은 자신들의 부당한 죽음에 대해 피의 신원을 하나님께 요구하고 있다. 하나님은 그들의 탄원을 결코 잊지 않으시며 그의 '신원하시는 심판'(18:20)과 동시에 '참되고 의로운 심판'(19:2)을 수행하신다는 것을 뒤에 가서 보여주고 있다. 그러나 현재의 시점에서 하나님은 그들에게 "아직 잠시 동안 쉬라"고 말씀하시며, 그들처럼 더 죽임을 당하는 자들의 수가 차기까지 기다리라고 말씀하신다. 이는 매우 이상한 대답이 아닐 수 없다. 아직 더 죽어야 할 자기의 사람들이 있다는 것이다. 매우 잔인한 하나님이 아닌가? 그는 자기의 사람들을 사지로 내보내고 있는 것이다. 그러나 이것이 하나님의 계획이다. 그가 정한 때까지 세상은 성도들을 죽이는 방식으로 하나님을 적대하는 일을 계속할 것이다.

이런 점은 니체 등이 보는 것처럼 계시록을 하나님의 이름을 빌어 약자들이 그들을 괴롭히는 강자들에 대해 '광신적인 보복심'을 분출하는 책으로 보는 견해와 정면 배치된다. 만일 그런 것이 사실이라면 이 장면에서 하나님은 자기 백성들을 위해 시원하게 칼을 뽑아 들고 보복의 행동을 취하여야 옳다. 그러나 오히려 하나님은 그들을 죽음의 자리로 내몰고 있다. 역사 속의 이해하기 어려운 혼란이 계속되도록 허용하신다. 그러나 때가 되면 그는 개입하실 것이다. 그 순간에라도 그는 보복의 하나님으로 오시는 것이 아니라 의로운 심판자로 오실 것이다. 이 하나님을 의뢰하는 것이 순교자들의 쉼의 이유이다. 그들의 쉼은 지복 상태의 안식을 가리킨다(14:13과 같이). 이는 오직 역사의 주권자 되신 하나님을 의뢰함 속에서만 가능한 일이다.

다섯 번째 인 심판은 우리를 이 하나님에 대한 신뢰 속으로 불러들인다. 뒤죽박죽 어지러운 역사의 현장들 속에서 하나님의 계획을 믿는 자들만이 담대히 죽음을 무릅쓴 싸움을 감당할 수 있다. 제단 아래에서 쉼을 얻는 순교자들에 대한 소개는 한 면에서는 하나님을 거역하는 세상의 권력에 대한 하나님의 공의로운 심판을 예고하는 것이지만, 또 다른 한 면에서는 순교자들의 수가 차기까지 아직도 더 이루어져야 할 세상 속에서의 교회의 싸움을 독려하기 위한 목적을 가지기도 한다.

그리고 여섯 번째 인이 떼어짐과 함께 마지막 주의 오심의 때에 이루어질 일들이 소개되고 있다. 이곳에 기록된 내용은 복음서의 해당 기록들(마 24, 막 13, 눅 21)과 연관성을 가진다. 비슬리-머리가 잘 지적하는 것처럼, 우리는 여기에서 작은 차원의 체계의 혼란이 아닌 우주적 차원의 체계의 혼란을 본다.[1] 이 부분을 재림의 때와 관

---

1 참조, Beasley-Murray, *Book of Revelation*, 129 이하.

련된 내용으로 보기보다는 그 이전의 국지적 심판의 하나로 보는 견해도 있지만,[2] 우리는 복음서와의 관계나 계시록 심판 시리즈들의 구성 등을 고려할 때, 이를 국지화시키는 것은 바람직하지 않다고 본다. 다시 말해서 심판 시리즈들 전체는 스물 하나의 심판들이 그 순서대로 이루어지는 연대기적 방식으로 나열된 것이 아니라, 주제적, 문학적 방식으로 제시되고 있다.[3]

하늘의 해와 달과 별들, 그리고 땅의 산과 섬들이 뒤흔들리는 대혼란 속에서 사람들은 왕이나 종이 다를 바 없이 무익한 자구의 노력을 기울이고 있다. 세상 속에서 사람들이 구축했던 안전망들이 모두 무용지물이 되고 있다. 돈도 권력도 아무 소용이 없고 높은 자나 낮은 자가 하나 같이 하나님과 어린 양의 진노 앞에 노출되고 있다. 그리고 이 "진노의 큰 날" 앞에 "누가 능히 서리요?"(6:17)라는 질문이 던져지고 있다. 이것이 우리를 향하여, 그리고 세상을 향하여 던지는 계시록의 가장 의미깊은 질문이다. 우리는 이 질문 앞에 서야 한다. 그리고 모든 사람들을 이 질문 앞에 세워야 한다. 세상의 안전망들이 자신들을 가려줄 것으로 믿고 열심히 돈과 권력의 바벨탑을 쌓아 올리고 있는 사람들에게 그 헛됨을 일깨워주어야 한다. 하나님의 진노 앞에서 그들을 가려줄 수 있는 것은 아무것도 없다. 다만 그 앞에 설 수 있는 자들은 각 나라와 족속과 백성과 방언 가운데서 어린 양의 구속함을 받아 흰 옷 입고 그 손에 종려가지를 든 "능히 셀 수 없는 큰 무리"(7:9)의 사람들뿐이다. 이들이 보좌와 어린 양 앞에

---

[2] 예를 들어, Walvoord, 『요한계시록』, 62.

[3] 참조, Witherington, *Revelation*, 130; Poythress, 『요한계시록 맥잡기』, 35.

선다. 서서 큰 소리로 그분을 높이며 찬양한다. 오직 어린 양의 사람들만이 설 뿐이다.

우리는 이 속에 담긴 위로와 사명을 동시에 볼 수 있어야 할 것이다. 다섯째 인에서 보는 것과 같은 혼란과 뒤죽박죽의 현실 속에서 하나님의 의의 심판을 신뢰하며 순교자의 길을 걷는 자들이 어린 양과 하나 됨의 은혜를 누릴 것이다. 그러나 어린 양은 항상 양처럼 부드러운 분으로 계시는 것만은 아니다. "어린 양의 진노"(6:16)에 대해 말하는 것을 우리는 똑똑히 보아야 한다. 그는 심판의 왕으로 오시는 분이다. 그분의 오심 앞에 세상을 대비시키는 사명을 우리는 감당해야 한다. 인간의 헛된 자구책의 무용함을 일깨우고 오직 그를 의뢰하는 자들만이 그의 앞에 능히 설 수 있음을 선포해야 한다. 선포할 뿐만 아니라 어린 양과 하나 된 우리를 통해 세상 앞에 그의 진노를 나타내어야 한다. 이것은 우리의 거룩한 삶으로 나타난다. 교회가 주님의 강림을 바라보며 구별된 삶을 살 때 세상은 교회의 임재 앞에서 "어린 양의 진노"를 느끼게 될 것이다.

교회의 이와 같은 종말론적 사명과 관련하여 여섯 번째와 마지막 일곱 번째 인 사이에 소개되고 있는 막간 장면은 매우 큰 의미를 가진다. 이 막간 장면의 핵심은 그 이마에 하나님의 인을 맞은 십사만 사천의 하나님의 종들의 모습이다. 하나님 백성의 완전하고 충만한 수(12 x 12 x 1000)를 상징하는 이 무리는 유대적 관점에서 볼 때는 이스라엘 12지파의 대표들로 제시되지만, 또한 평행적으로 "각 나라와 족속과 백성과 방언" 가운데서 뽑힌 "셀 수 없는 큰 무리"로 제시되기도 한다. 우리는 이 두 표현이 단일한 지칭 대상을 가리키는 것으로 본다. 하나는 민족적 유대인들에 대한 것으로, 다른 하나는 구원받은 이방인들에 대한 것으로 나누어서 이해할 필요는 없다고 본다.[4] 7장 속에서 인을 맞는 사람이 '큰 무리'를 제외한 십사만 사천의 사람들만이라고 보기도 어렵거니와, 계시록 속에서 십사만 사천은 어린 양으로 말미암아 '속량받은 사람들' 전체를 가리키는 표현으로 일관되게 사용되고 있기 때문이다(9:4, 14:1-5 등).

요한은 이 인침을 받은 십사만 사천의 무리를 시각적으로 볼 뿐만 아니라, 청각적으로 듣기도 한다. "내가 인침을 받은 자의 수를 들으니(7:4)"라는 표현은 결코 평범한 표현이 아니다. 요한은 사람들이 점호되는 소리 하나 하나를 듣고 있는 것이다. 이는 전쟁에 나가는 군사들을 점호하는 것과 유사한 장면이다. 많은 주석가들은 7:5-8 사이에서 각 지파의 수를 점고하는 것을 민수기 1:19-46에서 이스라엘 군대의 수를 세는 것과 연결짓는다. 이 십사만 사천은 하나님의 군대로 점고되고 있는 것이다. 그런 면에서 보캄은 이들이 이마에 인 맞는 것을 "순교자로서의 구별"로 해석하기도 한다.[5] 순교자를 너무 지나치게 좁은 의미로 제한하는 것이 아니라면 이런 견해도 수용할만하다. 십사만 사천은 단순히 심판들 속에서 보호받는 사람들임을 말하는 데서 그치지 않는다. 보다 능동적으로 그들은 어린 양의 군대로 소집되고 있는 사람들이다. "하나님의 말씀과 그들이 가진 증거로 말미암아"(6:9) 순교한 성도들의 대열에 함께 서도록 부름받고 있는 사람들이다.

이들에 대한 보다 자세한 언급이 7:14에 나타난다. 이들은 "큰 환

---

4 이렇게 나누는 대표적인 예는 참조, Walvoord, 『요한계시록』, 64.
5 참조, Bauckham, 『요한계시록 신학』, 121.

난에서 나오는 자들"이다. 다시 말해서 큰 환난이 그들을 굴복시키지 못한 사람들임을 말한다. 또한 이들은 "어린 양의 피에 그 옷을 씻어 희게 하였다." 많은 사람들은 이를 그리스도의 피로 말미암은 '구속'과 연결시킨다. 그러나 보캄이 잘 지적하는 것처럼, 이 구절의 주어가 '그들'인 점을 볼 때 '그들의' 능동적 행위가 강조되고 있다.[6] 그들이 스스로의 행위의 주체가 되어 자기들의 옷을 어린 양의 피에 씻었다. 피의 결속이 이루어지고 있음을 말한다. 그들이 어린 양의 싸움에 동참하고 있으며, 어린 양이 취하신 독특한 승리의 방식을 따르고 있음을 말한다. 곧 죽음으로 이기는 길이다. 그들의 순교가 하나님의 승리를 드러내는 그런 방식으로 그들은 그리스도의 싸움에 동참하고 있는 것이다.

 이것이 그들에게 세상에서는 주림과 목마름과 상함과 눈물의 고통을 말하겠지만, 하늘에서는 영광의 보좌 바로 앞에서 하나님과 어린 양을 찬양하는 자리가 그들을 위해 마련되고 있다. 나아가서 어린 양을 그들의 '목자'(원문은 ποιμανεῖ의 동사, '그가 양을 칠 것이다')로 모시게 된다. 어린 양이 목자가 되기도 하는 이런 이미지의 중첩은 계시록의 상징 세계 속에서는 매우 자연스러운 현상이다. 목자인 어린 양이 그의 사람들을 생명수 샘으로 인도하실 것이기에 그들에게는 더 이상 목마름도 배고픔도 없을 것이다. 또한 하나님이 친히 그들의 눈의 눈물을 씻어주실 것이기에 더 이상의 탄식도 고통도 있을 수가 없다. 이 모든 것이 세상 가운데서는 하나님의 말씀과 예수 그

---

6 참조, Bauckham, 『요한계시록 신학』 119.

리스도의 증거를 위해 순교를 무릅쓴 영적 싸움에 임하는 충성된 증인들에게 주어지는 값진 위로다. 우리의 위로는 결코 값싸게 얻을 수 있는 위로가 아니다. 값싼 은혜에 기대는 감상적 제자도는 결코 여기에 어울리지 못한다.

오늘에의 의미

우리는 여기에서 성경적 종말론 신앙의 매우 균형 잡힌 모습을 명확히 잘 발견할 수 있다. 흔히 종말론 하면 내세의 위로나 축복을 구하는 것으로만 생각하기 쉽다. 땅 위에서의 고통이나 눈물을 잊게 하는 환각제 정도의 역할을 종말론에 기대하는 것이다. 그래서 많은 사람들이 7:15-17의 말씀에서 큰 위로를 받는다. 그러나 우리의 본문은 7:14(어린 양의 피에 그 옷을 씻음)과 7:15-17을 별개의 것으로 분리시키지 않는다. 15절 이하의 위로는 14절의 삶을 땅 위에서 살아내는 사람들에게 주어진 것이다. 곧 어린 양과 더불어 죽음의 길을 마다치 않고 걸으며, 어린 양이 인도하는 곳을 따라 어디든 그와 함께 나아가는 자들에게 17절의 목자의 위로가 의미 있는 것이 된다.

다시 한 번 요한계시록은 예수 그리스도와 그의 교회가 이처럼 긴밀하게 연결되어 있음을 보여준다. 이는 1-3장의 지상 교회의 구체적인 현실 속에 반영된 교회의 본질 속에서도 그러하며, 4-5장의 가장 영광스러운 초월적 비전 속에서도 그러하고, 6-7장의 심판들의 전개 과정에서도 그러함을 발견한다. 교회는 어린 양의 구별된 짝이 되어 그의 진노 앞에 능히 설 수 있는 자가 될 뿐만 아니라, 세상 앞에 그의 진노를 나타내고 사람들로 하여금 돌이켜 하나님 앞으로 돌아오게 하는 사명을 감당하도록 부름받고 있다. 이런 사명을 붙들고 살아가는 교회의 현실이 아무리 외롭고 힘들며 고통스러운 것이라 할지라도, 그 가운데서 교회는 목자이신 어린 양과 하나 됨을 더 깊이 체험하게 되는 것이다.

이 사실을 깨닫는다는 것은 오늘의 교회가 얼마나 철저히 새로운 자기의식을 가져야 하는지를 잘 말해준다. 죽도록 충성하는 예수 그리스도의 증인이요, 어린 양의 순교하는 군대로서의 자신의 정체를 바르게 이해함으로써, 교회는 이 시대의 영적 싸움에 임하고 있는 자신의 위치를 더 확실히 자각해야 한다. 교회는 주말 레저와 리트릿을 위한 모임이 아니다. 오히려 하나님의 나라를 위하여 바르게 싸울 줄 아는 자들을 길러내는 훈련소이다. 잘 훈련된 어린 양의 군사들만이 심판의 때를 능히 이기며, 나아가 아직도 기회가 남아 있는 동안에 사람들을 불러 마지막 심판을 면하게 하는 증거 사역을 잘 감당할 수 있게 된다.

요한계시록 이해 5

05 일곱 나팔 심판과 증거하는 교회

계 8:6-11:19를 중심으로

연결 고리식의 도입

8장 1절과 2절 사이에는 어린 양이 일곱 번째 인을 떼는 것과 일곱 천사가 일곱 나팔을 부여받는 장면이 중첩되어 나타난다. 8장 6절 이하에서 일곱 나팔 심판이 본격적으로 소개되기 전에 일곱 번째 인 심판의 내용인 침묵이 소개되고 있다. 반시간 동안 이어지는 이 고요는 결코 공허를 의미하는 것은 아니다. 이는 하나님의 주권적 심판 행위에 대한 피조물들의 숨죽인 대기 상태를 보여준다. 뿐만 아니라 이 고요 속에서 성도들의 기도가 천사가 든 향로의 향연과 더불어 보좌 앞 금 제단 위에 드려지고 있는 것은 매우 의미가 깊다.

하나님은 그의 주권적 심판의 시행 가운데서도 성도들의 기도를 귀기울여 듣고 계신다. 세상 속에서 그 기도는 눈물로 얼룩진 것일 수밖에 없지만, 천사의 향연과 합하여 하나님의 보좌 앞에 올려질 때 그 기도는 가장 값진 헌신의 열매가 된다. 기도를 통하여 하나님의 뜻이 성도들에게, 또한 성도들의 마음이 아버지 앞에 전달됨으로 하나님과 그 백성 사이의 하나 됨이 이루어지게 되는 것이다. 성도들의 기도가 올려지는 것과 결부되어서 하나님 편에서의 행동이 천사의 향로를 통하여 땅에 쏟아지는 불의 모습으로 형상화되고 있다. 이는 하나님의 진노를 상징한다. 그리고 이와 더불어서 다시 한 번 보좌로부터 비롯되는 "우레와 음성과 번개와 지진"(8:5)이 언급되고 있다. 이는 모든 심판들이 하나님의 보좌로부터 그의 뜻에 따라 이루어짐을 상기시켜준다.

일곱 나팔 심판

나팔 심판들의 내용은 출애굽기의 열 재앙의 내용과 많은 면에서 유사성을 보인다. 첫 네 심판들 속에서는 우박과 불, 피, 흑암의 재앙들이 창조의 네 영역인 땅과 바다, 물, 하늘에 임함을 보여준다. 다섯 번째 심판에서는 메뚜기 재앙이 소개되고 있다. 그러나 계시록의 메뚜기 심판은 그 공포의 면에 있어서 출애굽기의 메뚜기 재앙을 월등히 능가한다. 출애굽기의 메뚜기가 나무와 풀을 공격의 대상으로 삼았던 것과 달리 계시록의 메뚜기들은 사람을 공격의 대상으로 삼는다.

무저갱으로부터 올라온 메뚜기 떼는 한 지도자를 따라 움직인다. 그 지도자의 이름은 헬라음으로는 아볼루온(Apollyon), 히브리음으로는 아바돈(Abaddon)으로 소개되고 있다. 이는 공히 파괴자의 의미를 가진다. 마귀가 하는 역할이 그것이다. 어떤 면에서 이는 스스로를 아폴로의 현신으로 인식하고 있던 네로나 도미티안을 암시하기도 한다. 이 용어 역시 다중적 적용이 가능할 것이다. 무저갱의 메뚜기들은 사람들에게 죽음보다 더한 고통을 주면서도 죽음은 주지 않는다. 이는 마귀를 따르는 악한 영들이 사람을 괴롭히는 모습을 나타낸다.

메뚜기 재앙은 그 앞의 재앙들이 그 지리적 범위에 있어서 1/3의 제한을 가지고 있었던 것처럼 그 기간에 있어서 5개월이라는 제한을 가지고 있다. 이는 하나님께서 그의 심판 중에도 은혜를 잊지 않으신다는 것을 암시한다. 이 심판들 가운데서도 그는 사람들이 회개하고 돌아오기를 기다리고 계신다. 더군다나 이 심판의 와중에도 하나님의 인 맞은 성도들은 철저하게 보호를 받고 있다.

다섯 번째 나팔 심판부터는 그 심판의 극심함을 강조하기 위해 별도로 '화'의 수를 세고 있다. 요한은 공중에 날아가는 독수리를 본다. 그는 또한 독수리가 부르짖는 '화, 화, 화'라는 소리를 듣는데, 헬라어로 세 번 반복되는 우아이(οὐαί) 소리를 통해 독수리의 소름끼치는 울음을 의성화하고 있다. 그 소리 자체가 끔찍한 분위기를 자아낸다. 다섯 번째 나팔 심판이 첫째 화가 되고 있다.

둘째 화로 지칭되는 여섯 번째 나팔 심판 역시 가공할 만큼 무서운 심판이다. 이 특정한 심판의 때를 위해 예비된 네 천사들이 그 결박에서 풀려남과 더불어 땅 위의 사람 1/3이 멸절되고 있다. 그들이 거느리는 마병대의 수가 '이만만' 곧 이억의 수를 헤아린다. 가슴에 붉은색과 자주색, 노란색의 선명하고 섬뜩한 흉배를 붙이고 있는 말 탄 자들의 모습 자체가 두려움을 자아내고 있지만, 더욱 놀라운 것은 그들이 타고 있는 말이다. 이 말들은 입으로는 사람을 죽이는 불과 연기를 뿜어내고 있으며, 뱀 같이 생긴 꼬리 끝에 붙은 머리로는 사람들에게 치명적 상처를 입힌다.

이런 심판의 모습은 우리의 상상을 초월한다. 그러나 더욱 놀라운 것은 이런 가공할 만한 심판의 와중에서도 사람들은 여전히 회개하려 하지 않는다는 점이다. 요한은 이 사실을 부각시켜서 강조하고 있다(9:20-21). 사람들은 더 열심히 우상 숭배에 몰입하고 있고, 그들이 행하던 악한 행위들을 버리고 회개하려 하지 않는다. 사람들의 마음이 그만큼 완악함을 보여주며, 또한 심판들이 그 효과에 있어서 제한된 목적만을 달성하고 있을 뿐임을 말해준다. 아마도 그런 점에서 또 다른 일곱 심판의 시리즈로 보이는 "일곱 우레"(10:3-4)가 기록되지 않은 채 인봉되고 있다. 대신에 사람들을 회개로 이끄는(11:11-13) 다른 길이 소개되고 있다. 이것이 무엇인가? 이와 관련해서는 마지막 일곱 번째 나팔 심판 직전에 소개되는 막간(10:1-11:14) 부분이 매우 큰 중요성을 가진다.

증거의 사명자로 부름받은 교회

이 막간의 장면에서 처음 등장하는 인물은 한 힘 있는 천사이다. 이 천사가 5:2에 나오는 힘 있는 천사와 동일 인물인가에 대해서는 확답을 하기는 어렵다. 그러나 그럴 가능성이 큰 것으로 보인다. 이 천사는 매우 영광스러운 모습으로 묘사되고 있다. 머리 위에 무지개가 드리워 있으며, 얼굴은 해와 같이 빛나고 그 다리는 불붙은 기둥과 같이 장엄하다. 천사에 대한 이런 예외적인 묘사도 예사롭지 않지만, 이보다 더 우리의 관심을 끄는 것은 그의 손에 들린 책(작은 책을 뜻하는 βιβλαρίδιον, 실질적으로는 βιβλίον과 차이가 없음)이다. 이 두루마리 책은 '열린' 상태로 천사의 손에 들려 있다.

이 열린 책이 5장에 나오는 책과 동일한 것이냐 아니냐에 대해서는 많은 논란이 있다. 그러나 우리는 이것을 동일한 것으로 볼 충분한 근거가 있다.[1] 5장의 책은 6:1-8:5 사이에서 그 일곱 인봉들이 차례로 떼어지고 있으며, 이에 따라 각각의 심판들이 소개되고 있다. 그러나 이 인봉들이 그 책의 내용 자체는 아니다. 인봉들이 다 떼어진 후에 책은 열려지고 그 내용이 밝혀지게 될 것이다. 그런 점에서 10:2에 나오는 '열린' 책을 5장의 책과 동일한 것으로 보는 것이 자연스럽다.

요한은 하늘에서 들려오는 지시에 따라 이 두루마리 책을 천사의 손에서 취하여 먹고 있다. 이것을 먹은 후에 그는 세상과 관련하여 예언할 것을 명받고 있다. 에스겔의 선례(겔 2:3-3:9)를 따르는 이런 과정 역시 요한계시록 전체의 예언적 성격에 일관된 맥을 제공한다. 우리가 앞서 보았던 것처럼, 요한의 예언은 속히 일어나야만 할 일에 관하여 하나님께서 예수 그리스도에게 주신 계시를 다시 천사를 통해 요한에게 주시고 이를 요한이 받아 하나님의 종들에게 전하는 형식으로 이루어져 있다(1:1). 이는 5장의 하나님의 손에 들린 책을 어린 양이 받고, 이것이 10장에서 천사의 손을 통해 요한에게 전해지며, 요한이 이를 세상의 사람들에게 전하는 과정과 일치점을 이룬다.

요한이 받아먹은 두루마리 책은 입에서는 달지만 그의 배를 쓰게

---

1 참조, Bauckham, 『요한계시록 신학』, 123.

만들고 있다. 이는 선지자에게 위임된 하나님의 말씀이 위로의 단 소식일 뿐만 아니라 속을 쓰게 만드는 불편함과 고통의 소식을 포함한다는 것을 의미한다. 하나님의 말씀의 효과가 그러한 것처럼, 그 말씀을 전하는 일도 어느 시대에나 달콤함을 가지는 동시에 쓰라림을 감당해야 하는 일이다. 교회가 세상 가운데서 감당해야 할 선지자적 증거의 사명 역시 그러하다.

교회가 종말 시대에 감당해야 할 선지자적 증거의 사명은 11장의 두 증인의 경우를 통해 예시되고 있다. 이에 앞서 요한에게는 지팡이 같은 갈대가 주어지며 이를 통해 성전을 측량하라는 사명이 주어진다. 이 일은 에스겔 40-48의 배경에서 볼 때 성전의 정립과 보호에 관계된 사건이다. 어려운 것은 여기에 나타나는 성전과 또 그 안에서 보호받는 사람들이 누구를 나타내느냐 하는 점이다. 크게 네 가지 방향의 다른 해석들이 나타나고 있다. 미래적 문자적 해석을 하는 사람들은 소위 '대환란' 시기에 믿는 유대인과 성전 건물이 보호받을 것을 나타낸다고 보고 있다. 과거적 문자적 해석을 하는 사람들은 이를 AD 70년의 사건을 반영하는 것으로 보고 있다. 비유적 해석을 하는 사람들은 이를 보호받는 그리스도인 공동체로 보지만, 보호받는 부분과 짓밟히는 성전 밖 마당의 해석과 관련해서는, 이를 알곡과 쭉정이로 해석하는 경우와, 영적 보호와 그 외면의 육체적 고난으로 해석하는 경우가 나누인다. 우리는 11장 전체 속에 빈번히 나타나는 상징적 표현들을 고려할 때 이 성전 측량 사건을 문자적으로 보기보다 비유적으로 해석하는 것이 더 적합한 것으로 본다. 내용의 면에서 이는 고난 속에 처하나 멸하지 않고 측량되어 보호받는 종말 공동체인 교회를 가리키는 것으로 볼 수 있다.

성전 측량에 이어서 하나님이 일으키시는 두 증인이 소개되고 있다. 이 두 증인은 11:4에서 두 감람나무로, 또 두 촛대로 불리고 있다. 촛대가 교회를 상징한다는 것을 고려할 때(1:20), 이 두 증인은 종말 시대의 교회를 대표함을 알 수 있다. 이들에게는 일천이백육십 일 동안 예언할 권세가 주어진다. 이 기간은 문자적 의미의 기간이라기보다 마지막 완성의 때가 오기 이전까지의 전체 기간을 상징하는 것으로 보는 것이 좋다. 이 기간은 붉은 용의 공격을 피해 도피하는 여자의 광야 생활 기간과도 일치하며(12:6), 42개월 또는 "한 때와 두 때와 반 때"(곧 3년 반, 12:14)의 기간으로 표현되기도 한다.

미래주의자들은 이 기간을 문자적으로 이해해서 재림 직전에 있을 극심한 박해의 기간으로 보기도 하지만,[2] 계시록의 상징적 숫자 사용의 맥락에서 볼 때 이 기간은 교회에 주어진 증거와 박해의 제한된 기간으로 보는 것이 더 적합하다. 우리의 관심은 특정 시기에 있지 않고, 매 시대의 교회가 감당해야 할 특정 사명에 있다.

'충성된 증인'이신 예수 그리스도의 교회는 그 역시 죽기까지 충성하는 순교자들의 군대가 되어 그들에게 맡겨진 증언의 사명을 이 세상 가운데서 수행한다. 이것이 교회에 주어져 있는 권능이며, 이 권능은 모세와 엘리야를 연상시키는 두 촛대 증인의 사역에 비견된다. 그들은 모세처럼 물이 피가 되게 하는 권능을 행하며, 또한 엘리야처럼 하늘을 닫아 비가 오지 않게 하는 권능을 행한다(11:6). 교회는 이들의 발자취를 따라 세상 가운데서 능력 있는 증거의 사명을 감당

---

2 대표적인 예로 참조, Walvoord, 『요한계시록』, 76.

한다. 두 증인이 당하는 처참한 죽음처럼 교회는 세상 가운데서 극심한 배척과 박해를 당하기도 한다. 그러나 교회는 예수 그리스도의 발자취를 따라 "삼일 반 후에"(11:11) 다시 일으킴을 받는다.

죽임을 당할지라도 결코 멸절되지 않는 충성된 증인인 교회의 사역은 놀라운 결과를 가져온다. 사람들이 회개하고 돌아오는 결과이다. 비록 증인들을 핍박하던 도시의 십분의 일이 지진에 무너지고, 칠천의 사람들이 죽음을 맛보지만, 그 나머지 "남은 자들"(11:13)은 하나님께 영광을 돌리게 된다. 구약의 남은 자들의 수가 십분의 일(사 6:13)과 칠천(왕상 19:18)으로 표현되고 있는 것에 비해, 계시록에서는 역으로 십분의 일과 칠천만이 멸하고 그 외는 남은 자들이 되고 있다. 순교하는 교회의 증거 사역으로 말미암은 결과가 이처럼 놀랍다. 이들의 승리는 전적으로 어린 양 예수 그리스도에 기인한다. 12:11이 밝히고 있는 것처럼 성도들은 "어린 양의 피와 자기들이 증언하는 말씀으로써" 원수를 이기며, 이를 위해 그들은 죽기까지 그 생명을 아끼지 아니한다. 이것이 교회의 승리의 길이다. 예수 그리스도의 피만이 승리를 가져온다. 교회는 그 증거의 말을 붙들고 세상 가운데서 목숨을 건 투쟁에 돌입한다. 이것이 교회가 감당해야 할 진정한 제자도의 길이다.

이처럼 신비롭고 영광스러운 교회의 승리의 길이 계시로 밝혀진 뒤에 마지막 일곱 번째 나팔이 울림과 더불어 천상의 찬양이 다시 울려 퍼지고 있다. 예수 그리스도의 나라가 최종적으로 임함을 노래하고 있다(11:15). 나아가 그의 충성된 증인들인 선지자들과 성도들이 상을 받는 대신, 그의 대적자들, 곧 "땅을 망하게 하는 자들" 위에는 합당한 진노가 내리는 것을 노래하고 있다(11:17-18). 그리고 다시금 4-5장에서 보았던 하나님의 영광스러운 보좌를 상기시키는 표현("번개와 음성들과 우레와 지진과 큰 우박", 11:19)과 더불어 두 번째 심판 시리즈가 마감되고 있다.

나가는 말

다시 한 번 이 부분에서는 예수 그리스도와 그의 교회가 이처럼 긴밀하게 연결되어 있음을 잘 보여준다. 비록 증거의 사명 붙들고 살아가는 교회의 현실이 짓밟힘을 당하고 따라서 외롭고 힘들며 고통스러운 것이라 할지라도, 그 가운데서 교회는 만유의 주재이신 하나님과 그의 어린 양과 하나가 됨을 더 깊이 체험하게 된다. 특히 1세기의 맥락 속에서 볼 때 교회는 소수 무리에 지나지 않는다. 손쉽게 진멸시킬 수 있을 것처럼 보이는 무리이다. 그러나 교회는 박해에도 불구하고 진멸되지 않는다. 오히려 죽음에 굴하지 아니하는 그 증거를 인하여 세상의 많은 사람들이 돌아오는 결과를 낳게 된다. 이것은 오늘의 상황에서도 변함없는 진리이다. 다만 오늘의 우리에게는 과거와 같은 육체적 형태의 박해는 드물다. 오늘 우리에게 있는 싸움은 보다 교묘한 형태로 바뀌고 있다. 우리는 세속주의와 물질주의, 다원주의, 해체주의 등과 싸워야 한다. 어쩌면 이런 것들에 의해 짓밟힌 교회의 모습은 더 추하게 보인다. 주님의 교회는 그리스도와 하나 됨을 통하여 우리 앞에 놓인 싸움을 힘차게 감당해가야 한다.

교회가 예수 그리스도의 충성된 증인이요, 어린 양의 순교하는 군대로서의 자신의 정체성을 바르게 이해할 때, 마지막 때의 영적 싸움에서 우리는 가장 중요한 고지 하나를 점령하게 된다. 곧, 내가 누구인지, 나의 힘의 원천이 무엇인지를 바르게 알게 된다는 점이다. 자신을 아는 데 이어 교회는 대적의 정체와 본질을 아는 데로 나가야 한다. 이 부분은 이어서 살펴볼 12장 이하에 잘 나타나고 있다. 이렇게 교회가 자신의 본질을 바로 알고 또한 대적의 정체를 바로 알면 그 앞에 놓인 싸움에서 반드시 이기고 또 이기게 될 것이다.

요한계시록 이해 6

06 승리하는 교회의 영적 싸움

계 12:1-15:4를 중심으로

그리스도인의 생활에 있어서 설부른 영적 무장 해제보다 더 위험한 것은 없다. 교회의 원수들은 그 공격을 잠시도 멈추지 않는데, 그리스도인들이 스스로 긴장을 풀고 있다면 그 결과가 어떻게 되겠는가? 계시록 전체가 그러하지만, 특히 12:1-15:4는 교회가 직면한 영적 싸움의 현실이 무엇인지를 매우 생생하게 보여준다. 이 싸움의 한쪽 편에는 어린 양과 그의 군대인 교회가 자리해 있다. 그리고 다른 한쪽 편에는 거짓과 기만의 왕 사탄과 그의 대리자들이 자리하고 있다. 우리는 요한이 보여주는 이상들을 통해 이 양편의 싸움이 어떻게 이루어지고 있는지를 보게 될 것이다.

이것을 잘 살펴보는 것이 오늘의 우리에게는 크나큰 유익이 된다. 왜냐하면 요한의 이야기는 남의 이야기가 아니라 바로 우리 자신들의 이야기이기 때문이다. 오늘 우리가 서 있는 위치가 어디인지, 오늘 우리가 부여받고 있는 사명이 무엇인지, 오늘 우리가 맞서야 할 대적들이 누구인지, 오늘 우리의 싸움을 승리로 이끌 수 있는 방안이 무엇인지, 오늘 이 세상을 새롭게 할 수 있는 변혁의 비전과 힘이 어디로부터 오는 것인지, 이런 질문들에 대한 해답을 이 이야기 가운데서 발견할 수 있다. 특별히 우리는 이 모든 과정 속에서 어린 양의 길과 교회의 길이 하나임을 발견하게 될 것이다. 교회는 어린 양이 이끄는 대로 어디든 가며, 그를 힘입어 그의 방식대로 그 앞에 직면한 싸움을 성공적으로 싸우게 된다.

12:1-15:4의 구성

우리는 6장부터 11장 사이에서 일곱 인과 일곱 나팔 심판들이 전개되고 있는 것을 보았다. 그리고 15장에 가면 다시 일곱 대접 심판들이 펼쳐지고 있다. 그 가운데 자리하는 12:1-15:4에서는 우주적 차원에서의 영적 전투의 주역들이 누구인지를 소개한다. 요한은 이 싸움 속에 현상적, 경험적 차원을 넘어 보다 근원적 차원에서의 영적 존재들이 개입되어 있음을 보여주기 위해 일곱 가지의 이상들을 차례로 소개한다. 이 이상들은 '내가 보니', '또 보니'와 같은 도입구에 의해 구분이 되고 있다. 비일(G.K. Beale)의 분석을 따라서 우리는 다음과 같은 일곱 이상들의 목록을 정리해 볼 수 있을 것이다.[1]

1) 용과 여인 및 그 씨와의 싸움(12장)
2) 바다에서 나온 짐승과 그 박해(13:1-10)
3) 땅에서 올라온 짐승과 그 박해(13:11-18)

---

1 참조, Beale, *The Book of Revelation*, 621.

4) 시온 산에 선 어린 양과 십사만 사천(14:1-5)
5) 세 천사에 의한 복음과 심판의 선포(14:6-13)
6) "인자와 같은 이"의 추수(14:14-20)
7) 짐승에 대한 성도의 승리와 그 승전가(15:2-4)

이 일곱 이상들은 교회가 세상 가운데서 당하는 여러 박해의 뿌리가 어디에 있는지를 보여준다. 동시에 이 무서운 박해들이 실상은 이미 패배한 자의 울부짖음과 기만에 지나지 않음을 보여준다. 이 계시가 가지는 목적은 성도들로 하여금 그들이 부여받은 증거 사명에 끝까지 인내로 임하게 하는 것이며, 이를 통해 온 세계 만민을 향한 하나님의 구속 계획을 성취하는 데 있어서 그 맡은 역할을 잘 수행하도록 격려하고자 하는 것이다.

주적(主敵) 붉은 용의 정체

12장에는 먼저 "해를 옷 입은 한 여자"의 모습이 소개되고 있다. 이 여인은 달을 그 발 아래 밟고 있고 열두 별들로 머리의 장식을 삼고 있다. 하늘의 천체들을 거느리고 있는 이 찬란하고 신비로운 여인의 정체와 관련하여 많은 논란들이 있어 왔다. 로마 가톨릭 주석가들은 대체로 이 여인을 예수님의 어머니 마리아와 일치시키는 경향을 가진다. 그러나 본문은 마리아의 생애 가운데 실제로 일어나지 않았던 여러 가지 일들을 언급하고 있다. 이단적 성향을 가진 사람들 중에는 '내가 그 해를 입은 여인이다' 하는 식의 아전인수격 해석을 하는 경우가 더러 있다. 그러나 이 여인의 영광에 현혹당하기 전에 이 여인이 "장차 철장으로 만국을 다스릴 남자" 곧 메시아를 낳는 다는 사실을 간과해서는 안 된다.

우리는 요한이 여기에서 보여주고 있는 이상이 어떤 역사적 사실에 대한 실사적(實寫的) 묘사라기보다 상징성을 가진 "큰 이적"(σημεῖον μέγα, 12:1)이라는 점을 고려해야 한다. 특히 이 여인이 쓰고 있는 열두 별의 관은 이스라엘의 열두 지파를 상징한다. 그런 점을 고려할 때 이 여인은 개인적 차원에서의 마리아라기보다는 집단적 차원에서 메시아의 모태가 되는 진정한 이스라엘, 참되고 신실한 하나님의 백성을 가리킨다.[2] 이 이스라엘은 동시에 용의 공격을 받는 교회의 모체로 나타나고 있으며, 옛 이스라엘과 참 이스라엘인 교회 사이에는 이와 같은 연속성이 존재한다.[3]

요한의 이상 가운데서 예수 그리스도의 생애는 매우 짧게 압축되고 있다. 그는 태어나는 순간 그를 삼키려고 대비하고 있는 용의 공격을 피해 하늘의 보좌 앞으로 취하여 올려지고 있다. 이렇게 메시아의 지상 사역이 생략되고 있는 것은 이 부분의 의미를 축소시키려는 의도와는 전혀 상관이 없다. 시공의 벽이 쉽게 허물어질 수 있는 상징의 세계 속에서 이런 생략은 어렵지 않게 일어날 수 있다. 이처럼 요약적으로 제시된 그리스도의 성육신과 부활 승천의 바탕 위에서 이제는 지상의 교회가 지속적으로 감당해야 할 투쟁이 무엇인지를 좀 더 크게 강조하고자 하는 것이 본문의 주된 목적이다.

이 투쟁의 주적(主敵)은 붉은 용이다. 그의 또 다른 이름은 12:9에

---

2 참조, Mounce, *The Book of Revelation*, 236; Beale, *The Book of Revelation*, 626.
3 참조, Morris, *Revelation*, 153.

소개된 대로 "옛 뱀 곧 마귀라고도 하고 사탄이라고도 하며 온 천하를 꾀는 자"이다. 이는 창세 시로부터의 오랜 활동의 경력을 가지고 있고, 거짓과 미혹을 그의 주 무기로 삼는 존재이다. 이 존재의 본격적 활동과 관련해서는 그 배경으로 천사장 미가엘에 의해 주도된 천상에서의 전쟁에 대해 말해주고 있다(12:7). 이 전쟁이 언제 어떤 방식으로 이루어졌는지에 대해 우리는 명확히 알지 못한다. 다만 그 결과로 인해 사탄이 패배하고 하늘에서 쫓겨났다는 사실과, 이제는 그 공격적 활동이 땅 위의 해를 옷 입은 여인과 그 남은 자손 곧 교회에 집중되고 있다는 사실을 보여준다.

상처 입은 짐승의 공격이 더 거칠 수밖에 없다. 용의 무차별적인 공격 가운데서 하나님의 백성인 교회는 하나님의 보호를 받는다. 하나님은 이전 출애굽 시에 이스라엘 백성에게 하셨던 것처럼 "큰 독수리의 두 날개"로 광야에 예비된 보호의 처소에 여인을 옮기시고 그곳에서 여인을 "한 때와 두 때와 반 때" 곧 3년 반 동안 돌보신다(12:14). 우리는 이 기간을 11:2의 42개월과 마찬가지로 문자적 의미로 이해하지 않는다. 이 기간은 사탄이 결정적으로 패배하고 하늘로부터 쫓겨난 이후 땅에서 그의 집중된 공격이 이루어지는 시기를 말하며, 그 속에서 교회가 증거의 사명을 감당하며 인내하고 보호받는 전체 시기를 가리킨다. 이 시기가 마치 사탄의 때인 것처럼 그려지지만 실제로는 이 모든 것이 다 하나님의 통제 아래 놓여 있다는 사실을 아는 것이 중요하다.

특별히 교회가 무엇으로 사탄의 공격을 맞서며 그를 이길 수 있을지를 잘 아는 것이 가장 중요하다. 바로 이것이 12:11에 기록된 것처럼 하늘에서 들려온 큰 음성 속에 잘 제시되고 있다. "또 우리 형제들이 어린 양의 피와 자기들이 증언하는 말씀으로써 그를 이겼으니 그들은 죽기까지 자기들의 생명을 아끼지 아니하였도다." 여기에 세 가지 핵심 요소가 강조되고 있는 것을 본다. 어린 양의 피, 증언의 말씀, 그리고 순교적 삶의 자세이다.

무엇보다 교회는 어린 양의 피로 싸운다. 이것이 사탄을 이기는 유일한 승리의 길이다. 십자가에서 사탄을 이기신 예수 그리스도의 승리에 의거해서 교회는 사탄의 공격을 막아낸다. 그리고 교회는 그들에게 맡겨진 증언의 말씀을 위해 그 생명을 건다. 이는 "우리 하나님의 구원과 능력과 나라와 또 그의 그리스도의 권세"(12:10)에 관한 영원한 진리의 말씀이며, 우리의 삶과 세상을 바라보는 관점을 완전히 새롭게 변화시키는 능력의 말씀이다. 이 진리의 증언을 붙들고 죽기까지 싸울 때 교회는 "충신과 진실"(19:11)이신 예수 그리스도의 철장 통치의 자리에 함께 서서 거짓과 미혹의 세력들을 심판할 수 있게 될 것이다.

요한계시록이 보여주는 땅 위에서의 교회의 현실은 비참하고 잔혹한 핍박과, 광야 생활의 거치름이다. 세상의 비단 방석과 안락의 자가 그 몫이 될 수 없다. 어린 양의 피와 상관없는 교회라면, 그래서 순교적 부름이 필요 없을 만큼 세상과 이미 타협한 교회라면 세상의 비단 방석이 편안함을 줄 것이다. 그러나 어린 양의 피가 그 존재의 실제적 기초가 되고, 그 밖에는 달리 아무 의지할 것이 없으며, 죽기까지 증거의 사명 감당하며 세상과 타협하지 않으려 하는 종말시대의 공동체라면 세상의 안락이 오히려 교회에게는 불편함이 되어야 한다. 오늘날 우리가 쉽게 접하는 것처럼, 세상과 타협함으로 거세된 교회의 무기력함이 교회로 하여금 사탄과의 대결을 피하게 만들고 있으며, 또한 온 세상을 향한 종말론적 변혁의 비전을 포기하게 만들고 있다.

붉은 용의 공격은 집요하고 교묘하며 변화무쌍하다. 처음에는 메시아 자신을, 다음에는 여인으로 대표되는 전체로서의 하나님의 백성을, 또 그 다음에는 여인의 남은 자손들, 곧 그리스도의 증거를 가진 교회를 차례로 공격의 대상으로 삼는 것을 본다. 하나의 도모가 이루지 못할 때 신속하게 다음의 공격 대상을 노리고, 그 각각을 공격하는 수단과 계책도 상황에 맞게 신속하게 바뀌고 있다. 이 용이 이제 육신의 한계 속에 거하는 여인의 남은 자손들을 대적하기 위해 어떻게 보다 현실적인 지상의 도구들을 동원하고 있는지 살펴보도록 하자.

교회에 임하는 현실화된 도전

12장의 영적 싸움이 주로 하늘을 배경으로 이루어지고 있는 것에 비해, 13장에서는 그 싸움의 결과가 이 지상적 차원에서 어떤 후과를 낳고 있는지를 이야기해준다. 이 싸움을 주도하기 위하여 사탄의 진영에서는 용의 한 대리자가 등장하고 있는 것을 본다. 이는 바다에서 나오는 짐승이다. 바다는 고래로부터 혼돈과 흑암을 상징하는 곳이요, 신화적 괴물들의 거소로 이해되는 곳이다. 용은 이곳으로부터 한 짐승을 불러내며, 이 짐승에게 그의 "능력과 보좌와 큰 권세"(13:2)를 주어 자신을 대리하게 한다.

이 짐승의 도습은 표범과 곰과 사자의 복합체를 이루어 사나움과 잔인함을 풍기고 있지만, 그보다 더 특징적인 것은 용과 마찬가지로 일곱 머리와 열 뿔을 가졌다는 것이며, 그 머리에 신성 모독의 이름들이 적혀 있다는 점이다. 이는 로마의 황제들이 자신을 가리켜 지칭한 이름들을 연상시킨다. 황제 아우구스투스 사후 그에게 신격화된 칭호(divus)를 부여하였던 일이나, 네로가 자신의 이름으로 발행한 주화에 '세상의 구주'의 호칭을 새긴 일, 도미티안 황제가 '우리 주와 하나님'(Dominus et Deus noster)으로 칭함을 받은 일 등이 다 이와 관련된다.[4]

짐승은 그 머리에 신성 모독의 이름들을 가지고 있을 뿐만 아니라, 또한 "신성 모독을 말하는 입"(13:5)을 받고 있어서 친히 그 입을 벌려 하나님의 이름을 모독하고 훼방하며, 나아가 하나님의 이름을 부르는 성도들을 극심하게 핍박한다. 짐승의 이와 같은 무소불위의 권세 앞에 사람들은 다 굴복하여 그를 경배한다. "누가 이 짐승과 같으냐 누가 능히 이와 더불어 싸우리요"(13:4) 하는 것이 그들의 경배송이다.

이 짐승이 획책하는 모든 일들이 땅 위의 성도들의 삶에 직접적이고 현실적인 영향을 미치게 된다. 이런 면은 13:11 이하에 소개되고 있는 땅에서 올라온 또 다른 짐승의 활동으로 인하여 더욱 가열된다. 앞의 짐승보다 훨씬 작은 규모의 힘을 상징하는 두 뿔을 가진 이 두 번째 짐승은 철저히 처음 짐승을 위하여 일하는 존재이다. 짐승의 우상을 만들어 경배하게 하고, 여러 가지 기적들을 통해 사람들을 미혹에 빠트린다. 나아가서 모든 사람들이 그 이마나 오른손에

---

4 참조, Mounce, *The Book of Revelation*, 250-51.

짐승 이름의 표(666)를 받게 함으로써 이를 통해 그들의 사회적, 경제적 활동을 철저히 통제하고 있다. 이런 일을 행하는 이 두 번째 짐승을 16:13과 19:20에는 짐승을 위하여 일하는 "거짓 선지자"로 지칭하고 있다.

우리는 이 두 짐승의 존재와 활동이 다름 아닌 신격화된 국가 권력을 상징하고 있음을 알 수 있다. 1세기의 로마의 국가 권력이 특히 그러하였다. 황제를 신격화하여 우상 숭배를 획책한 일이나, 제국 내의 요소요소에 포진한 황제 숭배 의식의 제관들이 이 우상 숭배의 선전자 노릇을 하였던 일, 그리고 이에 호응하지 않는 사람들에 대해 극심한 박해를 가하였던 일 등이 이와 관련된다. 하지만 이런 일은 1세기의 로마 세계에만 국한되지는 않는다. 역사상의 각종 짐승과 같은 독재 정권들하에서 이런 일들이 자행되었고, 또한 이 종말 시대의 마지막 때에는 이것이 더욱 가열된 모습으로 언제든지 재현될 수 있을 것이다.

이와 같은 상황 가운데서 모든 사람들이 다 짐승에게 굴복하고 그를 경배한다 할지라도 예외가 되는 유일한 사람들이 있다. "죽임을 당한 어린 양의 생명책에 창세 이후로 이름이 기록"된(13:8) 사람들이다. 이들은 그 받은 바 증거의 말씀을 위해 죽음으로 사탄을 이기신 예수 그리스도를 따르는 사람들이다. 그 이름이 어린 양의 생명책에 세상의 창조로부터 기록된 이 사람들은 박해를 받아 죽임을 당하는 자리에서도 그 증거의 말씀을 저버리지 아니한다. 이 때문에 짐승이 그들의 생명을 빼앗아 갈 수는 있겠지만, 그러나 생명보다 귀한 그들의 충절과 사랑은 결코 건드리지 못한다.

이것이 어린 양의 군대의 모습이다. 그들의 순교자적 충성과 예언자적 증거를 통하여 하나님의 진리의 말씀이 세상 끝까지 굳게 서고, 마침내 예수 그리스도께서 오셔서 세상을 심판하실 때, 그들이 지킨 증거의 말씀이 짐승과 그 선전자 및 추종자들을 치는 말이 될 것이다. 나아가서 그 증거의 말씀대로 하나님의 우주적 통치가 완성되고, 15:3-5에 나오는 승리한 자들의 노래처럼 오직 하나님의 이름만이 영화롭게 될 것이며, 세상 만국이 다 나아와 그를 경배하게 될 것이다. 이런 놀라운 결과가 이루어지는 데 있어서 어린 양의 군대인 교회의 역할은 너무나 크고 중하다.

우리는 이상에서 영적 전쟁의 두 진영, 곧 사탄 진영과 어린 양 진영의 모습이 뚜렷이 대비되고 있음을 볼 수 있다. 사탄 진영에는 모든 것이 거짓과 모방과 조작으로 일관된다. 하나님의 삼위일체를 모방하여 사탄의 삼위일체가 구성되고 있다. 붉은 용과 그의 권세를 대리하는 바다에서 나온 짐승, 그리고 거짓 선지자로 불리는 땅에서 올라온 짐승이 각각 성부와 어린 양과 성령의 모조 삼위일체를 구성한다. 이들의 기만적 행위는 어린 양의 죽으심과 부활을 흉내 내어 짐승의 일곱 머리 가운데 하나가 죽은 듯하다가 다시 살아남으로써 온 땅의 사람들로부터 경배를 획책하는 데서 절정에 이른다.

이들의 흉내내기는 여기서 그치지 않는다. 성도들이 하나님께 돌리는 찬양을 흉내 내어 "누가 이 짐승과 같으냐"(13:4)라는 짐승 찬양송이 불려지고 있으며, 천상의 찬양대(4-5장, 특히 4:8)를 흉내 내어 짐승의 숭배자들 또한 "밤낮 쉼을 얻지 못하"는 가운데(14:11) 짐승을 섬기고 있다. 그러나 그들 가운데서 올라가는 것은 기쁨의 향연이 아니라 '고난의 연기'일 뿐이다. 또한 하나님이 그 백성의 이마에 인을 치는 일을 흉내 내어 짐승도 자기 이름의 표를 그를 따르는 자들에게 주고 있다. 그 이름의 수인 666은 삼위일체 하나님의 완전의 수(이를테면 777이나 예수 그리스도를 가리키는 888)에 철저히 미치지 못하는 불완전을 상징하는 숫자일 따름이다. 이것은 하나님의 인 맞은 자들이 하나님의 보호를 받고 평안과 안식을 누리는 것과 달리 그 추종자들을 "밤낮 쉼을 얻지 못하"게 하는 속박과 억압의 표에 지나지 않는다.

때로 거짓이 진리를 이기는 듯이 보일 때가 있다. 짐승의 권세가 그 절정에 달해 있을 때의 모습이 그러하다. 짐승의 나라가 영원할 것처럼, 로마의 영광이 언제까지나 지속될 것처럼, 세상의 독재 권력이 영원히 독재자의 손에서 떠나지 않을 것처럼 보이는 때가 있다. 그러나 짐승에게 허용된 기간은 42개월에 지나지 않는다(13:5). 이 기간이 성도들에게는 고통의 시간이 되겠지만, 동시에 이는 인내의 기간이요 그들의 믿음을 시험하는 기간이다(13:10, 14:12). 이런 상황 속에서도 성도들의 입에 찬양과 증거의 말씀이 그치지 않는 이유는 그들이 누구인지에 대한 확고한 종말론적 비전이 있기 때문이다.

시온 산의 승리하는 어린 양과 그의 군대

짐승의 권세 아래 살면서도 성도들이 발견하는 자신들의 또 다른 모습, 이것을 14:1-5는 어린 양과 시온 산에 함께 선 십사만 사천의 승리의 무리로 나타내고 있다. 비록 그들의 현실의 삶의 자리는 죽음과 고난의 대가가 따르는 이 세상, 짐승의 보좌가 놓인 곳이지만, 그들의 영원한 삶의 자리는 어린 양과 함께 선 승리의 시온 산이다.

특별히 이들은 어린 양과 관련된 "새 노래"(14:3, 참고 5:9, 15:3)를 배워서 부를 수 있게 된 사람들이다. 이들은 어린 양의 인도를 받는 사람들이며 그에게 철저히 소속된 사람들이다. 이들의 특징으로 14:4는 "여자와 더불어 더럽히지 아니하고 순결한 자"라 하였고, 14:5는 "그 입에 거짓말이 없고 흠이 없는 자들"이라 하였다.

이들이 "여자와 더불어 더럽히지 아니"했다고 말하는 것은 문자적 의미에서의 동정이나 독신 상태를 말하는 것으로 보기는 어렵다. 오히려 일시적 동정, 곧 거룩한 전쟁에 임하는 군대의 정결 의식(신 23:9-14, 삼상 21:5, 삼하 11:9-13)에 해당하는 것으로 보는 것이 더 적합할 것이다. 같은 맥락에서 이들의 또 다른 특징인 '흠 없음'을 흠 없는 희생의 조건으로 이해할 때(출 29:38, 레 1:3, 3:1), 우리는 이 표현을 어린 양의 대의를 위해 몸 바치는 순교하는 군대의 희생과 연결지을 수 있을 것이다.[5]

이들의 정절과 흠 없음의 모습은 세 천사들에 의해 심판이 선포되는 "큰 성 바벨론"(14:8)의 모습과 큰 대조를 이룬다. 이 성의 특징은 '음행'이다. 사람들을 미혹하고 위협하여 우상 숭배에 빠지게 하였던 음녀 바벨론은 하나님의 진노의 잔을 피하지 못한다. 14장은 선언적인 방식으로 간단하게 바벨론의 멸망을 예고하고 있지만, 그 본격적인 내용은 17-8장에 기록되어 있다. 더불어서 "인자와 같은 이"(14:14)에 의한 알곡의 추수와 심판의 포도 수확이 예고되고 있다.[6]

---

5 참조, Bauckham, 『요한계시록 신학』, 119-20.
6 비일은 양자를 단일한 심판 사건의 반복 진술로 보지만, 이를 둘로 구분하는 것이 자연스럽다.

하나님의 마지막 진노의 심판들에 대한 본격적인 묘사로 넘어가기 전에 요한은 15:2-4에서 우리가 살펴본 단락을 마감 짓는 매우 의미 깊은 노래 하나를 소개하고 있다. 짐승의 회유와 핍박을 이기고 끝내 승리한 자들이 하늘의 보좌 앞, 특히 불 섞인 유리 바다 곁에 서서 부르는 승리의 노래이다. 15:3은 이 노래를 "하나님의 종 모세의 노래, 어린 양의 노래"라고 소개한다. 이 노래는 출애굽기 15장의 모세의 노래를 배경으로 한다. 그러나 그 의미는 어린 양을 중심으로 재해석되고 있다. 자기 백성을 위해 큰 구원의 일을 행하신 하나님을 찬양하는 내용은 동일하지만, 출애굽기 15장의 노래에서 하나님의 행위가 이방 나라들의 공포를 부르는 부정적 결과로 종결되는 것에 비해, 계시록 15장에서는 만국이 하나님을 경배하게 되는 긍정적 결과가 강조되고 있다. 어린 양으로 말미암은 새 창조, 새 출애굽 사건의 결과가 전 우주적 차원을 아우른다는 것을 잘 보여주고 있다.[7]

한 걸음 더 나아가서 이 노래는 짐승에게 돌려진 찬양과 대조를 이루면서 이를 뒤집고 있다. "누가 이 짐승과 같으냐"고 노래하는 짐승 경배송은 모세의 노래, 어린 양의 노래를 짐승 버전으로 각색한 것이다. 가사와 형식은 도용할 수 있을지 모르나, 그 실질은 극과 극의 대조를 이룬다. 어린 양에 의한 짐승의 결박과 심판으로 결국 그에게 돌려진 찬양이 얼마나 거짓이며 허구인지가 생생히 드러나게 된다. "만왕의 왕이요 만주의 주"(19:16)되신 어린 양 예수 그리스도

참조, Beale, *The Book of Revelation*, 774.
[7] 참조, Bauckham, 『요한계시록 신학』, 150.

로 말미암아 오직 하나님의 이름만이 온 열방 만민들 가운데서 높임 받고 영화롭게 됨이 마땅하다.

맺는 말

우리는 이 단락이 교회에게 주는 메시지가 매우 강력하다는 것을 느낄 수 있다. 교회는 그에게 맡겨진 증거의 사명으로 인해 세상 가운데서 강력한 예언자적 기능을 수행한다. 이 사명을 수행할 때 교회는 짐승으로 표상되는 세상 권력에 의해 때로 죽음의 대가를 치르기도 한다. 그러나 교회가 그 순교자적 자세를 잃지 않고 끝까지 인내로써 그 증거의 사명을 감당할 때, 어린 양을 통해 이루신 하나님의 구원의 역사는 온전한 결실을 맺게 되고, 온 세계와 만민들 가운데서 하나님의 이름이 찬양을 받게 될 것이다. 이 영광스러운 결과를 바라보면서 담대히 영적 전투에 임하는 것이 교회의 가장 교회다운 모습이다.

오늘의 교회가 이 가슴 뛰게 하는 변혁적 비전을 버리고 세상과 타협하여 영적 무장 해제 상태에 빠져가고 있는 것은 큰 안타까움이 아닐 수 없다. 교인의 수는 많아도 그 영향력은 극소화되고 있는 때를 맞고 있다. 적은 소수의 무리가 온 세상을 뒤흔들어 놓았던 초대교회의 기개는 어디서 다시 찾을 수 있을까? 우리는 요한계시록이 보여주는 이 힘찬 종말론적 비전으로 재무장해야 한다. 세상이 속삭이는 각종 번영과 행복의 약속에 귀 기울일 것이 아니라, 온 세상 가득 인정될 하나님의 영광에 대한 뜨거운 열망을 품고 어린 양의 진군의 호령에 귀 기울이는 일이 우리가 갖추어야 할 일차적 자세이다.

요한계시록 이해 7

07 일곱 대접 심판과 교회의 종말론적 축복

계 15:5-16:21을 중심으로

　15장 1절에서 예고되었던 일곱 대접 심판이 15장 5절부터 본격적으로 전개되고 있다. 일곱 천사들에 의해 주관되는 이 일곱 대접 심판은 앞서 나왔던 일곱 인과 일곱 나팔 심판과 유사한 패턴을 가지면서도 또 몇 가지 중요한 차이점들을 가지기도 한다. 우선 앞의 두 시리즈와 마찬가지로 일곱 대접 심판에 있어서도 7과 4의 숫자적 패턴이 두드러진다. 하나님의 심판이 철저하고 완전함을 나타내는 일곱 심판들이 창조의 네 주요 영역인 땅과 바다와 물과 하늘에 임하고 있다. 일곱 나팔 심판과 같이 일곱 대접 심판의 경우도 출애굽 당시의 재앙들과 많은 유사성을 가진다. 이는 출애굽 사건이 그러하였던 것처럼, 하나님의 심판적 개입이 한 면에서는 짐승의 압제 아래에서 탄식하는 자기 백성의 구원을 위함임을 보여주며, 또 다른 한 면에서는 바로처럼 그 마음이 완고한 하나님의 대적자들의 도모가 결단코 이루어질 수 없음을 명확히 보여주기 위한 것이다.

　그러면서도 일곱 대접 심판들 속에서는 그 심판의 최종성이 더욱 강조되고 있다. 이 심판들은 변두리를 치지 않고 심장부를 직접 겨냥한다. 짐승의 보좌가 심판의 직접적인 대상이 되고 있다. 이에 따라 짐승의 부당한 권세와 기만적 통치는 끝이 나고 홀로 진정한 왕이신 하나님과 어린 양이 그 통치를 확고히 하신다. 이 가운데서 짐승의 기만과 강압에 굴복하지 않는 어린 양의 교회는 고난받는 교회를 자신과 하나로 여기시는 그리스도와의 하나 됨을 더욱 긴밀히 체험하게 된다.

일곱 대접 심판의 위치와 성격

 일곱 대접 심판은 앞의 두 심판 시리즈들보다 더 철저하고 전면적이다. 앞의 두 시리즈의 경우에는 심판의 범위가 땅의 1/4 또는 1/3에 제한되고 있지만, 일곱 대접 심판의 경우에는 이런 제한이 없다. 앞의 두 경우에는 회개의 기회가 열려 있었지만, 일곱 대접 심판에 있어서는 더 이상의 기회가 주어지지 않는다. 짐승의 숭배자들은 끝까지 그 행위를 회개하지 않고 심판의 고통 가운데서도 하나님의 이름을 욕하고 비방하며 죽어간다(16:9-11, 21). 일곱 대접 심판은 앞의 두 시리즈들보다 더 뚜렷하게 짐승과 그 추종자들을 주된 대상으로 삼고 있다. 그리고 이들의 나라가 멸망함에 따라 마침내 임하시는 참된 통치자 예수 그리스도의 재림 자체에 그 초점이 모아지고 있다.

 일곱 대접 심판의 진원지는 하늘의 증거 장막이다. 일곱 진노의 대접들은 네 생물 중 하나에 의해 일곱 천사들에게 전달되고, 천사들은 성전에서 나는 '큰 음성'의 지시를 받아 차례로 그 대접을 각기 다른 대상들 위에 쏟아 붓는다. 드물게도 요한은 이 천사들의 차림

새에 대해 언급을 하고 있다. 그들은 "맑고 빛난 세마포 옷을 입고 가슴에 금 띠를 띠고" 등장한다(15:6). '세마포'(λίνον) 옷은 사본에 따라서는 '돌'(λίθον) 옷으로 표기된 곳도 있다. 주석가들 가운데는 각종 보석으로 장식한 천사적 존재에 대한 언급이 에스겔 28:13에 나타나는 것에 근거해서 세마포 옷보다는 돌(보석) 옷을 선호하는 경우도 있다.[1] 그러나 이를 꾸미는 '맑은'(καθαρόν)이라는 형용사와의 연관성을 생각할 때는 세마포가 더 자연스럽다.[2] 천사들의 차림새는 19:8에 나타나는 "빛나고 깨끗한"(이 형용사들은 15:6의 "맑고 빛난"과 어순만 다르고 동일) 세마포 옷(이 경우는 λίνον이 아니라 βύσσινον)을 입은 신부 교회의 경우와도 같이 그 순결성을 상징한다. 거룩하신 하나님의 의로우신 심판을 집행하는 자들로서의 순결성이 강조되는 것이라고 볼 수 있다.

첫 네 천사들의 심판은 연속성을 가진다. 그들이 차례로 대접을 쏟을 때 땅에는 악하고 독한 종기가, 바다에는 생물들을 죽이는 피가, 강과 물에는 역시 피가, 그리고 해에는 사람들을 태우는 불이 쏟아 부어진다. 일곱 나팔 심판의 경우에도 그 첫 네 심판들이 창조계의 네 영역들을 대상으로 하지만, 그 대상은 사람 자신보다는 그들이 속하여 사는 환경이었다. 예를 들어, 첫 번째 나팔 심판으로 불이 땅에 내려오지만 이 불은 나무와 풀을 태울 뿐 사람을 직접 상하게 하지는 않는다. 그러나 대접 심판의 하나로 땅에 내려온 불은 직접 사람들을 태워 죽인다. 이 사람들은 다름 아닌 "짐승의 표를 받은 사

---

1 예를 들어, Beale, *The Book of Revelation*, 804-805.
2 참조, Metzger, *A Textual Commentary on the Greek New Testament*, 680.

람들과 그 우상에게 경배하는 자들"이다(16:2). 이는 대접 심판이 짐승과 그 나라를 직접 겨냥하고 있음을 보여준다. 더 이상 짐승은 그 거짓된 통치를 계속할 수 없다. 더 이상 짐승의 하수인들이 성도들의 피에 취하는 일이 허용되지 않는다. 이제는 짐승과 그 하수인들이 하나님의 진노의 피를 마셔야 할 때이다. 여기에는 '그 죄에 합당한 형벌'이라는 주제가 부각되고 있다.[3]

이 부분에서 두드러지게 나타나는 하나의 아이러니는 짐승의 인이 그 인친 자들을 보호하지 못하고 있다는 사실이다. 오히려 하나님의 심판은 그 인을 받은 자들만을 표적으로 삼고 있다. 이 사람들은 짐승의 보호와 허락이 없이는 생존도 번영도 있을 수 없다는 생각으로 짐승의 인을 받았다. 그러나 결정적인 순간에 그들은 이것이 아무런 소용이 없다는 사실을 발견한다. 흔히 세상의 헛된 희망 앞에 그 영혼을 파는 자들이 오히려 그 추구하는 것 때문에 버림을 받고 멸망의 길을 가게 되는 경우들을 연상시킨다. 구원의 인이라고 생각했던 것이 결국은 멸망의 인이 되고 말며, 역으로 그 인을 받지 않은 것 때문에 해를 입을 줄 알았던 사람들이 마침내 구원을 받고 있다. 하나님은 그의 인을 받은 자들을 끝내 구원하시지만, 짐승은 그 약속을 수행할 능력도, 신실함도 가지지 못한다.

다섯 번째 재앙은 짐승의 보좌를 직접 겨냥한다. 하나님은 거짓의 보좌를 용납할 수 없다. 그 나라의 속성과 그 결국이 무엇인지를 흑암 재앙을 통해 잘 보여주신다. 짐승의 나라 자체가 흑암의 나라인

---

3 참조, Morris, *Revelation*, 188.

데, 그 위에 다름 아닌 흑암이 쏟아 부어지고 있다. 이 흑암 속에서 짐승을 숭배하던 자들은 혀를 깨무는 고통을 당한다. 음녀 바벨론의 모든 달콤한 약속들이 되돌릴 수 없는 부도 수표였음이 드러나고, 기만당한 모든 우상 숭배자들은 참을 수 없는 고통 속으로 떨어지고 마는 것이다. 이 어둡고 기만적인 짐승의 나라가 결국 흑암 가운데서 멸망하지만, 하나님의 나라는 찬란한 빛 가운데서 영원히 계속된다는 사실(21:23-24)이 계시록 전체 속에서 뚜렷이 부각되는 대조를 이룬다.

여섯 번째 대접이 쏟아 부어짐과 함께 유브라데 강을 사이에 두고 큰 전쟁과 살육이 준비되고 있는 것을 본다. 동방의 왕들이 그 파괴적인 힘으로 마른 땅을 건너 공격을 감행하게 될 것이다. 많은 학자들은 이 배후에서 1세기의 로마 사람들이 두려워하던 파르티아인들(Parthians)의 공격과 네로 환생 설화(Nero redivivus myth)를 연결시키고 있다. 말을 탄 채 활을 쏘는 것으로 유명했던 파르티아인들이 환생한 네로의 지휘하에 로마를 침공하여 멸망시킬 것이라는 두려움이 그들을 사로잡고 있었다.[4] 우리는 요한의 글 속에 이와 같은 당대의 의식이 얼마만큼 반영되고 있는지 명확히 확인할 길은 없다. 요한이 이 부분에서 이 설화를 의식하고 있었든 아니든, 중요한 것은 유브라데 강의 마름이 "하나님 곧 전능하신 이의 큰 날에 있을 전쟁"(16:14)을 위함이고, 종국적으로 '그 전쟁'(ὁ πόλεμος)은 하나님 백성의 최종적 구원과 해방으로 이어진다는 사실이다. 구약과의 연관

---

[4] 이에 대한 자세한 논의는 참조, Bauckham, *The Climax of Prophecy*, 396-441.

속에서 볼 때, 홍해가 마름으로 이스라엘이 애굽의 손에서 구원을 받았고, 또 여리고 강이 마름으로 가나안 땅을 싸워 얻을 수 있는 길이 만들어졌던 것처럼, 이제는 한 민족에 국한되지 않고 전 세계적 차원의 구원과 해방이 유브라데 강의 마름 속에서 예고되고 있는 것이다.

마지막 일곱 번째 대접은 공기 중에 그 진노를 쏟아 전무후무한 지진과 우박으로 우상 숭배의 진원지였던 큰 성 바벨론의 멸망을 재촉한다. 바벨론의 멸망은 이미 앞에서도 선포된 바 있다(14:8). 그 멸망이 가지는 의미는 너무나 큰 것이기 때문에 요한은 그 자세한 형편을 17장 이하에서 더 상세히 다루고 있다. 그 전에 16장에서 이미 그 멸망은 기정사실로 나타나고 있고, 이를 이루신 하나님의 능력이 찬송을 받고 있다. 이 마지막 일곱 번째 심판과 함께 "번개와 음성들과 우렛소리 … 큰 지진"(16:18)을 언급함으로써 앞의 두 심판 시리즈와 마찬가지로 이 심판 사건들의 진원지가 4:5에 그 첫 언급이 나타나는 하나님의 천상의 보좌임을 상기시켜 준다. 그러나 일곱 인과 일곱 나팔 심판의 경우와 달리 일곱 번째 대접 심판의 경우에는 지진과 우박에 대한 언급이 보다 확대되어 있어서 앞의 경우들보다 더 분명하게 하나님의 마지막 때의 승리와 영광의 강림을 강조하고 있다. 오직 이분만이 모든 인류와 역사의 주관자이심을 보여주고자 하는 것이다.

하나님의 의로운 심판

일곱 대접 심판들을 통해 부각되는 몇 가지 중심 주제들을 좀 더 자세히 되짚어 보도록 하자. 우선 이 심판들은 "하나님의 진노"(15:7)를 그 주제로 한다. 하나님의 진노는 사람들의 감정적 폭발이나 보복심의 표출과 같은 것이 아니다. 요한은 이 "하나님의 진노"를 "영원토록 살아 계신" 하나님의 영원성과 결부시킨다. 이는 하나님이 영원히 살아계셔서 모든 사람들의 모든 행한 일들을 다 아시고 그에 따라 공정히 판단하시는 가장 의로우시며 가장 신뢰할만한 통치자가 되심을 말해준다. 하나님은 바벨론이 성도들에게 행한 일을 다 기억하신다(16:19, 또한 18:5, 20, 24). 하나님은 하늘의 보좌 앞 제단 아래에서 들려오는 순교자들의 탄원(6:9, 또한 8:3-5, 18:20)을 잊지 않으신다. 비록 그 순간에는 순교자들의 피가 더 보태어져야 할 것이라고 말씀하시지만, 때가 되면 하나님은 이들의 피 값을 공정하게 갚으신다.

대접 심판에 나오는 피의 묘사는 이와 관련이 있다. 세 번째 대접이 강과 물 위에 쏟아질 때, 물을 관장하는 천사의 음성이 들려온다. "전에도 계셨고 지금도 계신 거룩하신 이여 이렇게 심판하시니 의로우시도다 그들이 성도들과 선지자들의 피를 흘렸으므로 그들에게 피를 마시게 하신 것이 합당하니이다"(16:5-6). 하나님은 그의 성도들과 선지자들이 피 흘리도록 그에게 충성하고 신실하였던 것을 잊지 않으신다. 왜냐하면 그 자신이 신실하신 하나님이시기 때문이다. 성도들의 피를 흘린 자들이 피를 마시게 되는 것이 그들에게 합당하다(ἄξιοί εἰσιν은 단수가 아닌 복수 형태로, 하나님이 아니라 그들이 합당하다는 것을 말한다). '합당한 심판'이라는 주제가 강조되고 있다.

16:5에서 천사가 하나님을 "거룩하신 이"로 부르고 있는데, 거룩과 관련하여 여기에 사용된 단어는 흔히 쓰이는 하기오스(ἅγιος)가

아니라 호시오스(ὅσιος)이다. 물론 이 두 단어는 동의어에 속하지만, 호시오스가 하나님의 심판 행위와 관련되어 사용되고 있는 이곳에서는 이 말이 하나님 자신의 고유한 성품이나 속성에만 국한되지 않고 언약 관계에 있는 그의 백성에 대한 그의 신실함을 나타내는 언약적 의미를 더 강하게 내포하고 있다.[5] 이 말이 언약과 관련하여 직접 사용되고 있는 예도 찾아볼 수 있다. 이사야 55:3의 70인경(LXX)에는 다윗에게 준 언약을 가리켜 타 호시아(τὰ ὅσια)라는 말을 사용한다. 사도행전 13:34은 이를 반영하여 "다윗의 거룩하고 미쁜 은사"를 언급할 때 타 호시아를 쓰고 있다. 하나님은 이스라엘의 거룩하신 자로서 그 언약 백성에 대하여 끝까지 신실하심을 지키시는 분이다. 이런 하나님이 신약 시대의 자기 백성에 대해서도 동일하게 "거룩하신 이"(ὁ ὅσιος)로 나타나고 있다. 자신을 위하여 피 흘리기까지 충성한 자들을 끝까지 돌아보시는 분이 바로 우리의 하나님이시다.

자기 백성을 위해 일어서시는 하나님, 이 하나님의 의로운 심판의 행위를 두고 제단이 반응하여 응답한다. 제단은 다섯 번째 인 심판 때에 소개되었던 순교자들이 그 아래에서 하나님께 부르짖었던 장소이다. 제단 자체가 말을 했는지, 아니면 그 주변의 다른 이들이 말을 했는지 명확히 알기는 어려우나, 제단이 순교자들에 대한 증인적 성격을 띠고 있는 것은 대단히 의미가 깊다. 그들은 하나님께 바쳐진 흠 없는 희생제물과 같은 자들이기 때문이다. 제단으로부터 나는 소리는 물을 관장하는 천사의 말을 받아 "그러하다 주 하나님 곧 전

---

5 참조, Beale, *The Book of Revelation*, 797, 818.

능하신 이시여 심판하시는 것이 참되시고 의로우시도다(16:7)"라고 호응하고 있다. 하나님의 의로우신 심판은 이처럼 천사와 성도들에게 찬양의 제목이 되지만, 성도들의 피에 취하여 있던 악한 자들에게는 저주와 비방의 제목이 되고 있다.

하나님의 진노의 심판은 큰 성 바벨론의 멸망으로 이어진다. 바벨론의 멸망과 함께 그 결탁 관계에 있던 만국의 성들도 무너지게 된다. 이런 과정에 대한 자세한 언급은 17-18장 사이에서 더 구체적으로 다루어지게 될 것이다. 우리는 여기에서 요한의 특징적인 이야기 전개의 방식을 볼 수 있다. 먼저 개괄적으로 선포되고 제시된 내용을 적절한 자리에서 이어 받아 더 세밀하게 설명하는 방식이다.

아마겟돈 전쟁에 대한 언급도 유사한 방식을 취하고 있다. 여섯 번째 대접이 유브라데 강에 쏟아질 때, 강물이 말라 길이 준비됨으로써 동방의 왕들이 결집하게 되고, 아마겟돈의 대결전이 준비된다. 그런데 16장에서는 단지 이를 예고할 뿐이고 이 대결전의 구체적인 전개는 19:11-21에 가서 자세히 펼쳐지게 될 것이다. 요한은 이 중요한 사건을 한꺼번에 다 말해버리지 않고, 사람들의 관심과 기대를 점진적으로 고조시켜 가다가 최후의 순간에 극적인 방식으로 그 클라이맥스를 도출하는 이야기 전개 방식을 취하고 있다.

하나님을 대항하여 일어난 이 최후의 결전을 위해 왕들과 사람들을 사주하는 자들은 12장과 13장에 그 모습이 소개되었던 용과 짐승과 거짓 선지자(땅에서 올라온 짐승)이다. 이들의 입에서는 개구리 같은 세 더러운 영들이 나오고 있다(16:13). 요한은 이 영들을 가리켜 "귀신의 영"(πνεύματα δαιμονίων '귀신들의 영들')이라 부른다. 귀신들 자체가 이미 영적인 존재인 만큼 이 표현은 그들의 영을 따로 구분해서 지칭하는 것이라기보다 그들의 성격이 마귀적임을 나타내는 표현이다. 따라서 이를 '마귀적 영들'로 읽을 수 있을 것이다.[6] 이 영들을 개구리에 비기고 있는 것은 이들이 하는 일에 대한 일종의 상징적 조소법의 표현이라 볼 수 있다. 개구리들이 밤낮 시끄럽게 울어대지만 이루는 것은 아무것도 없는 것처럼, 이 영들이 온갖 선전을 일삼지만 그 결국은 헛될 뿐임을 나타낸다.[7] 이 더러운 영들의 임무는 자기들이 행하는 기적들을 등에 업고 온 천하의 왕들을 선동하여 하나님을 대적하는 일에 한 뜻이 되어 일어나 모이게 하는 일이다. 마지막 때에 거짓 선지자들이 일어나 기적을 행하여 만국 사람들을 미혹하는 일에 대해서는 성경의 다른 곳에서도 빈번히 언급되고 있다(살후 2:9-10, 마 24:11, 딤전 4:1 등).

아마겟돈 전쟁에 대해서는 많은 논란이 있어 왔다. 유브라데 강을 문자적 예언의 측면에서 이해하는 사람들은 이를 중동 지방을 중심으로 일어날 제3차 세계 대전 같은 것으로 이해하려 할 것이다. 그러나 요한계시록은 이런 식의 예언을 위한 책이 아니다. 우리가 세상의 추이에 대해서는 늘 깨어서 관심을 기울여야 하겠지만, 계시록이 말하는 '그 일이 바로 이 시점의 이 일을 가리킨다'는 식의 해석은 대단히 주의해야 한다. 아마겟돈이라는 이름 자체가 문자적이기보다 상징적 의미를 가진다. "히브리어로 아마겟돈이라 하는 곳"(16:16)이라고 할 때 아마겟돈의 히브리어 음 표기에 가장 가까운 것은 har-megiddo(므깃도 산)나 ir-megiddo(므깃도 시)이다. 많은 학자들

---

6 참조, Ladd, *Revelation of John*, 214.
7 참조, Morris, *Revelation*, 192.

은 이를 har-megiddo와 연결시키는 것을 선호한다. 므깃도는 고래로 큰 싸움이 일어났던 지역이다(삿 5:19, 왕하 23:29 등). 그러나 성경에 나오는 므깃도는 산이 아니라 평지이다. 요한은 종말론적 대결전의 장소로 구약의 므깃도를 연상시키고 있지만, 그렇다고 해서 엄밀한 지리적 장소로서의 므깃도를 지칭하지는 않는다. 따라서 우리는 어떤 특정 지역을 이 표현과 연결시키기 위해 노력하기보다 하나님의 대적들이 그들의 반역적 힘을 과시하기 위해 연합 전선을 형성한다는 사실 자체에 주목할 필요가 있다. 이들의 결집은 결국 19장에 나타나고 있는 것처럼 새들을 위한 심판의 큰 잔치로 끝이 나고 만다. 이를 통해 하나님의 의로우신 진노의 심판은 그 정점에 달하고 그의 백성은 어린 양과 함께 영원한 승리를 누린다.

교회의 보호와 축복

아마겟돈 전쟁의 준비에 대한 언급 중간에 우리는 불쑥 튀어나오는 우리 주님의 음성을 듣는다. "보라 내가 도둑 같이 오리니 누구든지 깨어 자기 옷을 지켜 벌거벗고 다니지 아니하며 자기의 부끄러움을 보이지 아니하는 자는 복이 있도다(16:15)"라는 말씀이 그것이다. 이 말씀은 얼핏 보면 전체 이야기의 흐름을 끊고 있다는 인상을 풍기지만, 가만히 따져보면 이 구절은 요한의 관심과 주제를 잘 드러내고 있다. 짐승의 나라를 향한 심판은 자기 백성을 향한 그리스도의 돌보심과 아끼심을 동시에 포함한다는 사실이 그것이다. 짐승을 향한 저주와 자기 백성을 향한 축복은 완벽한 조화를 이룬다.

계시록에 나타나는 7번의 축복의 말씀들(1:3, 14:13, 16:15, 19:9,

20:6, 22:7, 22:14) 가운데서 16:15 이후의 축복들은 특히 주님의 오심과 긴밀히 연결되어 있다. 그의 오심은 신부가 신랑을 맞이하는 경사스러운 일이 되기 때문에 그 혼인 잔치의 때가 이르렀음을 듣는 것이 교회의 한량없는 축복이 된다는 선언이 그러하다. 또한 그가 속히 올 것이므로 그가 주신 예언의 말씀을 잘 듣고 지키는 자들이 복되다는 말씀도 역시 그러하다.

주님의 오심과 관련된 축복의 말씀은 한정된 한 시점을 위해 주신 것이 아니라, 주님의 재림을 앞두고 살아가는 종말 시대의 모든 시점을 위해 주신 말씀이다. 특히 미혹하는 영들의 활동이 두드러지는 때일수록 우리는 깨어 있음을 통해 성도의 복을 누릴 수 있어야 할 것이다. 왜냐하면 주님 재림의 정확한 시점을 아는 것이 성도의 복이 아니라, 깨어 있어 주님 맞을 준비에 조금도 흐트러짐이 없는 것이 성도의 복이라고 말씀하기 때문이다. 특히 주님의 교회는 벌거벗음으로 그 수치를 드러내지 않도록 주의해야 한다. 라오디게아 교회를 향해 "흰 옷을 사서 입어 벌거벗은 수치를 보이지 않게 하라"(3:18)고 명하시는 주님의 음성은 그의 오심을 대망하며 살아가는 자들에게는 가장 긴박한 요청의 말씀이다. 그렇게 해야 하는 이유는 교회가 어린 양의 신부로서 그와 함께 흰 옷 입고 다닐 자들로 부름을 받고 있기 때문이다(3:4).

주님의 자랑스런 신부로 부름받고 있는 우리가 주님의 의와 또한 우리의 의의 행실들로 아름답게 단장할 때, 우리는 주님과의 가장 깊은 밀월을 즐길 수 있게 될 것이다. 이것이 성도의 최대의 축복이다. 기대치 못한 때에 주님은 도적 같이 오실 것이지만, 이미 우리는 주님과 함께 가장 깊은 하나 됨을 누리며 살고 있다. 그분께 대한 언약적 신실함을 지키는 자들을 주님은 끝까지 지키시고, 의의 심판을 통해 자신의 신실하심을 나타내신다. 그를 의뢰하는 자들을 그는 영원히 보호하시지만, 짐승의 표를 받은 자들은 비참하게 버림을 받는다. 과연 우리가 누구를 따를 것인가?

맺는 말

사탄 나라의 종국을 고하는 심판의 과정 속에서 하나님의 백성인 그리스도의 교회는 "땅에 사는 자들"과 구별되며, 각종 심판으로부터 보호를 받는다. 짐승의 권세가 세상을 화마처럼 집어 삼키고 있을 때, 교회는 순교와 인내의 시간을 견디지 않을 수 없다. 그러나 그 사랑과 충절을 오직 어린 양에게만 바치며 끝까지 굽히지 아니하는 교회를 하나님은 결코 잊지 않으신다. 하나님은 교회의 대적을 자신의 대적으로 삼으시고 그의 권능으로 교회의 대적자들을 심판하신다.

고난과 핍박의 시간이 교회의 입장에서는 주님과의 보다 깊은 밀회의 시간임을 알아야 한다. 교회를 자신과 동일시하시는 주님께서 그의 나라와 의를 위해 고난받는 교회를 그 나라에 합당한 자들이라고 선언하시기 때문이다(살후 1:5). 그 백성을 위해 일어나시는 이스라엘의 거룩하신 이가 오늘 그리스도 안에서 우리의 하나님이 되신다. 그는 오늘도 우리를 위하여 일어나 싸우고 일하신다.

요한계시록 이해 8

08
음녀 바벨론의 멸망과 어린 양의 신부 교회

계 17:1-19:10을 중심으로

일곱 번째 대접 심판 속에서 이미 언급되었던(16:19) 큰 성 바벨론의 멸망은 17장과 18장 사이에서 별도로 더 상세하게 다루어지고 있다. 큰 성 바벨론은 이곳에서 '음녀'라는 새로운 이미지로 묘사되고 있다. '큰 성'의 이미지와 '음녀'의 이미지는 다 같이 요한계시록 속에서 교회를 나타내는 이미지들과 대조를 이룬다. 교회는 '큰 성' 대신 '새 (성) 예루살렘'으로 묘사되고 있고, 또한 '음녀' 대신 그리스도의 '신부'로 묘사되고 있다. 이 상반되는 이미지들의 운명은 극명하게 나누어진다. 음녀 바벨론은 멸망하여 더 이상 일어설 수 없게 되지만, 그리스도의 신부인 교회는 영원히 그리스도와 함께 혼인의 축복 속에 거하게 된다.

음녀 바벨론의 멸망을 보여주는 이 부분의 의미는 대단히 크다. 현실 속에서의 교회는 도저히 무너지지 않을 것 같은 거대한 세상 나라의 압제 아래에 놓여 있다. 교회는 명백한 약자이다. 그러나 강자인 '큰 성'은 순식간에 멸망 당하는 반면 약자인 교회는 영원한 승리를 맛본다. 이것이 역사를 운행하시는 하나님의 오묘한 계획이다. 교회는 이 계시된 계획을 알고 이를 굳건히 붙잡아 음녀 바벨론의 현실적 유혹 앞에서도 그 순결과 정절을 지켜나가도록 부름받고 있다. 이를 통해 교회는 자신이 그리스도와 하나이며 오직 그에게만 드려짐이 되었다는 사실을 입증하는 삶을 살게 되는 것이다.

음녀 바벨론의 정체

17장에서 새롭게 사용된 음녀의 이미지는 1세기의 독자들에게 쉽게 로마를 연상하게 하는 표현들과 연결되어 있다. "많은 물 위에 앉은 큰 음녀"(17:1)라는 표현은 뒤에 가서 로마가 거느린 많은 나라와 민족들(17:15)을 상징하는 것으로 풀이되고 있다. "여자가 앉은 일곱 산"(17:9)은 흔히 '일곱 산의 도시'로 불리던 로마의 지리적 특성을 연상시킨다. 뿐만 아니라, 이 음녀의 이마에 "비밀이라, 큰 바벨론이라, 땅의 음녀들과 가증한 것들의 어미라"(17:5)와 같은 이름들이 기록되어 있는 것은 로마 당시의 창녀들이 그 머리에 자신의 이름을 쓴 띠를 두르던 것과 일치된 이미지를 형성한다. 또한 짐승을 타고 있는 여인의 모습에서 당시 사람들은 로마에서 숭배되고 있던 대모신(大母神) 키벨레(Cybele, the Magna Mater)와 그 난교의 현장 같은 것을 연상했을 것으로 보인다.[1]

이 음녀에 대해 요한이 직접 경험한 환상은 17:3부터 시작되고 있다. 일곱 대접을 가진 일곱 천사 중의 하나가 '성령으로'(ἐν

---

[1] 참조, H. Seebass, "Babylon", *NIDNTT*, I, 142.

πνεύματι) 요한을 광야로 이끌고 나아가 그에게 새로운 환상을 보여준다. 이 '엔 프뉴마티' 문구는 1:10과 4:2에 이어 세 번째 나오는 것이며, 마지막 네 번째 '엔 프뉴마티' 문구는 21:10에 나온다. 의미심장한 것은 이 세 번째와 네 번째의 언급이 긴밀하게 연결되어 있다는 점이다. 두 환상이 다 같이 일곱 대접 가진 일곱 천사 중 하나의 인도 아래 밝혀지고 있다. 17장의 환상에서 소개되는 것은 온갖 사치스러운 것들로 치장하였으나 추악하기 짝이 없는 음녀의 모습이다. 반면 21장의 환상에서 소개되는 것은 세마포 단장의 수수하지만 순결한 어린 양의 신부의 모습이다. 요한은 '엔 프뉴마티' 문구를 통해서 의도적으로 멸망 받을 음녀 바벨론과 영광스런 신부된 교회를 대비시키고 있다. 사탄인 붉은 용이 짐승들과 더불어 하나님의 삼위일체를 모방하듯이 짐승과 짝을 이루는 음녀는 그리스도의 교회를 모방한다. 그러나 세상 속에서 아무리 그 영향력과 권세가 크다 할지라도, 사탄의 사악함과 함께 음녀의 추악함은 하나님의 심판만이 그에 합당한 보응이 될 뿐이다.

음녀는 붉은 짐승과 한 짝을 이루어서 등장한다. 13장에서 보았던 것처럼 짐승이 그 권력을 통해 세상을 공포 속으로 몰아넣고 조작과 압제로 사람들을 통치한다면, 음녀는 그가 제공하는 각종 쾌락을 통해 사람들을 혼미와 방탕과 중독의 포로로 사로잡는다. 이 여자가 "성도들의 피와 예수의 증인들의 피에" 취하는(17:6) 이유도 거기에서 사악한 즐거움을 누리기 때문이다. 사람들로 하여금 잔혹함과 피 흘림의 짜릿한 쾌감에 중독되도록 만드는 것이다. 이런 사악한 쾌락에 한 번 맛이 들린 사람들은 음녀의 품을 떠나서는 살 수 없게 된다. 그들이 누리는 모든 쾌락과 사치를 위하여 끊임없이 음녀를 찾고 그를 의존하지 않을 수 없게 되는 것이다.

한 짝을 이룬 음녀와 붉은 짐승의 관계에 대해 천사는 요한에게 보다 깊은 비밀을 일러준다(17:7 이하). 일곱 머리와 열 뿔 가진 짐승에 대하여 천사는 그가 "전에 있었다가 지금은 없으나 장차 무저갱으로부터 올라와 멸망으로 들어갈 자"(17:8)라고 말한다. 이해하기 쉽지 않은 표현이다. 그러나 짐승의 결국에 대해 말하고 있는 것은 분명하다. 이와 더불어 짐승의 일곱 머리 가운데 다섯은 망하고 하나는 있고 다른 이는 아직 이르지 아니하였다(17:10)는 표현 역시 어렵다. 이것이 무엇을 의미하는지에 대해 주석가들의 견해는 분분하다. 헨드릭슨은 이를 로마 이전의 옛 다섯 제국들과 현재의 제국 로마와 앞으로 나타날 적그리스도 제국을 상징하는 것으로 이해한다.[2] 마운스나 보캄의 경우는 이 짐승에 대한 묘사를 네로 재생설과 연결시키기도 한다.[3] 비일의 경우는 이 표현들을 역사적인 것으로 보기보다는 비유적인 것으로 보고 있다.[4] 일곱 왕들을 역사상의 로마 황제들과 무리하게 일대일로 연결시키기보다, 스스로에게 신적 속성을 부여함으로 하나님의 백성을 탄압하는 독재적 권력의 총체를 상징하는 표현으로 보는 것이다. 물론 로마도 그 하나임에 분명하다. 이런 교만한 독재 권력들은 영원히 있지 못하고 일시적일 뿐이며, 앞으로도 계속 나타날 것이다.

비일의 견해가 강점을 가지는 부분은 짐승이 그 오만한 권력을 행

---

[2] 참조, Hendriksen, 『요한계시록』, 209.

[3] 참조, Mounce, *The Book of Revelation*, 312; Bauckham, *The Climax of Prophecy*, 429-40.

[4] 참조, Beale, *The Book of Revelation*, 869.

사하기 위해 그리스도의 죽으심과 부활을 모방하고 있다는 지적이다. 이런 점에서 13장에 나타나는 짐승의 모방 행위는 여기서도 되풀이되고 있다. "지금은 없으나", "장차 올라와" 같은 표현들은 짐승의 죽음과 부활의 모방 행위와 관련된다. 또한 이 짐승이 장차 여덟째 왕으로 나타나리라는 것도(17:11) 그리스도의 부활을 모방하여 뭔가 새로운 시대를 열어가겠다는 행위이다.[5] 그러나 그 속성은 조금도 변함이 없다. 이런 모방 행위를 통해서 짐승은 사람들을 미혹하려 하지만, 그러나 짐승의 결국은 분명하다. 영원히 사시고 다스리시는 그리스도와 달리 짐승은 멸망으로 들어가고 말 것이다.

짐승의 열 뿔 또한 로마의 속국을 이루었던 열 나라의 왕들에게 역사적으로 연결시키려 하거나(Farrar), 미래적 관점에서 그리스도의 재림 전에 나타날 로마 제국의 열 후예 나라들의 재결합으로 보기도 한다(Walvoord). 그러나 이런 제한된 적용보다는 비일이 보는 것처럼 짐승이 그리스도를 흉내 내는 모조자라면, 열 왕들은 그리스도와 함께 한 자들, 곧, "부르심을 받고 택하심을 받은 진실한 자들"(17:14)의 모조자로서 짐승을 따르며 그와 뜻을 합하여 그 뜻을 수행하는 하수인들이라고 볼 수 있다.[6] 이처럼 짐승과 왕들이 결속하여 어린 양을 대적하나 결코 그들은 어린 양을 이기지 못한다.

---

5 참조, Beale, *The Book of Revelation*, 875.
6 참조, Beale, *The Book of Revelation*, 879.

음녀 바벨론의 멸망

짐승이 아무리 그리스도를 흉내 내어 신적 권세를 행사하려 할지라도 그 마지막은 멸망일 뿐이다. 이는 짐승과 한 짝이 된 음녀 바벨론의 경우도 마찬가지다. 18장에서는 바벨론의 멸망이 그 도시의 엄청난 부와 사치로 인해 더욱 처참한 모습으로 그려지고 있다. 큰 성 바벨론이 멸망하게 되었을 때 애가를 부르며 이를 가장 아쉬워하던 자들은 그와 결탁하여 이익을 누리고 있던 땅의 왕들과 무역상들과 바다의 선원들이다. 바벨론과 더불어 음행하고 사치하던 땅의 왕들은 "한 시간에" 임한 그 심판을 보고 두려움에 사로잡혀 있다(18:10). 땅의 상인들은 바벨론의 멸망으로 더 이상 그들의 상품들을 사줄 자가 없어졌기 때문에 슬퍼하고 있다(18:11). 바다의 선장과 선원들 역시 자신들의 치부의 근원이 끊어진 것을 인해 애통하고 있다(18:19). 왕들로부터 상인들에 이르기까지 바벨론의 그늘 아래 사는 모든 자들은 그 정치적, 경제적 연관 관계 속에서 하나의 거대한 조직체를 이루어 그 운명을 함께 하고 있다.

요한은 무역상들이 바벨론에 공급하였던 갖가지 물건들의 목록을 소개하고 있다. 이것을 보면 우리는 당대 로마 세계의 극에 달한 사치와 허영의 모습을 잘 들여다볼 수 있다. 18:12-13에 나오는 총 29개의 품목들은 크게 일곱 그룹으로 나누어진다. (1) 보석류, (2) 고급 옷감, (3) 각종 그릇 및 장식품, (4) 향료품, (5) 식료품, (6) 가축들, (7) 노예들이다. 오늘날로 말하면 먹는 것, 입는 것, 장식품 등에 있어서 최고급 명품들만을 고집하는 사치의 모습을 볼 수 있다. 뿐만 아니라 노예들이 상품처럼 매매되고 있다. 이들의 노동의 대가

위에서 소수의 사람들이 부요와 여가를 누릴 수 있게 되는 것이다.

로마인들의 사치와 탐닉의 모습은 역사의 기록들도 이를 뒷받침해준다. 네로 황제의 경우 단 한 번의 연회를 위해 이집트산 장미를 10만 불어치나 사용하기도 했으며, 미식가인 비텔리우스 황제는 공작의 뇌나 나이팅게일 새의 혓바닥 등을 탐하느라 몇 개월 되지 않는 그의 재위 기간 동안 음식비만 이천만 불을 소비하였다고 한다.[7] 이런 영화와 사치를 누리고 있는 동안 바벨론은 자신의 멸망을 전혀 생각하지 못한다. 오히려 옛 바벨론이 그러하였던 것처럼(사 47:7-8), "나는 여왕으로 앉은 자요 과부가 아니라 결단코 애통함을 당하지 아니하리라"(18:7)고 말하며 교만에 빠져 있다.

그러나 바벨론의 멸망은 순식간에 다가온다. 요한은 그 멸망이 급작함을 나타내기 위해 "하루 동안에" 또는 "한 시간에"와 같은 표현들을 반복적으로 사용하고 있다(18:8, 10, 17, 19). 그 영화와 사치가 컸던 만큼 그 몰락이 더욱 비참하지 않을 수 없다. 로마뿐만 아니라 영원히 무너지지 않을 것 같던 강한 나라들이 무너질 때는 순식간에 몰락하고 말았던 것을 우리는 역사의 과정을 통해 잘 알고 있다.

바벨론의 멸망은 한 힘센 천사가 거대한 맷돌 같이 생긴 돌 하나를 들어 바다에 던지는 상징적인 행동과 함께 종지부를 찍고 있다. 예레미야 시대에 시드기야 왕의 시종장 스라야의 행동(렘 51:61-64)을 연상시키는 이 행위는 옛 바벨론이 유브라데 강에 가라앉음과 같

---

7 참조, Mounce, *The Book of Revelation*, 329. 비텔리우스 황제가 베풀었던 연회에 사용된 창꼬치 고기의 간, 꿩과 공작의 뇌, 플라밍고의 혀, 칠성장어의 정액 등의 식재료에 관해서는 참조, Suetonius, *The Twelve Caesars*, 275.

이 음녀 바벨론이 바다속 깊이 가라앉아서 다시는 일어설 수 없음을 그림처럼 보여준다. 이는 로마에 해당되는 이야기일 뿐만 아니라, 지구상에 나타나는 모든 적그리스도 나라들의 마지막 운명이 어떠함을 보여준다. 그 절정기 때의 각종 흥겨운 소리들이 마침내는 고요와 적막에 삼키우고 만다.

어린 양의 신부 교회의 축복

18장이 바벨론의 멸망을 가슴 아파하는 애가들과 마지막에는 무거운 침묵으로 종결되고 있는 반면, 19장 초반부는 성도들과 천상 존재들의 '많은 물소리 같은' 찬양들로 채워지고 있다. 바벨론의 몰락을 두고 성도들은 기쁨의 찬양을 부르고 있다. 이는 물론 종말론에 심취한 그리스도인들이 세상에 대해 가지기 쉬운 이원론적 자세를 나타내는 것이 아니다. 세상 나라는 결국 무너지고 말 것이므로 우리는 그것을 새롭게 하거나 보수하기 위해 아무 노력도 기울일 필요가 없다고 보는 알버트 슈바이처식 종말론 역시 올바른 것이 아니다. 바벨론의 멸망을 두고 성도들이 기뻐하는 이유는 세상 자체를 무의미한 것으로 보기 때문이 아니다. 오히려 하나님께서 창조하신 세상과 사람들을 마치 자신의 것인 양 주장하며 참된 증거의 말로 선지자적 사명을 감당하는 성도들을 핍박하던 짐승과 바벨론이 심판받았기 때문이다. 나아가서 온 세상 위에 하나님의 주권이 새롭게 회복되기 때문이다.

16장의 제단의 소리에서도 이미 언급되고 있는 것처럼(16:7), 하나님의 심판은 "참되고 의로운" 심판이다(19:2). 자의적인 분노의 표출이 아니라 불의를 바로잡는 심판이다. 그 입의 증거의 말 때문에 악한 찬탈자에 의해 그 생명을 빼앗기고 각종 괴롭힘을 당하였던 성도들의 아픔을 위로하는 심판이다(18:20). 성도들의 아픔과 눈물과 피 흘림의 순간에 그 모든 것을 말없이 함께 당하시고, 그 가운데 작은 것 하나라도 잊지 않고 기억하시는 하나님을 찬양하지 않을 수 없다. 성도들에게 찬양의 시간이 회복된 것이다. 허다한 무리의 음성 같기도 하고 많은 물소리 같기도 하며 큰 우렛소리 같기도 한(19:6) 영광스럽고 장엄한 소리가 천지와 공중을 가득 메우고 있다.

그 찬양의 제목은 크게 두 가지로 이루어진다. 하나는 하나님의 통치에 관한 것이다: "할렐루야 주 우리 하나님 곧 전능하신 이가 통치하시도다(19:6)." 짐승이 아니라 하나님이 세상의 참 통치자이시다. "누가 이 짐승과 같으냐 누가 능히 이로 더불어 싸우리요"(13:4) 하던 짐승 숭배의 노래는 이제 확실히 폐기되었다. 전능하신 자 하나님만이 이기시는 분이요, 그분만이 통치하기에 합당하신 분이다.

두 번째의 제목은 어린 양의 혼인에 관한 것이다: "어린 양의 혼인 기약이 이르렀고 그의 아내가 자신을 준비하였으므로 그에게 빛나고 깨끗한 세마포 옷을 입도록 허락하셨으니 이 세마포 옷은 성도들의 옳은 행실이로다"(19:7-8). 어린 양의 혼인 소식은 성도들에게 가장 반갑고 기쁜 소식이 아닐 수 없다. 신랑을 맞이할 신부 된 성도들은 빛나고 깨끗한 세마포 옷을 입도록 허락이 주어졌다. 이 깨끗한 세마포 옷은 음녀 바벨론의 사치스러운 자주빛 옷과 대비된다. 음녀의 외모는 그 화려한 치장에도 불구하고 그 행실은 가증스럽고 더러운 것으로 가득한 반면(17:4), 성도들은 옳은 행실로 빛나는 깨끗한 세마포 옷을 차려입고 있다.

이 옷 입음이 허락되었다(또는 주어졌다, ἐδόθη)는 수동태 표현 때문에 여기에서 성도의 수동적 의(義)를 떠올리는 것은 적절하지 못하다. 본문은 성도들이 친히 입도록 허락된 이 세마포 옷이 "성도들의 옳은 행실"을 가리킨다고 말한다. 그리스도인들의 옳은 행실들(τὰ δικαιώματα, 의의 행위들)은 하나님과의 언약 관계를 바탕으로 그들 스스로가 능동적이요 자발적인 순종의 삶을 통해 얻은 것이다. 우리에게 이미 주신 그리스도의 의의 바탕 위에서 우리는 의의 행위들로 빛나게 단장하여 주님을 맞도록 힘쓰는 삶을 살아야 한다.

찬양에 이어서 요한은 천사가 그에게 하는 말을 기록하도록 부름 받고 있다. 그 내용은 "어린 양의 혼인 잔치에 청함을 받은 자들은 복이 있도다"(19:9)라는 것이다. 교회를 향한 또 다른 축복의 선포이다. 이 축복의 내용에 있어서 중요한 것은 어린 양의 혼인 잔치에의 초청이 아무 사람에게나 주어지는 일반적인 초대가 아니라는 점이다. 우리는 혼인 예식의 하객으로 초대받는 것이 아니라 그 자리의 가장 빛나는 주인공 신부의 자격으로 초대받고 있다. 신랑이신 주님께서 친히 그 신부를 주인공 삼아주시는 가장 복된 자리이다. 이런 자리에로의 초청이 승리한 성도들에게 주어지고 있다.

이를 알 때 우리 속에는 기쁨과 감사가 솟구치지 않을 수 없다. 현실 속에서는 "하나님의 말씀과 예수를 증언하였음으로 말미암아"(1:9) 유배를 당하며 생명의 위협을 당하고 있지만, 그 가운데서도 어린 양의 신부 된 성도들은 그분과의 가장 친밀한 관계 속으로 인도함을 받고 있다. 이것이 성도들에게 주어진 가장 큰 위로요 축복이다. 진정 "세상과 나는 간 곳 없고 구속한 주만 보이는" 놀라운 축복의 세계가 아닐 수 없다. 나의 영광스러운 짝이 되신 어린 양 그분이 "능력과 부와 지혜와 힘과 존귀와 영광과 찬송을 받으시기에 합당하도다"(5:12) 고백하며 찬양할 때, 우리의 눈에는 서러움의 눈물이 아니라 벅찬 감격의 눈물이 차고 넘치게 된다.

맺는 말

바벨론의 멸망은 하나님의 역사 운행 계획 속에 놓인 큰 전환점이다. 영원히 계속될 것 같았던 세상 나라의 권세는 놀랄 만큼 신속히 멸망하고 말며, 오직 하나님의 나라만이 영원히 계속된다. 이것이 오늘의 우리에게 주는 의미는 무엇일까?

무엇보다도 먼저 우리는 나 자신의 정체성과 소속을 분명히 해야 한다는 도전을 받는다. 우리 앞에는 무너진 바벨론과 어린 양의 영원한 승리의 나라가 놓여 있다. 우리는 어디에 속하는 사람인가? 우리는 하나님 나라에의 소속감을 분명히 한 채 이 세상 속에 살고 있는가? 우리는 세상 속에 있으나 세상에 속한 자들이 아니다(요 17:15-16).

두 번째로, 우리는 '이기는 자'로서의 확신과 능력을 가지고 살아야 한다. 비록 세상의 권력과 유혹이 꺾을 수 없이 강한 것처럼 보일지라도 우리에게는 그것이 아무것도 아니다. 우리는 그리스도와 함께 이기는 사람들이다. 우리 스스로는 약하지만, 우리의 능력의 원천은 예수 그리스도께 있다. 바울처럼 우리 또한 "나의 여러 약한 것들에 대하여 자랑하리니 이는 그리스도의 능력으로 내게 머물게 하려 함이라"(고후 12:9)고 고백하며 살아간다.

세 번째로, 우리는 하나님의 공의로운 심판을 확신하고 살아가야 한다. 이것이 고난과 핍박 중에서도 우리의 인내의 원천이 될 뿐만 아니라, 배신과 복수의 연결 고리를 끊지 못하며 미움과 분노의 늪을 벗어나지 못하는 사람들에게 참 평안을 전하는 길이다. 우리는 "악에게 지지 말고 선으로 악을 이기라"(롬 12:21)고 부름받고 있으며, "너희 원수를 사랑하며 너희를 핍박하는 자를 위하여 기도하라"(마 5:44)고 부름받고 있다. 이렇게 할 때 우리는 하늘에 계신 우리 아버지의 아들과 딸로 사는 자들임을 증거할 수 있게 된다.

요한계시록 이해 9

09
어린 양과 그의 교회의 싸움, 승리, 그리고 통치

계 19:11-20:15을 중심으로

    음녀 바벨론의 멸망은 매우 중요한 의미를 가진다. 그것은 바벨론을 통해 그 존재를 가시화하며 그 힘을 행사하고 있던 짐승과 사탄의 몰락을 의미하기 때문이다. 자크 엘룰이 잘 지적하는 것처럼 "자신을 구현하고 표현할 길이 없는 권세는 아무것도 아니다."거대한 역사의 창조자인 양 거짓 주권을 행사하던 짐승은 그 동반자인 바벨론의 멸망과 더불어 급속한 멸망의 길을 걷고 있다.

    요한계시록의 흐름은 바벨론 멸망 사건을 전후로 하나의 큰 전환을 이룬다. 앞의 영적 전쟁의 상황 속에서는 싸움의 두 진영이 함께 공존하면서 서로 팽팽한 대결 양상을 빚고 있었지만, 이제는 그 가운데 하나가 지워지고 있다. 오직 한 진영만이 남는다. 더 이상의 혼재는 용납되지 않는다. 이제는 영원히 승리하시는 분 하나님과 어린 양, 그리고 그분의 거룩함과 영광에 합당한 자들만이 영원토록 존속

---

1 J. Ellul, 『요한계시록 주석』, 248.

할 수 있다.

이런 이유 때문에 계시록의 마지막 부분으로 갈수록 강한 제외의 언어가 되풀이된다. 먼저는 사탄의 진영이 제거된다. 짐승과 용이 던져지는 불못은 하나님으로부터 영원히 단절된 영역이다. 이 불못과 하나님의 통치의 영역 사이에는 넘을 수 없는 경계선이 그어져 있다. 그리고 이 하나님의 통치의 영역에는 오직 정결한 두루마기를 입은 자들만이 들어올 수 있다. 우상 숭배, 살인, 행음, 거짓말하는 자들은 철저히 제외된다(21:8, 27, 22:15).

이처럼 하나님과 그 피조물 사이를 이간하던 모든 세력들이 하나님과 어린 양의 손에 의해 제거되고 분리된 이후에는 오직 하나님과 그 백성만이 온전한 결합을 이루어서 영원한 밀월의 복락을 누리게 된다. 이런 마지막 소망을 바라보며 일어나 싸우도록 요한계시록은 우리를 인도하고 있다. 현실 세계 속에서는 여전히 핍박당하는 교회요, 치열한 영적 싸움에 임하여 있는 교회이지만, 그리스도의 교회는 이 소망을 붙들고 그 앞에 놓인 싸움을 계속해간다. 때가 되매 이 싸움은 우리의 지휘관 예수 그리스도께서 역사 속에 다시금 개입하여 오심을 통해 그 종결을 맞이하게 된다. 이 영광스러운 종결의 때의 모습이 어떠한지를 요한은 우리 앞에 보여주고 있다.

이 부분의 구조 이해하기

다른 부분에서도 그렇겠지만 특히 요한계시록의 마지막 부분에 있어서는 사건 전개의 구조를 이해하는 것이 대단히 중요하다. 이 부분에는 계시록 해석에 있어서 가장 논란이 많이 되는 천년기에 대한 20장의 언급이 포함된다. 이를 해석하는 다양한 관점들이 있지만, 이 관점상의 주된 차이는 우선 이 부분을 19장과의 시간적 연속선 위에서 읽을 것이냐 아니면 계시록 전체의 구조 속에서 읽을 것이냐 하는 점에서 두드러진다. 시간적 연속선 위에서 읽으면 19장의 '아마겟돈 전쟁'이 끝난 다음에 20장의 '천년 왕국'이 순차적으로 따라오는 것으로 보게 된다. 그러나 이렇게 볼 때는 천년기가 끝난 뒤에 있게 될 최종 전쟁을 19장의 전쟁과 별도의 것으로 보아야 하고, 더불어서 그리스도의 재림을 두 번에 걸쳐 일어나는 사건으로 보아야 하는 난점이 생긴다.

우리는 앞에서 요한의 사건 제시 방식이 꼭 시간적 순서를 따르는 것은 아니라는 점을 보았다. 심판의 시리즈들 속에서도 그리스도의 재림은 마지막 심판 시리즈 맨 마지막 심판 부분에 가서야 나타나는 것이 아니라, 각 심판 시리즈의 마지막 부분에서 반복적으로 나타나고 있는 것을 보았다. 이런 맥락 속에서 우리는 20장의 천년 통치의 언급을 시간적 순서상으로 19장에 연결시킬 필요는 없다고 본다. 계시록의 사건들이 전개되는 구조를 염두에 두면서 이 부분을 이해하는 것이 중요하다.

우리는 몇 가지 두드러진 구조상의 특징들을 찾아볼 수 있다. 그 중의 하나는 파멸당하는 사탄 진영에 속한 존재들이 12장 이하에서 등장하는 순서의 역순으로 멸망의 길을 걷고 있다는 점이다. 용과 두 짐승과 바벨론의 순서로 등장했던 이 존재들이 멸망될 때에는 바벨론과 짐승들과 용의 순서로 제거된다. 이와 더불어 이들의 득세 아래에서 숨죽이고 있던 그리스도의 신부 교회가 점차 영광스러운 모습으로 부각되고 있다. 바벨론과 그 배후 세력들이 다 물러

간 자리에 교회와 하나님의 영광이 이제는 역사와 공간을 가득 채우고 있음을 본다. 이런 과정은 다음과 같은 교차 대조 구조(chiastic structure)를 이루고 있다.[2]

    A 빛과 창조의 이미지로 묘사된 하나님의 백성, 12:1-2
      B 용(사탄), 12:3-6
        C 짐승과 거짓 선지자, 13:1-18
          D 신부(순결의 이미지를 가진 하나님의 백성), 14:1-5
            E 음녀 바벨론, 17:1-6
            E′ 바벨론의 멸망, 17:15-18:24
          D′ 신부(결혼의 축복으로 초청받음), 19:1-10
        C′ 짐승과 거짓 선지자의 멸망, 19:11-21
      B′ 용(사탄)의 멸망, 20:1-10
    A′ 빛과 창조의 이미지를 가진 하나님의 백성, 21:1-22:5

요한계시록 후반부에서 다시 한 번 사용되고 있는 '성령 안에서'(ἐν πνεύματι) 문구를 통해, 17:3에서는 멸망하는 바벨론의 이상을, 그리고 21:10에서는 순결한 어린 양의 신부의 이상을 대비적으로 보여 준다. 이는 사탄 진영의 궤멸에 있어서 바벨론의 위치가 하나의 결정적 관건을 가지는 것과 마찬가지로, 하나님의 역사 운행에 있어서 어린 양의 신부 교회의 위치 또한 결정적 중요성을 가진다는 것을

---

2 참조, Poythress, 『요한계시록 맥 잡기』, 66.

말해준다.

작은 단위의 구조들과 더불어 계시록 전체의 더 큰 단위의 구조를 고려하는 것도 필요하다. 계시록은 회개치 않는 자들에 대한 심판과 하나님의 대적자들의 멸망을 집중적으로 다루는 가운데서도 하나님의 백성의 위치와 사명을 잃지 않고 언급한다. 우리는 앞에서 7장과 10-11장의 막간 장면들이 매우 중요한 의미를 가진다는 것을 보았다. 각 심판 시리즈의 여섯 번째와 마지막 일곱 번째 심판 사이에 위치한 이 막간 장면들은 격심한 심판의 와중에서도 특별히 보호받고 있는 하나님의 백성의 모습을 보여준다. 이런 구조가 요한계시록 전체에도 적용되는데, 앞에서 여섯 번의 심판 시리즈들이 다 언급되고 마지막 일곱 번째 흰 보좌 심판(20:11-15)을 남겨두고 있는 막간의 위치 속에 20:1-10이 배치되어 있다. 이는 진행되는 심판의 과정들 속에서 하나님 백성의 독특한 위치가 어디인지를 보여주는 역할을 가진다.[3] 이런 구조상의 특징이 드러내고자 하는 것이 무엇인지는 해당되는 자리에서 보다 자세히 살펴보게 될 것이다.

어린 양의 마무리 전쟁

19:11-21에 나타나는 어린 양의 최종 전쟁은 이미 16:12-16에서 예고되었던 전쟁이다. 용과 짐승과 거짓 선지자의 입에서 나온 개구리 같은 세 더러운 영이 "전능하신 이의 큰 날"(16:14)에 있을

---

3 참조, Poythress, 『요한계시록 맥 잡기』 63-5, 199.

'그 전쟁'(ὁ πόλεμος)을 위해 온 천하의 왕들을 아마겟돈으로 불러 모은다. 이는 19:19이 말하는 '그 전쟁'과 동일하다. 이 전쟁은 용과 짐승의 편에서 볼 때는 세상 속에서 자신들의 통치권을 영속화하기 위한 일대 결전이 되겠지만, 어린 양의 편에서 볼 때는 이미 그가 이기신 전쟁을 종결짓는 마무리 전쟁의 성격을 가진다.

이 전쟁을 수행하기 위하여 그동안 앞에서 잠깐씩만 언급이 되었던 성도들의 지휘관이 마침내 그 모습을 온 천하에 드러내신다. 그는 백마를 타고 오시며, 왕적 심판자의 표시로 불꽃 같은 눈과 많은 관을 쓰고 나타나신다. 그의 무제한적 왕권을 나타내는 '많은' 관들(διαδήματα)은 이기는 자들이 상으로 얻는 면류관(στέφανος)과 달리 본질적으로 왕이신 그에게 속하는 것이다. 또한 그는 "피 뿌린 옷"을 입고 나타나신다. 이는 수행 천사들로 보이는 하늘의 군대들이 희고 깨끗한 세마포 옷을 입은 것과 대조된다. 온통 흰 색의 바탕 위에 그리스도께서 입으신 붉은 옷은 매우 돋보인다. 그의 피 묻은 옷은 그 자신의 피(Kiddle), 또는 그를 따르는 자들이 흘린 피(Caird)로 물든 것이라고 보는 견해도 있으나, 이사야 63장의 배경에서 볼 때, 그가 물리친 원수의 핏자국을 말하며, 이런 묘사를 통해 그리스도를 강한 전사와 공의의 심판자로 나타내고 있다.[4]

백마 탄 그리스도에게는 여러 가지 칭호들이 돌려진다. 그는 "충신과 진실"(πιστὸς καὶ ἀληθινός; 3:14에서는 "충성되고 참된" 증인)이라 불린다. 이는 그가 자기 백성을 향한 하나님의 약속의 신실함을 이

---

[4] 참조, Mounce, *The Book of Revelation*, 345; Ladd, *A Commentary on the Revelation of John*, 254.

루기 위해 오시는 분임을 나타낸다. 또한 그에게는 "하나님의 말씀"이라는 이름이 돌려지고 있다. 이는 그가 어떻게 원수들을 싸워 이기는지와 관련된 중요한 이름이다. 뿐만 아니라 그의 머리에는 오직 그분만이 아는 신비로운 한 이름이 새겨져 있다. 그의 옷과 다리(말 탄 자세에서의 허벅지 부분)에는 "만왕의 왕이요 만주의 주"라는 칭호가 적혀 있다. 이 이름들 하나하나가 그의 신적 권위와 권능을 잘 나타내준다.

이 백마 탄 그리스도를 대항하는 적진의 선두에는 짐승이 자리 잡고 있다. 이 전쟁의 두 주역이 어린 양과 짐승임을 보여준다. 짐승은 지속적으로 어린 양 예수 그리스도를 흉내 내었던 존재이다. 그런데 이제 참 왕이요 "충신과 진실"이신 분이 오심으로 거짓의 원흉인 짐승은 파멸에 이르지 않을 수 없게 된다. '큰 것들'을 말하는 입을 가져 그 입으로 사람들을 미혹하였던 짐승(13:5)은 이제 "하나님의 말씀"이신 분 앞에 굴복하지 않을 수 없다. 더 이상 짐승의 미혹의 큰 말은 허용되지 않는다. 어린 양의 입으로부터 나오는 검이 짐승의 입의 말을 칠 것이며, 그 따르는 자들의 미혹된 것을 심판하실 것이다. 이 전쟁은 짐승과 그의 선전자인 거짓 선지자가 붙잡혀 불못에 던져지고, 그들을 따르던 자들이 모두 백마 탄 그리스도의 입에서 나오는 칼에 의해 심판적 죽임을 당하는 것으로 끝이 난다. 이제는 오직 "만왕의 왕이요 만주의 주"이신 그분만이 홀로 통치하신다.

19:9의 "어린 양의 혼인 잔치"와 대비되는 끔찍한 한 잔치가 여기에 소개된다. 어린 양의 원수들이 그 입의 칼과 같은 말씀으로 죽임을 당하게 되자 그 버려진 시체들 위로 공중의 새들이 몰려 잔치를 벌이게 되는 것이다. 살아서는 왕들이요 장군들이었지만, 죽어서는

종들이나 말들의 고기와 차별 없이 새들의 밥이 되고 있다. 구원받는 자들의 영원한 영광과 심판받는 자들의 비참한 결말이 이보다 더 생생하게 대비되기도 어려울 것이다. 세상의 영광이 가장 비참한 것이 되고, 세상에 의해 비참한 처지에 내몰렸던 성도들이 가장 영예로움을 입게 되는 것이 이 전쟁의 결과이다.

이 전쟁은 최종적 전쟁이다. 더 이상의 전쟁이 남아 있지 않다. 우리는 20:8에 기록된 "싸움"(원문에는 '그 전쟁')을 별개의 전쟁으로 보지 않는다. 전쟁(πόλεμος)이란 단어가 관사 없이 쓰이는 경우들(9:7, 11:7, 12:7, 13:7 등)이 많이 나타나지만, 관사를 가진 '그 전쟁'(ὁ πόλεμος)은 한 특정 전쟁을 지칭한다.[5] 20장의 용의 전쟁은 19장의 짐승의 전쟁을 다른 각도에서 이야기하는 것으로 볼 수 있다. 이미 짐승을 따르던 자들이 다 죽임을 당한 상태에서 또 다시 용을 따르는 대규모의 군대가 모집될 수 있을 것으로 보기는 어렵다. 20장에서 용이 동원하는 "곡과 마곡"은 그 출처를 에스겔 38-39장에 두고 있다. 계시록 19장의 새들의 잔치 역시 에스겔서 본문에는 동일한 심판 사건 속에 등장하는 이미지이다. 19장과 20장을 연대기적 순서로 읽어서 20장의 용에 의해 미혹 받는 자들을 "천년 왕국에서 중생하지 못한 사람들"로 특정화시키는 왈부드의 견해[6]는 그가 보는 '천년 왕국'의 결함을 스스로 인정하는 것이 된다. 천년 통치에 참여하는 성도들 가운데 대규모의 배도자들이 생긴다고 보기는 어렵다. 용은 짐승의 배후에서 함께 역사하는 영이다. 따라서 짐승의 패망은

---

5 참조, D.E. Johnson, *Triumph of the Lamb*, 277, 284.

6 Walvoord, 『요한계시록』, 133.

곧 사탄 진영의 궤멸과 용의 최종 패배를 의미하며, 어린 양의 승리는 곧 성부 하나님의 최종 승리를 의미한다.

영원한 통치와 그 예비 실현으로서의 천년 통치

20:1-10에서 요한은 이제 역사 속에 가시화된 짐승의 활동과 그 마지막 운명으로부터 그 배후의 비가시적 실체인 용에게로 초점을 옮겨서 그의 마지막 운명이 어떻게 될 것인지를 보여준다. 여기서 용은 결박된 존재로 나타난다. 한 천사가 무저갱의 열쇠와 쇠사슬을 가지고 하늘에서 내려와 용을 결박하고 있다. 물론 이것은 상징적 표현이다. 사탄이 이미 용으로 상징화되어 있다는 사실을 전제할 때 가능한 표현이기 때문이다. 실제로 영적 존재인 사탄이 쇠사슬에 묶이고 자물쇠 채워진 감옥 속에 가두어질 수 있다고 볼 수는 없다. 가시화될 수 없는 사탄의 결박을 가시화하고 있는 것은 그의 활동의 제약을 명백히 보여주기 위해서이다. 그의 결박의 상태는 이 존재가 받을 최종 심판 앞에서의 잠정 조치에 해당한다. 영적인 차원에서 사탄은 예수 그리스도의 오심과 사역, 특히 그의 십자가와 부활을 통해 결정적 패배를 당하고 그 활동이 제약 속에 묶이게 되었다.[7]

20장 전체의 강조점은 11-15절 사이에 기록된 최종 심판에 놓여 있다. 모든 초점은 크고도 흰 한 보좌와 그 위에 앉으신 분에게로 향한다. 역사상 존재하였던 모든 인생들이 그 앞에 서야 하는 이 위대

---

[7] 20:1-6과 12:7-11 사이의 구조상의 유사성에 대해서는 참조, Beale, *The Book of Revelation*, 992; P. Hughes, 『요한계시록』, 306.

하신 분의 보좌 앞에서 역사의 모든 잠정적인 상태들이 수거되고 망라되고 분류될 것이다. 하나님께 속하지 못하는 모든 것들은 잠정적 수용소장으로 의인화되고 있는 "사망과 음부"와 더불어 영원히 불못에 던져지고, 생명에 속하는 자들은 영원히 하나님께로 거두어진다. 역사의 모든 잠정적인 것들이 이제 한 자리 속으로 수렴되어 영원한 나누임과 모음을 당하는 일이 이 보좌 앞에서 일어나게 되는 것이다.

이 한 보좌와 더불어서 요한은 다수의 '보좌들'과 또 거기 앉은 자들을 보고 있다(20:4). 이 보좌에 앉은 자들은 "예수를 증언함과 하나님의 말씀 때문에" 짐승의 통치 아래에서 순교한 자들, 그리고 짐승의 표를 받지 아니하고 그를 끝까지 숭배하지 않은 성도들이다. 그들은 육체적으로는 자신들의 신앙과 충절을 지키는 데 따르는 혹독한 대가를 치러야 했지만, 그러나 그것이 의미 없는 희생으로 끝나지 않는다. 그들에게는 심판과 통치의 권세가 주어져 있다. 그들은 "살아서" 그리스도와 함께 천 년 동안 왕 노릇 한다. 요한은 이들을 "첫째 부활"의 범주에 포함시킨다. 이 첫째 부활에 참여한 자들 위에는 영원한 분리를 상징하는 불못의 "둘째 사망"이 결코 그 권세를 행사하지 못한다. 따라서 이 첫째 부활에 참여한 자들은 복된 자들이다(20:6). 이 축복의 선언은 19:9에서 어린 양의 혼인 잔치에 그 신부로 초청받은 자들의 축복에 이어 성도들이 잠정 상태의 삶 가운데서 누릴 수 있는 최고의 축복과 영예를 표현한다. 이는 또한 세상의 진정한 통치자가 누구인지를 보여줌으로써 성도들로 하여금 땅 위의 삶 가운데서 거짓 통치자의 위협에 굴복하지 말고 오히려 죽음을 불사하고 그들에게 주어진 통치권을 시행하도록 초청하고 있다.

이 부분의 내용이 우리에게는 너무나 놀랍고 영광스러운 것이지만, 구체적 사안들의 해석에 있어서는 큰 어려움에 부딪치기도 한다. 천년 통치나 첫째 부활 등과 관련해서 역사상 많은 해석의 차이들이 있어 왔다. 중요한 입장의 차이는 20장의 천년기를 19장과의 시간적 연속선 위에서 연대기적으로, 또 문자적으로 읽을 것인지, 아니면 이를 동일 사건의 여러 장면 중의 하나로 보고 상징적 의미로 읽을 것인지에 따라 다르게 나타난다. 전자의 입장(주로 전천년설)에서 보면, 문자적으로 천 년간 지속될 지상에서의 소위 '천년 왕국'은 그리스도의 일차 재림에 따라오며, 여기에 참여하기 위해 오직 성도들에게만 '첫째 부활'이 주어지는 것으로 보고 있다. 그러나 후자의 입장에서는 천년 자체를 부정하기보다 이를 문자적 의미의 천년으로 보는 것을 부정한다.[8] 천년은 그리스도의 초림과 재림 사이의 기간을 상징적 만수(滿數)의 의미로 표현한 것이며, '첫째 부활'은 순교자들과 성도들의 영혼이(몸의 부활과는 별도로) 그리스도와 함께 현재 하늘에 있고 그와 함께 통치에 참여함을 가리키는 것으로 해석한다.

천년기에 대한 입장의 차이가 너무 많은 것을 결정하도록 하지 않았으면 한다. 천년기의 이상은 하나님의 큰 보좌 앞에서의 최종 심판 이후 펼쳐질 영원한 하나님 나라의 한 잠정기에 대한 묘사이다. 이것은 지금 진행되고 있는 역사 세계 속에서 누가 진정한 통치자인지를 보여주는 기능을 가진다. 세상 권세에 의해 죽임당한 그리스도

---

8 후크마의 경우 흔히 사용되는 '무천년설'이란 용어 대신 '실현중인 천년기설'이 보다 적합한 이름이 될 것이라고 제안한다. 참조, A. Hoekema, 『개혁주의 종말론』, 240.

와 그의 충성된 종들이 실제적으로는 심판의 권세를 가지며, 이 역사를 하나님의 영원한 통치 앞으로 이끌어간다. 이 역설적 통치 앞에서 사탄은 결박되어 있으며 속수무책이다. 이 기간이 때로는 마흔 두 달, 삼년 반 등과 같이 교회가 핍박당하는 '짧은' 기간으로 표현되어 있지만, 영광스러운 통치자 예수 그리스도와의 관계 속에서 보면 '긴' 천년의 통치의 기간으로 나타난다.[9]

나아가서 우리는 "첫째 부활"을 종말 사건들의 시간표상의 '첫째' 사건으로 볼 필요가 없다. "첫째 부활"은 영원한 성격을 가진 "둘째 사망"에 대비되는 것으로, 그 성격상 영적인 의미를 가진다. 이는 제한된 의미로 읽으면 순교한 자들의 영혼에 국한되며(Mounce, Morris 등). 좀 더 확대해서 보면 "영혼이 죄악 세상에서 하나님의 영광스런 하늘로 옮겨지는 것"[10]을 의미한다. 둘째 부활에 대해서는 언급하지 않지만, 유추해 볼 때, 이는 모든 사람들에게 해당하는 것이요 육체적 성격을 가진다. "둘째 사망"은 특정 대상에게만 해당된다. 곧 하나님의 대적자들과 생명책에 기록되지 아니한 모든 자들을 가두는 영원한 불못이 그것이다. 첫째 사망에 대한 언급은 나타나지 않으나, 유추해 볼 때, 모든 사람에게 해당되는 죽음, 곧 육체적 죽음을 가리킨다.

명시적으로 언급되지 않은 첫째 사망과 둘째 부활은 그 성격이 보편적이고 육체성을 가지는 것에 비해, 명시적으로 언급되고 있는 "첫째 부활"과 "둘째 사망"은 그 성격이 제한적이고 육체성보다는 영

---

9 이에 대한 자세한 논의를 위해서는 참조, 이필찬,『요한계시록 어떻게 읽을 것인가』, 236-42.
10 Hendriksen,『요한계시록 주석』, 237.

적 특성을 더 강하게 가진다는 것을 알 수 있다. 그런 점에서 우리는 "첫째 부활"을 시간표 순서상의 일차 부활로 보기보다는, 죽어서든 살아서든 주 안에 있는 성도들이 이미 누리고 있는 영적 축복의 상태라고 보는 것이 좋을 것이다. 그들은 하나님 나라의 역사적 차원 속에서 첫째 사망의 아픔을 경험하지만, 그리스도를 따르는 "첫째 부활"에 속하여 이미 "둘째 사망"을 넘어선 자들이다. 이들은 그리스도와 함께 있으며, 또한 그의 통치에 영원히 함께 참여하는 특권을 누린다.

맺는 말

우리가 살펴본 위의 단락 속에서도 어린 양과 그의 교회의 공동 운명체 됨이 강하게 부각되고 있음을 볼 수 있다. 어린 양이 그의 죽으심을 통해 온 세상의 통치자가 되셔서 백마 탄 "만왕의 왕이요 만주의 주"로 오시는 것처럼, 그의 교회 또한 세상 속에서는 죽임을 당하는 자들이지만, 그리스도와 더불어 천년의 통치에 참여하는 자들이 된다. 이 위대한 역설적 진리가 역사를 이끄는 힘이다. 모든 종류의 사탄의 거짓된 통치에 맞서서 죽기까지 싸우는 어린 양의 교회가 하나님의 크고도 흰 '보좌'의 통치와 위엄을 세상과 역사 앞에 드러내는 '보좌들' 위에 앉은 자들이다. 이 사실이 우리의 가슴을 뛰게 만든다. 교회여, 일어나 역사를 만들자!

10 어린 양과 신부 교회의 영원한 밀월과 영광

계 21:1–22:21을 중심으로

우리는 이제 요한계시록의 마지막 장면들을 앞에 두고 있다. 이 마지막 속에서 요한은 계속적으로 처음을 비추고 있다. 이는 하나님의 창조의 시작 속에 그 마지막이 있으며, 마지막은 그 시작의 실현이기 때문이다. 그리고 그 실현의 과정 속에 놓여 있는 하나님의 백성은 과거와 미래를 아우르는 현재의 삶을 살도록 부름을 받고 있다. 이것은 기독교 종말론의 일반적 특성이다. 계시록 또한 이것을 우리에게 보여준다.

요한계시록은 교회의 현실적 상황에서부터 출발한다. 그러나 거기에 머물지 아니하고 미래의 영광스런 지위와 축복을 바라보도록 우리를 인도하고 있다. 또한 계시록은 교회의 종말론적 영광의 모습을 보여주며 끝을 맺고 있지만, 거기에 머물지 않고 다시 오늘의 현실 속으로 돌아와서 우리에게 주어진 현실을 건강하게 붙들도록 인도하고 있다. 이를 볼 때 성경적 종말론은 결코 현실 도피 속으로 우리를 이끌지 않음을 잘 알 수 있다. 오히려 그것은 현실을 새롭게 하는 묵시적 비전이요 힘이다.

우리는 계시록의 이 마지막 부분 속에서 어린 양과 그의 신부 교회가 영원한 하나 됨을 누리도록 하나님께서 예비하신 것이 무엇인지를 보게 될 것이다. 이 영광스러운 소망을 교회에 주시는 것은 교회가 직면한 현실의 싸움을 넉넉히 잘 이길 수 있도록 하기 위함이다. 이 부분은 멀리는 2-3장의 불완전한 교회들의 모습과 연관을 맺고 있고, 가까이는 짐승의 짝인 음녀 바벨론의 모습(17-18장)과 대비를 이룬다. 비록 현실적으로 불완전함을 가진 교회라 할지라도 지상의 교회는 어린 양의 영광스러운 신부로서, 그와 함께 영원한 영광을 누릴 소망 안에서 주님과 하나이다. 뿐만 아니라 어린 양의 신부인 교회는 사탄의 도전과 맞서 싸우며 유일하신 그리스도의 왕권을 역사 속에 선포하는 역사적 사명의 수행에 있어서도 어린 양과 하나가 된다.

새 하늘과 새 땅의 이상

요한은 앞서 하나님의 크고도 흰 보좌 앞에서 죄로 물든 땅과 하늘이 감히 그 앞에 설 자리조차 얻지 못함을 보았다(20:11). 그 대신에 이제 요한은 새 하늘과 새 땅을 보고 있다. 그 이유는(γάρ를 쓰고 있다) 처음 하늘과 처음 땅이 없어졌기 때문이다. 처음 것의 오염된 상태 그대로는 이제 찬란히 빛나는 하나님의 영광을 감당할 수 없다. 하나님은 만물을 새롭게 하신다(21:5). 새롭다(καινός)는 말은 시간적 새로움을 나타내는 네오스(νέος)와 달리 질적인 의미에서의 새로움을 나타낸다. 새 하늘과 새 땅은 하나님의 제2의 무에서(ex nihilo)의 창조보다는 첫 창조의 전적 갱신을 의미하는 것으로 볼 수 있다. 없어져야 할 것들이 다 없어지고 채워져야 할 것들이 온전히 채워져 전적으로 갱신된 새 것이 되었다. 이를 통해 하나님의 창조의 목적이 그 완성을 맞고 있다. 이것은 이사야의 예언의 성취이기도 하다(사 65:17).

요한은 새롭게 된 하늘과 땅을 보지만 바다는 더 이상 보지 못한다. 하나님의 새 질서 속에 바다는 제외되고 있다. 이는 유대인의 전통 속에서 바다가 흔히 악한 세력들의 아지트로 묘사되고 있으며, 계시록 속에서도 많은 부정적 이미지와 연관되고 있기 때문이다(13:1, 17:1, 15 등). 하나님의 영광이 직접 비취고 그의 통치가 직접 작용하는 곳에서는 더 이상 그를 대적하며 거역하는 자들이 설 자리가 없다. 뿐만 아니라 인간의 경험과 관련해서도 죄와 연관성을 가지는 모든 것들이 다 사라지고 있다. 더 이상 눈물도 없으며 질병과 사망이 가져오는 상실의 고통과 슬픔도 있을 자리가 없다.

새 하늘과 새 땅의 새 거주자들은 "이기는 자"로 묘사되고 있다(21:7). 세상에서 짐승과 음녀 바벨론의 유혹과 탄압에 굴하지 아니하고 끝까지 승리한 자들이 이제 하나님께서 마련하신 새 환경의 상속자들이 된다. 과거 하나님께서 이스라엘을 위하여 새 땅을 마련하시고 하나님의 뜻을 따라 그곳에서 하나님의 나라를 이루어가게 하셨던 것처럼, 이제는 우주적 차원의 새 거처가 마련되었고 모든 열방 가운데서 나아온 믿음의 사람들이 새 언약 백성이 되어 영원한 하나님의 나라를 이루고 있다. 이들은 오직 하나님께 성별되어 "나는 그의 하나님이 되고 그는 내 아들이 되"는 영원한 언약 관계 속으로 나아가고 있다(21:7). 오직 승리한 사람들만이 이런 새 백성의 특권을 누리며, 두려워하는 자들, 믿지 아니하는 자들, 흉악한 자들,

살인자들, 행음자들, 점술가들, 우상 숭배자들, 모든 거짓말하는 자들은 영원히 이 관계로부터 단절되고 있다.

이처럼 이기는 자들을 위해 마련하신 새 하늘과 새 땅의 중심을 이루는 것은 새 예루살렘이다. 매튜슨(David Mathewson)이 제시하는 21:1-5의 다음과 같은 교차 대조 구조 속에서 이것의 중심성을 잘 볼 수 있다.[1]

   A 새 하늘과 새 땅, 21:1a
      B 처음 하늘과 처음 땅이 지나감, 21:1b
         C 바다가 다시 있지 아니함, 21:1c
            D 거룩한 성 새 예루살렘(신부 이미지), 21:2
            (봄에서 들음으로의 전환)
            D′ 사람과 함께 거하시는 하나님(장막 이미지), 21:3
         C′ 악과 고통이 다시 있지 아니함, 21:4a-c
      B′ 처음 것들이 다 지나감, 21:4d
   A′ 만물이 새롭게 됨, 21:5a

이 구조 속에서 강조되는 것은 하나님께서 마련하신 새 하늘과 새 땅에 거하는 하나님의 새 백성으로서의 새 예루살렘이다. 요한의 관점은 계속해서 모든 것의 중심을 향하여 나아가고 있다. 새 하늘과 새 땅은 그 중심을 이루는 새 예루살렘을 빛나게 한다. 그러나 새 예

---

[1] D. Mathewson, *A New Heaven and a New Earth*, 33.

루살렘의 영광은 친히 그 성의 성전이 되시며(21:22) 중심 중의 중심이 되시는 하나님과 어린 양의 영광에 비하면 아무것도 아니다.

계시록의 이 마지막 부분을 통하여 요한이 우리에게 보여주는 이상은 너무나 영광스럽다. 어린 양의 피로 구원받은 하나님의 새 백성이 그가 마련하신 새 땅에서 그들의 주님과 더불어 영원한 밀월과 동거의 영광을 누리게 된다. 이것이 계시록이 우리에게 보여주는 소망의 정점이며 핵심이다. 이 소망이 성도들로 하여금 땅 위에서 하나님의 나라를 위하여 일어나 싸우게 만들며 또한 이기게 한다.

어린 양의 신부 새 예루살렘

17:3에서 멸망하는 음녀 바벨론의 모습을 보도록 요한을 광야로 인도하였던 천사는 21:10에서는 바벨론과 대조를 이루는 어린 양의 신부의 모습을 보도록 그를 크고 높은 산으로 인도하고 있다. 앞의 바벨론의 묘사 속에서 도성의 이미지와 여인(음녀)의 이미지가 복합되었던 것처럼, 새 예루살렘 속에서도 도성과 여인(신부)의 이미지가 복합되고 있다.[2] 바벨론이 타락한 사탄의 공동체를 상징하는 것처럼, 새 예루살렘은 구원받은 어린 양의 공동체를 상징한다.

21:9-22:5 속에서 새 예루살렘 성이 다분히 물질적인 모습으로 묘사되고 있지만, 우리가 이것을 물질적 개념으로 바꾸어 버려서는 안 된다. 이 물질적 묘사 때문에 지금까지 새 예루살렘을 물질화된

---

2 참조, Roloff, *Revelation*, 242.

천국의 개념으로 대치해 버리는 경향이 강하게 작용했다. 그러나 이는 요한계시록이 나타내고자 하는 의도와는 달리 전래적인 천당이나 극락 개념에 기인한 인식이다. 계시록이 물질적 용어들을 사용하고 있기는 하지만, 우리가 이를 물질화시키지 않도록 하기 위해 어린 양의 신부(21:2, 9), 하나님의 백성(21:3), 아버지와 아들의 관계(21:7) 등 인격적, 관계적 용어와 이미지를 계속 사용하고 있다.

중요한 것은 하나님께서 그 백성 가운데 어떠한 방식으로 거하시느냐 하는 것이다. 이를 위해 이전에 그가 그 백성 가운데 거하셨던 방식들, 또 그 백성과 관계 맺으셨던 방식들이 언급되고 있다. 옛 성 예루살렘이 하나님의 임재의 상징인 성전과 뗄 수 없는 관계에 있었던 것과 같이, 하나님과 어린 양이 친히 새 예루살렘의 성전이 되사 그의 처소로 삼으신 새 예루살렘 가운데 영원히 거하심을 상징적 방식으로 표현하고 있는 것이다. 하나님과 그의 도성, 어린 양과 그의 신부라는 이 영광스러운 관계의 중요성을 잃어버린 채 물질화된 천국의 영화에만 관심을 쏟는다면 이는 가장 값진 것을 가장 하찮은 것으로 바꾸어버리는 어리석음을 범하는 일이 될 것이다.

어린 양의 신부로서 영원히 그의 짝이 된 새 예루살렘의 단장이 얼마나 아름답고 영광스러운 것인지 모른다! 새 예루살렘의 영광스러운 모습은 그 외모에서부터 나타난다. 그 성은 길이와 너비와 높이가 다 꼭 같이 12,000 스다디온(약 2,400km)으로 된 정육면체 모양을 이루고 있다(21:16). 이는 세상의 그 어떤 성과 비교할 수 없이 엄청나게 큰 규모를 나타내는 것이지만, 여기서 부각되는 것은 단순히 규모만이 아니라 한 군데도 모자라거나 모나지 않은 완벽한 조화와 충만성과 완전성(12 x 1000)의 상징이다. 길이와 너비뿐만 아니라 높이까지 언급함으로써 이 성을 정육면체의 구조로 그리고 있는 것은 과거 성전의 지성소가 그와 같은 모습을 가졌던 것에 비추어 볼 때(왕상 6:20), 이 도성이 하나님께서 임재하시는 지성소로서의 성격을 가진다는 것을 보여준다. 옛 성전의 지성소는 "하늘에 있는 것의 모형과 그림자"였던 것이다(히 8:5).

이 성은 "크고 높은 성곽"과 "열두 문"에 의해 둘러싸여 있다. 그 성곽은 144 규빗(약 65m)을 이루고 있다. 사실 성의 높이에 비해볼 때 이 정도의 성벽의 높이는 비교가 되지 않는 숫자이다(2,400km 대 65m). 그래서 NIV 같은 성경에서는 이것을 높이로 보지 않고 성벽의 두께(thick)로 보고 있다. 반면 비일(G.K. Beale)의 경우는 에스겔 40:5이나 42:20 등의 배경이나, 고대 세계에서 성의 견고함이 그 성벽의 높이로 측량되었던 것을 생각할 때 이를 두께보다 높이로 보는 것이 보다 적합하다고 주장한다.[3] 어떻게 보든 보다 중요한 것은 그 문자적 수치보다 144(12 x 12)가 가지는 상징적인 의미이다. 이 숫자적 상징을 통해 강조되는 것은 이 성의 견고함, 곧 그리스도의 교회의 견고성이다.

뿐만 아니라 이 성곽에는 동서남북 각 방향으로 세 개씩의 문들이 배치되어 있고, 각 문들 위에는 이스라엘 열두 지파의 이름들이 새겨져 있다. 그리고 높이 솟은 성곽에는 열두 기초석들이 놓여 있는데, 그 기초석에는 열두 사도들의 이름이 기록되어 있다. 이를 통해 새 예루살렘은 이스라엘 열두 지파와 열두 사도로 대표되는 하나님

---

3 Beale, *The Book of Revelation*, 1076-77.

의 전체 백성을 의미한다는 것을 상징적으로 보여주고 있다.

열두 문들 각각은 진주로 이루어져 있고, 열두 기초석은 각기 다른 보석으로 이루어져 있다. 그리고 그 위에 놓인 성곽 역시 벽옥으로 이루어져 있고, 성 전체가 투명한 정금으로 이루어져 있다. 이는 말로 다 표현할 수 없는 그 성의 영광과 아름다움을 나타낸다. 그러나 무엇보다도 더 이 성을 영광스럽게 하는 것은 하나님과 어린 양의 영광이 그 성을 비추고 있다는 사실이다.

신부로서의 새 예루살렘의 모습을 진정 빛나게 하는 것은 친히 그 성을 비추시는(22:5) 하나님 자신의 영광이다. 옛 예루살렘 성 안에는 손으로 지은 외형적 건물인 성전이 있었지만, 새 예루살렘에는 더 이상 그런 성전이 필요하지 않다. 왜냐하면 "전능하신 이" 하나님과 그의 어린 양이 친히 그 성의 성전이 되시기 때문이다. 뿐만 아니라 물리적 해와 달의 비췸도 이 성에는 더 이상 필요하지 않다. 하나님의 영광이 그만큼 찬란히 빛나고 어린 양이 그 성의 등불이 되시기 때문이다. 신학적 측면에서 이 부분은 계시록의 중심 중의 중심을 이룬다. 모든 것은 성삼위 하나님의 영광에 집중된다. 신부 교회의 영광은 이 하나님의 영광의 반영일 따름이다.

하나님과 어린 양이 친히 성전이 되시므로 이제는 더 이상 어떤 상징적인 성소가 필요 없게 되었다. 그 어떤 종류의 가리개와 벽과 구분선과 경고문도 존재하지 않는다. 모든 간접성이 사라지고 온전히 직접적인 대면과 교제가 가능하게 되었다. 문들은 항상 열려 있고, 만국 백성이 그 문들을 통하여 하나님께로 나아온다. 다만 제외되고 있는 것은 "속된 것이나 가증한 일 또는 거짓말 하는 자"(21:27)일 뿐이다.

이런 것들이 제외된다는 것은 지극히 당연한 일이다. 하나님의 영광이 간접적으로 비취던 자리에서도 이런 것들은 용납되지 아니하였다. 그래서 이스라엘은 그 몸과 행실을 정결하게 하고서야 하나님의 강림과 임재 앞으로 나아갈 수 있었다(출 19:10-15). 하물며 하나님의 영광이 가림 없이 직접 비취는 자리에서는 얼마나 더 그렇겠는가! 그래서 계시록 21:8, 27, 22:15 등에는 강한 배제의 언어가 반복적으로 사용되고 있다. 우리는 여기에 하나의 새로운 구분선이 그어지고 있음을 주목해서 볼 필요가 있다. 옛 예루살렘의 성전에 있던 유대인과 이방인의 민족적 구분선은 더 이상 존재하지 않는다. 만국의 사람들이 열린 문들을 통하여 새 예루살렘 안으로 들어온다. 그러나 모든 사람들이 다 들어올 수 있는 것은 아니다. 민족적 구분선 대신 이제는 새로운 구분선이 그어지고 있다. 하나님의 영광에 합하지 못하는 모든 것은 조금이라도 허용되지 않는다. 오직 어린 양의 생명책에 기록된 자들만 새 예루살렘에 속하여 영원히 하나님과 함께 거하며 세세토록 왕 노릇하게 된다.

이 모습은 잃어버린 에덴의 회복이다. 에덴을 적시던 강이 나뉘어 흘렀던 것처럼, 새 예루살렘의 생명수 강이 다시 흘러 강 좌우의 생명나무의 실과를 맺히게 하며 그를 통해 만국이 치료되는 결과가 이루어진다(22:1-2, 비교 창 2:10, 겔 47:1-12). 이는 아담이 잃어버렸던 창조의 영광이 예수 그리스도를 통해 회복되고, 우리가 그와 함께 이를 영원히 누리게 될 것을 이야기한다. 더 이상 이 속에서는 죄로 말미암은 상실과 저주와 두려움이 없다. 하나님과 그 어린 양의 보좌를 둘러 그 이마에 하나님의 이름을 간직한 하나님의 백성이 얼굴을 맞대어 하나님의 얼굴을 보며 그를 섬기게 될 것이다.

대단원의 막

이제 우리는 요한계시록의 클라이맥스를 통과했다. 영광스러운 이상의 여운을 생생히 간직한 채로 막을 닫아야 할 시점에 이르렀다. 요한을 이 이상들 가운데로 인도하였던 천사는 이 모든 계시와 예언의 성격이 무엇인지를 다시 한 번 확인해주고 있다. 그것은 "속히 되어질(되어야만 할) 일"에 대하여 하나님께로부터 나온 "예언의 말씀"이다(22:6-7, 10).

크게 보면 계시록 1장과 22장은 하나의 대칭 구조를 형성한다. 1:1-2과 22:20-21은 계시의 주체가 되시는 예수 그리스도를 중심으로, 1:3과 22:18-19은 "예언의 말씀"에 대한 언급을 중심으로, 1:4-8과 22:10-17은 '오리라'는 말씀을 중심으로, 1:9-18과 22:8-9은 발 앞에 엎드러짐의 행위를 중심으로, 1:19-20과 22:6-7은 장차 또는 속히 될 일에 대한 언급을 중심으로 각각의 쌍을 형성한다. 이렇게 보면 계시록 전체가 하나의 수미쌍관(inclusio) 구조를 이룬다고 볼 수 있다.

요한은 계시록의 말미 부분에서 의도적으로 계시록 전체와의 연결을 맺으려 하고 있다. 가까이는 바로 앞의 새 예루살렘과 새 창조의 언급을 상기시키며, 멀리는 1-3장으로 되돌아가기도 한다. 일곱 교회들에게 주셨던 약속들이 이 부분에서 다시 되새겨지고 있다. "자기 두루마기를 빠는 자들은 복이 있으니 이는 그들이 생명나무에 나아가며 문들을 통하여 성에 들어갈 권세를 받으려 함이로다"(22:14)는 말씀이 특히 그러하며, 예수님 자신을 "광명한 새벽별"이라 부르는 것(22:16)도 그러하다. 이렇게 하는 이유는 이제 우리가 교회의 현실을 전체적 관점에서 볼 수 있는 지점에 도달했기 때문이다. 지상 교회의 핍박받고 깨어지기 쉬운 모습도 고려할 뿐만 아니라, 어린 양의 신부로서의 종말론적 영광의 모습도 고려해야 한다. 미래가 현재 속으로 들어오며, 현재가 미래 속으로 이끌림 받아야 한다.

교회가 놓인 이와 같은 독특한 위치 속에서 교회를 이끄시는 분이 성령이심을 우리는 특별히 주목해서 보아야 한다. 22:17에 성령에 대한 언급이 나타난다. 성령은 신부 교회, 곧 종말론적 관점에서 바라보는 역사 속의 교회와 더불어 "오라"는 간절한 간구를 발하고 있다. 17절에 세 번의 "오라"가 나타난다. 그 가운데 처음 두 번은 예수 그리스도께 대한 간청이고, 마지막 세 번째 것은 세상을 향한 부름이다.[4] 신부 교회는 성령의 인도 아래 그리스도를 향하여 '오소서' 하고 간구한다. 이 간구에는 현실을 뒤바꾸는 힘이 있다. 교회는 땅 위의 현실 속에서 당하는 핍박을 넘어, 오시는 주님의 영광스러운 신부이다. 그리스도인이 가지는 이 종말론적 새 현실 앞에서 오늘의 핍박은 바울의 표현을 빌리면 영광의 무게를 더하는 통로에 지나지 않는다(고후 4:17).

교회는 또한 세상을 향하여 '오라'는 부름을 발한다. 왜냐하면 세상의 목마름을 채울 수 있는 것은 하나님과 어린 양의 보좌로부터 나오는 생명수(22:1-2) 뿐이기 때문이다. 교회는 그 자신이 종말론적 공동체일 뿐만 아니라 세상을 종말론적 미래 앞에 대비시키는 나

---

[4] 참조, Bauckham, *The Climax of Prophecy*, 168.

팔이다. 기록된 예언들은 인봉해서는 안 될 만큼 속히 이루어질 일들이다(22:6-7, 10). 그러므로 교회는 스스로 그 두루마기를 씻어 정결케 함으로써 하나님 백성의 종말론적 축복을 마음껏 누릴 뿐만 아니라, 세상을 향하여 그 목마름을 채울 생명수의 원천을 보이며 '오라'고 사람들을 초청하는 일을 감당해야 한다. 이 모든 일에 성령님은 교회의 인도자가 되신다.

맺는 말

요한계시록의 실질적인 마감어는 22:20의 "주 예수여 오시옵소서"이다. 이 마라나타 대망은 현실에 그 뿌리를 두고 있으며, 또한 현실을 새롭게 바라보게 한다. 우리는 일부 시한부 종말론자들이 그랬던 것처럼 종말 신앙 때문에 현실을 부정하고 그 삶의 현장을 버려둔 채 '종말 열기'(eschatological fever)에 들떠 있는 모습이 잘못임을 잘 보아야 한다. 바울은 데살로니가 교인들을 향하여 이를 지적하였던 적이 있다. 그들은 종말이 임박했다는 헛된 소문 때문에 두려워하고 요동하면서 그 주어진 삶의 자리를 거부하고 이탈하는 잘못을 범하고 있었다(살후 2:1-2). 주님께서 오실 때 찾으시는 사람들의 모습은 이런 것이 아니다. 오히려 주님의 약속 말씀에 견고히 서서 "영원한 위로와 좋은 소망을 은혜로 주신 하나님 우리 아버지"를 의지함으로 "모든 선한 일과 말에 굳건하게"(살후 2:16-17) 되는 사람을 하나님은 기뻐하신다.

우리의 마라나타 대망은 현실의 도피가 아니라, 주님께서 우리에게 맡기신 사명의 자리에 서서 땀방울 어린 얼굴과 흙 묻은 손의 수고를 다하는 자리에서 그 진가를 드러내는 것이 되어야 한다. 현실을 새롭게 일구어나가는 수고로 연결되지 않는 묵시는 요한계시록이 말하는 묵시일 수가 없으며, 성경적 종말론의 가르침과도 거리가 멀다. 요한계시록은 그런 점에서 방해와 도전과 곡해가 많은 이 역사의 현장 속에서도 가장 건강한 자세로 우리의 삶의 현장을 보듬고 개혁해갈 수 있도록 하는 강력한 힘의 원천을 제공한다. 이것이 기독교 종말론의 가치이다. 치열하게 이런 삶을 살아가는 사람들의 입으로부터 나오는 "마라나타!"의 외침만이 진정 값진 것임을 보여준다.

2부

요한계시록 설교

THE SYMPHONY OF VICTORY IN
THE KINGDOM OF GOD

요한계시록 설교 1

01 교회를 향한 예수 그리스도의 관심

계 1:1-8

요한계시록의 시작 부분인 오늘의 본문은 종결부인 22:6-21과 매우 많은 연관성을 가집니다. 누가 어떤 목적에서 이 계시의 말씀을 주고 있는지를 밝히고 있습니다. 특히 하나님과 함께 계시의 주체가 되시는 예수 그리스도께서 그의 신부 교회에 대하여 가지시는 관심이 무엇인지를 잘 보여주고 있습니다. 요한계시록은 처음 시작부터 예수 그리스도와 그의 교회 사이의 따로 떼어놓을 수 없는 사랑의 관계를 강조합니다. 우리는 이 계시의 말씀을 주시는 분이 누구인지, 그분과 교회와의 관계가 무엇인지, 그분이 교회에 대하여 가지는 기대와 당부가 무엇인지를 차례로 생각해보고자 합니다.

계시의 주체이신 예수 그리스도

요한계시록은 "예수 그리스도의 계시라"라는 말씀으로 시작합니다. 원문에서는 '계시'를 의미하는 아포칼립시스('Αποκάλυψις)가 가장 먼저 나오는 단어입니다. 계시는 감추어진 것을 드러내어 밝히는 행위를 가리킵니다. 하나님과 관련된 일을 우리 인간이 자신의 인식 수단들을 통해서는 다 알 수 없기 때문에 하나님께서 친히 그것을 계시해주셔야만 우리가 그것을 알 수 있습니다. 계시는 하나님의 강력한 의지와 뜻을 담고 있습니다. 하나님은 계시 없이도 자신이 원하시는 일들을 얼마든지 하실 수 있는 분이지만, 우리에게 계시를 주시는 것은 그의 일에 우리를 주역으로 초청하신다는 의미를 가집니다. 그가 하시고자 하는 일에 우리가 감당해야 할 역할이 있기 때문에 우리에게 그분의 뜻을 밝히시는 것입니다. 그러므로 계시는 우리에게 베푸시는 은혜이며, 또한 동시에 우리가 그와 같은 길을 걷도록 촉구하시는 강한 부르심이기도 합니다. 우리는 이 계시에 대하여 응답해야 합니다. 이 계시를 받는 사람은 더 이상 마치 아무 일도 없었다는 듯이 살아갈 수 없습니다.

이 계시가 "예수 그리스도의"('Ιησοῦ Χριστοῦ 이에수 크리스투) 계시라고 말하는 데에는 이중적인 의미가 담겨 있습니다. 한 면에서는 '예수 그리스도를 밝히는 계시'를 의미하는 것일 수 있습니다. 계시록 전체의 주제를 한 마디로 요약하면 예수 그리스도가 어떤 분이신지를 보여준다는 것이 되겠지요. 또 한 면에서는 이것이 '예수 그리스도께서 밝히시는 계시'를 의미할 수도 있습니다. 그리스도 자신이 계시의 주체라는 것을 강조하는 것이지요. 우리가 이 둘 중에서 어느 하나를 선택할 필요는 없을 것 같습니다. 두 가지 의미가 복합적으로 작용하는 것으로 보입니다. 계시록의 계시의 말씀은 예수 그리스도에 관한(about) 말씀이면서 동시에 그리스도로부터의(from) 말씀이기도 합니다.

계시록에서 예수님은 단지 계시의 대상으로만 머물지 않으십니다. 그는 계시의 능동적 주체이십니다. 이는 22:16에서 잘 나타납니다. "나 예수는 교회들을 위하여 내 사자를 보내어 이것들을 너희에게 증언하게 하였노라 나는 다윗의 뿌리요 자손이니 곧 광명한 새벽 별이라." 이 말씀 속에 예수님의 "나"에 대한 강조가 과도할 정도로 많이 나타나고 있는 것을 봅니다. 그만큼 이 계시의 말씀은 예수님 자신의 말씀이며 그의 뜻이라는 것을 밝히고 있습니다. 예수님 자신이 "이 두루마리의 예언의 말씀"을 전하신 분이시고(20:18, 19) "이것들을 증언하신 이"이십니다(20:20).

이에 비해 1:1에서는 하나님의 역할이 더 부각되고 있습니다. 이 계시 곧 예언의 말씀을 하나님께서 예수 그리스도에게 주셨고, 이것이 천사를 통해 요한에게 전하여졌으며, 요한은 이 말씀을 그 최종 수신자인 "그 종들에게" 곧 하나님의 교회에 전달합니다. 이 모든 과정에 있어서도 예수 그리스도는 계시의 중추적 자리에 위치해 계십니다. 그는 모든 것을 아버지의 뜻에 따라 행하시는 분이시며, 따라서 모든 것을 아버지와 공유하시는 분이십니다. 예수 그리스도의 계시와 하나님의 계시는 조금도 다르지 않습니다. 우리는 예수 그리스도의 계시를 통하여 하나님을 알며, 하나님의 계시를 통하여 예수 그리스도를 압니다.

그리스도와 교회의 불가분적 관계

요한계시록은 신약의 그 어떤 책보다 예수 그리스도와 교회의 뗄 수 없는 밀접한 관계를 강하게 부각시킵니다. 이를 나타내는 가장 대표적인 용어가 "신부 곧 어린 양의 아내"(21:9)라는 표현입니다.

어린 양 예수 그리스도와 그의 신부 교회는 결코 분리될 수 없는 결합체입니다. 어린 양에게 속한 십사만 사천으로서의 교회는 "어린 양이 어디로 인도하든지 따라가는 자"(14:4)입니다.

이런 뗄 수 없는 관계는 어디에서 비롯되는 것일까요? 예수 그리스도께서 우리를 그의 피로 구속하셨다는 데서 그 답을 찾을 수 있습니다. 계시록의 첫 부분에서부터 이것이 강조되고 있습니다. 1:5에 보면 계시록의 수신 교회를 향한 "은혜와 평강"의 인사가 삼위일체 하나님의 이름으로 전해지고 있습니다. "이제도 계시고 전에도 계셨고 장차 오실 이"(1:4)이신 성부 하나님과, 성령을 가리키는 "일곱 영"과, "충성된 증인"(또는 '증인이요 신실하신 분')으로 지칭되는 예수 그리스도의 이름으로 "은혜와 평강"의 인사가 전해집니다. 여기서 눈에 띄는 것은 통상적인 성부, 성자, 성령의 순서와는 다른 순서가 나타난다는 점입니다. 어떤 학자들은 "일곱 영"(1:4, 4:5)을 성령이 아닌 최고위급의 일곱 천사들로 보기도 합니다만,[1] 그러나 천사들이 하나님과 대등한 자리에 서서 교회들에게 인사를 보낸다고 보기는 어렵습니다. "은혜와 평강"의 인사는 세 번의 균등하게 배치된 아포(ἀπο, ~로부터) 전치사에 연결되어 성부와 성령과 성자로부터 교회들에게 전달되고 있습니다.

예수 그리스도가 마지막에 배치된 것은 의도된 이유가 있기 때문입니다. 무엇보다 교회와의 관계와 관련하여 그분께 좀 더 많은 내용을 돌리기 위함입니다. 요한은 삼위일체 하나님으로부터의 인사

---

[1] 예를 들어, D.A. deSilva, *Unholy Allegiances*, 37.

를 교회들에게 전달한 후에 곧바로 방향을 바꾸어서 교회가 드리는 송영을 하나님께 돌리고 있습니다. 그런데 이 송영의 대상이 단수로 나타난다는 점이 특이합니다. "그에게 영광과 능력이 세세토록 있기를 원하노라 아멘"(1:6). 이때의 "그"는 "우리를 사랑하사 그의 피로 우리 죄에서 우리를 해방하시고 그의 아버지 하나님을 위하여 우리를 나라와 제사장으로 삼으신" 예수 그리스도를 가리킵니다. 왜 요한은 삼위 하나님께 영광과 능력을 돌리지 않고 예수 그리스도만 따로 구분하여 그에게 영광과 능력을 돌리는 것일까요? 그분만 영광과 능력을 받기에 합당하신 분이기 때문일까요? 전혀 그렇지 않습니다. 요한의 송영은 삼위 하나님을 대상으로 합니다. 다만 여기서는 이 송영을 돌려드릴 수 있도록 세상 가운데서 우리를 구속하신 예수 그리스도의 역할이 더 부각되는 것일 뿐입니다.

예수님은 우리를 "사랑하사 … 우리를 해방하신" 분이십니다. 사랑하심과 해방하심은 하나의 관사에 묶여 있습니다(Τῷ ἀγαπῶντι ἡμᾶς καὶ λύσαντι ἡμᾶς 토 아가폰티 헤마스 카이 뤼산티 헤마스). 한 분 예수님이 우리를 사랑하시는 분이면서 동시에 우리를 해방하신 분이십니다. 예수님은 우리를 사랑하시기 때문에 우리를 해방하셨습니다. 다른 이유나 다른 동기가 없습니다. 우리가 그분과의 구별된 사랑의 관계에 묶이기를 바라시는 것이 그분의 뜻입니다. 그러자면 우리는 다른 어떤 것에 묶여 있어서는 안 됩니다. 오직 그분에게만 사랑으로 묶여야 합니다. 사랑 때문에 이 일을 그가 먼저 시작하신 것입니다. 사랑 때문에 그는 우리를 해방하기 위한 해방의 값을 지불하셨습니다. 사랑 때문에 그는 십자가 지기를 주저하지 않으셨습니다. 사랑 때문에 그는 우리를 위해 희생의 피를 흘리셨습니다. 이 사랑이 교회를 향한 그리스도의 변함없는 사랑입니다.

우리는 위의 두 분사 중 해방(λύσαντι 뤼산티)과 관련해서는 단순과거 시제를 쓰지만, 사랑(ἀγαπῶντι 아가폰티)과 관련해서는 현재 시제를 사용하는 것에 눈길을 돌릴 필요가 있습니다. 해방과 관련된 단순과거 시제는 단회적인 십자가 사건을 가리킵니다. 그러나 사랑과 관련된 현재 시제는 항구적인 성격을 부각시킵니다. 예수님은 사랑 때문에 십자가에서 피 흘리셨지만, 지금도 그분은 피로 사신 자기 교회를 변함없이 사랑하시는 분이십니다. 이 사랑은 항상 현재 진행형입니다.

"해방하시고"라는 표현은 5:9에 가면 "사서"(ἠγόρασας 에고라사스)로 바뀌기도 합니다. "일찍이 죽임을 당하사 각 족속과 방언과 백성과 나라 가운데에서 사람들을 피로 사서 하나님께 드리시고 그들로 우리 하나님 앞에서 나라와 제사장들을 삼으셨"다고 말합니다. 이 두 용어를 우리는 보완적으로 이해해야 합니다. 그리스도께서 하신 일은 단순히 우리를 해방 곧 풀어주신 데서 그치지 않습니다. 우리를 새로운 주인에게로 귀속시키셨습니다. 이것이 구속의 보다 적극적인 측면입니다. 우리는 묶인 데서 풀려난 해방(freedom from)을 즐기는 것을 넘어 기쁨으로 하나님의 종이 되어 그를 섬기는 자리로 (freedom for) 나아가야 합니다.

이런 측면을 잘 담아내는 표현이 "그의 아버지 하나님을 위하여 우리를 나라와 제사장으로 삼"셨다는 것입니다(1:6, 비교, 5:10). 이제 우리의 존재의 목적은 세상에서 거룩하게 구별된 하나님의 백성이 되어 하나님과 세상을 위한 제사장의 직무를 수행하는 것입니다. 과거 하나님께서 출애굽 사건을 통해 이스라엘을 이런 목적으로 구별하셨던 것처럼(출 19:5) 이제 그리스도의 교회가 이 목적을 위해 세상 속에 존재하는 것입니다. 아무리 세상이 혼란스럽게 보이고 하나님의 창조 목적과는 정반대의 길로 치달아갈지라도, 그리스도의 교회는 그가 구별하여 세우신 그 목적을 위해 자기 자리를 굳건하게 지켜내어야 합니다. 계시록의 계시의 말씀을 주신 목적도 바로 여기에 있습니다.

계시록의 목적과 관련하여 주님은 22:16에서 "나 예수는 교회들을 위하여 내 사자를 보내어 이것들을 너희에게 증언하게 하였노라"고 말씀하십니다. "교회들을 위하여"로 번역된 에피 타이스 에클레시아이스(ἐπὶ ταῖς ἐκκλησίαις)는 '교회들 안에서'(in, KJV)나 '교회들을 위하여'(for, NIV)로 번역되기도 하지만, '교회들에 관하여'(about, BDAG 헬라어 사전)로 옮기는 것이 가장 적절합니다. 교회의 머리요 주인이신 예수 그리스도("나 예수"), 그래서 자기 교회를 가장 깊이 아끼고 사랑하시는 그분이 교회들에 관하여 가지신 관심을 알리기 위하여 이 계시의 말씀을 주신 것입니다. 우리는 계시록 안에서 이런 애절함을 느낄 수 있어야 합니다. 자기 피로 사신 교회에 관하여 관심 가질 수밖에 없는 그분의 간곡한 부탁의 말씀을 담고 있는 책이 바로 요한계시록이기 때문입니다.

계시 말씀의 주된 내용과 그 말씀을 주신 목적

계시록의 계시 말씀의 중심에는 그리스도의 재림 약속이 놓여 있습니다. 1:7이 그것을 잘 보여줍니다. "볼지어다 그가 구름을 타고 오시리라." 여기에서는 예수님의 재림의 예고가 3인칭("그가 … 오시리라")으로 표현되어 있습니다. 그러나 계시록의 종결부인 22:6-21에는 세 번에 걸쳐 예수님의 1인칭 약속("내가 속히 오리라")이 나타나고 있습니다(22:7, 12, 20). 이것이 교회를 위하여 어떤 의미를 가지는 것일까요? 교회는 그리스도와 같은 미래를 바라보고 있다는 사실이 중요합니다. 그리스도와 교회는 바라보는 것이 같아야 합니다. 그리스도께서 보시는 것과 교회가 보는 것이 서로 달라서는 안 됩니다. 그리스도께서 계획하고 준비하시는 것과 교회가 준비하는 것이 서로 달라서는 안 됩니다. 그리스도께서 느끼시는 긴박감과 교회가 느끼는 긴박감이 서로 달라서는 안 됩니다. 그리스도께서는 "속히" 오시겠다고 말씀하십니다. 이것은 긴장과 긴박감을 담고 있는 표현입니다. "때가 가까움이라"(1:3, 22:10에도)는 말씀도 마찬가지입니다.

주님의 오심이 먼 미래의 일이라 생각하면 안 됩니다. 이 약속의 성취가 이천 년이나 연기되었으니 앞으로 또 얼마나 더 연기될지 모른다고 생각하면서 느긋한 마음을 가져서는 안 됩니다. "속히"라는 말은 시간상 짧은 시간만을 말하는 것이 아니라, 어떤 일이 이루어지는 모양새를 가리키기도 합니다. 이 말과 호환되는 말이 "도둑 같이"(16:15)입니다. 그가 오시는 시간은 정해져 있지 않습니다. 그러나 그가 오실 때의 모양과 관련해서는 그 일이 "도둑 같이" 일어날 것이라고 말합니다. 그러므로 우리는 늘 깨어 있는 마음으로 주님의 오심을 기다리며 살아야 합니다.

이를 위해 주님은 우리에게 계시의 말씀을 주셨습니다. 주님은 우리가 이 말씀을 늘 읽고, 또한 듣고 지키기를 원하십니다. 1:3의 "읽는 자와 듣는 자와 … 지키는 자" 부분은 두 개의 관사를 통해 둘로

(셋이 아니라) 구분되어 있습니다. 단수 관사에 이끌리는 "읽는 자"(ὁ ἀναγινώσκων 호 아나기노스콘)는 교회 앞에서 공적으로 이 계시의 말씀을 낭독하고 선포하는 자를 가리킵니다. 그리고 하나의 복수 관사에 함께 묶여 있는 두 개의 분사(οἱ ἀκούοντες … καὶ τηροῦντες 호이 아쿠온테스 … 카이 테룬테스)는 '듣는 자'와 '지키는 자'를 따로 지칭하는 것이 아니라 '듣고 지키는 자들'이 하나라는 것을 이야기하고 있습니다. 또한 듣고 지키는 행위가 분리되지 않고 복합되어 있다는 것을 말하기도 합니다. 교회는 이 계시의 말씀을 계속적으로 듣고 지켜야 합니다. 그것이 교회를 사랑하시는 분, 그래서 자기 피로 값 주고 사신 분의 뜻에 부응하는 길입니다.

사랑하는 성도 여러분!

우리는 예수 그리스도의 신부 교회로서 그분과 뗄 수 없이 묶여 있는 하나의 결합체입니다. 예수님께서는 우리를 자신과의 구별된 사랑의 관계에 묶으시기 위해 자기 피로 우리를 구속하셨습니다. 비록 지금 우리가 그분을 얼굴을 맞대고 대면하지는 못하지만, 그의 영이 우리 안에 거주하십니다. 그리고 그분이 우리에게 주신 "내가 속히 오리라"는 약속을 성령님께서 매일 매 순간 상기시켜 주십니다. 우리는 예수님과 눈을 맞추며 살아야 합니다. 그분과 같은 곳을 바라보아야 합니다. 그분이 가지신 동일한 긴박감으로 깨어 있는 삶을 살아가야 합니다. 그것이 지금과 같은 거짓과 미혹의 세상 속에서 왕 같은 제사장의 구별된 직무를 감당하며 "이기는 자"(21:7)의 삶을 살아가는 신부 교회의 본분입니다.

요한계시록 설교 2

02

교회의 주님께서 자기 교회에 바라시는 것

계 1:9-2:7

요한이 본 환상은 시리고 아픈 삶의 현장 속에서 이루어졌습니다. 요한은 "하나님의 말씀과 예수를 증언하였음" 때문에 밧모 섬에 유배되어 있었습니다. 이것은 오늘날 우리가 하는 것처럼 밧모 섬에 여행차 가는 일과는 극과 극의 차이를 가집니다. 요한은 자신이 아끼고 사랑하는 사람들과 철저히 단절된 고립의 상황 속에 던져졌습니다. 익숙하였던 일상 삶의 모든 것들과도 철저히 단절되었습니다. 지금껏 경험해보지 못했던 감금과 노역과 고단함과 외로움이 매일같이 이어지는 쓰라린 삶의 현장 속에서 그는 환상 중에 그를 찾아오신 영광의 주님을 만났습니다. 이것은 성령 안에서(ἐν πνεύματι 엔 프뉴마티) 이루어진 일이었습니다(1:10). 요한은 자기 한 사람을 위로하러 오신 주님이 아니라, 고난 중에 있는 그의 교회를 위로하러 오신 주님을 대면합니다. 그분이 자기 교회를 향하여 바라시는 것이 무엇인지를 밝히는 것이 오늘 본문의 핵심적인 내용입니다. 우리의 진정한 위로는 우리의 머리요 짝이 되신 예수 그리스도께서 '내가 너의 처지를 안다'고 말씀하시는 데서 찾을 수 있습니다.

일곱 촛대(등잔대) 사이에 거하시는 주님

주님께서 요한을 찾아오신 목적은 아시아 일곱 교회로 대표되는 땅 위의 그의 교회에게 전하고자 하는 말씀이 있었기 때문입니다. 그래서 요한에게 주시는 주님의 처음 명령이 1:11에서 보는 것처럼 '쓰라, 그리고 보내라'(γράψον … καὶ πέμψον 그랍손 카이 펨프손)입니다. 주님께서 요한을 찾아오신 것은 요한 개인을 위함이 아닙니다. 요한의 체험도 요한 개인을 위한 것이 아닙니다. 만일 그의 경험이 그 혼자만을 위한 것이었다면 '쓰라, 그리고 보내라'는 명령은 필요가 없었을 것입니다. 물론 주님께서 그를 찾아오신 일을 통해 요한 자신도 말할 수 없는 위로를 받았을 것이 분명하지만, 그러나 주님께는 더 큰 목적이 있었습니다. 쉼 없는 도전과 난관, 그리고 투쟁 속에 놓여 있는 자기 교회를 향한 주님의 관심이 무엇인지를 우리는 보아야 합니다.

이런 관심은 예수님에 대한 묘사 속에도 잘 나타나고 있습니다. 예수 그리스도의 영광스러운 모습 가운데서 요한이 가장 먼저 언급하는 것은 일곱 금 촛대와 촛대 사이의 "인자 같은 이"입니다. 이 일곱 촛대는 뒤에 가서 일곱 교회를 가리킨다고 밝히고 있습니다(1:20). 처음부터 예수님은 그의 교회 가운데 거하시는 분으로 소개되고 있는 것입니다.

'촛대'로 번역된 뤼크니아(λυχνία)는 엄밀히 말하면 등잔대(히 9:2)입니다. 킹 제임스역(KJV)이 이를 촛대(candlestick)로 번역하였는데, 아마도 이 영향으로 이것이 일반적인 표현이 되어버린 것 같습니다. 그러나 밀납초와 촛대가 보편적으로 사용된 것은 중세기에 와서야 이루어진 일입니다.[1] 반면 등잔대는 구약 시대부터 성막의 핵심 물품 가운데 하나였고, 뤼크니아는 이 등잔대를 지칭하는 용어입니다. 예수님께서 일곱 금 촛대(등잔대) 사이에 계신다는 것은 그가 교회를 주관하시며 또한 교회와 함께하시는 분이심을 나타냅니다.

요한은 또한 예수님의 오른손에 일곱 별이 있다고 말합니다. 이 일곱 별은 일곱 교회의 사자들을 가리킵니다(1:20). '사자'로 번역된 앙겔로스(ἄγγελος)는 일반적으로 천사를 가리키는 단어입니다. 그래서 일부 학자들은 이를 각 교회 배후의 후견 천사를 가리키는 것으로 보기도 합니다.[2] 그러나 예수님께서 "네 행위와 수고와 네 인내"(2:2)를 안다고 말씀하시는 것이나, 심지어 "너를 책망할 것이 있나니"(2:4)라고 말씀하시는 것은 영적 존재인 천사를 대상으로 하는 말씀이라고 보기는 어렵습니다. 오히려 수고의 땀을 흘리기도 하고 한심한 실수를 범하기도 하는 인간 존재를 가리킨다고 보는 것이 더 좋습니다. 이들은 각 교회의 말씀의 전달자인 '사자'(메신저)로서 각 교회를 대표하는 사람들입니다.

일곱 교회에 보내는 편지들은 이 사자들을 수신자로 가집니다. 그래서 주님께서 '내가 네 행위를 안다'고 하실 때에도 복수로 '너희'를 쓰지 않고 일관되게 단수 '너'를 사용하시는 것입니다. 이 '너'는 일곱 교회의 사자 한 사람 한 사람을 가리킵니다. 그렇다고 해서 이 편지들이 한 개인을 대상으로 하는 편지인 것은 아닙니다. 이 사자를 대표자로 가지는 개별 교회 전체를 향한 편지입니다. 그 입에 "좌우에

---

1 참조, Metzger, 『요한계시록의 이해』, 49.
2 예를 들어, Metzger, 『요한계시록의 이해』, 59.

날선 검"(1:16, 19:15, 21)을 가지신 그리스도께서는 일곱 교회의 말씀의 사역자들을 통해 그의 말씀으로 교회들을 다스리십니다.

각 교회의 형편이 다 한결같지는 않습니다. 그러나 교회의 주요 머리이신 예수 그리스도는 한 분이시고, 또한 언제나 한결같은 분이십니다. 그는 각각의 교회들 속에 그 교회가 처한 현실적인 상황에 맞추어 자신을 나타내십니다. 따라서 한 분이신 그분이 각 교회 속에 다양한 얼굴을 가지고 찾아가시는 것입니다.

위태로운 에베소 교회의 촛대(등잔대)

에베소 교회에 대해서 주님은 "오른손에 있는 일곱 별을 붙잡고 일곱 금 촛대 사이를 거니시는 이"(2:1)로 다가 가십니다. '붙잡고 계시는 분'(ὁ κρατῶν 호 크라톤)이나 '거니시는 분'(ὁ περιπατῶν 호 페리파톤)은 다 현재 시제의 분사들로서 그리스도께서 항구적으로 교회를 주관하시며 교회와 함께하시는 분이심을 나타냅니다. 그는 교회로부터 멀리 계시는 분이 아닙니다. 언제나 교회 속에 계시고 언제나 교회와 함께하시는 분이십니다. 그러므로 그는 교회의 아픔과 약점, 수고와 인내를 너무나 잘 아십니다.

편지의 본말은 '내가 안다'로 시작합니다. 주님은 먼저 에베소 교회의 "행위와 수고와 인내"를 칭찬하십니다. 우리는 이 단어들 하나하나 뒤에 숨어 있는 땀의 향기와 눈물의 짠맛을 느낄 수 있어야 할 것입니다. 교회를 통하여 주님을 섬기는 일은 땀과 눈물이 없이는 이루어지지 않습니다. 누군가는 냄새나는 화장실을 닦아야 하고, 누군가는 아파서 신음하는 환자와 함께 밤을 지새야 합니다. 이런 수

고가 교회를 세웁니다. 이런 수고를 아무도 알아주지 않는 것 같지만, 주님은 '내가 안다'고 말씀하십니다.

  육적인 차원의 수고뿐만 아니라 영적인 수고에 대해서도 주님은 칭찬을 아끼지 않으십니다. 교회를 넘어뜨리려 하는 악한 자들의 도전을 에베소 교회는 잘 막아내었습니다. "용납하지 아니한 것과"라는 표현은 원문에 따르면 훨씬 더 강한 어조를 가집니다. 우 뒤네 바스타사이(οὐ δύνῃ βαστάσαι)라는 표현은 부정어 우(οὐ)와 뒤나마이(δύναμαι ~할 수 있다) 동사의 결합을 통하여 '도저히 네가 용납할 수가 없다'는 것을 말하는데, 이는 에베소 교회의 성향이나 강한 의지를 나타냅니다. 그 성향이 정직한 사람은 남이 거짓말하고 속이는 것을 도저히 참아낼 수 없습니다. 에베소 교회는 이런 성향을 확고하게 갖추고 있었다는 것을 보여줍니다. 교회를 훼손하려 하는 악한 자들을 도저히 참아낼 수 없는 거룩한 열정을 에베소 교회는 품고 있었습니다.

  그래서 어떤 자들이 스스로를 사도라 칭하며 그 교회 속에 영향력을 행사하려 했을 때 에베소 교회는 그들이 하는 말을 곧이 곧대로 듣지 않았습니다. 과연 그들이 사도 됨에 부합하는 바른 가르침과 거룩한 삶의 행실을 갖추고 있는지 시험했고, 마침내 그들의 거짓을 드러내었습니다. "니골라 당"이라 불리는 사람들의 거짓된 가르침에 대해서도 동일한 자세로 임하였습니다. 그들의 주장에 쉽게 현혹되지 않았습니다. 그들은 발람의 길을 따르는 자들이었습니다(2:14). 현실의 어려움을 피하기 위해 우상 제물을 먹게 하고 영적 행음인 우상 숭배에 참여하게 하였습니다.

  이런 교묘한 도전이 버가모 교회와 두아디라 교회에 닥쳐왔을 때,

이 교회들은 그 위험성을 잘 알아차리지 못하였습니다. 그러나 에베소 교회는 달랐습니다. 그들의 말이 복음의 가르침에 일치하는지를 시험했고, 그렇지 않다는 것을 알았을 때는 이를 미워하고 멀리하였습니다. 에베소 교회는 이런 영적 기질이 뚜렷한 교회였습니다. 용납할 수 없는 것은 결코 용납하지 않는 분별력과 결단력을 갖추고 있었습니다.

그러나 이런 강점이 약점으로 작용하기도 합니다. 주님은 에베소 교회가 처음 사랑을 버렸다고 책망하십니다. 바른 교회에 대한 열심이 지나치다 보면 생명력 있는 교회의 열정을 잃어버리기 쉽습니다. 교리적으로 옳고 그른 것을 따지는 데 너무 집중하다 보면 실질적인 사랑이 슬그머니 숨어버리게 됩니다. 주님은 에베소 교회가 가졌던 처음 사랑을 회복하기를 원하십니다. "처음 행위를 가지라"(2:5)는 말씀은 이 교회가 가졌던 처음 사랑의 행위들을 당장 행하라(ποίησον 포이에손)는 명령입니다. "가지라"는 번역어는 주님의 명령이 가지는 어감을 다소 떨어뜨립니다. 단순히 되찾아서 가지는 정도가 아니라 당장의 실행이 요구되고 있습니다. 포이에오(ποιέω 행하다) 동사의 단순과거 명령형인 포이에손은 행위의 지속성보다는 당장의 실행에 더 무게를 둡니다. 주님은 이 교회 안에 사랑의 실천이 활발히 그리고 시급하게 살아나기를 원하시는 것입니다.

바르게 믿는 것(orthodoxy)과 바르게 행하는 것(orthopraxy)이 잘 조화를 이루어야 합니다. 이것이 건강한 교회를 만듭니다. 진리의 빛과 진리의 열이 동시에 살아 있어야 합니다. 바르기만 하고 뜨겁지는 못한 것이나, 뜨겁기만 하고 바르지 못한 것은 다 비정상적인 교회의 모습입니다. 바르게 믿는 믿음 위에 뜨거운 사랑의 실천을 겸비할 때 우리는 주님께서 기뻐하시는 교회를 이룰 수가 있습니다.

'처음 행위들을 행하라'는 주님의 명령은 매우 엄한 명령입니다. '당장'(now)이라는 단어가 없기는 하지만, 어감은 바로 그런 어감입니다. 에베소 교회가 당장 이것을 시행하지 않으면 안 됩니다. 이를 당장 시행하지 않으면 주님의 책망의 말씀은 책망을 넘어 경고로 작용하게 될 것입니다. 주님은 "네 촛대를 그 자리에서 옮기리라"고 경고하십니다. 이는 "일곱 금 촛대 사이를 거니시는 이" 곧 교회의 주인이신 예수 그리스도의 엄중한 경고입니다. 에베소 교회가 소아시아 지역의 모체 교회로서 그 지위와 위상이 견고한 것은 사실이지만, 주님께서 보실 때 교회다움의 자질이 사라져버리고 만다면 주님은 가차 없이 그 촛대(등잔대)를 옮겨버리실 것입니다.

그만큼 주님은 교회가 그의 말씀에 순종하는 교회가 되기를 원하십니다. 그가 교회에게 선물로 주신 것들을 빛내고 살아내는 교회가 되기를 원하십니다. 그가 몸소 보여주신 사랑이 살아 있는 교회가 되기를 원하십니다. 믿는 것과 행하는 것이 조화를 이루는 교회가 되기를 원하십니다. 이런 건강한 교회가 안팎의 모든 도전들을 능히 극복하고 이기는 교회가 될 수 있습니다.

승리하는 교회

사랑하는 성도 여러분! 주님은 우리가 '이기는 자'가 되기를 원하십니다. 왜 그럴까요? 그가 이기셨기 때문입니다(3:21). 그리고 교회는 그의 것입니다. 그의 교회는 반드시 이겨야만 하고 또한 이길 수밖에 없습니다.

교회가 이기는 자가 되어야 하는 또 하나의 분명한 이유는 교회가 그리스도와 함께 나눌 영광의 미래를 가지고 있기 때문입니다. 그리스도는 모든 좋은 것들을 교회와 함께 누리기를 원하십니다. 그는 교회와 함께 누릴 모든 좋은 것들을 이미 다 준비하셨습니다. 준비는 다 완료되었습니다. 이제는 누리는 일만 남아 있습니다. 에베소 교회에 대해서 주님은 "하나님의 낙원에 있는 생명나무의 열매"를 먹게 하실 것이라고 약속하십니다. 교회는 그리스도께서 준비하신 이 모든 것들을 그와 함께 누려야만 합니다.

왜 주님은 우리가 이기는 자 되기를 그토록 원하시는지 그 이유를 잘 보아야 합니다. 내가 장차 받을 것(선물)이 무엇인가에 대한 관심을 넘어, 선물을 주시는 분이신 주님께서 우리에 대하여 가지시는 관심이 무엇인지를 잘 볼 수 있어야 합니다. 주님은 우리와 모든 영광스러운 것들을 함께 나누기를 원하십니다. 그래서 우리가 세상의 도전들에 굴복하지 않고 이기는 자들이 되기를 바라시는 것입니다. 우리는 주님의 관심과 그분의 계획에 자신을 맞추어가는 승리하는 그리스도인이 되어야 합니다.

이런 관심을 따라 다시 한 번 우리 자신을 돌아보기를 원합니다. 우리는 그리스도께서 바라시는 대로 이 세상에 목적 지향의 교회로 존재하고 있는가요? 우리는 그리스도께서 계신 영광의 모습을 따라 영광의 교회로 날마다 변모되어가고 있는가요? 우리는 우리와 함께 모든 좋은 것들과 영원한 장래를 함께 나누기 원하시는 주님의 계획에 발맞추어 살아가는 교회인가요? 이런 종말론적 비전이 분명한 성도가 진정으로 복된 성도입니다.

요한계시록 설교 3

03 교회의 승리, 그 역설적 진리

계 2:8-11, 3:7-13

　작은 것이 큰 것을 이기기는 어렵습니다. 적은 자원을 가진 사람이 많은 자원을 가진 사람을 이기는 것 역시 어렵습니다. 그래서 세상에는 힘의 논리가 지배적입니다. 사람들은 큰 것을 선호하고 큰 것과 같은 편에 서려 합니다. 일부 한국 교회가 기형적으로 대형화되는 것도 이런 세상적 논리의 산물이 아닐까 하는 생각이 듭니다. 하지만 진정한 승리는 세상적 논리를 따르지 않습니다. 예수 그리스도의 승리는 역설의 승리입니다. 그는 죽음으로 사셨고 또한 죽음으로 이기신 분입니다. 분명히 지는 길을 가셨는데 그것이 승리의 길임이 드러났습니다. 교회는 이런 그리스도의 역설적 승리의 길을 따릅니다. 이 원리를 잘 보여주는 교회가 서머나 교회와 빌라델비아 교회입니다. 서머나 교회와 빌라델비아 교회에 보낸 두 편지 사이에는 교회의 역설적 승리라는 주제상의 공통점이 나타나고 있습니다.[1]

---

[1] 서머나 교회에 보낸 편지와 빌라델비아 교회에 보낸 편지 사이에 문학적, 개념적 병행이 있다는 지적에 대해서는 참조, Beale, 『요한계시록』, 496.

이것이 오늘 우리에게 주는 교훈이 무엇인지를 깊이 상고해보고자 합니다.

교회의 환난과 궁핍, 그리고 작은 능력

서머나 교회에 대해 우리 주님은 "내가 네 환난과 궁핍을 안다"고 말씀하십니다(2:8). 서머나 교회가 겪고 있는 "궁핍" 곧 극심한 가난은 그들이 그리스도의 이름 때문에 받는 박해와 직결됩니다. 이미 황제 숭배가 널리 퍼져 있던 이 지역에서 신앙 고백에 충실한 그리스도인으로 살아간다는 것은 많은 희생과 괴로움을 각오해야 하는 일이었습니다. 황제 숭배나 우상 숭배에 가담하지 않는 자들을 길드(상인 조합)에 넣어주지 않기 때문에 믿음을 지키는 사람들이 경제적 행위에 참여할 수가 없었습니다. 매일의 생필품조차 구하기 힘든 극심한 가난은 사람을 쉽게 낙심시킵니다. 이런 상황은 빌라델비아 교회도 크게 다르지 않습니다. 주님은 그 교회가 "작은 능력"을 가진 교회라는 것을 강조하십니다(3:8). 이 교회 역시 내놓을만한 큰 자원이나 자산을 가지지 못한 교회였습니다.

여기에다가 이 두 교회는 다 밖으로부터의 도전에 직면해 있었습니다. 서머나 교회는 "자칭 유대인이라 하는 자들의 비방"(2:9)에 시달리고 있었습니다. 그들은 유대인의 자랑거리들을 앞세우며 교회를 멸시하고 비방했던 것으로 보입니다. 그러나 주님은 그들을 "사탄의 회당"이라 부르십니다. 그들의 자랑거리들로 말미암아 오히려 영적 올무에 빠져 있다는 것을 보여줍니다. 서머나 교회에는 앞으로도 핍박의 격랑이 닥쳐올 것입니다. 주님은 그들 중의 몇 사람이 옥에 갇히게 될 것이라고 예고하십니다. 이런 예고대로 156년 2월에 이 교회의 감독이었던 폴리갑이 순교를 당하기도 하였습니다.

그러나 주님은 이 환난의 기간이 "십 일 동안"에 한정될 것이라고 말씀하십니다(2:10). 우리는 이 "십 일"을 문자적 열흘로 보지는 않습니다. 이것은 짧은 기간을 이야기하며, 그것도 한정된 시간에 그치리라는 것을 이야기합니다. 질병이나 심한 난관을 당해본 사람들은 이것이 무엇을 의미하는지 곧 느낄 수 있을 것입니다. 고통의 시간이 닥쳐올 때 우리를 가장 두렵게 만드는 것은 이 아픔이 끝이 없어 보인다는 점입니다. 그러나 그것이 끝이 있다는 것을 알기만 해도 그처럼 반가운 일이 없습니다. 희망을 품고 용기를 회복할 수 있게 됩니다. 서머나 교회에 다가올 환난이 극심한 것일지라도 그것이 한정된 시간(십 일) 안에 이루어진다는 것을 알면 용기를 얻어 인내하고 믿음을 지켜갈 수 있습니다. 서머나 교회는 이처럼 안과 밖으로 환난과 궁핍의 역경 속에 놓여 있었습니다. 오늘 우리가 경험하는 연약한 교회의 모습, 연약한 나 자신의 모습과 크게 다르지 않은 상황입니다.

빌라델비아 교회의 경우도 "사탄의 회당 곧 자칭 유대인이라 하"는 자들의 도전과 비방에 시달리고 있었습니다(3:9). 이 교회 역시 서머나 교회와 마찬가지로 장차 "시험의 때"를 당하게 될 것입니다. 헤쳐나가야 할 격랑은 크고 버거운데 그들이 가진 것은 "작은 능력"에 지나지 않습니다. 세상적 관점에서 보면 이런 작은 능력을 가지고 거대한 도전들을 이긴다는 것은 불가능합니다. 그러나 이 교회들에 대한 주님의 평가는 이와 다릅니다. 두 교회가 다 주님으로부터 그 어떤 책망도 듣지 않습니다. 주님은 이 두 교회를 높이 평가해주십니다. 주님의 관점에서 볼 때 그들은 승리하는 교회입니다. 그들의 승리의 비결은 무엇일까요? 무엇이 그들로 하여금 가장 열악한 환경을 극복하고 이기도록 하는 것일까요?

서머나와 빌라델비아 교회를 향한 주님의 평가와 도우심

서머나 교회에 대해 주님은 "실상은 네가 부요한 자"(2:9)라고 평가하십니다. 주님은 그 교회의 외적 상황 배후에 감춰진 저력을 보고 계십니다. 그들의 힘은 그들의 신실함에서 나옵니다. 주님은 그들을 향해 "네가 죽도록 충성하라"(2:10)고 요구하십니다. 어떤 사람들은 이 문구를 '죽을 정도로 열심을 다하라'는 의미로 읽기도 하지만, 그것은 원문의 의미와는 거리가 멉니다. 기누 피스토스 아크리 따나투(γίνου πιστὸς ἄχρι θανάτου)에서 기누(γίνου)는 기노마이(γίνομαι 되다, 이다) 동사의 명령형인데 현재 시제로 되어 있습니다. 에베소 교회나 버가모 교회에 대하여 "회개하라"고 요청하실 때에는(2:5, 16) 단순과거 명령형을 사용합니다. 반복이나 연속의 의미를 염두에 두지 않는다면 일반적으로 단순과거 명령형을 사용하게 됩니다. 만일 여기서도 죽을 만큼 한번 바짝 충성하라는 것을 의도하는 것이라면 단순과거 명령형을 사용했을 것입니다. 그러나 현재 시제의 명령형을 사용한 것은 죽음의 시간에 이를 때까지 계속해서 신실함을 지키라는 것을 의미합니다. 이는 서머나 교회가 이미 신실한 교회라는 것을 전제로 하는 표현입니다. 주님은 이 교회의 신실함을 이미 높이 평가하고 계십니다. 죽음의 순간까지 그것을 계속 지켜나가라는 것이 주님의 부탁입니다.

이런 면에서 서머나 교회는 이미 주님의 마음에 합한 교회입니다. 주님은 이 교회에 대하여 어떤 모습으로 다가 가십니까? 그는 "죽었다가 살아나신 이"(2:8)이십니다. 죽음이 예수님을 죽임으로 승리한 것처럼 보이지만, 그러나 하나님께서 그를 다시 일으키심으로 말미암아 그는 영원히 죽음을 이기신 분이 되었습니다. 이 주님께서 서머나 교회에게 "내가 생명의 관을 네게 주리라"(2:10)고 약속하십니다. 우리의 눈길은 당연히 우리에게 주시고자 하는 선물 곧 "생명의 관"에 쏠리게 되겠지요. 그러나 이것보다 더 중요한 것은 이 선물을 주시는 분입니다. 그가 누구인가요? "죽었다가 살아나신 이"이십니다. 그는 영원한 생명의 주관자이신 예수 그리스도이십니다. 우리의 승리의 비결은 이분을 바라보는 것입니다. 그를 믿고 의지하며 끝까지 그분에 대해 신실함을 지키는 것입니다.

아무리 우리의 능력이 보잘것없고 우리가 가진 자원이나 자산이 궁핍하여도 영원한 생명의 주관자이신 주님이 우리의 전부가 될 때 우리는 능히 승리할 수 있습니다. 죽음을 이긴 그의 생명이 우리 안에도 역사하기 때문에 우리는 "둘째 사망"(2:11) 곧 영원한 불못(20:14, 21:8)의 권세를 이깁니다. 이것이 서머나 교회의 이기는 자에게 주시는 약속이며, 오늘 주님을 믿고 끝까지 신실함을 지키는 우리에게 주시는 약속입니다.

빌라델비아 교회에 대한 주님의 평가는 어떠합니까? 우리는 이것을 3:8에서 찾아볼 수 있습니다. "볼지어다 내가 네 앞에 열린 문을 두었으되 능히 닫을 사람이 없으리라 내가 네 행위를 아노니 네가 작은 능력을 가지고서도 내 말을 지키며 내 이름을 배반하지 아니하였도다." 이 구절은 좀 더 정확하게 번역할 필요가 있습니다. 현재의 번역대로 하면 주님께서 '내가 안다'고 인정하시는 "네 행위"의 내용이 "네가 작은 능력을 가지고서도 내 말을 지키며 내 이름을 배반하지 아니하였도다"가 되는 것처럼 보입니다. 그렇게 되면 빌라델비아 교회가 작은 능력에도 불구하고 그것으로써 뭔가를 이루어내었기 때문에 주님의 칭찬을 받는 것처럼 인식하게 만듭니다. 이것은 원문에 대한 잘못된 이해입니다.

3:8을 좀 더 정확히 번역하면 이렇게 됩니다. "내가 너의 행위들을 안다. 보라 내가 네 앞에 아무라도 능히 닫을 수 없는 열린 문을 두었다. 이는 네가 작은 능력을 가지고 있기 때문이며, 또한 네가 내 말을 지켰고 내 이름을 부인하지 아니했기 때문이다." 빌라델비아 교회에 대한 주님의 인정의 말씀은 '내가 너의 행위들을 안다'라는 짧은 한 문장으로 종결됩니다. 그리고 이어서 '내가 네 앞에 열린 문을 두었다'고 말씀하시는 것은 이 교회를 향한 주님 자신의 도움의 행위가 무엇인지를 밝힙니다. 우리는 "내가" 곧 그리스도께서 행하신 행위에 주목해야 합니다. 왜냐하면 이것은 사람이 할 수 없는 일이기 때문입니다. 오직 그분만이 하실 수 있는 일을 그가 하셨습니다. 곧 열린 문을 두신 일이 그것입니다. 그 문은 주님께서 친히 열어 놓으셨기 때문에 그 어떤 존재도 이를 능히 닫을 수 없습니다.

'네가 작은 능력을 가지고 있다'는 언급은 이유를 나타내는 접속사 호티(ὅτι)에 이끌리고 있는데, 이는 주님께서 이 교회 앞에 열린 문을 두신 이유가 무엇인지를 설명합니다. 그 이유를 둘로 나누어서 이해할 수 있는데, 하나는 현재 시제(ἔχεις 에케이스, '네가 가지고 있다')를 사용하는 부분이고, 또 하나는 단순과거 시제(ἐτήρησας 에테레사스, '네가 지켰다', οὐκ ἠρνήσω 우크 에르네소, '네가 부인하지 않았다')를 사용하는 부분입니다.

주님은 빌라델비아 교회의 형편과 처지가 어떤지를 잘 아시기 때문에 그래서 그가 하실 수 있는 일로 그들을 도우신 것입니다. 그 교회가 작은 능력밖에 가지지 못하였다는 것이 주님께서 개입하지 않을 수 없는 이유입니다. 이는 작은 능력에도 불구하고 큰일을 해내었다고 칭찬하시는 것이 아닙니다. 크든 작든 우리가 의지할 것은 우리의 능력이 아닙니다. 큰 능력이 있다고 그것을 믿고 자만해서도 안 되겠지만, 그렇다고 해서 작은 능력이나마 그것을 잘 활용하라고 권하는 것도 아닙니다. 그 작은 능력조차도 의지할 바가 되지 못한다는 것은 꼭 마찬가지입니다. 우리가 가진 능력이 크든 작든 그것을 의지하지 말고 오직 능력의 원천이신 예수 그리스도를 바라보아야 합니다.

주님은 빌라델비아 교회가 주님만을 믿고 의지하는 교회라는 것을 인정하십니다. 이것이 이 교회의 자질이고 강점입니다. 그들은 작은 능력을 가지고 있기에 그것을 의지하려 하지 않습니다. 그것을 의지해서도 안 된다는 것을 알고 있습니다. 나아가서 그들은 주님의 말씀을 인내로 지켜내었고 탄압 속에서도 그의 이름을 부인하지 않았습니다. 이런 검증된 자질이 주님으로 하여금 이 교회를 위하여 일하지 않을 수 없도록 만들었습니다. 주님은 이 교회 앞에 열린 문을 두셔서 인간이 돌이킬 수 없는 자들을 그가 돌이켜 교회 앞으로 나아오도록 하실 것입니다. 그가 얼마나 이 교회를 아끼고 사랑하시며 또한 이 교회를 위해 일하시는지를 사람들이 다 알도록 하실 것입니다.

주님은 그를 위한 빌라델비아 교회의 신실함에 대하여 그 자신의 신실한 약속으로 응답하십니다. "내가 또한 너를 지켜 시험의 때를 면하게 하리라"(3:10)는 것이 그것입니다. 이 문장의 핵심 단어는 '내가 지킬 것이다'를 의미하는 테레소(τηρήω)입니다. 특이한 것은 이 단어 뒤에 전치사 에크(ἐκ)가 결합되어 있다는 것입니다. 이 에크의 기능이 무엇인지가 매우 까다로운 문제입니다. 시험의 때가 남에게는 닥쳐도 너에게는 그것이 닥치지 않도록 하겠다는 의미일까요? 아니면 남에게 뿐만 아니라 너에게도 시험의 때가 닥칠 때 그 속에서 너를 지키겠다는 의미일까요? 우리말 번역의 "면하게"는 아예 그 시험의 때를 당하지 않도록 하겠다는 뉘앙스를 풍깁니다. 하지만 "면하게"에 해당하는 단어가 원문에 나타나는 것은 아닙니다. 전치사 에크를 이런 뉘앙스로 읽는 것일 뿐이지요.

'지킨다'(τηρέω)와 에크(ἐκ)의 결합 형태는 우리 본문과 요한복음 17:15 두 곳에서만 나타납니다. 요한복음에서도 이 용법은 제자들이 비록 세상 속에 있지만, 그 속에서 보호하신다는 의미로 사용되고 있습니다.[2] 더군다나 '지킨다'는 약속이 지킬 일이 전혀 없는 상황 속에서 사용될 수는 없을 것입니다. 그러므로 우리는 이 구절의 의미를 빌라델비아 교회 앞에 장차 시험의 때가 닥치겠지만, 그 속에서 주님은 교회를 지켜주시겠다는 약속으로 읽는 것이 좋겠습니다.[3]

서머나 교회와 빌리델비아 교회 모두에 대하여 주님은 그들의 신실함(충성)을 인정해주십니다. 주님은 그들이 가지고 있는 그 신실

---

2 참조, Beale, 『요한계시록』 491, 496. 비일은 이것을 성도가 물리적, 신체적으로는 어려움을 당할지라도 영적 차원에서는 보호를 받게 된다는 의미로 읽고 있다.

3 참조, Metzger, 『요한계시록의 이해』 82.

함을 끝까지 잘 지켜가기를 요청하십니다. 서머나 교회에 대해서는 "네가 죽도록 충성하라" 곧 '죽음의 순간까지 계속 신실함을 지키라'고 요청하십니다. 빌리델비아 교회에 대해서는 "네가 가진 것을 굳게 잡으라"(3:11)고 요청하십니다. 그들이 이미 붙잡고 있는 주의 말씀 또는 신앙의 고백을 계속해서 끝까지 굳게 잡고 나아가기를 부탁하시는 것입니다.

사랑하는 성도 여러분!

여러분은 어떤 능력을 가지고 계십니까? 남들보다 좀 더 큰 능력을 가진 사람도 있을 것이고, 작은 능력밖에 없는 사람도 있을 것입니다. 우리가 가진 것이 어떤 것이든 우리는 우리 자신의 능력을 의지해서는 안 됩니다. 일반적인 경우, 많은 사람들은 남들이 가진 큰 것을 가지지 못할 때 크게 슬퍼하거나 비관하게 됩니다. 그러나 그리스도의 승리가 역설의 승리라는 것을 아는 사람은 이와 다른 자세를 가져야 합니다. 우리는 "내가 작은 능력을 가지고 있기 때문에 오히려 행복합니다"라고 말하는 사람이 되어야 합니다. 그때에 우리는 크든 작든 나의 능력을 의지하지 않고 오직 능력의 원천이요 생명의 원천이신 예수 그리스도만 의지할 수 있기 때문입니다. 사도 바울처럼 우리 역시 '내가 약할 그때에 나는 강합니다'(고후 12:10)라고 고백하는 그리스도인이 되기를 바랍니다.

요한계시록 설교 4

04
혼합주의의 도전과 극복

계 2:12-29

　일흔 살이 넘도록 아직 왕위에 오르지 못하고 있는 영국의 찰스 황태자는 한 때 자신이 왕이 되면 '그 신앙'(the faith)의 수호자가 아니라 '신앙'(faith)의 수호자가 되겠다는 말을 해서 영국 국교회와 대립각을 세웠던 적이 있습니다. '그 신앙'은 영국이 전통적으로 지켜온 기독교 신앙을 말하는데, 여기서 정관사(the)를 빼고 '신앙'이라고 하면 여기에는 불교 신앙이든 이슬람 신앙이든 모든 형태의 신앙이 다 포함됩니다. 이런 포괄적인 신앙의 수호자가 되겠다는 것은 종교개혁 이후 영국이 지켜왔던 핵심 전통 하나를 포기하는 일이 됩니다.

　우리에게는 이런 전통이 없기 때문에 이런 이야기가 왜 심각한 논란거리가 되는지 의아할 수도 있겠지만, 오늘날과 같은 다원주의 사회 속에서 기독교 신앙의 위치를 어떻게 자리매김해야 할 것인지의 문제는 이제 우리에게도 피할 수 없는 논제가 되고 있습니다. 오늘 우리가 이 문제 자체를 다루려는 것은 아니고, 다른 신앙들과는 다른 기독교 신앙의 특성이 무엇인지를 생각해보고자 합니다. 무엇보다 기독교 신앙은 인간의 산물이 아닙니다. 그것은 철저하게 하나님께서 행하시고 계시하신 일에 근거하는 신앙입니다. 교회의 머리가 되신 예수 그리스도는 우리가 믿고 싶은대로 아무것이나 믿는 그런 신앙을 원하시지 않고, 그를 통해 세상을 구원하신 하나님의 일을 믿는 신앙을 원하십니다. 교회는 이런 믿음을 지켜가야 하고, 이를 허물어뜨리려는 안팎의 도전들과 맞서 싸워야 합니다. 소아시아 일곱 교회 가운데 버가모 교회와 두아디라 교회가 이런 도전의 최전선에 놓여 있었던 것을 봅니다. 그들의 싸움이 어떤 성격을 가지는지, 그리고 이것이 오늘 우리에게 어떤 의미를 가지는지 함께 생각해보고자 합니다.

니골라 당과 여선지자 이세벨의 도전

버가모는 "사탄의 권좌"가 있는 곳이라 불릴 만큼 우상 숭배가 극심한 지역이었습니다. '권좌'로 번역된 뜨로노스(θρόνος)는 다른 곳에서는 일관되게 '보좌'로 번역되었습니다(특히 4-5장). 보좌는 통치의 상징입니다. 그만큼 버가모는 우상 숭배에 빠진 사람들 속에 사탄의 통치가 기승을 부리던 지역이었습니다. 특히 웅장한 규모의 제우스 신전은 신전 자체가 거대한 보좌 모양을 이루고 있었습니다. 사람들은 제우스를 "전에도 계셨고, 이제도 계시고, 항상 계실 위대한 제우스"라 부르며 그를 예배하였습니다. 버가모는 황제 숭배에도 앞장섰는데, BC 29년부터 가장 먼저 황제 숭배를 도입했고, 로마에 의해 네오코로스(neokoros 황제 신전 봉안처)라는 특권적인 명칭을 부여받기도 하였습니다.

이런 상황이 이 도시의 그리스도인들에게는 매우 불리한 상황이 될 수밖에 없습니다. 믿는 자들에 대한 박해가 매우 심하였습니다. 급기야 "충성된 증인" 안디바의 순교가 일어나기도 했습니다. 이런 곳에서 믿음을 지키며 살아간다는 것은 결코 쉽지 않은 일입니다. 주님은 버가모 교회가 피바람이 부는 핍박의 와중에도 "나를 믿는 믿음을 저버리지 아니"한 일을 매우 높이 평가해주십니다(2:13).

그러나 주님의 칭찬은 이내 책망으로 연결됩니다. 그 교회 가운데 발람의 교훈을 따르는 자들이 있다는 것입니다. 주님은 구체적으로 그들을 "니골라 당의 교훈을 지키는 자들"이라고 지적하십니다. 니골라가 어떤 사람인지, 그가 가르친 내용이 무엇인지 구체적으로 밝혀지지는 않습니다. 2세기의 교부 이레니우스(Irenaeus)는 초대 예루살렘 교회에서 선출된 일곱 중의 하나인 안디옥 사람 니골라(행 6:5)가 니골라파 사람들의 선생이라고 지목합니다(*Against the Heresies*, I.26.3). 여기에 대해서는 적지 않은 논란이 있습니다. 이레니우스의 말을 액면 그대로 받을 수도 있지만, 그보다는 알렉산드리아의 클레멘트(Clement of Alexandria)가 말하는 것처럼 니골라의 추종자들이 '육신을 멸시하라'는 그의 가르침을 곡해했을 가능성도 있습니다.[1]

15절에서 "이와 같이 네게도 니골라 당의 교훈을 지키는 자들이 있도다"라고 말하는 것은 14절의 "거기 네게 발람의 교훈을 지키는 자들이 있도다"라는 말보다 어조가 한층 강화되어 있습니다. 14절에서는 그런 사람들을 '네가 가지고 있다'(ἔχεις 에케이스)라고만 말하는

---

[1] 이에 대해서는 참조, S.S. Smalley, *Thunder and Love*, 88.

데, 15절에서는 에케이스에 카이 쉬(καὶ σὺ '너 또한')를 덧붙이고 있습니다. 이 카이 쉬는 사실 없어도 상관없는 말이지만, 이것이 있음으로 해서 '너는 그러지 말아야 하는데 너조차 그러고 있구나'라는 뉘앙스를 강하게 풍깁니다.

이는 14절에서 말하는 이스라엘의 역사, 곧 발람이 발락을 가르쳐 이스라엘로 걸림돌에 걸려 넘어지게 했던 전례에 비추어볼 때 더욱 심각한 일입니다. 이런 전례를 알고 있다면 그들은 역사의 교훈을 배웠어야 합니다. 이런 위험에 또 다시 노출되어서는 안 됩니다. 그런데 안타깝게도 버가모 교회는 역사의 교훈을 잘 배우지 못하였습니다. 사도 바울은 고린도전서 10장에서 과거 조상들에게 일어난 일이 우리를 위한 "본보기"의 역할을 한다고 말하며(고전 10:11), 히브리서에서도 불신앙과 불순종에 빠졌던 출애굽 선조들의 전철을 밟지 말도록 경고하고 있습니다(히 3:19-4:6). 이런 기대를 저버린 데 대한 아쉬움이 "네게도"(καὶ σὺ)라는 말 속에 진하게 묻어나고 있습니다.

두아디라 교회는 한 걸음 더 나가고 있습니다. 20절에 보면 "자칭 선지자라 하는 여자 이세벨을 네가 용납함이니"라는 책망의 말이 나옵니다. "용납함이니"를 가리키는 아페이스(ἀφεῖς '네가 용납하고 있다')는 아피에미(ἀφίημι '용서하다, 용인하다') 동사의 현재 시제 2인칭 단수형인데, 현재 시제를 쓴 것은 이 일이 두아디라 교회 안에서 계속 진행되고 있는 사안임을 보여줍니다. 아피에미 동사는 신약 성경에서 죄를 용서한다는 의미로 많이 쓰이는 단어인데, 여기서는 '용인하다, 관용을 베풀다'의 의미로 사용되고 있습니다. 두아디라 교회는 여선지자 이세벨에게 부당한 관용을 베풀고 있습니다.

이세벨이라는 이름은 실제 이름이기보다는 상징적 이름인 것으로 보입니다. 과거 아합 왕의 아내였던 왕비 이세벨은 시돈 왕의 딸로서 바알 숭배를 도입하여 이스라엘을 심히 어지럽게 하였던 여인입니다(왕상 16:30-33, 왕하 9:30-37). 이세벨이 했던 것과 같은 일을 두아디라의 이세벨도 지금 꼭 같이 행하고 있습니다. 두아디라의 성도들을 꾀어 행음하게 하고 우상의 제물을 먹게 하는 일이 그것입니다. "그가 내 종들을 가르쳐"(2:20)라는 표현 속에는 주님의 마음이 짙게 묻어나고 있습니다. 두아디라의 성도들을 주님은 "내 종들"이라 부르십니다. 그들은 주님의 말씀을 듣고 주님의 돌봄을 받아야 할 주님의 종들입니다. 그런데 부당하게도 그들을 주님께서 인정하지 않는 이세벨이 주무르고 있는 것입니다.

주님께서 가지시는 이런 불편한 마음이 "네가 용납함이니"라는 책망 속에 고스란히 녹아 있습니다. 주님은 두아디라 교회의 사자가 주님께서 가지는 동일한 분노의 마음을 품고 이세벨을 용납하지 말 것을 기대하고 계십니다. 에베소 교회의 사자가 니골라 당의 행위를 미워한 것을 칭찬하시면서 "나도 이것을 미워하노라"(2:6)고 말씀하셨던 그 동일한 팀웍을 원하시는 것입니다. 주님은 도저히 용납할 수 없는 이세벨을 두아디라 교회의 사자는 용납하고 있으니 이 얼마나 가슴 아픈 일입니까? 자기의 종들을 미혹의 길로 끌고 가는 사악한 가르침을 주님은 미워하십니다. 이런 태도를 주님은 오늘 우리에게서도 동일하게 찾으십니다.

이단적 가르침은 교회의 터를 허물고 주님의 종들을 큰 위험에 빠트립니다. 그러므로 이런 가르침을 가지고 오는 자들에 대해서는 그들을 "집에 들이지도 말고 인사도 하지 말"아야 합니다(요이 10). 모든 것을 무조건 다 포용하는 것이 사랑이 아닙니다. 우리는 거짓과 악까지 사랑할 수는 없습니다. 거짓과 악에 대해서는 주님께서 이를 미워하셨던 것처럼 우리도 꼭 같이 미워해야 합니다.

일곱 교회 중 적어도 세 교회(에베소, 버가모, 두아디라) 속에 침투해 있었던 니골라 당과 이세벨의 가르침은 교인들로 하여금 우상의 제물을 먹게 하고 행음하게 만드는 특징을 가지고 있었습니다. 우상의 제물(εἰδωλόθυτα 에이돌로뛰타, '우상 제물들') 문제는 고린도 교회를 심각하게 어지럽혔던 문제이기도 합니다(고전 8:1–11:1). 우상의 제물은 이방 신전에 제물로 바쳐졌던 고기를 가리키는데, 이를 나누어 먹는 것은 이방 신들을 중심으로 참여자들 간의 영적 결속력을 높이는 행위였습니다. 여기에 참여하는 것은 사회적 관계를 유지하는데 대단히 중요하게 작용하였으며, 이를 거부하는 것은 당연히 사회적 불이익과 나아가 핍박을 감수해야 하는 일이었습니다. 우상의 제물과 함께 행음을 언급하는 것은 실질적인 육체 관계보다는(물론 그것도 배제하지는 않지만) 우상 숭배와 관련한 영적 의미가 더 큽니다. 우상의 제물을 먹는 것은 단지 고기를 나누어 먹는 것이 아니라 이방 신들의 이름으로 모이는 제의에 참여하는 것을 의미하기 때문입니다.

니골라 당과 이세벨은 이런 문제에 대한 걸림돌(?)을 제거하였습니다. 그들은 예수 그리스도에 대한 신앙과 우상 제물을 먹는 문제가 양립할 수 있다고 가르쳤습니다. 어떻게 이것이 가능할 수 있을까요? 영지주의의 가르침에서는 이것이 크게 문제 되지 않습니다. 1세기 말부터 2세기 초반에 들어서 보다 발전된 영지주의의 교리에 따르면 그리스도라는 신적 존재가 남들과 꼭 같이 일반적인 방식으로 태어난 예수라는 인간의 육체에 그가 세례받을 때에 비둘기 형태로 임하여 그 속에 얼마간 깃들어 있다가 그가 고난받을 때 그의 몸을 떠나갔다고 이야기합니다. 왜냐하면 신적 존재인 그리스도는 고난을 당할 수 없기 때문입니다. 이는 이레니우스의 책에서 영지주의자 케린투스(Cerinthus)의 가르침을 요약하고 있는 내용입니다(*Against the Heresies*, I.26.1).

이런 식의 영지주의의 가르침이라면 그리스도를 믿는 신앙과 우상 제물 먹는 것을 결합시키는 것은 아주 쉬운 일입니다. 신앙은 영적 차원의 문제이기 때문에 육적 차원에서 이루어지는 일은 먹든 먹지 않든 아무 상관이 없는 문제라고 보는 것입니다. 이레니우스는 니골라당 사람들이 "물질은 상관없다는 식으로 살고 있다"고 말하는데(*Against the Heresies*, I.26.3), 이는 전형적인 영지주의의 사고방식입니다. 스몰리(Stephen Smalley)는 니골라 당과 이세벨의 가르침의 배후에 영지주의적 요소가 있었을 것이라고 강하게 주장하고 있습니다.[2]

니골라 당과 이세벨의 가르침은 이방 종교나 문화들에 대해 포용주의나 혼합주의의 자세를 취하는 것을 매우 용이하게 만듭니다. 우상 제물 먹는 것에 대한 거리낌을 제거함으로써 그리스도인들이 핍박이나 사회적 불이익을 당하지 않을 수 있도록 만들어줍니다. 이런 이유 때문에 그들의 가르침은 교회 일각에서 매우 인기 있는 가르침이 될 수 있었던 것으로 보입니다. 여기에 대해 어떤 자세를 취해야

---

2 참조, Smalley, *Thunder and Love*, 87-89.

할지에 대해서도 혼동이 일어났던 것으로 보입니다. 에베소 교회는 이런 가르침의 싹을 단호히 잘랐지만, 두아디라 교회는 어느 정도의 용인과 유보의 입장을 취하였던 것으로 보입니다.

니골라 당과 이세벨은 결코 난잡한 사람들은 아니었던 것으로 보입니다. 오히려 그들은 영적으로 더 고상한 것을 추구하고 부르짖었던 것으로 보입니다. 왜냐하면 그들의 관심은 육체적인 것보다 영적인 것에 더 집중되어 있기 때문입니다. 표면적으로 보면 그들의 가르침이 매우 고상한 것처럼 보일 수도 있습니다. 그러나 주님은 "그 눈이 불꽃 같"은 분이십니다(2:18). 그는 그들의 속임수가 무엇인지를 잘 아십니다. 주님께는 몸의 영역도 중요합니다. 고린도 교회를 향하여 주님은 "몸은 음란을 위하여 있지 않고 오직 주를 위하여 있으며 주는 몸을 위하여 계시느니라"(고전 6:13)고 말씀하십니다. 영혼의 자유만 추구하면 몸은 어떠하든 상관없다고 믿는 것은 주님의 가르침과는 거리가 멉니다.

주님은 우리의 일부만 그에게 돌리고 나머지는 자기 몫으로 돌리는 것을 용납하지 않으십니다. 이런 생각의 배후에 깔린 속셈까지도 그는 다 살피시는 분입니다. 두아디라 교회에 대하여 주님은 "나는 사람의 뜻과 마음을 살피는 자"(2:23)라고 말씀하십니다. "뜻"으로 번역된 네프로스(νεφρός)라는 단어는 원래 콩팥을 가리킵니다. 여기서는 비유적 차원에서 내적 생명의 주체인 정신을 가리키는 용어로 사용되고 있습니다. 주님은 우리의 생각과 감정까지도 꿰뚫어 보시는 분이십니다.

우리는 교회의 문제를 우리 자신의 편리를 따라 해결하려 해서는 안 됩니다. 팔이 안으로 굽는다는 말처럼, 내게 조금이라도 더 유리

한 방향으로 사태를 해석하고 호도하려 해서는 안 됩니다. 이런 태도를 가지면 두아디라 교회처럼 큰 실수를 범하기 쉽습니다. '작은 타협을 하더라도 일단은 교회가 생존하고 봐야지'라고 생각하는 것이 교회를 영영 죽이는 결과를 가져올 수 있습니다. 우리는 내게 유리한가 불리한가의 기준을 버리고 주님께서 기뻐하시는가 미워하시는가의 기준을 가지고 교회의 문제를 바라볼 필요가 있습니다. 그렇게 할 때 우리는 사람의 뜻에 따라 굴곡진 교회가 아니라 한결같이 주님께서 기뻐하시는 교회를 이루어갈 수 있습니다.

회개하기를 바라시는 주님의 마음

주님은 버가모 교회와 두아디라 교회에 회개를 요청하십니다. 주님은 그 자신이 친히 행동으로 나서기 전에 먼저 회개의 기회를 주십니다. 버가모 교회에 대해서는 "그러므로 회개하라 그리하지 아니하면 내가 네게 속히 가서 내 입의 검으로 그들과 싸우리라"(2:16)고 말씀하십니다. "내가 네게 속히 가서"(ἔρχομαί σοι ταχυ, 에르코마이 소이 타퀴)라는 표현은 "네게"만 빼면 "내가 속히 오리라"(ἔρχομαι ταχυ, 22:7, 12, 20)는 표현과 전혀 다르지 않습니다. 믿는 자들에게 주님께서 속히 오신다는 것을 더할 수 없이 좋은 소식입니다. 그러나 회개하지 않는 자들에게는 그것은 두려운 심판의 예고입니다.

두아디라 교회의 이세벨에 대해서도 주님은 "내가 그에게 회개할 기회를 주었"다고 말씀하십니다(2:21). 주님은 넘어지는 자들에 대해서도 긍휼의 마음을 거두지 않으시는 분입니다. 그들에게 다시 일어설 기회를 주십니다. 죄인이 회개하고 주님께 다시 돌아올 때 그는 누구보다 기뻐하시고 그들의 죄와 허물을 다 용서해주십니다. 이것이 회개의 기회를 주시는 주님의 마음입니다.

이세벨에게는 이런 기회가 있었음에도 불구하고 "회개하고자 하지 아니"했다고 말합니다(2:21). 회개하지 않았다는 것이 아니라 회개하고자 하지 않는다(οὐ θέλει 우 뗄레이, '그가 원치 않는다')고 말합니다. 이는 회개의 기회를 놓쳤다는 것이 아니라 회개의 마음이 전혀 없다는 것을 이야기합니다. 곧 회개하지 않는 것이 그의 의지의 문제라는 것을 말해줍니다. 이세벨은 끝까지 자기 사상을 버리지 않겠다고 고집하였습니다. 주님보다 자기가 더 옳다고 주장하였습니다. 그야말로 비뚤어진 확신범입니다. 이처럼 사람은 자기 고집과 교만 때문에 패망의 길로 가는 것입니다.

주님은 이세벨의 길을 따르지 않는 두아디라 교회의 남은 자들을 칭찬하십니다. 그들은 "소위 사탄의 깊은 것"(2:24)을 알지 않는 사람들입니다. "사탄의 깊은 것"(τὰ βαθέα τοῦ σατανᾶ 타 바떼아 투 사타나)이 무엇을 가리키는지는 확실하지 않습니다. 이세벨이 가르쳤던 것이 사탄교는 아니었기 때문에 그가 사탄의 가르침을 전면에 내세우지는 않았을 것입니다. 오히려 그는 하나님과 관련된 영적으로 더 깊은 것들을 가르친다고 주장했을 것입니다. 그러나 하나님께서 계시하신 대로 하나님을 가르치는 것이 아니라, 자신이 생각하는 대로 하나님과 관련된 더 깊은 것들을 가르친다고 주장했겠지요. 이를 이세벨의 말대로 하면 '하나님의 깊은 것들'이지만, 하나님께서 보실 때는 '사탄의 깊은 것들'일 뿐입니다. 자신들이 하나님의 회당에 속한다고 주장하는 유대인들을 가리켜 "사탄의 회당"(2:9, 3:9)이라 부르는 것과 같이 "사탄의 깊은 것"도 하나의 풍자적인 표현이라고 봅니다.

주님은 이런 거짓된 가르침을 용납하지 않으십니다. 회개하지 않는 자들을 주님은 "큰 환난 가운데에 던지"시겠다고 말씀하십니다(2:23). 니골라와 이세벨을 따르는 자들은 주변 사회로부터의 핍박을 어떻게든 피해볼까 해서 이런 거짓된 가르침에 미혹되었는데, 이제 그들은 주님께서 주시는 "큰 환난"에 빠지게 될 판국입니다. 이런 불행한 결과가 생기지 않도록 주님께서 기회를 주실 때 속히 회개해야만 합니다.

끝까지 회개하지 않는 자들에 대해서 주님은 "내 입의 검으로 그들과 싸우리라"고 말씀하십니다(2:16). "싸우리라"(πολεμήσω 폴레메소, '내가 전쟁할 것이다')는 것은 전쟁을 하시겠다는 의미입니다. 그만큼 강한 표현입니다. 그 결과는 뻔합니다. 그리스도를 대적하는 자들은 누구나 다 진멸을 당하고 맙니다. 주님은 자신의 교회를 허물고 자기 종들을 미혹에 빠트리는 자들을 용납하지 않으십니다. 주님의 교회도 주님과 같은 자세를 가져야 합니다. 주님의 싸움을 자신의 싸움으로 삼는 교회가 되어야 합니다.

사랑하는 성도 여러분!

바른 가르침은 거룩한 삶을 증진시킵니다. 그러나 작은 한 부분이라도 변질되거나 왜곡된 가르침은 성도의 삶 전체를 위태롭게 합니다. 두아디라 교회의 이세벨이 주장했던 것과는 달리 진정으로 하나님의 깊은 것들(고전 2:10)을 깨닫게 하시는 성령님은 우리를 육체적 삶과 무관한 방향으로 이끄시는 것이 아니라, 우리 몸으로 하나님께 영광 돌리게 하는 방향으로 우리를 이끄십니다. 우리의 몸을 위하시는(고전 6:13) 주님의 관심과 상관없이 소위 영적인 차원만 중요하다고 외치는 영성파들은 쉽게 포용주의나 다원주의, 혼합주의 사상에 문을 엽니다. 이런 사상이 지금의 사회에서는 더 인기가 많습니다. 그것이 사랑을 가르치는 기독교 정신에 더 부합한다고 주장하기도 합니다. 그러나 사랑은 진리 위에서 가장 큰 빛을 발한다는 것을 잊어서는 안 됩니다. 우리는 사람들이 호응하고 좋아하는 가르침을 따를 것이 아니라, 주님께서 주시고 그가 기뻐하시는 가르침을 고수하고 전파해야 합니다. 그것이 주님의 교회가 걸어가야 할 길입니다. 그가 기뻐하시는 것을 우리도 기뻐하고, 그가 미워하시는 것을 우리도 미워합니다. 그가 싸우시는 것에 맞서 우리도 함께 싸우고, 그가 용서하고 품으시는 사람을 우리도 온 마음으로 품습니다. 우리는 어린 양의 길을 따르는 그의 신부 교회입니다.

요한계시록 설교 5

05 누가 합당한 자인가?

계 3:1-6, 14-22

사데 교회와 라오디게아 교회는 최소한 두 가지 공통점을 가지고 있습니다. 하나는 두 교회가 모두 칭찬 없이 책망만 들은 교회라는 것입니다. 버가모 교회와 두아디라 교회의 예에서 보는 것처럼, 주님은 아무리 책망할 것이 커도 먼저 칭찬으로 시작하십니다. 부족한 것이 많아도 주님의 눈에는 귀하게 보이는 점들이 반드시 있기 때문입니다. 그러나 사데 교회와 라오디게아 교회에 대해서는 바로 책망으로 시작하십니다. 그렇다고 주님께서 그들을 덜 사랑하시거나 포기하시는 것은 아닙니다. 그만큼 그들에 대한 안타까움이 크다는 것을 보여줄 뿐입니다. 그들에 대한 큰 기대가 있기 때문에 그만큼 강하게 책망하시는 것입니다.

또 하나의 공통점은 이 책망의 내용이 두 교회의 잘못된 자기 평가와 관련된다는 점입니다. 두 교회는 모두 자기 스스로에 대해 매우 좋은 평가를 하고 있습니다. 그러나 주님께서 보실 때는 전혀 만족스럽지가 못합니다. '내가 살아 있다'라고 말하는 사데 교회에 대하여 '너는 죽어 있다'라고 정반대로 말씀하십니다. '나는 부자다'라고 말하는 라오디게아 교회에 대해 '너는 불쌍한 자다'라고 말씀하십니다. 교회는 자기기만이나 자기만족에 빠져서는 안 됩니다. 교회의 머리요 주인이신 예수 그리스도의 평가 앞에 서야 합니다. 과연 우리는 주님의 기준에 부합하는 교회일까? 늘 점검하고 물어보아야 합니다. 과연 어떤 교회가 주님께 합당한 교회일까요? 우리는 사데 교회와 라오디게아 교회를 보면서 이 질문 앞에 우리 자신을 세워보기를 원합니다.

사데 교회와 라오디게아 교회의 잘못된 자기 평가

사데 교회에 대해 주님은 "네가 살았다 하는 이름은 가졌으나 죽은 자로다"(3:1)라고 말씀하십니다. "네가 살았다 하는 이름은 가졌으나" 부분을 원문(ὄνομα ἔχεις ὅτι ζῇς 오노마 에케이스 호티 제스)을 따라 읽으면 '네가 살아 있다는 이름을 네가 가지고 있다'가 됩니다. 호티에 이끌리는 제스(ζῇς)는 자오(ζάω 살다) 동사의 현재 직설법 형태로 2인칭 단수 주어를 가집니다. 그래서 이 자체가 '네가 살아 있다'라는 짧은 문장 형태가 되는데, 이는 사데 교회 자신의 말 행위 곧 '나는 살아 있다'라는 자기주장을 반영합니다. 사데 교회는 이처럼 자기 스스로를 살아 있는 교회로 자평하고 있습니다.

여기에 대한 주님의 평가는 단호합니다. '너는 죽어 있다'가 그것입니다. 사데 교회의 자기 평가와는 정반대의 평가입니다. 우리는 여기에서 두 개의 말 행위(화행 speech-act)가 교차되는 것을 발견합니다. '나는 살아 있다'는 사데 교회의 화행과 '너는 죽어 있다'는 주님의 화행이 그것입니다. 이 화행들은 다 판정 행위(verdictive)의 범주에 속하는데, 이 범주의 화행의 효력은 말을 하는 사람의 사회적, 기구적 조건에 좌우됩니다. 판사가 재판정에서 "너는 유죄야"라고 말하는 것과 부부싸움 중에 아내가 남편을 향해 "너는 유죄야"라고 말하는 것이 같은 효력을 가질 수는 없겠지요. 매정한 삼촌이 조카를 두고 "너는 대학 갈 자격이 안 돼"라고 말을 할 수 있습니다. 이것도 하나의 판정 행위에 해당하는 말입니다. 좀 더 형식에 맞게 표현하면 '나는 네가 대학에 갈 자격이 안 된다고 생각(판단)한다'가 되겠지요. 이런 말을 들으면 당연히 조카는 기분이 나쁘겠지만, 그러나 그뿐입니다. 이 말을 듣고 조카가 분발해서 더 열심히 공부하면 전혀 다른 결과를 이루어낼 수 있습니다. 그런데 이 조카가 지원한 대학의 입학사정관이 이런 말을 했다면 사정은 전혀 달라집니다. 삼촌의 판단은 무시할 수 있을지 모르지만, 입학사정관의 판단은 무시할 수 없습니다. 입학사정관의 말은 내가 그 대학에 갈 수 있느냐 없느냐의 결정권을 가집니다.

우리 그리스도인에게 중요한 것은 주님의 말씀입니다. 아무리 내가 '나는 살아 있다'라고 외쳐도 주님께서 '너는 죽어 있다'라고 말씀하시면 우리는 다른 말을 할 수 없습니다. 판단의 권한을 가지신 분은 우리 주님이시기 때문입니다. 주님께서 우리를 향해 '너는 죽어 있다'라고 말씀하시면 우리는 자신을 전면적으로 재점검하지 않으면 안 됩니다. 만일 이것이 최종적인 판정의 말씀이라면 여기에는 무서운 결과가 따를 것입니다. 우리는 이것이 최종적인 판정이 아니기를 바라면서 주님께 다시 한 번 기회를 주시도록 요청해야 할 것입니다.

라오디게아 교회의 경우, 주님은 그 교회가 내세우는 자기 평가의 화행을 직접 인용하십니다. "나는 부자라 부요하여 부족한 것이 없다"는 것입니다(3:17). 원문을 따라 읽으면 1인칭 단수 주어를 가진 동사가 세 개(εἰμι 에이미, πεπλούτηκα 페플루테카, ἔχω 에코)가 나타납니다. "부요하여"로 번역된 페플루테카(πεπλούτηκα)도 하나의 자기 주장을 담고 있는 단독 문장에 해당합니다. 플루테오(πλουτέω 부하게 되다) 동사의 완료 시제를 사용하여 '내가 부요하게 되었다'라고 말하는 것입니다. 완료 시제를 사용한 것은 더 이상 바랄 것이 없는 부요의 상태에 이미 도달했다는 것을 말해줍니다. 자기만족의 극치를 보여줍니다.

여기에 대한 주님의 평가는 무엇입니까? 주님은 라오디게아 교회를 향하여 "네 곤고한 것과 가련한 것과 가난한 것과 눈 먼 것과 벌거벗은 것을 알지 못하는도다"라고 말씀하십니다. 이는 라오디게아 교회의 상태를 단순히 묘사하는 말처럼 들리지만, 원문은 훨씬 더 직접적인 화행의 형태를 취합니다. '너는 불쌍한(곤고한) 사람이다'(σὺ εἶ ὁ ταλαίπωρος 쉬 에이 호 탈라이포로스)라고 주님은 대놓고 면박을 주십니다. 이 역시 라오디게아 교회의 자기주장을 완전히 뒤집어버리는 주님의 판정 행위의 화행입니다.

우리는 두 교회 모두에서 서로 상반되는 판정 행위 화행이 교차되고 있는 것을 봅니다. 교회 자신의 화행과 그것을 뒤집는 주님의 판정 행위 화행이 엇갈리고 있습니다. 왜 이런 현상이 생기는 것일까요? 교회가 주님께서 원하시는 것이 무엇인지를 모르기 때문입니다. 주님의 판단 기준이 무엇인지, 주님께서 어디에 좋은 점수를 주려 하시는지를 잘 모르는 것입니다. 시험을 칠 때도 이런 현상이 자주 일어납니다. 가령 한국의 전통문화에 대해 서술하라는 문제를 내었는데 일본이나 미국의 전통문화에 대해 길게 묘사를 해놓은 학생이 있다고 합시다. 이 학생은 자신이 열심히 답안을 써서 제출했기 때문에 좋은 점수를 받을 수 있을 것으로 기대하겠지만, 결과는 낙제입니다. 출제자가 무엇을 원하는지도 모르고 자기 내키는 대로 답을 쓰면 자신은 만족스럽게 생각할지 모르지만, 출제자에게서는 아무 점수를 얻지 못하게 되는 것입니다.

교회의 자기 평가도 마찬가지입니다. 우리는 때로 착각에 빠질 수 있습니다. 사데 교회처럼 '나는(우리는) 살아 있다'라고 자기기만에 빠지기도 하고, 라오디게아 교회처럼 '나는(우리는) 완전 풍족하다'라고 자기만족에 빠지기도 합니다. 무엇에 근거해서 이런 주장을 하는 것일까요? 사람들도 많이 모이고, 헌금도 잘 들어오고, 교회 활동도 재미있게 하고 있고, 외면적으로 보면 활력이 있고 생동감이 넘치는 것처럼 보일 수 있습니다. 그러나 이것이 주님께서 찾으시는 것이 아닐 수도 있습니다. 그리스도가 빠져버린 모임, 성령님의 역사나 인도 없이 그저 사람들끼리만 즐거운 모임, 영적 성장과 영광으로의 변모 대신 인간적 자랑만 가득한 모임, 그러면서도 우리는 살아 있고 더 할 수 없이 만족스럽다는 자기 평가에 빠진 교회가 얼마든지 될 수 있는 것입니다. 교회는 처음부터 끝까지 주님의 교회입니다. 그러므로 우리는 주님께서 우리에게 원하시는 것이 무엇인지를 늘 물어야 합니다. 나의 기준을 버리고 주님의 기준에 부합하는 교회가 되기 위해 힘써야 합니다.

교회의 주이신 예수 그리스도의 진단과 방향 제시

주님은 사데 교회를 향하여 "너는 일깨어 그 남은 바 죽게 된 것을 굳건하게 하라"(3:2)고 명하십니다. 두 개의 명령입니다. 하나는 '너는 깨어 있으라'는 명령이고, 다른 하나는 남은 것들을 '굳건하게 하라'는 명령입니다. 주님은 사데 교회를 잠들어 있는 상태라고 보십니다. 그래서 깨라는 명령을 계속 주시는 것입니다. 깨어 있어야 할 사람들이 잠들게 될 때 일어나는 파멸적인 결과가 무엇인지를 사데 지역 사람들은 역사의 교훈을 통해 잘 알고 있었을 것입니다. 난공불락의 성을 자랑했지만, 밤새 파수꾼이 잠들어 있는 사이에 성이 침공을 당한 아픈 역사를 그들은 잘 알고 있습니다. 주님께서 '깨어 있으라'고 말씀하시는 것이 그런 면에서 그들에게 더욱 절실하게 느껴졌을 것입니다.

사데 교회의 상태가 매우 나쁘기는 하지만, 그러나 아주 절망적인 것은 아닙니다. 주님은 아직도 남은 것들이 있다고 말씀하십니다. "그 옷을 더럽히지 아니한 자 몇 명"(3:4)을 또한 언급하십니다. 원문에는 "몇 명"을 '몇 이름들'(ὀλίγα ὀνόματα 올리가 오노마타)로 표현하고 있습니다. 물론 이 경우 이름은 사람을 가리키지만, 3:1에서 이름이 부정적으로 사용된 것과 대조를 이루고 있습니다. '내가 살아 있다'고 주장하지만 실상은 이름뿐인 경우와는 달리, 이 몇 명의 이름들은 사데 교회의 마지막 희망입니다. 이들은 영적으로 깨어 있는 소수입니다. 대다수 사람들이 잠들어 있고 죽어가고 있어도 이 소수의 깨어 있는 성도들이 교회의 희망입니다. 주님은 그들을 이름으로 아십니다. 잘못된 자기 평가의 이름이 아니라, 주님께서 알고 인정하시는 이름이 되는 것이 중요합니다. 이기는 자에게 주시는 약속에 있어서도 "내가 그 이름을 생명책에서 결코 지우지 아니하고 그 이름을 내 아버지 앞과 그의 천사들 앞에서 시인하리라"(3:5)고 말씀하시는 것이 매우 의미가 큽니다.

또한 이 소수의 성도들이 세속에 물들지 않고 그 옷을 깨끗하게 지켰기에 주님은 그들이 흰 옷을 입고 자기와 함께 다니기에 합당한 자들로 인정해 주십니다. 주님은 그 머리와 털의 희기가 흰 양털과 눈 같으신 분입니다(1:14). 마지막 오실 때에도 그는 백마를 타고 오시는 분이십니다(19:11). 그를 따르는 어린 양의 군대 또한 희고 깨끗한 세마포 옷을 차려입고 있습니다(19:14). 주님은 우리가 그와 함께 다니기에 조금도 부족함이 없는 깨끗한 흰 옷의 군대요 신부가 되기를 원하십니다.

주님은 자기만족의 극치에 빠져 있는 라오디게아 교회를 향해서도 "내게서 불로 연단한 금을 사서 부요하게 하고 흰 옷을 사서 입어 벌거벗은 수치를 보이지 않게 하고 안약을 사서 눈에 발라 보게 하라"(3:18)고 권하십니다. 중요한 것은 "내게서"(παρ' ἐμοῦ 파르 에무)입니다. 교회의 부요의 원천이 되시는 분은 주님 자신입니다. 주님께는 모든 부요함이 있습니다. 주님께는 모든 영광과 존귀가 있습니다. 주님께는 우리가 필요로 하는 모든 치유가 있습니다. 교회의 부요는 이 주님으로 충만한 데서 나옵니다. 우리의 수치를 가리기 위해서는 주님께서 주시는 흰 옷을 입어야 합니다. 우리의 병든 눈을 고치기 위해서는 주님께서 주시는 지혜의 안약을 발라야 합니다.

주님께서 이런 것들을 '사라'고 말씀하시지만, 이것은 은유적인 표현입니다. 우리가 무슨 대가를 지불하고 주님께로부터 이런 것들을 살 수 있겠습니까? 우리가 우리 자신의 빈곤과 질병을 깨닫고 주님께 요청하기만 하면 주님은 값없이 이것들을 우리에게 나누어주십니다. 왜냐하면 이미 그가 값을 다 지불하셨기 때문입니다. 그가 값지게 얻으신 그것들을 우리에게 값없이 선물로 주시는 것입니다. 이 은혜의 주님께서 우리에게 주시고자 하는 것이 있기에 간곡히 우리를 부르시는 음성을 우리가 잘 들어야만 합니다. 주님은 그의 교회가 주님 자신으로 말미암아 부요하고 온전하고 강건하게 되기를 원하십니다.

참된 평가자이신 예수 그리스도께 합당한 교회

우리가 사데 교회와 라오디게아 교회의 실수를 되풀이하지 않기 위해서는 두 가지 교훈을 잘 배울 수 있어야 하겠습니다. 하나는 누가 진정한 평가자인지를 분명하게 하는 일입니다. 사데 교회의 '나는 살아 있다'라는 자기 평가나, 라오디게아 교회의 '나는 완전 부요하게 되었다'는 자기만족의 착각은 교회의 참된 평가자이신 예수 그리스도를 망각한 데서 일어난 결과입니다. 과연 우리가 스스로를 판단하기에 합당한 자일까요? 사도 바울은 이런 문제를 너무 분명하게 의식하고 있었던 것을 봅니다. 고린도 교회가 걸핏하면 자기들의 잣대로 그를 판단하려는 것을 두고 그는 이렇게 말합니다. "나도 나를 판단하지 아니하노니 내가 자책할 아무 것도 깨닫지 못하나 이로 말미암아 의롭다 함을 얻지 못하노라 다만 나를 심판하실 이는 주시니라"(고전 4:3-4). 바울은 고린도 교회가 그를 두고 내뱉는 판단의 말들을 듣고 매우 마음이 아팠을 것입니다. 그러나 그는 거기에 크게 마음을 두지 않습니다. 중요한 것은 누구에게 판단의 권한이 있느냐 하는 것이기 때문입니다. 바울은 자기 자신에게서 아무런 자책할 것을 찾지 못하는 사람입니다. 그만큼 흠이 없는 완벽한 삶을 살고 있지만, 그러나 그런 자신에게도 스스로를 판단할 권한이 없습니다. 그런 권한은 어둠에 감추인 것들을 드러내시고 마음의 숨은 뜻까지도 살피시는 주님이 가지십니다. 오직 주님만 우리를 판단하기에 합당하신 분입니다. 그러므로 우리는 오류가 많은 스스로의 자기 평가를 내려놓고, 주님께서 우리를 평가하시는 말씀에 주의 깊게 귀 기울여야 합니다.

또 하나 우리는 내가 흰 옷 입고 주님과 함께 다니기에 합당한 자인가를 물어보아야 합니다. 우리는 나 스스로의 방식으로 나를 잘 단장해서 주님께 인정을 받아야겠다는 생각을 버려야 합니다. 때로는 내 방식대로 차려입은 옷 위에 예수 그리스도를 장식물처럼 달고서는 내가 주님을 빛내고 있다는 착각에 빠질 때도 있습니다. 실상은 자기 자신을 빛나게 만들려고 주님을 조금 이용하는 것일 뿐인데도 말입니다. 우리는 이런 태도를 버려야 합니다. 우리를 빛나게 만드는 것들은 다 주님께로부터 나옵니다. 우리는 그가 주시는 흰 옷을 입어야 합니다. 흰 옷을 입고 그와 함께 다니기에 합당한 자로 여겨주시는 분은 주님 자신입니다. 우리는 주님으로부터 나오는 부요와 주님께서 입혀주시는 흰 옷으로 우리 자신을 단장해야 합니다.

주님은 지금도 그와 함께 흰 옷 입고 다닐 사람을 간절히 찾으십니다. 그와 함께 보좌에 앉아 만국을 다스릴 사람을 간절히 찾으십니다. 헛된 자기 자랑과 자기 평가를 다 내려놓고 주님께서 주시는 흰 옷으로 새롭게 단장합시다. 세상의 자랑거리들로 스스로를 아무리 화려하게 치장해도 주님의 눈에는 벌거벗은 수치와 부끄러움의 상태일 뿐임을 알아야 합니다. 오직 주님으로 옷 입고 그에게 합당히 여김을 받는 사람 되어 참 영광과 부요를 누릴 줄 아는 그리스도인 되기를 기원합니다.

요한계시록 설교 6

06
예배 전쟁의 서막

계 4:1-11

예배는 성도의 특권이자 의무입니다. 하나님은 그의 이름의 찬송을 위해 우리를 지으셨습니다(사 43:21). 따라서 예배는 우리의 존재의 목적입니다. 요한은 1:10에 이어 4:2에서 두 번째 '성령 안에서'(ἐν πνεύματι 엔 프뉴마티)의 경험을 들려주고 있습니다. 천상의 예배 장면이 그것입니다. 그의 시각은 허물과 오염이 많은 지상 교회를 넘어 가장 완벽하고 영광스러운 천상 예배의 현장으로 향합니다.

왜 이런 영광스러운 모습을 보여주는 것일까요? 이런 장면을 통해 피안 세계에서의 도피적 위로를 얻도록 하기 위함일까요? 그렇지 않습니다. 우리는 이 부분을 지상 교회와의 연관성 속에서 이해해야 합니다. 차차 보겠지만 하나님께 돌려지는 예배의 문구들이 지상의 권세자들에게도 동일하게 사용되고 있습니다. 지상의 그리스도의 교회는 예배를 요구하는 인간 권세자들에게 예배하지 않는다는 이유 때문에 극한 환난과 궁핍을 겪고 있습니다. 찬송과 영광을 받기에 홀로 합당하신 하나님께 예배하는 것은 목숨을 건 싸움에 임하는 것과 같습니다. 이런 점에서 오늘 본문의 배후에는 예배 전쟁이 놓여 있습니다. 이 주제는 12장과 13장에서 보다 구체적으로 다루어지고 있습니다. 4-5장은 이 주제의 서막에 해당합니다. 우리는 오늘 본문을 통해 이 예배 전쟁이 어떤 성격을 가지는지를 생각해보고자 합니다.

천상의 예배는 지상 교회의 투쟁의 연장선에 위치함

요한은 다시 한 번 "성령에 감동되었"습니다(4:2). 이 표현은 1:10과 동일한 표현인데, 이 두 번의 '성령 안에서'의 경험은 서로 연관성을 가집니다. 예수 그리스도와 그의 교회와의 관계를 한번은 세상 현실 속에서의 관점으로, 또 한번은 천상의 영원한 영광의 관점으로 보여주고 있습니다. 그리스도의 교회는 항상 이 양면을 동시에 보아야 합니다. 교회는 이 두 관점 사이의 긴장 속에 놓여 있습니다. 우리는 그리스도의 피를 힘입고 하나님의 면전에 나아가는 특권("담력" 히 10:19)을 누리지만, 동시에 세상 속에서의 여러 가지 현실적 도전에 노출되어 있기도 합니다(히 10:32-35). 계시록을 읽으면서 우리는 이런 긴장 관계를 항상 염두에 두어야 합니다. 지상 교회의 투쟁을 읽으면서도 천상 교회의 영광을 기억해야 하고, 천상 예배의 영광을 대하면서도 지상 교회의 현실을 염두에 두어야 합니다.

왜 이런 점이 중요하냐 하면, 한국 교회의 계시록 해석에 많은 영향을 끼친 미래주의적 해석은 4장부터 18장까지의 부분을 교회와는 상관없는 특수 시대의 특수 계층을 위한 예언으로 보기 때문입니다. 가장 대표적인 예로 존 왈부드(John F. Walvoord)를 들 수 있습니다. 그는 "요한계시록 4-18장의 내용은 그리스도의 재림이 있기 전

마지막 7년간을 묘사해주며, 또한 예수 재림에 앞서 있게 될 마지막 3년반 동안에 일어나게 될 대환란을 특별히 강조하고 있다"고 말합니다.[1] 그는 교회가 이 환난기를 피하기 위해 4장 이전에 이미 휴거된 것으로 봅니다. 그의 말을 직접 인용해 보겠습니다. "마지막 때를 묘사하는 지상의 장면(6-19장) 그 어디에도 교회가 지상의 투쟁에 관여하는 것으로 그려지는 곳은 없다. … 교회의 휴거는 4장 시작 부분에서 묘사되는 사건들 이전에 이미 일어난 것으로 결론지을 수 있다."[2] 그는 이십사 장로들을 천상으로 이미 휴거된 교회로 봅니다. 나아가 7장에 나오는 십사만 사천도 문자 그대로 이스라엘 민족을 가리키는 것으로 보며 이것이 "교회를 가리킨다고 할 수 있는 정당성은 조금도 없다"고 못을 박습니다.[3] 12-15장도 미래 재림 직전의 후 3년 반 사이에 있을 이스라엘 민족의 문제를 다룰 뿐 교회와는 아무런 상관이 없다고 보고 있습니다. 그러다 보니 스스로 자가당착에 빠지기도 하는데, 예를 들어, 12:8-9에서 사탄이 하늘에서 내어 쫓기는 것도 이 미래의 환난기 동안에 일어나는 일이 됩니다. 그래서 "하늘에 있는 사탄의 개념은 이해하기 어렵지만"이라는 문제를 스스로 만들어내게 됩니다.[4] 다시 말해서 사탄이 역사의 맨 마지막 3년 반 시기에 가서야 하늘에서 내어 쫓기는 것이라면 그때까지는 하늘에 계속 있어야 되는 거죠. 그러다 보니 이것이 이해하기 어려운

---

1 Walvoord, 『요한계시록』 9.

2 Walvoord, *The Revelation of Jesus Christ*, 122(103에도).

3 Walvoord, 『요한계시록』 64.

4 Walvoord, 『요한계시록』 84.

점이라고 말하는 것입니다. 이 마지막 몇 년을 제외한 역사의 전 기간 동안 사탄은 하늘에서 보좌에 앉으신 그리스도와 함께 지내는 셈이 되고, 또한 아무 제약도 없이 자유롭게 활동하고 있는 것으로 보아야 하니까 스스로 자가당착에 빠지게 되는 것입니다.

왈부드의 관점대로 하면 4장 전에 이미 교회는 하늘로 휴거되었고, 역사의 현장에 더 이상 남아 있지 않습니다. 결국 계시록의 대부분(4-18장)은 교회와는 상관없는 이야기가 되고 맙니다. 교회보다는 오히려 이스라엘 민족의 운명과 관련된 미래의 예언으로 치부되고 있습니다. 왈부드의 해석은 하나의 극단적인 예이기는 하지만, 이런 식의 미래주의적 해석이 한국 교회 계시록 해석에 너무 안 좋은 영향을 끼친 것이 사실입니다.

4:1에서 요한이 "이리로 올라오라"고 초청을 받는 것은 교회의 휴거와는 아무런 상관이 없습니다. 오히려 요한에게 교회와 관련하여 새로운 국면을 보여주려는 것이 그 목적입니다. 옛 선지자들이 하나님의 영광을 친히 대면하거나, 여호와의 회의에 부름을 받는 것처럼 (사 6:1-13, 렘 23:18-22) 요한도 지금 지상 교회를 위한 선지자의 사명을 부여받고 있습니다. 이어지는 진술은 그의 개인의 경험으로 끝나지 않고 교회를 위한 예언의 책임으로 이어집니다. 이는 10장에서 그가 열린 책을 먹고 예언을 하는 일과도 연결됩니다. 요한이 본 천상 예배의 장면은 지상 교회의 현실과 직결됩니다. 하늘의 영광의 관점에서 교회가 자신을 볼 필요가 있습니다. 그래야만 교회는 더 힘차게 자신의 투쟁을 감당해갈 수 있습니다.

천상의 예배와 땅 위의 거짓 예배

천상 예배의 중심에는 하나님의 보좌와 그 보좌에 앉으신 분이 있습니다. 보좌(θρόνος 뜨로노스)는 모든 것의 중심입니다. 그 중요성을 반영하듯 4-5장에는 보좌에 대한 언급이 이십사 장로들의 보좌를 제외하고도 17회나 나타납니다. 이 보좌는 하나님의 통치를 상징합니다. 하나님은 그가 지으신 모든 만물을 그의 뜻대로 통치하십니다. 교회 역시 이 하나님의 통치 아래에 있고, 나아가 하나님의 역사 운행의 계획이 무엇인지를 알고 이 통치에 참여합니다. 요한은 이를 위해 하늘의 열린 문으로 올라오도록 초청을 받고 있는 것입니다.

하나님의 보좌 주위에는 천상 존재들인 네 생물과 이십사 장로들이 자리하고 있습니다. 네 생물은 사자와 송아지, 사람, 독수리의 모습을 가지고 있는데, 이는 인간을 포함한 피조물들을 대표하고 대변하는 존재들입니다. 그리고 이십사 장로들 역시 천상 존재들로서 이스라엘과 신약 교회를 포함하는 하나님의 전체 백성을 대표하고 대변하는 존재들입니다. 이들은 "밤낮 쉬지 않고" 하나님을 찬양합니다. 온 피조물과 하나님의 백성이 마땅히 해야 할 일을 그들이 행하고 있는 것입니다. 하나님은 이 예배를 받으시기에 합당한 분이십니다. 오직 그분만이 유일하게 합당한 분이십니다.

네 생물들은 하나님을 향하여 "거룩하다 거룩하다 거룩하다 주 하나님 곧 전능하신 이여 전에도 계셨고 이제도 계시고 장차 오실 이시라"(4:8)고 외치며 그를 찬양합니다. 하나님은 역사를 초월하여 영원히 거하시는 분이십니다. 이 세상 속에서는 사람들이 제우스를 향하여 "전에도 계셨고 이제도 계시고 항상 계실 위대한 제우스"라 부르며 그에게 예배를 드리고 있습니다. 그러나 제우스는 신화의 인물에 지나지 않으며, 무엇보다 그는 거룩하지 않습니다. 그럼에도 불구하고 제우스를 예배하는 자들은 하나님의 종들을 탄압하며 하나님을 예배하지 못하도록 여러 가지 방법으로 방해하였습니다. 우리는 그 어떤 방해와 탄압 속에서도 오직 유일하게 거룩하며 영원하신 하나님을 예배합니다.

이십사 장로들은 하나님을 향하여 "우리 주 하나님이여 영광과 존귀와 권능을 받으시는 것이 합당하오니 주께서 만물을 지으신지라 만물이 주의 뜻대로 있었고 또 지으심을 받았나이다"(4:11)라고 찬양합니다. 이 찬양은 원문을 따라 읽으면 '당신은 합당합니다'(ἄξιος εἶ 악시오스 에이)로 시작됩니다. 하나님을 직접 2인칭(you)으로 부르면서 그를 높이고 있습니다. 그가 찬양받으시기에 합당한 이유는 오직 그분만이 하실 수 있는 만물 창조의 일을 그가 하셨기 때문입니다. 세상 속에 존재하는 모든 것들이 다 그의 창조의 능력에 빚지고 있습니다. 그러므로 우리는 우리의 존재의 근원이 되신 하나님을 예배하지 않을 수 없습니다.

우리가 오직 하나님만을 예배받기에 합당하신 분으로 고백하는 것은 하나님 외에 다른 어떤 존재도 예배받기에 합당하지 않다는 선언을 내포합니다. 여기에는 1세기의 로마 황제도 포함되며, 일제 강점기의 일본 천황도 포함됩니다. 하나님을 대신하여 예배받기를 좋아하고 또 그런 예배를 조장하는 모든 인간 숭배 현상도 다 여기에 포함됩니다.

이십사 장로들은 하나님을 "우리 주 하나님"(ὁ κύριος καὶ ὁ θεὸς ἡμῶν 호 퀴리오스 카이 호 떼오스 헤몬)이라 부르고 있습니다. 계시록 기록 당시의 황제인 도미티안은 자신을 "우리 주 하나님"(dominus et deus noster)으로 부르도록 강요하였습니다. 『열두 황제전』을 쓴 로마 역사가 수에토니우스(Suetonius)에 따르면 도미티안은 황제의 자리에 오르기 전까지만 해도 "굉장히 겸손한 척"했다고 합니다.[5] 그러나 황제가 되면서부터 본색을 드러내기 시작했습니다. 황제에 즉위하는 자리에서는 자기가 자기 아버지인 베스파시안 황제와 또 형 티투스 황제에게 황제권을 부여했다가 다시 회수하는 것이라고 주장하였습니다. 자신을 황제권을 부여하고 회수하는 신의 지위에 올려놓고 있는 것이지요. 그러다가 급기야는 자신을 "우리 주 하나님"으로 부르도록 강요하였고, 이것이 말에서나 글에서 그를 지칭하는 공식 칭호가 되었습니다.

성도들이 이십사 장로들을 따라 하나님을 "우리 주 하나님"이라고 부르는 것은 자기를 "우리 주 하나님"이라 부르도록 강요하는 황제의 요구와 정면으로 충돌합니다. 이 때문에 그리스도인들의 현실 속에서는 핍박과 모독과 따돌림이 따를 수밖에 없습니다. 바로 이런 현실 속에서 교회는 하나님을 예배하고 있습니다. 이것이 계시록이 보여주는 예배 전쟁입니다. 이 싸움이 어떤 양상을 가지는지에 대한 보다 생생한 진술은 12-13장에 가서 보게 될 것입니다. 그러나 그 서막은 이미 4-5장에서 시작되고 있습니다. 지상의 현실과는 전혀 상관없어 보이는 4-5장의 영광스러운 천상 예배의 모습 속에서도 우리는 교회의 영적 싸움을 염두에 두지 않으면 안 됩니다.

---

5 Suetonius, *The Twelve Caesars*, 306, 313.

사랑하는 성도 여러분!

하나님과 어린 양은 보좌에 앉으신 분입니다. 역사를 그 거룩한 계획대로 운행하시고 우리의 삶을 그 뜻대로 다스리시는 분입니다. 때로 우리의 삶이 혼란스럽고 우리 주변의 삶의 여건들이 제멋대로 돌아가는 것 같은 그런 순간들을 만나게 될 것입니다. 그러나 그런 순간에도 우리는 보좌에 앉으신 그분의 손안에서 모든 것이 통제되고 있음을 기억합시다. 우리가 오직 그분만을 높이고 그분에게 합당한 예배를 돌려드릴 때, 그는 우리를 기억하시고, 그 자녀에게 약속하신 모든 좋은 것들을 아끼지 아니하시는 분이심을 믿습니다.

요한계시록 설교 7

07 죽임당한 어린 양과 우리

계 5:1-14

찬양은 그리스도인의 특권이자 의무입니다. 찬양은 노래를 잘 부르는 사람이라고 해서 잘하는 것도 아니고, 노래를 잘 못 부르는 사람이라 해서 찬양을 못하는 사람이 되는 것도 아닙니다. 한때 저는 어느 한 교회의 청각장애인 부서를 맡아 지도하였던 적이 있습니다. 이들의 찬양 시간은 조금 특이합니다. 말이 아니라 수어로 찬양을 하는데, 일반인들이 볼 때는 이게 찬양인가 하는 생각을 할 수도 있습니다. 입에서 나는 소리는 그냥 웅웅 하는 소리일 뿐입니다. 수어를 알지 못하면 무슨 내용으로 어떤 찬양을 하는지도 알 수 없습니다. 그러나 이들의 찬양은 너무나 아름답습니다. 구원의 주님을 온 마음과 몸으로 높여드리는 곳에는 감사가 있고 눈물이 있습니다. 찬양할 이유가 있는 곳에는 소리가 없고 제대로 된 곡조가 없어도 찬양이 있습니다. 찬양은 마음에서부터 시작되는 것이기 때문입니다.

우리 그리스도인들에게는 하나님을 높여드리는 찬양과 예배가 가장 중요합니다. 하나님은 우리를 예배의 존재로 창조하셨고 또한 구속하셨습니다. 계시록 4장과 5장은 이것을 우리에게 잘 보여줍니다.

4장의 예배는 4:11에서 보는 것처럼 창조주 하나님을 그 대상으로 삼습니다. 만물의 창조주이신 하나님께 그가 받으시기에 합당한 경배를 돌려드리고 있습니다. 이에 비해 5장의 예배는 어린 양 예수 그리스도께 집중됩니다. 그는 자기 피로 우리를 사서 하나님께 드리셨습니다. 이 구속의 행위 때문에 우리는 그를 높이지 않을 수 없습니다. 5장에는 우리의 죄에 대한 언급이 전혀 나타나지 않지만, 1:5에서는 그리스도께서 "우리를 사랑하사 그의 피로 우리 죄에서 우리를 해방하"셨다고 말합니다. 예수님은 죄의 속박에서 우리를 풀어 자유롭게 하셨고, 이제는 영원히 하나님께 속하여 그분만을 섬기도록 만들어 주셨습니다. 이것이 우리가 예수 그리스도께 예배를 드리지 않을 수 없는 이유입니다. 우리는 오늘 본문을 통해 우리의 존재 목적인 예배의 이유와 정당성이 무엇인지를 좀 더 깊이 배울 수 있기를 바랍니다.

찬양받기에 합당하신 어린 양 예수 그리스도

5장의 찬양에서 매우 흥미로운 점은 예수 그리스도가 죽임당한 어린 양의 모습으로 소개되고 있다는 점입니다. 우리는 5장의 찬양이 천상에서의 찬양이라는 점을 상기할 필요가 있습니다. 일반적으로 우리는 장성한 사람이 된 뒤에는 어린아이의 일을 잊어버립니다. 천상의 예배 현장에서 굳이 지상의 일이 언급될 필요가 있을까요? 우리 자신의 생애와 관련해서는 떠올리고 싶은 것이 별로 없을 것입니다. 그러나 천상의 예배에서도 예수 그리스도는 그가 지상에서 행하신 한 가지 일로 인해 찬양을 받고 있습니다. 그의 모습 자체가 죽임당한 어린 양의 모습으로 소개되고 있습니다.

6절은 예수 그리스도를 이렇게 소개합니다. "내가 또 보니 보좌와 네 생물과 장로들 사이에 한 어린 양이 서 있는데 일찍이 죽임을 당한 것 같더라." "죽임을 당한 것 같더라"라는 번역은 오해를 불러일으킬 수도 있습니다. 이는 죽임을 당했을 수도 있고 아닐 수도 있다는 것을 말하는 것일까요? 그렇지 않습니다. "같더라"로 번역된 호스(ὡς)는 이 경우 '~로서'(as)로 옮기는 것이 더 좋습니다. 어린 양 예수 그리스도는 '죽임을 당한 자로서' 보좌 곁에 서 계셨다는 것입니다. 쾨스터(Craig Koester)가 잘 지적하는 것처럼 이 표현은 "어린 양이 단순히 죽은 것처럼 보인다는 것이 아니라, 그 일이 실제로 일어났음을" 말해줍니다.[1] 말할 것도 없이 그 일은 예수님의 지상 생애 속에서 일어났습니다. "일찍이"는 이를 상기시키는 기능을 가집니다만, 원문에는 없는 단어이며, 굳이 필요하지도 않습니다. 그가 죽임을 당한 것이 땅 위에서의 일이라는 것을 모르는 사람은 없을 것이기 때문입니다.

예수님은 지금 천상에 계시지만, 그러나 그는 언제까지나 '죽임을 당한 자'의 모습으로 남아 계십니다. "서 있는데"로 번역된 헤스테코스(ἑστηκός)는 히스테미(ἵστημι '서다') 동사의 완료 분사형으로서, 그 섬의 상태가 항구적임을 나타냅니다. 이는 예수 그리스도께서 언제까지나 '죽임을 당한 자'의 모습으로 남아 계신다는 것을 말해줍니다. 우리가 어머니의 모습을 백발이 다 되셔도 나를 '낳으신 분'으로

---

[1] Koester, *Revelation*, 376.

기억하는 것처럼, 어린 양은 지금 천상의 영광 가운데 계시면서도 지상에서 '죽임을 당한 분'으로 나타나고 있습니다. 이것이 예수님의 대표적인 이미지입니다.

우리는 예수 그리스도를 이 세상에 살 동안만 아니라 영원한 나라에서도 "죽임을 당하신 어린 양"(5:12)으로 기억하고 찬양할 것입니다. 영국의 유명한 시인 윌리엄 쿠퍼(William Cooper)의 찬송시가 이것을 아름답게 잘 묘사하고 있습니다(찬송가 258장). 우리는 "살 동안 받는 사랑을 늘 찬송"하며 살 것입니다. 그러나 우리의 버벅거리는 혀가 그 기능을 그치고 우리의 차가운 몸이 흙 속에 묻힐 때, 우리는 영원한 나라에서 더 좋은 곡조로 변함없이 어린 양을 찬양하게 될 것입니다. "이후에 천국 올라가 더 좋은 노래로 날 구속하신 은혜를 늘 찬송하겠네, 늘 찬송하겠네!" 이것이 우리의 영원한 찬양의 제목입니다.

우리 본문은 그 찬양의 제목을 "새 노래"(5:9)라고 소개합니다. 그리고 그 노래의 내용을 5:9-10에서 소개하고 있습니다. "두루마리를 가지시고 그 인봉을 떼기에 합당하시도다 일찍이 죽임을 당하사 각 족속과 방언과 백성과 나라 가운데에서 사람들을 피로 사서 하나님께 드리시고 그들로 우리 하나님 앞에서 나라와 제사장들을 삼으셨으니 그들이 땅에서 왕 노릇하리로다 하더라." 이 찬양의 핵심은 예수 그리스도의 구속의 행위입니다. 4장에서 하나님의 창조의 행위를 찬양하는 것과 짝을 이룹니다.

찬양의 주제와 내용은 차이가 나지만, 4장과 5장 찬양의 공통점은 두 찬양이 모두 '당신은 합당합니다'로 시작한다는 점입니다. "두루마리를 가지시고 그 인봉을 떼기에 합당하시도다"라는 우리말 번역은 주어를 생략해버렸습니다. 누가 합당하다는 것일까요? 우리말 번역은 '그가'나 아니면 '어린 양이'를 연상하게 합니다. 내용상 그것은 맞습니다. 그러나 원문은 3인칭 단수(그)가 아니라 2인칭 단수(너)를 주어로 상정합니다. 악시오스 에이(ἄξιος εἶ)는 '너가 합당하다'를 의미합니다. 이 '너'가 다름 아닌 예수 그리스도인데, 이를 '너'로 번역할 수도 없고 '당신'이라 하는 것도 어법에 맞지 않으니까 그냥 생략해버린 것입니다.

'그'가 되었든 '너'가 되었든, 내용이 같으면 되지 표현이 무슨 큰 문제인가라고 할 수도 있겠지만, 그 차이는 결코 무시할 수 없습니다. 예를 들어, "하나님, 그는 선하십니다"라는 표현과 "하나님, 당신은 선하십니다"라는 표현을 생각해보십시오. 내용은 큰 차이가 없습니다. 그러나 앞의 것은 하나의 신앙고백문인 반면, 뒤의 것은 찬양 또는 기도의 형식입니다. 앞의 것은 하나님에 대한 간접적 진술이지만 뒤의 것은 직접적인 어드레스(말 건넴)입니다. 앞의 것은 하나의 신학적 진술이지만, 뒤의 것은 예배와 송영의 언어입니다. 우리는 하나님에 대한 제3자적 진술(신학)만 해서는 안 되고, 그 앞에 엎드려 경배를 드리는 존재가 되어야 합니다.[2] 하나님께 예배나 기도를 하지 않으면서도 3인칭 신학적 진술을 하는 것은 얼마든지 가능합니다. 그러나 진정한 신학은 하나님에 대해 고백하는 그대로 그 앞에 엎드려 예배하고 기도하는 행위로 표출되지 않으면 안 됩니다. 네 생물과 이십사 장로들은 지금 어린 양에 대한 3인칭 진술 행위를

---

[2] 참조, G. Fee, *Revelation*, x ("John recognizes that truly Christian theology should lead to doxology").

하는 것이 아니라, 직접 어린 양을 불러 예배를 드리고 있는 것입니다.

무엇 때문에 어린 양이 예배를 받기에 합당한 것일까요? 4장에서는 하나님께서 만물을 창조하셨기 때문에 그가 찬양받으시기에 합당하다고 말합니다. 그리고 5장에서는 어린 양 예수 그리스도께서 사람들을 구속하셨기 때문에 그가 찬양받으시기에 합당하다고 말합니다. 창조와 구속은 사람이 할 수 있는 일이 아닙니다. 오직 하나님만이 하실 수 있는 일입니다. 그러므로 합당함은 오직 하나님과 어린 양께만 속합니다. 이 합당함(worth-ship)을 합당한 그분께 돌려드리는 것이 예배(worship)입니다.

예배나 찬양은 인간 스스로서는 불가능한 일을 기반으로 합니다. 그런 점에서 찬양을 한다는 것은 단순히 노래를 한다는 것과는 다른 행위입니다. 우리는 우리 자신을 즐겁게 하기 위해 노래를 부릅니다. 그러나 찬양을 한다는 것은 오직 하나님께서만 하실 수 있는 일을 하나님께서 하셨기 때문에 그분께 '당신이 합당합니다'라고 말씀드리는 행위입니다. 그러므로 찬양은 불가능의 가능성을 그 특징으로 가집니다. 인간 스스로는 불가능한 일을 하나님께서 가능하게 해주신 것입니다. 예수 그리스도께서 구속의 일을 행하여 주셨기 때문에 우리가 구속의 주님을 찬양하는 것이 가능하게 되었습니다.

천상의 존재들이 어린 양에 대하여 찬양하는 내용이 무엇입니까? 그가 "일찍이 죽임을 당하사 각 족속과 방언과 백성과 나라 가운데에서 사람들을 피로 사서 하나님께 드리시고 그들로 우리 하나님 앞에서 나라와 제사장들을 삼으셨"다는 것입니다. 예수님께서 우리를 그의 피로 사셨다는 것이 핵심적인 내용입니다. 그런데 이 구입의 행위는 목적이 있는 행위입니다. 우리를 하나님 앞에서 나라와 제사장들로 삼으시기 위함입니다. 보통 우리가 어떤 물건을 살 때는 그 목적이 나를 위함입니다. 내 필요나 만족을 위해 무언가를 사지 않습니까? 그런데 예수님은 자기 목적을 위하여 우리를 사신 것이 아닙니다. 하나님을 위해서, 또한 우리를 위해서 우리를 사셨습니다. 우리가 하나님 앞에서 가장 존귀롭고 영광스러운 지위와 관계를 누리도록 하기 위함입니다. "나라와 제사장들"이라는 표현이 이를 잘 나타냅니다. 이 표현은 나라 따로 제사장들 따로 구분해서 읽기보다 '제사장 나라'로 읽는 것이 좋습니다.

'제사장 나라'라는 개념은 출애굽기 19:5-6에 기반을 두고 있습니다. "세계가 다 내게 속하였나니 너희가 내 말을 잘 듣고 내 언약을 지키면 너희는 모든 민족 중에서 내 소유가 되겠고 너희가 내게 대하여 제사장 나라가 되며 거룩한 백성이 되리라." 하나님은 이스라엘을 자기를 위한 특별한 보배("소유")로 삼으셨습니다. 그리고 모든 나라들 중에서 그를 섬기는 "제사장 나라"가 되게 하셨습니다. 이 나라가 존재하는 목적은 하나님을 예배하고 섬기기 위함입니다. 그리고 하나님의 뜻을 세상 나라들 앞에 알리고 직접 자신의 삶을 통해 이를 보여주기 위함입니다.

이처럼 '제사장 나라'의 개념은 출애굽기 19장에서 도출되었지만, 우리는 출애굽기 19장과 요한계시록 5장의 차이에 주목할 필요가 있습니다. 출애굽기 19장은 하나님의 구원 행위에 기반을 두고 있습니다. 하나님은 자신이 "독수리 날개로 너희를 업어 내게로 인도하였다"고 말씀하십니다(출 19:4). 하나님이 구원의 행위자입니다. 그러나 요한계시록 5장은 어린 양 예수 그리스도께서 그의 피로 우리를 사셨다고 말합니다. 결과는 동일하게 우리가 하나님을 위한 제사장 나라가 된 것입니다. 그러나 그 과정은 다릅니다. 우리는 어린 양의 구속의 행위를 통해 하나님 앞에 가장 존귀로운 존재로 설 수 있게 되었습니다.

또 하나의 차이가 있습니다. 출애굽기 19장에서는 구원받은 백성이 아브라함의 혈육으로서의 이스라엘에 국한됩니다. 그러나 계시록 5장에서는 "각 족속과 방언과 백성과 나라 가운데서" 사람들이 구속을 받았습니다. 더 이상 제사장 나라는 혈통을 따른 이스라엘에 국한되지 않습니다. 모든 민족들 가운데서 혈통적 배경을 초월하여 하나의 새로운 하나님 백성이 만들어지고 있습니다. 이 시대의 교회가 이것을 실제로 잘 보여주고 있습니다. 우리는 이 놀라운 일을 이루어주신 예수 그리스도를 전심으로 찬양하지 않을 수 없습니다.

천상 존재들의 찬양을 나의 찬양으로 바꾸어 부르기

마지막으로 한 가지만 더 생각해볼 것이 있습니다. 계시록 5:9-10의 찬양은 누가 부르는 찬양입니까? 예, 천상의 네 생물과 이십사 장로들이 부르는 찬양입니다. 그들이 예수 그리스도의 구속의 행위를 찬양하고 있긴 하지만, 정작 그들 자신은 피로 사심의 대상이 아닙니다. 그래서 그들의 찬양은 구속의 대상을 1인칭이 아니라 3인칭 형태로 표현될 수밖에 없습니다. 각 족속과 방언과 백성과 나라 가운데서 "사람들을" 피로 사서 하나님께 드리시고 "그들로" 나라와 제사장들을 삼으셨다는 것입니다.

이것을 저와 여러분의 찬양으로 삼으려면 어떻게 해야 할까요?

'사람들'과 '그들' 대신에 '나' 또는 '우리'를 바꾸어 넣어야겠지요. 어린 양 예수 그리스도는 우리를 피로 사서 하나님께 드리시고 우리를 나라와 제사장으로 삼으셨습니다. 성경을 읽으면서 우리는 이런 전환을 잘 할 수 있어야 합니다. 성경의 이야기는 '그들'의 이야기만이 아니라 바로 우리 자신을 위한 이야기입니다. 성경의 찬양은 '그들'의 찬양만이 아니라 바로 우리 자신이 드려야 할 찬양입니다.

계시록 5장이 소개하는 "새 노래"는 뒤에 가서 다시 한 번 더 등장합니다. 14:1-3에 보면 십사만 사천의 무리가 시온 산에 어린 양과 함께 서서 이 "새 노래"를 부릅니다. 물론 거기에는 제목만 나오고 내용은 나타나지 않습니다. 그 내용은 5장과 다르지 않습니다. 그런데 14:3에서는 "땅에서 속량함을 받은 십사만 사천 밖에는 능히 이 노래를 배울 자가 없더라"라고 이야기합니다. "속량함을 받은"이라는 표현은 호이 에고라스메노이(οἱ ἠγορασμένοι)의 번역인데, 좀 더 정밀하게 읽으면 '속량함을 받은 사람들'이 됩니다. 이는 십사만 사천이 곧 '속량함을 받은 사람들'이라는 것을 말해줍니다. 뒤에 7장에 가면 왜 이것이 중요한지를 다시 한 번 보게 될 것입니다. 14:3의 에고라스메노이(οἱ ἠγορασμένοι)는 5:9의 "사서"(ἠγόρασας 에고라사스)와 동일한 동사(ἀγοράζω 아고라조, '사다')입니다. 5장의 "새 노래"를 14장에서는 속량(사심)의 당사자들인 십사만 사천이 부르고 있는 것입니다.

그런데 이 노래를 이 속량함을 받은 사람들인 십사만 사천 외에는 배워서 부르지 못한다고 이야기합니다. 왜 그럴까요? 이 노래가 복잡하고 어려워서 그런 것일까요? 전문가들만 알 수 있는 특별한 노래라서 그런 것일까요? 그렇지 않습니다. 우리가 5장에서 보는 것처럼 이 노래는 너무나 단순하고 쉬운 노래입니다. 그런데 왜 십사만 사천 외에는 이 노래를 배우지 못하는 것일까요? 어린 양의 구속이 자신의 경험이 되지 못한 사람은 결코 이 노래를 부를 수 없기 때문입니다. 반면 그 구속이 자신의 경험인 사람은 천상의 존재들이 "사람들을 피로 사서"(5:9)라고 노래했던 것을 "나를 피로 사서"라고 바꾸어 노래할 줄 압니다. 우리는 어린 양의 피로 사심을 입은 당사자들입니다. 그 은혜가 바로 나를 위한 은혜입니다. 그러므로 우리는 천상의 존재들보다 더 감격에 겨워서 이 "새 노래"를 나의 노래로 부르는 것입니다.

우리가 천상의 존재들을 생각할 때 그들을 흠모할 만한 것이 참 많습니다. 그들은 하나님을 친히 대면하고 있으며, 우리가 겪는 아픔과 연약함을 겪지 않아도 됩니다. 하지만 우리가 가진 것을 그들이 가지지 못한 것도 있습니다. 그래서 그들이 우리를 흠모하기도 합니다. 카셀(E. T. Cassel)의 찬송 중에 "주 내게 부탁하신 일 천사도 흠모하겠네, 화목케 하라신 구주의 말씀을 온 세상 널리 전하세"라는 찬송이 있습니다(찬송가 508장). 그리스도의 구속과 관련해서는 천사도 우리의 경험을 흠모합니다. 왜냐하면 그들은 그것을 직접 겪어보지 못했기 때문입니다.

아무 자격 없는 우리를 피로 사서 아버지 앞에 나라와 제사장들로 세워주신 예수 그리스도의 구속의 은혜는 천사들을 위한 것이 아니라 바로 저와 여러분 같은 죄인을 위함입니다. 히브리서 2:14-16이 이것을 잘 말해줍니다. "자녀들은 혈과 육에 속하였으매 그도 또한 같은 모양으로 혈과 육을 함께 지니심은 죽음을 통하여 죽음의 세력을 잡은 자 곧 마귀를 멸하시며 또 죽기를 무서워하므로 한평생 매여 종 노릇 하는 모든 자들을 놓아 주려 하심이니 이는 확실히 천사들을 붙들어 주려 하심이 아니요 오직 아브라함의 자손을 붙들어 주려 하심이라." 우리는 나를 위한 구속의 은혜를 찬양하기 위하여 천사의 노래를 흠모하는 자들입니다. 그러나 천사의 노래가 아니어도 찬양하지 않을 수 없는 이유를 가진 사람은 살아서든 죽어서든 어린 양 예수 그리스도에 대한 찬양을 결코 멈출 수 없습니다.

사랑하는 성도 여러분!

저와 여러분은 어린 양 예수 그리스도의 구속의 은혜의 당사자들입니다. 그가 우리를 피로 사서 아버지 앞에 영광스러운 제사장들로 세워주셨습니다. 그러므로 그분은 우리의 찬양을 받기에 합당하신 분입니다. 우리가 이 땅에 사는 날 동안 이 구속의 은혜를 뜨겁게 찬양하며 살 수 있기를 바랍니다. 우리의 혀와 입이 닫히고 호흡이 그치는 날, 우리는 쿠퍼의 찬송시처럼 "이후에 더 좋은 노래로 날 구속하신 사랑을 늘 찬송"하게 될 것입니다.

나아가 우리를 사서 아버지 앞에 제사장 나라로 세워주신 예수 그리스도의 목적을 잘 수행하는 삶을 살아가기를 바랍니다. 우리는 이 세상 속에서 하나님의 뜻을 구현하는 제사장 나라의 사명을 부여받았습니다. 하나님께서 우리를 이 세상의 여러 가지 위험에서 지켜 주시고 또 우리가 맡은 일들을 잘 할 수 있게 하시는 것은 하나님 나라의 아름다움과 거룩함을 이 세상 속에 구현하도록 하기 위함입니다. 이 사명을 위하여 더 간절히 하나님의 지혜를 구하며 살 수 있기를 바랍니다. 우리 모두가 어린 양의 인도를 따라 이 세상 속에서 왕적 제사장으로서의 특권과 사명을 잘 수행하며 살아가기를 기원합니다.

요한계시록 설교 8

08 하나님의 얼굴, 재앙인가 축복인가?

계 6:1-17

일곱 인 심판의 진원지는 4-5장에 기록된 하나님의 보좌입니다. 거기에 기록된 천상의 예배 장면은 우리의 가슴을 뛰게 만듭니다. 구속받은 하나님의 백성에게 그 예배의 현장은 간절한 사모의 대상입니다. 찬송가 489장이 이것을 잘 노래하고 있습니다.

"저 요단강 건너편에 찬란하게 뵈는 집
예루살렘 새 집에서 주의 얼굴 뵈오리
빛난 하늘 그 집에서 주의 얼굴 뵈오리
한량없는 영광 중에 주의 얼굴 뵈오리"

이 찬송의 가사처럼 주의 얼굴을 친히 뵈옵는 것(22:4)은 우리 모두의 간절한 소망입니다. 그러나 이런 소망이 모든 사람들에게 다 동일한 것은 아닙니다. 어떤 사람들은 산과 바위를 향하여 자기 위에 떨어져서 하나님의 얼굴로부터 자기들을 가리도록 요청하고 있습니다. 하나님의 얼굴을 대하는 것이 감당할 수 없을 정도로 두렵기 때문입니다. 이처럼 하나님의 얼굴이 어떤 사람에게는 그리움과 사모의 대상이며 평화와 사랑의 표상이지만, 또 다른 사람에게는 재앙과 공포로 작용하는 것을 보게 됩니다. 왜 이런 결과가 생기는 것일까요? 오늘 본문은 우리에게 그 이유를 알려줍니다.

죽이는 자들과 죽임당한 자들

일곱 인 심판 가운데 특이한 것은 다섯 번째 인 심판입니다. 앞의 네 심판은 네 말탄 자들이 세상에 가지고 오는 전쟁과 기근과 살육과 죽음의 재앙을 차례로 보여줍니다. 그런데 다섯 번째 인을 뗄 때는 갑자기 이와는 전혀 다른 장면이 펼쳐집니다. 제단 아래의 "죽임을 당한 영혼들"(6:9)이 등장합니다. 이들은 하나님의 말씀을 위하여, 그리고 자신들의 증거를 끝까지 지키기 위하여 죽임을 당한 자들입니다. "죽임을 당한 영혼들"(τὰς ψυχὰς τῶν ἐσφαγμένων 타스 프쉬카스 톤 에스파그메논)이라는 표현은 좀 더 엄밀하게 옮기면 '죽임을 당한 자들의 영혼들'이 됩니다. 이들은 예수 그리스도를 증언하다가 세상의 권세자들에 의해 육체 차원에서는 죽임을 당하였지만, 그들의 영혼은 죽지 않고 살아 있습니다.

이들이 언제 어떤 상황 속에서 순교를 당한 것인지는 알 수가 없습니다. 계시록 속에서는 버가모 교회의 안디바 같은 사람이 순교를 당한 예가 나타나고, 예루살렘 교회의 사도 야고보나 스데반 같은 사람들도 일찍이 순교를 당한 바 있습니다. 이들은 다 "하나님의 말씀과 그들이 가진 증거로 말미암아"(6:9) 순교를 당하였습니다. "말미암아"라는 단어의 뉘앙스는 약간 불분명합니다. 원문을 보면 이는 디아 톤 로곤(διὰ τὸν λόγον)과 디아 텐 마르튀리안(διὰ τὴν μαρτυρίαν)처럼 디아(διά) 전치사와 대격 형태의 구성을 가지는데, 이는 수단이나 통로의 의미보다는 이유나 목적의 의미를 나타냅니다. 순교자들은 죽음의 위협이 다가와도 끝까지 굴복하지 않고 지키고자 하는 것을 가진 사람들이었습니다. 그것이 다름 아닌 하나님의 말씀이며 그들이 가진 바 예수 그리스도에 대한 증거입니다. 그들은 하나님의 말씀을 '위하여' 그리고 예수 그리스도에 대한 증거를 '위하여' 기꺼이 목숨을 버린 사람들입니다.

누가 이들을 죽였는지에 대해서도 아무 언급이 없지만, 세상의 불신 권세자들에게 그 책임이 있다는 것은 분명한 일입니다. 하나님 대신 자신이 '우리 주 하나님'(dominus et deus noster)으로 불리기를 좋아했던 도미티안 황제나 그 숭배자들도 이들의 죽음에 책임이 있습니다. 이런 세상의 권세자들 앞에서 성도들은 무기력한 사람들입니다. 죽이는 대로 죽을 수밖에 없고 고통을 주는 대로 고통을 당할 수밖에 없습니다(13:10). 세상의 관점에서 보면 이들의 생사를 주관하는 사람들은 황제요 세상의 권세자들입니다.

세상의 관점은 이 이상을 보지 못합니다. 그러나 요한의 환상은 우리에게 그 너머의 차원을 보여줍니다. 우리의 생명과 역사의 향방을 주관하는 진정한 주권자는 보좌에 앉으신 하나님과 그의 어린 양입니다. 순교자들은 비록 육체는 세상 권세자들에 의해 죽임을 당하였지만, 그 영혼은 하나님 앞에 머물면서 하나님의 위로를 누리고 있습니다.

이들이 하나님을 향하여 "거룩하고 참되신 대주재여 땅에 거하는 자들을 심판하여 우리 피를 갚아 주지 아니하시기를 어느 때까지 하시려 하나이까"(6:10)라고 부르짖는 것은 단순한 복수의 요청이 아닙니다. 자기들의 억울함을 달래어 달라는 것도 아닙니다. 그들은 하나님의 말씀과 그리스도의 증거를 위하여 기꺼이 목숨을 던진 사람들입니다. 그렇게 억울할 일도 없습니다. 그들의 외침은 '당신이 심판한다'(κρίνεις 크리네이스) 그리고 '당신이 정의를 시행한다'(ἐκδικεῖς 엑디케이스)라는 신앙 고백을 바탕으로 합니다. 이 두 동사의 2인칭 단수 주어(you)를 잘 살려서 읽는 것이 필요합니다. 세상적 관점에서 볼 때는 세상의 권세자들이 생명의 주관자들인 것처럼 보이지만, 우리 성도의 관점에서는 하나님이 심판자이시고 또한 그가 정의의 시행자입니다. 순교자들은 이것을 분명하게 인식하고 있습니다. 그들의 말의 뉘앙스는 이런 것입니다. '대주재이신 하나님, 우리는 당신께서 심판하시며, 당신께서 정의를 시행하시는 것을 믿고 고백합니다. 당신의 때에 그 일을 하실 것을 우리가 알지만, 어느 때에 그 일을 하실 것인지요?' 우리는 그들의 말을 빨리 좀 복수를 해달라는 채근으로 읽을 것이 아니라, 하나님께 심판과 정의의 주권을 돌리는 신앙 고백으로 읽을 필요가 있습니다.

이는 역으로 돌려서 말하면 그들의 생명을 빼앗은 세상의 권세자들이 최종 주권자들이 아니라는 것에 대한 명백한 선포입니다. 순교자들은 육체의 생명을 빼앗긴 자들이지만, 오히려 승리자들이요 산 자들입니다. 역으로 그들의 생명을 빼앗은 세상의 권세자들은 살아 있지만 영적으로는 죽은 자들이며 하나님의 심판 아래에 놓인 자들입니다. 우리는 이것을 보아야 합니다. 이것을 볼 수 있다는 것이 얼마나 큰 복인지 모릅니다.

하나님에 대한 분명한 신앙의 고백을 가진 사람들은 세상이 보지 못하는 것을 보기 때문에 도저히 기뻐할 수 없는 상황 속에서도 기뻐합니다. 히브리서의 수신자들은 박해의 시기에 자기들의 소유를 빼앗기면서도 이를 기쁘게 당하였습니다. 그 이유는 "더 낫고 영구한 소유"를 그들이 가지고 있음을 알았기 때문입니다(히 10:34). 세상의 탈취자들이 눈에 보이는 소유물들을 빼앗아 가는 순간에도 그들이 손대지 못하는 영원한 소유가 있다는 것을 기억하고 감사하면서 기꺼이 그 일을 당하는 것이 믿음으로 사는 사람들의 삶의 모습입니다. 이런 믿음의 능력이 오늘 우리에게도 충만하기를 바랍니다.

모든 운명을 뒤바꾸는 진노의 큰 날

어린 양이 여섯째 인을 떼실 때, 땅 위에는 큰 지진이, 천체에는 전례 없는 이상 현상들이 일어납니다. 해가 검어지고 달이 피같이 붉어지며 큰 바람에 설익은 무화과 열매들이 우수수 떨어지듯 별들이 땅에 떨어집니다. 하늘이 갈라지고 산과 섬들이 자리를 지키지 못하고 요동을 칩니다. 견고하리라고 여겼던 세상의 모든 것들이 다 흔들리는 대격변의 순간입니다. 우리의 삶의 기반을 이루고 있는 것들은 생각처럼 그렇게 견고하지 못합니다. 하나님께서 흔드시는 순간에 모든 것이 다 진동할 수밖에 없습니다. 하나님은 "진동하지 아니하는 것을 영존하게 하기 위하여" 진동할 것들을 또 한 번 뒤흔드실 것입니다(히 12:27).

그날에는 자연만물만 흔들리는 것이 아니라 사람들의 운명도 뒤바뀌는 것을 봅니다. 자신들의 지위가 견고하여 결코 흔들리지 않으리라고 여겼던 왕들과 세상의 권세자들에게 큰 변화가 일어납니다.

그들은 죽임당한 성도들의 생명을 한 때 주관했던 자들입니다. 그러나 이들이 이제는 산들과 바위들을 향하여 "우리 위에 떨어져 보좌 위에 앉으신 이의 얼굴에서와 그 어린 양의 진노에서 우리를 가리라"(6:16)고 간청합니다. 산과 바위가 무너진다면 평소에는 당연히 이를 피할 것입니다. 바위들이 자기 위에 떨어지기를 바라는 사람이 누가 있겠습니까? 그런데 이들은 산과 바위를 향하여 '제발 우리 위에 떨어져다오. 제발 우리를 가려다오'라고 애걸을 하고 있습니다. 그렇게라도 해서 피하고 싶은 것이 있기 때문입니다. 보좌에 앉으신 하나님의 얼굴을 피하고 싶은 것입니다. 어린 양의 진노를 피하고 싶은 것입니다.

17절은 이유를 나타내는 접속사 호티(ὅτι)를 통해 왜 이들이 이런 비정상적인 요청을 하는지 그 이유를 밝히고 있습니다. 곧 진노의 큰 날이 이르렀고, 그 진노 앞에 아무도 능히 설 수 없기 때문입니다. 이전의 당당했던 모습은 다 어디로 갔습니까? '세상의 구주'요 '우리 주 하나님'이라고 칭송받을 때의 거만하고 위풍당당한 모습은 어디로 갔습니까? 황제도, 왕들도 여느 사람과 꼭 같은 죄인들일 뿐입니다. 참 주권자요 대주재이신 하나님 앞에서 꼭 같이 꼬리를 감출 수밖에 없는 자들입니다.

저의 집에서 키우는 베니라는 강아지 한 마리가 있습니다. 이 녀석이 어떤 때는 위풍당당하게 자기 권리를 주장합니다. 얼른 간식을 내놓으라고 채근을 합니다. 마치 주인을 부리는 듯한 인상을 받을 때도 있습니다. 그러나 뭔가 구리는 짓을 했을 때는 꼬리를 내리고 구석으로 숨기 시작합니다. 무엇보다 주인의 눈을 피하기 시작합니다. 주인의 화난 얼굴을 감당하지 못하는 것이지요. 대주재요 의로우신 심판자 되시는 하나님 앞에서 죄인들은 얼마나 더 그러하겠습니까!

하나님 앞에서는 세상의 권세자들도 종들과 꼭 같은 존재들일 뿐입니다. 15절에서 땅의 임금들과 왕족들, 장군들, 부자들을 언급하는 자리에 종들을 함께 언급하는 것은 매우 의미심장합니다. 왕들이나 종들이 하나님 앞에서는 다 같은 존재들이라는 것을 보여줍니다. 다 같은 죄인들입니다. 그 진노의 얼굴을 능히 견딜 수 없는 자들입니다.

누가 능히 서리요?

죄인들은 그 누구도 하나님의 진노의 얼굴을 능히 대면할 수 없습니다. 그러나 하나님께서 그 얼굴을 들어 화평으로 대하여 주시는 자는 예외입니다. 하나님은 세상의 거짓 권세자들에 의해 죽임을 당한 자들의 영혼을 이런 낯으로 대하여 주십니다. 그들에게 흰 두루마기를 주십니다. 이는 승리의 상징입니다. 주님과 함께 다니기에 합당하다고 여기시는 자들에게 주님은 흰 옷을 주시는데(3:4), 이는 믿음을 지키고 승리하는 성도들의 특권입니다.

세상의 왕들과 권세자들도 피하지 못하는 하나님과 어린 양의 진노의 큰 날이 우리에게는 기쁨의 축제일입니다. 우리는 하나님의 진노의 얼굴이 아니라 말할 수 없는 자애와 화평의 얼굴을 대하고 그분과 영광스러운 사귐을 나누게 될 것입니다. 하나님의 얼굴은 그의 백성에게 말할 수 없는 축복이요 위안입니다(민 6:25-26). 하나님과 어린 양의 보좌가 있는 곳에서 그의 종들이 그를 섬기며 "그의 얼굴을 볼 터이요 그의 이름도 그들의 이마에 있으리라"(20:4)고 하였습니다. 얼굴을 본다는 것은 참 좋은 일입니다. 하나님의 얼굴을 대면하여 본다는 것은 축복 중의 축복입니다. 우리는 성령으로 말미암아 비록 "거울을 보는 것 같이"(고후 3:18) 보기는 하지만 하나님의 영광을 대면하며 사는 특권을 누리고 있습니다. 때가 되면 우리는 온전히 그 얼굴을 뵈옵는 축복을 누리게 될 것입니다. 이런 소망을 가진 자마다 우리의 주님께서 정결하신 것처럼 우리 또한 자신을 정결하게 하며 살아가야 합니다(요일 3:3). 우리를 하나님의 얼굴 앞에 능히 설 수 있게 만들어 주신 어린 양 예수 그리스도의 구속의 은혜를 찬양합니다. 할렐루야!

요한계시록 설교 9

09 어린 양과 십사만 사천

계 7:1-17

　여섯 번째 인과 마지막 일곱 번째 인 심판 사이에 막간을 이루는 것이 7장입니다. 이 속에는 "하나님의 인" 주제가 나타나고 있습니다. 이 인은 하나님께 속한다는 것의 표시입니다. 때로 이 인은 하나님의 이름으로 대신 표현되기도 합니다(14:1, 22:4). 하나님은 그의 인을 받은 사람들을 끝까지 보호하십니다. 심판의 대상을 제한할 때도 하나님은 "이마에 하나님의 인침을 받지 아니한 사람들만 해하라"(9:4)고 명하십니다. 이는 하나님의 인을 받은 사람은 심판 가운데서도 보호를 받는다는 것을 말합니다. 계시록 속에는 또 다른 인이 나타납니다. 짐승을 따르는 자들도 그 이마나 오른손에 짐승 이름의 표를 받습니다(13:16-17). 그러나 그들을 지켜줄 것으로 믿었던 짐승 이름의 표가 정작 심판의 자리에서는 그들을 지켜주지 못합니다(14:9-11, 16:2 등). 이와 달리 하나님의 인을 받은 자들은 끝까지 승리하며 영원히 하나님과 함께 거합니다. 우리 본문은 이 인침이 십사만 사천의 사람들에게 주어진다고 말합니다. 하나님의 인을 받는 십사만 사천은 누구일까요?

하나님의 인을 받는 십사만 사천의 정체

요한은 "이스라엘 자손의 각 지파 중에서" 인침을 받은 자들이 십사만 사천이라고 말합니다(7:4). 여기서 이스라엘을 문자적으로 읽는 사람들은 십사만 사천 역시 이스라엘 민족 가운데서 구원을 받는 사람들의 숫자를 문자적으로 나타낸다고 보고 있습니다. 왈부드(John F. Walvoord) 같은 사람이 대표적입니다. 그는 4장 이하 18장까지의 기록을 재림 직전의 문자적 7년 안에 일어날 미래 사건의 예언으로 보고 있습니다. 게다가 그는 교회가 4장 이전에 이미 휴거된 것으로 보기 때문에 이 십사만 사천은 교회와는 전혀 상관없는 사람들이라고 보고 있습니다. 이들은 문자 그대로 민족적 이스라엘 가운데서 구원을 받는 이스라엘 사람들을 가리키는 것이며, 이를 "영적으로 해석하여 교회를 가리킨다고 할 수 있는 정당성은 조금도 없다"고 못을 박습니다.[1]

그러나 4장 시작 부분에서 교회의 휴거를 언급하거나 암시하는 말은 전혀 나타나지 않습니다. 계시록의 핵심 부분인 4-18장이 전개되는 동안 교회는 천상에서 가만히 쉬고 있다가 예수님의 재림 때에 가서야 다시 얼굴을 내밀도록 그렇게 되어 있지 않습니다. 교회는 지상에 그대로 남아 있습니다. 땅 위에서 감당해야 할 증거의 사명을 반대와 박해에도 불구하고 믿음과 인내로 수행해 나갑니다. 계시록은 교회를 위한 책입니다. 교회의 신실한 싸움을 독려하기 위한

---

1 Walvoord, 『요한계시록』, 64.

목적으로 기록된 책이 요한계시록입니다.

요한계시록에 대한 문자주의적, 미래주의적 해석은 이와 같은 계시록의 특성을 왜곡하고 있으며, 무엇보다 어린 양과 그의 신부 교회의 역사 속에서와 역사 후의 긴밀한 동행의 관계를 간과하고 있습니다. 그리스도는 지금 영광 중에 계시면서도 그의 신부 교회의 투쟁 속에 함께 하시며, 교회는 역사 속의 다양한 현실적 도전들을 헤쳐나가면서도 영광의 주님에 대한 소망과 비전을 잃지 않습니다. 이와 같은 연합과 동행의 관계가 교회로 하여금 역사 속에서 그리스도의 증거를 위하여 인내로 싸우며 이기도록 만듭니다.

십사만 사천은 이스라엘 열두 지파의 관점에서 바라본 구속받은 하나님의 백성을 가리킵니다. 십사만 사천은 12 × 12,000으로 구성되며, 더 세분화하면 12 × 12 × 1,000이 됩니다. 이는 구속받은 하나님의 백성의 완전한 총수를 상징적으로 나타냅니다. 이를 문자적으로 읽어서 여기에서 한 명이라도 빠지거나(143,999) 한 명이라도 더 넘어가거나(144,001) 해서는 안 되는 수학적 수치로 읽어서는 안 됩니다.

더군다나 14:3에서는 이들을 가리켜 "땅에서 속량함을 받은 십사만 사천"이라 부릅니다. 자세히 보면 14:3의 표현은 14:1과는 차이가 있습니다. "그들[십사만 사천]의 이마에는 어린 양의 이름과 그 아버지의 이름을 쓴 것이 있더라"고 말하는 14:1에서는 십사만 사천에 따라 오는 분사 에쿠사이(ἔχουσαι 가진)가 관사 없이 사용되어 단순히 십사만 사천을 꾸며주는 역할을 합니다. 곧 '그(어린 양)의 이름과 아버지의 이름을 가진 십사만 사천'이 됩니다. 그러나 14:3에서는 십사만 사천에 따라 오는 분사 앞에 관사가 붙어 있습니다(οἱ ἠγορασμένοι 호이 에고라스메노이, '속량 받은 사람들'). 따라서 우리는 이를 '십사만 사천, 곧 땅에서 속량함을 받은 사람들'로 읽게 됩니다. '땅에서 속량함을 받은 사람들'이라는 문구는 다름 아닌 십사만 사천에 대한 정의 또는 설명입니다. 어린 양의 피로 구속받은 사람들이 일부 민족이나 일부 계층에 국한될 수는 없습니다. 그러므로 우리는 십사만 사천을 이스라엘 사람들이나 일부 특수 사명자들로 제한하여 이해해서는 안 됩니다.

14:3의 "속량함을 받은"(ἠγορασμένοι 에고라스메노이)이라는 단어는 5:9의 "사서"(ἠγόρασας 에고라사스)와 동일한 단어입니다. 어린 양의 피를 통한 구속은 일부 인종이나 민족에 국한되지 않습니다. 5:9에서도 밝히는 것처럼 "각 족속과 방언과 백성과 나라 가운데서" 사람들이 그의 구속의 대상이 됩니다.

7:9이 말하는 "각 나라와 족속과 백성과 방언에서" 나오는 흰 옷 입은 "큰 무리"는 내용상 십사만 사천과 차이가 없습니다. 어린 양의 피로 구속받은 동일한 사람들을 다른 관점 또는 다른 각도에서 진술하는 것일 뿐입니다. 이들은 하나님의 은혜와 어린 양의 피 흘림을 통해 구원을 받은 사람들입니다. 그래서 이들은 "구원하심"을 보좌에 앉으신 하나님과 어린 양에게 돌리고 있는 것입니다. 그들의 찬양이 오늘 우리의 찬양입니다. 하나님의 은혜와 어린 양의 피로 구원받은 사람들은 누구나 다 한목소리로 "구원하심이 보좌에 앉으신 우리 하나님과 어린 양에게 있도다"(7:10)라고 찬양하지 않을 수 없습니다.

이를 좀 더 구체화해서 표현한다면 우리는 "나의 구원이 보좌에 앉으신 우리 하나님과 어린 양에게 있도다"라고 찬양하는 사람들입니다. 구원의 은혜를 찬양하는 것은 "땅에서 속량함을 받은 사람들"인 우리 십사만 사천의 특권이며 의무입니다. 구원이 얼마나 값지고 귀한지, 그것을 이루기 위한 대가가 얼마나 큰지를 알면서도 그것을 이루어주신 분께 감사를 돌리지 않는 것은 가장 큰 배은망덕일 것입니다.

십사만 사천의 투쟁과 승리, 그리고 그들이 누리는 축복

이십사 장로 중의 하나가 요한에게 흰 옷 입은 큰 무리와 관련하여 이들이 누구며 또 어디서 왔는지를 아느냐고 질문합니다. 요한은 자신이 답하는 대신 "내 주여 당신이 아시나이다"라고 말을 돌립니다. 이때의 "주"는 하나님과 어린 양을 가리킬 때의 주와는 달리 하나의 경칭(Sir에 해당)에 지나지 않습니다. 장로는 요한에게 이들이 "큰 환난에서 나오는 자들"이며 "어린 양의 피에 그 옷을 씻어 희게 하였"다고 일러줍니다(7:14).

우리는 이 "큰 환난"을 특정 시점의 특정 환난(소위 "7년 대환란")으로 볼 필요는 없습니다. 쾨스터(Craig R. Koester)가 잘 지적하는 것처럼 이 "큰 환난"은 붉은 용이 하늘에서 쫓겨나 "크게 분내어"(12:12, θυμός μέγας 뛰모스 메가스, '큰 분노') 땅으로 내려간 일과 연관성을 가집니다.[2] 사탄의 '큰 분노'는 그리스도의 증거를 붙들고 살아가는 모든 그리스도인들에게 집중됩니다. 따라서 그들에게 "큰 환난"이 따

---

2 Koester, *Revelation*, 421.

를 수밖에 없습니다. 때로 이 환난이 다른 때보다 더 가열되는 순간도 있겠지만, 이것이 어느 특정 시점에만 제한되지는 않습니다. 사탄의 방해와 반대가 작용하는 이 적대적인 세상 속에서 환난은 그리스도인의 보편적인 경험입니다.

이런 환난 속에서도 굴하지 않고 믿음을 지켜낸 사람들이 흰 옷을 입은 사람들입니다. 이들은 어린 양의 피에 자기들의 옷을 씻어 희게 하였습니다. 붉은 피에 옷을 씻는데 그 결과가 희게 된다는 것은 통상적인 관념으로는 이해할 수 없는 일입니다. 우리는 이를 화학적인 방식으로 이해하려 해서는 안 됩니다. 희게 된다는 것은 정결하게 되는 것을 의미합니다. 어린 양의 피는 우리를 깨끗하게 만듭니다.

나아가서 우리는 "씻어"라는 동사의 능동태에 대해서도 생각해 볼 필요가 있습니다. 우리 본문에서 옷을 씻는 주체는 어린 양이나 그의 피가 아니라 "큰 환난에서 나오는 자들" 자신입니다. "씻어 희게 하였"다고 할 때 사용된 두 동사는 에플뤼난(ἔπλυναν, πλύνω '씻다'의 단순과거)과 엘류카난(ἐλεύκαναν, λευκαίνω '희게 하다'의 단순과거)인데, 둘 다 3인칭 복수 주어를 가지는 능동태 동사들입니다. 곧 그들이 씻었고, 그들이 희게 하였습니다. 흰 옷 입은 자들 자신의 능동적인 행위가 부각되고 있습니다. 이들은 어린 양의 피로 씻기어진 자들일 뿐만 아니라 또한 자기들의 옷을 그 피에 씻어 어린 양과 피의 혈맹을 맺은 사람들입니다. 이들은 어린 양을 따라 어디든지 가는 사람들이며, 신부의 순결과 군사적 동정으로 무장한 사람들입니다(14:4). 이들은 어린 양의 신부이면서 동시에 그의 군사입니다.

교회는 어린 양과 함께 모든 것을 공유합니다. 교회는 그리스도의 대의를 위하여 싸우며, 그리스도는 그의 교회를 끝까지 돌보고 인도합니다. 교회는 이 관계를 확실하게 견지해야만 합니다. 그리스도인은 교회 속에 홀로 서지 않습니다. 어린 양 그리스도와 언제나 함께 섭니다. 주님은 우리가 그와 함께 흰 옷 입고 다니는 사람으로 만들어 주셨습니다. 우리 앞에 다가오는 큰 환난 속에서도 이 고귀한 신분과 사명을 잘 지켜가는 그리스도인들이 되기를 바랍니다.

15-17절에서는 십사만 사천 또는 흰 옷 입은 큰 무리 성도들이 누리며 또한 누리게 될 축복에 대해 이야기합니다. 어린 양의 피로 속량함을 받은 사람들인 십사만 사천은 우리의 목자 되신 어린 양의 돌봄(목양)을 받는 사람들입니다. 15절이 말하는 것처럼 보좌에 앉으신 이가 그들 위에 장막을 치시리라는 것은 하나님께서 그들 중에 늘 거하시겠다는 것을 말합니다. 13:6에서는 우리 성도들 곧 "하늘에 사는 자들"을 "그(하나님)의 장막"이라 부릅니다. 21:3에서도 "하나님의 장막"이 사람들 곧 하나님의 백성과 함께 있다고 말합니다. 이는 하나님께서 자기 백성 가운데 거하시며 그들과 친밀한 사귐을 나누신다는 의미입니다.

16-17절은 "그들이 다시는 주리지도 아니하며 목마르지도 아니하고 해나 아무 뜨거운 기운에 상하지도 아니하리니 이는 보좌 가운데에 계신 어린 양이 그들의 목자가 되사 생명수 샘으로 인도하"실 것이기 때문이라고 말합니다. 이 구절은 이사야 49:10에 기반을 두고 있습니다. "그들이 주리거나 목마르지 아니할 것이며 더위와 볕이 그들을 상하지 아니하리니 이는 그들을 긍휼히 여기는 이가 그들을 이끌되 샘물 근원으로 인도할 것임이라." 이사야서에서 이 구절은 하나님께서 이스라엘을 바벨론 포로에서 회복시키실 때의 상황

을 그리고 있습니다. 하나님의 구원이 이처럼 복되고 은혜롭다는 것을 말해줍니다. 그런데 우리가 이 구절을 계시록의 본문과 비교해보면 중요한 변화 한 가지가 일어나고 있는 것을 발견하게 됩니다. 이사야서에서 하나님의 백성을 샘물 근원으로 인도하시는 분은 "그들을 긍휼히 여기는 자" 하나님이십니다. 그런데 이것이 계시록 7:17에서는 "보좌 가운데에 계신 어린 양"으로 바뀌고 있습니다. 어린 양 예수 그리스도께서 우리의 "목자가 되사"(원문에서는 동사 ποιμανεῖ 포이마네이, '그가 돌볼 것이다') 우리를 생명수 샘으로 인도하실 것입니다.

우리 본문이 "그들을 긍휼히 여기는 자" 대신 "보좌 가운데에 계신 어린 양"을 우리를 돌보는 분으로 바꾸는 것은 이사야의 말씀이 예수 그리스도 안에서 성취되었다는 것을 말해줍니다. 우리는 출애굽에 준하는 출바벨론의 구원의 은혜를 예수 그리스도 안에서 누리고 있습니다. 그리스도께서 우리를 제국의 족쇄와 광야의 고통보다 더 격심한 죄와 사망의 고통에서 온전히 건져주셨습니다. 이제 우리가 걸어가는 모든 길에서 예수 그리스도는 우리를 돌보시는 영원한 목자이십니다. 이분의 인도를 우리는 이미 누리고 있습니다. 그의 인도 속에서 우리는 하나님이 우리의 모든 눈물을 닦아 주시고, 더 이상 사망도 애통함도 애곡도 아픔도 없는 곳으로 나아가게 될 것입니다(21:3-4).

눈물의 길이면서도 은혜의 길

사랑하는 성도 여러분! 우리의 삶 속에 아직은 눈물과 아픔과 탄

식과 신음이 그치지를 않습니다. 이런 눈물의 골짜기를 통과해 가는 것이 결코 쉽지 않습니다. 우리는 연약하고 인내가 부족하며 강하게 믿음을 붙들지도 못합니다. 그러나 우리가 기억해야 할 것이 있습니다. "구원하심이 보좌에 앉으신 우리 하나님과 어린 양에게 있"다는 사실입니다. 우리는 이 찬양을 나의 것으로 삼은 흰 옷 입은 큰 무리 성도입니다. 하나님께서 어린 양의 피로 구원하신 자들을 결코 포기하지 않으십니다. 결단코 결단코 그들을 버리지도 떠나지도 않으십니다(히 13:5). 우리가 할 일은 이 은혜의 하나님을 찬양하며 끝까지 어린 양을 따라가는 일입니다. 그는 마침내 우리를 사망도 애통도 애곡도 아픔도 없는 곳으로 인도하실 것입니다.

 어린 양의 교회가 이 세상 속에서 걸어가는 길은 큰 환난의 길입니다. 이것은 우리가 선택할 수 있는 사항이 아닙니다. 사탄이 큰 분노로 늘 자기의 힘을 과시하려 하기 때문에 주님께서 오셔서 마침내 그를 벌하실 때까지는 이 땅의 성도들에게 환난이 그치지 않습니다. 그러나 주님의 교회는 결코 홀로 싸우지 않습니다. 우리의 목자 되신 어린 양이 우리와 함께 하십니다. 그의 인도와 돌봄이 우리와 함께 하기 때문에 우리는 결코 두려워할 필요가 없습니다. 우리의 고백과 다짐은 이것입니다.

> "주와 같이 길가는 것 즐거운 일 아닌가
> 우리 주님 걸어가신 발자취를 밟겠네
> 한 걸음 한 걸음 주 예수와 함께
> 날마다 날마다 우리 걸어가리"(찬송가 430장)

한 걸음 한 걸음 목자 되신 주님의 발자취를 따라 나아가는 성도들이 되기를 바랍니다. 우리의 가는 길을 그가 아십니다.

요한계시록 설교 10

10
심판 속에서도
회개하지 않는 사람들

계 8:1-9:21

일곱 나팔 심판의 첫 네 재앙은 자연 세계와 관계됩니다. 땅과 수목, 바다와 수생 생물, 강과 물샘, 해와 달과 별에 손상이 일어납니다. 이는 사람들이 살아가는 삶의 환경과 직결되는 것들이지만, 그래도 사람들 자신이 그 재앙의 직접적인 대상이 되지는 않습니다. 그러나 다섯 번째 나팔 재앙부터는 그 성격이 달라집니다. 사람이 직접적인 대상이 되고 있습니다. 하지만 여기에서도 구분이 일어나고 있습니다. 다섯 번째 나팔부터는 그 재앙이 "땅에 사는 자들"을 특정 대상으로 삼습니다. 이 "땅에 사는 자들"은 누구를 가리키는 것일까요? 이 땅 위에 살아가고 있는 모든 사람들을 말하는 것일까요? 우리는 이들이 누구를 말하는 것인지, 그리고 이들을 향한 재앙들의 성격이 어떤 것인지를 함께 생각해보고자 합니다.

"땅에 사는 자들"에게 임하는 재앙들

네 번째 나팔 재앙까지의 절차는 단순하고 규칙적입니다. 천사가 나팔을 불고 그에 따라 창조의 네 영역인 땅, 바다, 물, 하늘에 재앙들이 차례로 일어납니다. 그런데 다섯 번째 나팔부터는 이와 다른 점이 나타납니다. 갑자기 "공중에 날아가는 독수리"(8:13) 한 마리가 등장합니다. 여기서 "공중"으로 번역된 메수라네마(μεσουρανήμα)는 중천(midheaven)을 가리킵니다. 하늘 높이 이 독수리가 날면서 "화, 화, 화"를 세 번 외칩니다. 화를 가리키는 헬라어 단어 우아이(οὐαί)는 독수리의 날카로운 울음소리를 연상시키는 의성어의 효과를 가집니다. 이것이 세 번이나 반복되면서 읽는 사람들에게 섬뜩한 느낌을 전달하고 있습니다.

누구에게 이런 화가 선포되고 있을까요? "땅에 사는 자들"(οἱ κατοικοῦντες ἐπὶ τῆς γῆς 호이 카토이쿤테스 에피 테스 게스)에게입니다. 이 표현은 문자 그대로 읽으면 '땅 위에 거주하고 있는 사람들'이 되지만, 그렇다고 해서 이 세상에 살고 있는 모든 사람들을 다 지칭하는 것은 아닙니다. 이들은 하나님의 백성을 가리키는 "하늘에 사는 자들"(13:6)과 대비되는 사람들입니다. 이들은 짐승의 편에 서서 짐승에게 경배하는 자들이며(13:8, 12), 짐승이 두 증인을 죽일 때 이를 축하하고 기뻐하는 자들입니다(11:10). 이들은 "땅에서 속량함을 받은 사람들"(14:3)인 십사만 사천, 또는 그 이름이 어린 양의 생명책에 기록된 성도들과 대비되는 자리에 서 있는 사람들입니다(17:8).

우리가 주목할 것은 다섯 번째 나팔 재앙부터는 그 대상이 "땅에 사는 자들"에게 국한된다는 사실입니다. 네 번째 나팔 재앙까지는 그 대상이 제한되지 않습니다. 그러나 다섯 번째 재앙부터는 그 대상이 "이마에 하나님의 인침을 받지 아니한 사람들"(9:4)로 제한됩니다. 이는 돌려서 말하면 하나님의 인침을 받은 성도들은 이 재앙에서 보호를 받는다는 것을 의미합니다. 하나님은 자기의 백성, 자기의 종들을 아끼고 보호하십니다. 믿는 우리는 하나님께 존귀한 사람들입니다. 우리 스스로가 가치 있는 사람이어서가 아니라, 어린 양의 피로 값주고 산 사람들인 만큼 우리는 하나님께 귀할 수밖에 없습니다. 우리는 이 세상 속에서 하나님의 인침을 간직한 자들로 구별되게 살아가야 합니다. 그 이마에 하나님과 어린 양의 이름을 새긴 자들(22:4)로 값지고 존귀롭게 살아가야 합니다.

"땅에 사는 자들"에게 임하는 재앙은 무엇입니까? 그들은 황충(메뚜기)의 괴롭힘을 받습니다. 이 황충은 자연 속의 메뚜기와는 다른 점들을 가집니다. 일단 이 황충은 풀숲에서 나오는 것이 아니라 무저갱으로부터 올라옵니다. 무저갱(ἄβυσσος 아뷔소스)은 바닥이 없는 깊은 곳을 가리키는데, 이는 귀신들의 거처(눅 8:31)이고, 계시록에서는 짐승이 올라오는 곳(11:7)이기도 합니다. 보통의 메뚜기들이 풀과 나무를 공격하는 데 비해 이 재앙의 메뚜기들은 하나님의 인침을 받지 않은 사람들을 공격합니다. 따라서 우리는 이들을 자연 속의 메뚜기로 보기보다 마귀적 존재들로 보아야 합니다. 이들에게는 사람을 죽이는 권세는 없고, 전갈과 같은 꼬리로 사람들을 쏘아 괴롭게 만들기만 합니다.

이 메뚜기들은 "무저갱의 사자"요 아바돈 또는 아볼루온의 이름으로 불리는 마귀의 부하들입니다. "무저갱의 사자"라는 말은 원어로는 '무저갱의 천사'(ὁ ἄγγελος τῆς ἀβύσσου 호 앙겔로스 테스 아뷔수)인데, 다른 이름으로는 "하늘에서 땅에 떨어진 별"(9:1)로 불립니다. 이는 사탄을 가리키는 표현으로 보입니다. "떨어진"으로 번역된 페프

토코타(πεπτωκότα, πίπτω '떨어지다'의 분사)는 완료 시제로 표현되어 있습니다. 이는 이 떨어짐의 상태가 지속적이고 항구적임을 보여줍니다. 이 별은 일시적인 사명을 위해 보냄을 받은 것과는 다른 처지에 놓여 있습니다. 12:9-13에서는 큰 용(사탄)이 하늘에서 땅으로 내쫓겼다고 표현하는데, 우리 본문의 별의 떨어짐은 이와 연관성을 가지는 것으로 보입니다. 사탄은 더 이상 하늘에 그의 자리를 가지지 못합니다. 그의 아지트는 이제 바닥없이 깊은 무저갱입니다.

이 존재가 "무저갱의 열쇠를 받았"다고 말합니다(9:1). "받았다"는 단어는 원문에서 수동태(ἐδόθη 에도떼, '주어졌다')로 표현되어 있습니다. 이는 그 자신이 주권자가 아니라는 것을 보여줍니다. 그에게는 한시적인 재량권이 주어져 있을 뿐입니다. 이 모든 일을 주관하시는 분은 하나님이라는 것을 암시하고 있습니다.

이 '무저갱의 천사' 아볼루온의 지시를 따르는 영적 메뚜기들은 하나님의 인침을 받지 않은 사람들 속에 무방비로 역사합니다. 그들은 아무런 영적 경계도 갖추어져 있지 않은 땅의 사람들 속에서 자유롭게 활동하며 그들을 괴롭힙니다. 사람들은 자신의 끝없는 욕망과 타락한 본성에 따라 스스로의 쾌락을 추구하며 살아가지만, 실제로는 이와 같은 마귀적 세력에 의해 괴롭힘을 받고 있다는 것을 알지 못합니다. 이런 괴로움이 다섯 달 동안 계속될 것이라고 말합니다. 일반적으로 메뚜기 같은 곤충에게 쏘여서 아픈 괴로움이 그렇게 오래 가지는 않습니다. 그런데 다섯 달 동안이나 괴로움이 이어진다는 것은 그 아픔이 상대적으로 길다는 것을 보여줍니다. 그러면서도 그 괴로움은 다섯 달이라는 한정된 기간을 가지기도 합니다.

"괴롭게 함"(9:6)으로 번역된 바사니스모스(βασανισμός)라는 단어는 14:11에서는 '고난'으로 번역되었습니다. 짐승 숭배자들이 밤낮 없이 당하는 괴로움을 나타내고 있습니다. 이런 괴로움은 육신 차원에만 국한되지 않습니다. 짐승을 따르는 자들에게는 육신과 영혼 전체에 걸쳐서 영적 차원의 괴로움이 임하는 것입니다. 사람들은 자신들의 행복을 찾아 짐승을 따르는 것이겠지만, 정작 그들에게 돌아오는 것은 밤낮없는 괴로움일 뿐입니다.

이어서 여섯 번째 나팔이 울리자 준비된 심판의 수행자들이 모습을 드러냅니다. 그들은 이만만, 곧 2억이나 되는 마병대입니다. 이 말들 역시 일반적인 말들이 아닙니다. 그 머리가 사자와 같고 입에서는 불과 연기와 유황을 뿜어내는데, 이것이 사람을 죽이는 무기로 사용됩니다. 그 꼬리에는 뱀 같은 머리가 달려 있는데, 이 꼬리 역시 사람을 죽이는데 사용되고 있습니다. 이 말들 역시 마귀적 존재들입니다. 이 말들의 주된 무기가 입이라는 것은 그 입에서 나오는 거짓과 미혹의 말이 사람을 죽음으로 이끈다는 것을 말합니다.

이 말들의 공격 대상 역시 "땅에 사는 자들"임이 분명합니다. 이들은 다섯 번째 나팔 재앙의 메뚜기들과는 달리 직접 사람을 죽음에 이르게 합니다. 하나님의 심판이 단지 땅의 사람들에게 괴로움을 주는 데서 그치지 않고 그들의 죽음까지도 포함한다는 것을 보여줍니다. 이 재앙이 앞의 경우처럼 다섯 달이라는 정해진 기간을 가지지는 않지만, 이 일이 "그 년 월 일 시에 이르러"(9:15) 이루어진다고 말하는 것은 이 재앙 역시도 역사와 만물의 주관자이신 하나님의 계획 속에서 이루어진다는 것을 말해줍니다.

회개가 너무나 어려운 사람들

이와 같은 심판의 과정에서 강조되는 것 한 가지가 있습니다. 그것은 사람들의 완악함입니다. 심판에서 죽지 않고 살아남은 자들이 회개하고 그 행실을 돌이키기는커녕 오히려 더 우상 숭배에 집착하고 살인과 복술과 음행, 거짓말과 같은 악한 행위들에 빠져듭니다. 그만큼 사람들의 마음이 완악하다는 것을 보여줍니다.

다섯 번째 나팔 심판이 임할 때 사람들은 괴로움을 피하여 "죽기를 구한다"고 말합니다(9:6). 이때 사용하는 단어가 제테수신(ζητήρουσιν, ζητέω '찾다, 구하다'의 미래 시제)입니다. 이 부분을 직역하면 '사람들이 죽음을 찾을 것이다, 그러나 결코 죽음을 발견하지 못할 것이다'가 됩니다. 하나의 역설적인 상황을 소개하고 있습니다. 평소 같으면 죽음은 그것을 원치도 찾지도 않는 사람들을 찾아옵니다. 죽음을 찾는 것은 너무 흔하고 쉬운 일입니다. 그래서 사람들은 죽음을 피해 도망가려 합니다. 한국 사람들 같으면 죽음을 상기시키는 숫자 4조차도 어떻게든 피해 보려고 애를 씁니다. 그만큼 죽음은 두려움과 기피의 대상입니다. 그런데 심판의 괴로움이 심해지자 사람들은 죽음을 찾기 시작합니다. '죽음아, 어디 있니? 죽음아, 이리 와서 제발 나를 좀 만나다오!' 이렇게 간청을 하고 있습니다. 이것은 분명 잘못된 추구입니다. 정작 그들이 찾아야 할 것은 하나님과 그의 긍휼입니다. 하나님을 찾고 그 앞에 회개하는 것이 가장 좋은 해결의 길인데, 사람들은 다른 것은 다 해도 이것만은 하기 싫어합니다. 굿을 하고 미신적인 행위는 할지언정 하나님을 찾을 마음은 조금도 없습니다.

괴로움의 시간이 지나가면 사람들은 이전보다 더 교만하고 완악해집니다. 더 악랄하게 하나님을 비방하고 욕합니다. 심지어 땅의 사람 삼분의 일이 죽임을 당하여도 살아남은 사람들은 여전히 회개하려 하지 않습니다. 남들이 죽은 것은 운이 나빠 죽은 것이고, 나만 해를 당하지 않으면 아무 문제가 없다고 생각합니다. 회개는 참 어려운 일입니다. 예수님은 예루살렘에서 망대가 무너져 열여덟 사람이 죽은 일을 두고 이를 남의 일로만 생각하지 말고 회개하기를 촉구하셨습니다(눅 13:4-5).

회개할 줄 아는 유순한 마음을 가진 사람이 진정으로 복된 사람입니다. 일부 재앙들이 하나님의 백성이 아닌 "땅에 사는 자들"을 대상으로 한다고 해서 우리가 안심해서는 안 됩니다. 이 재앙들 속에서도 사람들의 회개를 원하시는 하나님의 마음을 우리는 읽을 수 있어야 합니다. 우리 믿는 자들이 먼저 회개의 사람, 애통하는 마음의 사람이 되어야 합니다. 이것이 심판 중에서도 긍휼을 잃지 않으시는 하나님의 백성이 가져야 할 자세입니다.

사랑하는 성도 여러분!

그의 무한한 긍휼을 따라 우리를 하늘에 속한 사람 되게 하신 하나님께 감사를 돌려 드립시다. 아직도 세상 가운데 회개의 길을 열어놓고 사람들을 부르시는 하나님의 마음을 전달하는 사람들이 됩시다. 하나님의 심판이 얼마나 두려운지를 아는 만큼 아직도 기회가 있을 때 더 힘써 복음을 전하는 주의 자녀들이 됩시다.

요한계시록 설교 11

11 교회의 증언의 사명

계 10:1-11:13

일곱 나팔 재앙의 마지막 일곱 번째 나팔이 울리기 전에 10-11장에는 교회의 증언 사명을 다루는 막간 장면이 나타납니다. 그 중에서도 10장은 요한 자신의 증언의 사명을 다루고 있는 반면, 11장은 두 증인으로 대변되는 교회의 증언 사명을 다루고 있습니다. 우리는 이 증언의 사명이 가지는 특성이 무엇인지, 그리고 이것이 오늘의 교회를 위해서는 어떤 의미를 가지는지 상고해보고자 합니다.

쓰기도 하고 달기도 한 증언의 사명

에베소 교회를 중심으로 하는 요한의 증언의 사명은 그의 밧모 섬 유배로 말미암아 일시에 중단되고 말았습니다. 모든 활동의 손발이 묶이고 앞날을 전혀 예측할 수 없는 처지에 놓인 요한 개인의 심정으로 볼 때는 모든 것이 답답함을 일으킬 수 있는 상황입니다. 그런 상황 속에서 하나님은 요한을 찾아가시고 그에게 증언자의 사명을 다시 맡기십니다. 이 일은 대단히 장엄한 모습으로 묘사되고 있습니다. 그 장엄함은 우선 요한에게 나타난 천사의 모습에서부터 두드러지게 드러나고 있습니다.

10:1에 묘사된 이 천사의 모습은 요한계시록에 나타나는 다른 어떤 천사들보다 더 영광스럽습니다. 요한은 이 천사를 "힘 센 천사"라 부릅니다. 그는 구름을 옷처럼 두르고 있으며, 머리 위에는 무지개가 서려 있고, 얼굴은 해 같이 빛나며 발은 두 개의 불기둥과 같은데 그 오른발은 바다를, 왼발은 땅을 밟고 서 있습니다. 이 천사의 모습은 1장에 묘사된 예수 그리스도의 모습과 일부 닮은 점을 가집니다. 그리스도의 얼굴도 "해가 힘있게 비치는 것 같더라"고 하였습니다(1:16). 혹시 이 천사가 그리스도일까요? 그렇지는 않습니다. 요한은 천사와 그리스도를 혼동하지 않습니다. 때로 천사에게 경배를 하려 하기도 하지만(22:8) 그럴 때마다 천사는 자신이 예배받을 존재가 아님을 분명히 밝힙니다. 요한은 10장의 천사에 대해서도 그가 "다른 천사"임을 명확히 밝힙니다.

그럼에도 불구하고 이 천사의 장엄한 모습은 예수 그리스도와 깊은 연관성을 가집니다. 그는 그리스도를 대신하여 요한에게 특별히 부탁할 일을 전달하는 역할을 수행합니다. 이 천사의 손에는 "작은 두루마리"가 들려 있습니다. 이것을 요한에게 전달하는 임무가 이 천사에게 맡겨져 있습니다. "작은 두루마리"로 번역된 비블라리디온(βιβλαρίδιον)은 그냥 "두루마리"를 가리키는 비블리온(βιβλίον)의 축소형입니다. 문제는 이 책의 정체입니다. 이 책은 5장에 나오는 두루마리와 같은 책일까요? 그럴 가능성이 크다고 봅니다. 사용하는 용어가 다르기 때문에 같은 것을 가리킨다고 보기 어렵다는 주장은 설득력이 없습니다. 왜냐하면 10:8은 이 "작은 두루마리"를 그냥 "두루마리"라고 지칭하기도 하기 때문입니다.

5:1에 보면 "보좌에 앉으신 이" 곧 하나님의 손에 두루마리가 들려 있는데, 어린 양이 이를 받아서 일곱 인봉을 다 뗍니다. 그렇다면 이제 이 두루마리는 다 열린 상태가 됩니다. 10:2은 "작은 두루마리"가 "펴 놓인" 상태라고 이야기합니다. "펴 놓인"으로 번역된 에네오그메논(ἠνεῳγμένον)은 '열다'를 의미하는 아노이고(ἀνοίγω)의 완료 수동태 분사형입니다. 이 책은 지금 온전히 다 열려 있는 상태임을 보여줍니다. 닫힌 부분이 하나도 없고, 또 연 것을 다시 닫을 필요도 없이 이 책이 온전히 열려 있다는 것은 하나님의 뜻이 다 정해지고 또한 밝혀졌다는 것을 의미합니다. 그런 열린 책을 그리스도께서는 이 "힘 센" 천사를 통해 요한에게 전달하십니다.

그리스도께서 전달의 자리에 직접 등장하지는 않으시지만, 소리("하늘에서 나서 내게 들리던 음성" 10:8)로 그는 이 자리에 임재하여 계십니다. 그 음성이 요한에게 두루마리를 받아서 먹어버리라고 명합니다. 그리고 그것이 "네 배에는 쓰나 네 입에는 꿀 같이 달리라"(10:9)고 말씀합니다. "네 배에는 쓰나"라는 말은 문자 그대로 옮기면 '그것이 네 배를 쓰게 할 것이다'가 됩니다. 요한이 그것을 받아먹었을 때의 결과를 "내 배에서는 쓰게 되더라"(10:10)고 말하는데, 이것도 문자 그대로 옮기면 '나의 배가 쓰게 되었다'가 됩니다. 작은 차이일지 모르지만, 요한이 말하고자 하는 핵심은 책 자체가 배에서 쓰게 변했다는 것이 아니라, 그것이 일으킨 결과가 배를 쓰게 만들었다는 것입니다. 두루마리 책 자체에는 아무 변화도 없습니다. 그것은 늘 한결같은 주님의 말씀이기 때문입니다. 그러나 그것이 일으키는 결과는 달기도 하고 쓰기도 합니다.

이 책이 하나님의 말씀이라는 점에서는 꿀과 같이 달콤합니다. 꿀과 같이 달콤한 하나님의 말씀에 대해서는 시편 19:10이나 119:103 등이 잘 노래하고 있습니다. 그러나 말씀의 작용이 항상 달콤한 것만은 아닙니다. 요한이 두루마리를 받아먹었을 때 그것이 요한의 배를 쓰게 만들었습니다. 이것은 요한에게 고난이 따르리라는 것을 암시합니다. 말씀의 증언은 고난과 외로움과 인내를 수반하는 사역입니다. 이것이 과거 예레미야의 경험이었으며(렘 15:16-18) 또한 에스겔의 경험이었습니다(겔 3:1-11). 요한은 이런 증언자의 사역을 위해 다시 세움을 받고 있습니다.

10:11의 "그가 내게 말하기를"에 사용된 동사는 단수가 아니라 복수 동사 레구신(λέγουσιν '그들이 말한다')입니다. 왜 여기서 복수를 사용하는 것일까요? 말씀하시는 분이 두 분이기 때문입니다. 모습으로 등장하지는 않지만 음성으로 임재하시는 예수 그리스도와 그를 대행하는 천사를 함께 지칭하고 있습니다. "네가 많은 백성과 나라와 방언과 임금에게 다시 예언하여야 하리라"는 것이 요한에게 주시는 그리스도의 명령입니다. 이 예언의 사역이 비록 고난과 쓰라림을 감내해야 하는 사역이지만, 그러나 주님께서 요한에게 맡기시는 귀한 사역입니다. 사람들 앞에 꼭 전해야만 하는 왕의 전언입니다. 이 사명이 요한을 다시 일어서게 만듭니다. 이 사명이 그에게 힘을 줍니다. 오늘 우리에게도 마찬가지입니다. 주님의 사명이 우리에게 힘을 줍니다. 사명이 있는 교회가 힘이 있고 생기가 넘치는 교회가 될 수 있습니다.

특이한 것 한 가지는 '네가 다시 예언하여야만 하다'는 명령에 이어 에피(ἐπί)라는 전치사를 사용하고 있다는 점입니다. 우리 본문에서와 같이 여격을 수반할 때 에피 전치사는 '~에게'로 읽지는 않고 '~ 위에'나 '~에 대항하여' 또는 '~에 관하여'의 의미로 읽게 됩니다. 여기서는 장소적 의미로 쓰이는 것은 아니니까 '~ 위에'를 배제하면 '~에 대항하여'나 '~에 관하여'의 선택지가 남습니다. 만일 '~에 대항하여'의 의미를 취한다면 요한이 부여받은 사명은 '많은 백성과 나라와 방언과 임금들에 대항하여(곧 그들을 쳐서) 예언'하는 일입니다.[1] 그러나 요한의 예언이 꼭 부정적인 측면만을 가지는 것은 아닙니다. 거기에는 건설적인 소망이나 회개에의 촉구도 포함됩니다. 그렇다면 더 좋은 독법은 '많은 백성과 나라와 방언과 임금들에 관하여(곧 그들의 운명과 관련하여) 예언'하도록 세움을 받고 있다고 보는 것입니다.[2] 사람들은 자기의 앞에 놓인 일을 잘 알지 못합니다. 하나님께서 그가 하시고자 하는 일이 무엇인지를 보여주실 때 우리는 그것을 알 수 있습니다. 요한은 이와 관련한 계시의 말씀을 받은 사람입니다. 그래서 온 땅의 사람들에게 임할 일에 관하여 예언하지 않을 수 없는 것입니다. 요한에게 이 사명을 주신 주님은 오늘 우리에게도 이 시대에 주님의 일과 관련하여 예언의 사명을 감당하도록 우리를 부르십니다. 이것이 교회의 증거의 사역이며 예언의 사역입니다.

---

1 이렇게 읽는 대표적인 학자들은 Aune, Beale 등. 참조, Beale, 『요한계시록』, 913.
2 이렇게 보는 관점은 대표적으로 NASB("You must prophesy again concerning many peoples and nations and tongues and kings."), Koester 등. 참조, Koester, *Revelation*, 483.

죽음 속에서도 승리하는 증언의 사람들

예언의 사명을 재차 부여받은 요한에게 이번에는 성전 측량의 임무가 주어집니다. 두루마리 책을 먹는 행위와 성전 측량의 행위는 에스겔 선지자의 전례를 상기시킵니다. 측량은 때로 심판의 뉘앙스를 가지기도 하지만(왕하 21:13이나 사 34:11의 다림줄 이미지), 여기서는 보호의 의미를 가집니다. 에스겔의 경우 성전의 측량은 하나님의 영광이 중심이 되는 예배의 회복을 의미합니다. 요한에게 있어서 성전 측량은 참 예배자들을 보호하시겠다는 하나님의 약속의 의미를 가집니다.

어떤 사람들은 11장을 문자적, 미래주의적 방식으로 읽어야 한다고 강하게 주장하기도 합니다. 성전 측량이나 두 증인의 사역이 미래 재림 직전에 있을 실제적인 사건에 대한 문자 그대로의 예언이라는 것입니다. 대표적으로 왈부드(J.F. Walvoord)는 이렇게 말합니다. "문자적인 성전이 대환란 기간[재림 직전의 7년] 동안 존재할 것이고, 성(城)도 11:8의 성과 마찬가지로 문자적인 예루살렘성일 것이다. 42개월이라는 기간도(2절) 사흘 반이라는 기간도(9, 11절) 문자적으로 이해되어야 하며, 지진이 글자 그대로 7,000명을 죽인 것으로, 두 증인은 두 명의 사람으로 보아야 한다."[3] 이와 같은 왈부드의 견해는 11장을 교회와는 전혀 상관없는 일로 보는 더 근본적인 관점 때문에 문제가 많습니다. 그에게 11장은 이스라엘 민족과 그들의

---

3 Walvoord, 『요한계시록』, 75-6.

성전에 관한 이야기일 뿐입니다. 더군다나 모든 것을 문자주의적 관점에서 본다면 두 증인의 입에서 불이 나와 사람들을 태워 죽인다는 것을 어떻게 보아야 할까요?

　11장은 교회와 상관없는 이야기가 아니라 바로 교회와 관련된 말씀입니다. 하나님은 어린 양의 교회를 반드시 보호하십니다. 그러나 이것이 교회가 고난을 전혀 당하지 않는다는 것을 의미하지는 않습니다. 하나님은 참 예배자들을 보호하시지만, 외면적 차원에서는 짓밟힘을 당하는 일이 일어나도록 허용하십니다. 비일(G.K. Beale)이 잘 지적하는 것처럼 성전 측량의 이미지는 "박해를 받지만 하나님에 의해 보호를 받는 신자들의 공동체"를 나타냅니다.[4] 그 박해의 기간이 마흔두 달이라는 것은 하나님의 뜻 안에서 정한 기간이 있다는 것을 이야기합니다. 짐승이 이기는 듯한 시간이 있습니다(11:7, 12:7). 그러나 최종적인 승리는 어린 양의 것입니다. 교회는 이것을 믿고 자신에게 맡겨진 증언의 사명을 신실하게 수행해야 합니다.

　이 증언의 사명을 표상적으로 잘 보여주는 것이 두 증인입니다. 주님은 그들에게 "권세를 주"시겠다고 말씀하십니다(11:3). 원문에서는 도소(δώσω '내가 줄 것이다') 동사만 나오지 무엇을 주시겠다는 언급은 없습니다. 다시 말해서 "권세"는 원문에 없는 첨가어라는 이야기입니다. 도소에 이어지는 동사가 프로페튜수신(προφητεύσουσιν '그들이 예언할 것이다')입니다. '주님은 주실 것이고 두 증인은 예언할 것이다' 이것이 이 문장의 뼈대입니다. 이는 주님과 두 증인 사

---

[4] Beale, 『요한계시록』, 932.

이의 완벽한 팀웍을 말해줍니다. 주님의 허락 아래 그가 하게 하시는 일을 하는 사람이 두 증인입니다. 여기에 '권세'(authority, NASB)나 '능력'(power, KJV) 같은 보조어를 굳이 첨가할 필요가 없습니다. 주님께서는 어떤 특정한 것을 별도로 주시겠다는 것이 아니라, 그들로 하여금 주님의 증인으로서의 사역을 할 수 있도록 윤허해주신다는 것을 말씀하고 있습니다. 그런 점에서 이를 '내가 임명할 것이다'(I will appoint)로 번역하는 NIV가 원문의 의도를 잘 살리고 있습니다.

주님은 그와 두 증인이 한 짝이 되어서 일하리라는 것을 강조하십니다. 11:6에 보면 그들이 "권능"(ἐξουσία 엑수시아)을 가진 것으로 묘사되고 있습니다. 그러나 11:3이 그 출처를 밝히는 것은 아닙니다. 3절의 관심은 주님과 두 증인의 관계입니다. 그들이 무엇을 하는 사람인가 이전에 주님과 어떤 관계의 사람인가가 더 우선입니다. 우리에게도 이 원리가 중요합니다. 주님의 것이 된 사람, 그래서 주님으로부터 모든 것을 힘입는 사람이 주님을 위해 일하는 사람이 될 수 있습니다.

11:4은 이 두 증인을 "두 감람나무와 두 촛대"라 부릅니다. "두 감람나무"는 스가랴(4:3, 11)에서 나온 용어인데, 스가랴의 본문에서는 하나님의 두 종 여호수아와 스룹바벨을 지칭합니다. 그러나 계시록에서는 이 "두 감람나무"가 어떤 구체적인 인물을 가리키기보다는 "두 촛대"와 상징적인 연결을 이룹니다. 촛대(등잔대)는 1:20에 따르면 교회를 가리킵니다. 여기서는 완전성의 상징인 일곱보다는 증인의 유효성과 관련하여 두 촛대(등잔대)로 교회가 상징되고 있습니다.

이 두 촛대(등잔대)는 "이 땅의 주 앞에 서 있는"(11:4) 촛대(등잔대)입니다. 원문(αἱ δύο λυχνίαι αἱ ἐνώπιον τοῦ κυρίου τῆς γῆς ἑστῶτες 하

이 뒤오 뤼크니아이 하이 에노피온 투 퀴리우 테스 게스 헤스토테스)은 등 잔대와 주님과의 관계를 특별히 부각시키고 있습니다. "이 땅의 주 앞에 서 있는"(αἱ ἐνώπιον τοῦ κυρίου τῆς γῆς ἑστῶτες)이라는 문구가 두 감람나무와 두 촛대 모두를 수식하는지(한역의 "그들은 이 땅의 주 앞에 서 있는 두 감람나무와 두 촛대니"), 아니면 두 촛대만을 수식하는지 ('그들은 두 감람나무요, 이 땅의 주 앞에 서 있는 두 촛대니' – KJV 등) 독법의 차이가 있을 수 있겠지만, 어떻게 보든지 간에 이 문구가 두 촛대(등잔대)와 긴밀한 연관성을 가진다는 것은 부정할 수 없습니다. 헤스토테스(ἑστῶτες, ἵστημι '서다'의 완료 분사형)의 완료 시제는 그 섬의 상태가 항구적임을 나타내는데, 이는 촛대(등잔대)와 주님의 관계가 결코 분리될 수 없다는 것을 보여줍니다. 다시 한 번 주님과 그의 "두 증인" 교회가 하나의 팀을 이루어 세상 속에서 예언의 사역을 감당한다는 것을 잘 보여주고 있습니다.

두 증인의 입에서 불이 나온다는 것은 실제로 그들이 화염방사기처럼 입에서 불을 뿜어낸다는 것을 말하는 것이 아니라, 불과 같은 말씀의 역사가 있다는 것을 말합니다. 하나님의 말씀은 방망이 같이 부스러뜨리기도 하며 불과 같이 태우기도 합니다(렘 23:29). 이와 같은 말씀의 사역을 세상이 가만히 내버려 두지는 않습니다. 그래서 두 증인 곧 주님의 교회를 해하고자 하는 자들이 일어나지만, 주님은 그들이 "반드시 그와 같이 죽임을 당하리라"(11:5)고 말씀하십니다. 이는 주님께서 두 증인과 함께하실 뿐만 아니라 그들을 대적하는 자들을 자신의 대적자로 다루시겠다는 말씀입니다. "죽임을 당하리라"의 아포크탄떼나이(ἀποκτανθῆναι)는 데이(δεῖ 반드시 ~한다)에 걸리는 부정사인데 수동태로 표현되어 있습니다. 이 수동태는 신적 수동태(divine passive)입니다. 생사의 주관자이신 주님 자신이 역사하시겠다는 것입니다. 주님께서 당신의 짝으로 삼으신 교회를 그 어떤 대적도 소멸하지 못합니다. 오히려 이를 도모하는 자들이 주님의 심판을 면하지 못하게 될 것입니다.

외면적으로 보면 어떤 순간에는 교회의 대적자가 승리하는 듯 보이는 때도 있습니다. 11:7은 "무저갱으로부터 올라오는 짐승"이 두 증인과 전쟁을 일으킨다고 말합니다. 전쟁을 가리키는 폴레모스(πόλεμος)는 작은 싸움이 아니라 대규모 전쟁을 가리키는 용어입니다(16:14, 19:19, 20:8 등). 문자적으로 생각한다면 겨우 두 명의 사람과 대규모 전쟁을 일으킨다는 것은 말이 되지 않습니다. 이 전쟁은 문자적인 두 사람과의 전쟁이 아니라, 사탄의 진영과 그리스도의 진영 사이의 영적 차원의 전쟁을 말합니다. 짐승은 자신의 모든 가용한 수단을 다 동원하여 하나님의 백성을 탄압하고 굴복시키려 합니다. 땅의 세력을 등에 업은 짐승이 이 전쟁에서 훨씬 유리할 수 있습니다. 그래서 교회를 박멸할 듯이 탄압하는데, 이는 두 증인의 죽음으로 표상됩니다.

이처럼 교회는 "그들의 주"(11:8)이신 예수 그리스도께서 가신 그 길을 따라갑니다. 그의 십자가의 길이 교회가 세상 속에서 걸어가야 할 길입니다. 그러나 그것이 끝이 아닙니다. 그리스도의 부활을 연상시키는 "삼일 반 후에"(11:11) 두 증인도 죽음의 자리에서 부활합니다. 박멸되어 버린 것 같던 교회가 박멸되지 않았다는 것을 보여줍니다. 교회의 존재가 다 말살되었다고 세상이 기뻐하고 서로 예물을 주고받으며 축하하는 자리에서 교회는 다시 일어납니다. 그것은 교회 자체의 능력이 아니라 하나님의 "생기"(πνεῦμα ζωῆς '생명의 영'

곧 성령)로 말미암는 일입니다.

사랑하는 성도 여러분!

예나 지금이나 주님의 교회는 참 약해 보입니다. 핍박을 당해도 대처할 힘이 없고, 조롱을 당해도 항변할 힘이 없는 것처럼 보입니다. 그러나 교회의 힘은 진리의 말씀에 있습니다. 주님은 이 진리 말씀의 증언을 위해 교회를 자기 앞에 세우십니다. 자기와 뗄 수 없는 한 짝이 되게 하시고, 한 팀을 이루어 일하게 하십니다. 우리는 세상의 주 되신 예수 그리스도와 결코 분리될 수 없이 그 앞에 선 촛대(등잔대)입니다. 우리의 빛을 어둠의 세상에 환히 비추어야 합니다. 세상은 이것을 '괴롭힘'이라 생각할 것입니다(11:10). 교회가 사람들을 괴롭게 할 이유는 전혀 없습니다. 다만 우리의 증언과 예언의 사역이 짐승의 거짓에 미혹되어 살아가는 "땅에 거하는 자들"에게는 괴롭힘으로 여겨질 수 있습니다. 그러나 짐승의 길은 멸망의 길일 뿐입니다. 이를 알고 있는 우리는 한 사람에게라도 더 복음을 전하여 우리의 친구들이 멸망의 길이 아닌 생명의 길로 나아오도록 인도해야 하겠습니다. 이것이 우리가 감당해야 할 이 시대의 "두 증인"의 사역입니다.

요한계시록 설교 12

12 앞당겨 부르는 그날의 노래

계 11:14-19

오늘 본문은 일곱 번째 나팔 심판을 소개합니다. 앞서 나온 여섯 나팔들은 이 지상에 임하는 재앙들을 알리는 나팔이었습니다. 그런데 특이하게도 일곱 번째 나팔은 천상의 찬양을 소개하고 있습니다. 그 찬양의 핵심은 "세상 나라가 우리 주와 그의 그리스도의 나라가 되어 그가 세세토록 왕 노릇 하시리로다"(15절)라는 것입니다. 하나의 대전환을 노래하고 있습니다. 나라(통치)가 더 이상 세상의 것이 아니라 하나님과 그리스도의 것으로 전환되었습니다. 물론 창조 때부터 하나님은 이 세상을 통치하시기를 그치지 않으십니다. 그러나 때로는 거짓 통치자들이 하나님의 자리에 앉아 세상을 어지럽히는 일을 해왔습니다. 때가 이르면 더 이상 하나님은 그것을 허용하지 않으실 것입니다. 세상의 통치는 하나님과 그리스도의 통치로 완전히 바뀔 것이며, 세상을 더럽히며 멸망으로 이끌던 세력들은 자기들의 행위에 합당한 심판을 받게 될 것입니다. 반면 하나님을 바라보며 악의 통치 가운데서도 신실함을 저버리지 아니하였던 하나님의 종들은 하나님께서 주시는 상을 받게 될 것입니다.

오늘의 본문은 이런 대전환의 때가 마침내 이르렀다는 것을 노래하고 있습니다. 물론 지금의 우리에게는 그 일은 아직도 미래의 일입니다. 그러나 요한의 환상의 세계 속에서는 그 일이 이미 도달한 일로 소개되고 있습니다. 이 시간의 간격은 실제적으로는 매우 큽니다. 그러나 이런 간격을 초월해서 우리에게 미래의 일을 오늘의 일처럼 보고 경험할 수 있도록 하는 것이 요한계시록의 특징이요 힘입니다. 이를 통해 우리는 바른 종말론적 관점을 갖추고 우리 앞에 놓인 삶의 과정을 하나님의 뜻대로 살아갈 수 있게 되는 것입니다. 오늘의 본문이 이런 점들에 관해 우리에게 어떤 교훈을 주는지 깊이 상고해보기를 바랍니다.

통치의 대전환과 종말론적 관점의 중요성

일곱 번째 나팔 심판은 몇 가지 특이한 점들을 가지고 있습니다. 우선 앞의 여섯 나팔 심판들과 달리 땅의 재앙들 대신 천상의 찬양을 소개한다는 점이 매우 색다릅니다. 더군다나 다섯 번째 나팔부터는 세 번의 화가 예고되어 두 번의 화가 지나갔고, 이제 일곱 번째 나팔은 세 번째 화가 될 차례인데, 오히려 천상의 찬양이 소개되고 있으니 다소 어리둥절합니다. 과연 이것이 화인가요? 무엇이 셋째 화라는 것일까요? 의문이 드는 것이 사실입니다. 이와 관련해서 우리가 주목해야 할 것은 찬양의 내용입니다. 그 찬양의 핵심은 하나님의 최종적, 불가역적 심판입니다. "땅을 망하게 하는 자들"(18절)에게 멸망의 심판을 내릴 때가 마침내 이르렀습니다. 우리 본문은 심판의 구체적인 양상을 소개하지 않을 뿐이지, 그 심판이 다시는 돌이킬 기회가 없는 최종적 심판임을 강조하고 있습니다.

또 하나 특이한 점은 하나님의 칭호에서 나타납니다. 17절에 보면 이십사 장로들이 하나님을 부를 때 "옛적에도 계셨고 지금도 계신 주 하나님 곧 전능하신 이"라고 부르는 것을 봅니다. 계시록 속에는 하나님을 부르는 삼중 호칭이 자주 등장하는 것을 봅니다. 1:4에는 하나님을 "이제도 계시고 전에도 계셨고 장차 오실 이"라 부르며(1:8도), 4:8에는 "전에도 계셨고 이제도 계시고 장차 오실 이"라 부르고 있습니다. 경우에 따라서 현재와 과거의 순서가 바뀌기는 하지만, 미래의 측면 곧 "장차 오실 이"는 항상 변함이 없이 그 자리를 지킵니다. 그런데 오늘 본문 17절에는 "장차 오실 이"가 아예 빠져버린 것을 봅니다. 이는 실수일까요? 아니면 계속 쓰기가 번거로우니까 일부러 생략해버린 것일까요? 그렇지 않습니다. 우리는 이 찬양의 시점을 생각할 필요가 있습니다. 이 찬양은 역사의 모든 과정이 다 종료된 시점에서의 찬양입니다. 이 시점에서는 "장차 오실 이"가 더 이상 필요하지 않습니다.

이것이 가지는 의미는 매우 큽니다. 오즈번(Grant Osborne)이 이점을 잘 포착하고 있습니다. "요한계시록에서 가장 중대한 전환점 가운데 하나는 삼중 공식이 더 이상 미래('장차 오실 이')가 없는 공식으로 바뀌는 때다."[1] 어느 순간 우리는 더 이상 시간의 구도에 따라 하나님을 생각할 필요가 없는 시점에 도달할 것입니다. 그때가 되면 하나님은 우리에게 영원한 현재로 경험됩니다. 우리 본문이 소개하

---

[1] Osborne, 『요한계시록』, 572.

는 천상의 찬양은 바로 그 시점에서의 찬양입니다. 우리는 지금 미래를 앞당겨 노래하도록 부름받고 있습니다.

이와 관련하여 또 하나의 특이한 점을 생각해볼 것이 있는데, 그것은 동사의 시제 속에 나타납니다. 15절에 보면 "세상 나라가 우리 주와 그의 그리스도의 나라가 되어 그가 세세토록 왕 노릇 하시리로다"라는 찬양이 나타납니다. 여기서 "되어"로 번역된 에게네토(ἐγένετο)는 기노마이(γίνομαι '되다') 동사의 단순과거 시제입니다. 따라서 이 구절을 좀 더 정확하게 옮기면 "세상 나라가 우리 주와 그의 그리스도의 것이 되었고, 그리고 그가 세세토록 왕 노릇 하실 것이다"가 됩니다.

이 찬양에 이어서 이십사 장로들의 화답 찬양이 나타나는데(17절), 여기에서도 동사는 다 과거형입니다. "친히 큰 권능을 잡으시고 왕 노릇 하시도다"에서 "잡으시고"로 번역된 에일레파스(εἴληφας)는 람바노(λαμβάνω '잡다, 취하다')의 단순과거형입니다. 또한 "왕 노릇 하시도다"로 번역된 에바실류사스(ἐβασίλευσας)는 바실류오(βασιλεύω '통치하다, 왕 노릇 하다')의 단순과거로 '(너가) 통치했다, 왕 노릇 했다'가 됩니다. 이를 살려서 17절을 좀 더 정확하게 번역하면 이렇게 됩니다. "주 하나님 전능자, 지금도 계시고 전에도 계셨던 분, 우리가 당신께 감사하옵는데, 이는 당신께서 당신의 큰 권능을 잡으셨고 또 왕 노릇 하셨기 때문입니다."

그렇다면 천상의 존재들이 왜 이처럼 과거 시제의 형태로 하나님과 어린 양께 찬양을 드리고 있는 것일까요? 다시 한 번 우리는 이 찬양의 시점을 고려해야 합니다. 이 찬양은 역사의 모든 과정들이 다 종료된 종말의 상황에서 부르는 찬양입니다. 마지막 종말의 시점에 서서 역사를 되돌아볼 때 부각되는 것이 다름 아닌 하나님의 왕권이요 그의 통치입니다. 때로는 세상 속에 무질서와 혼란이 일어나기도 합니다. 코로나 바이러스나 그보다 더 심한 역병이 돌기도 합니다. 때로는 세상의 악한 권력이 사람들을 괴롭히고 특히 믿는 자들을 핍박하기도 합니다.

이런 혼란의 과정들을 통과할 때는 절망밖에 보이는 것이 없지만, 그러나 하나님의 계획은 소망입니다. 하나님은 한순간도 그의 큰 권능을 내려놓으신 적이 없습니다. 그가 왕 노릇 하지 않은 순간은 한순간도 없습니다. 종말의 시점에 서서 우리가 이 사실을 상기할 때, 우리는 천상의 존재들처럼 하나님을 높이며 그에게 감사를 돌리지 않을 수 없는 것입니다.

역사의 대전환점이 마침내 도달했습니다. 더 이상 혼란과 악의 통치는 허용되지 않습니다. 이제는 하나님과 어린 양이 그의 왕권을 확고히 잡으셨고, 의와 화평의 통치를 영원히 펼쳐가실 것입니다. 우리 본문은 우리를 이 시점 속으로 인도하고 있습니다. 이것이 우리가 가지는 종말론적 관점입니다. 이 종말론적 관점은 성도의 지향점이요 삶의 원동력입니다. 이 관점 때문에 우리는 지금 이곳에서의 삶을 보다 건강하게, 보다 바르고 건설적인 방식으로 살아갈 수 있는 것입니다. 이는 잘못된 종말론이 퍼트리는 '종말론 열병'(eschatological fever)과는 그 성격이 전혀 다릅니다.

몇 달 전에 KBS 다큐인사이트 프로에서 "휴거, 그들이 사라진 날"(2020년 2월 20일)이라는 제목의 특집을 다룬 적이 있습니다. 지난 1992년에 있었던 다미선교회의 시한부 종말론 광풍을 재구성해서 보여주고 있습니다. 이 프로그램의 주된 관점은, 기독교가 당시 한국 사회 속에서 최정점의 성장 가도를 달리고 있었는데, 다미선교회가 보여준 비정상적인 종말론 광풍으로 인해 급전직하 신뢰를 잃고 추락의 가도를 달리게 되었다는 것입니다. 다미선교회의 시한부 종말론은 한국 교회 쇠퇴의 변곡점이 되었다는 것이지요. 1992년 10월 28일 밤 12시에 휴거가 일어나리라고 그토록 믿었던 사람들이 허탈과 실망과 자괴감에 빠져 얼굴을 가리고 어둠 속으로 몸을 피하였습니다. 이 프로는 그들이 어디로 갔을까를 묻고 있습니다.

우리의 관심은 종말론이 어디로 갔을까 하는 것입니다. 한국 교회는 다미선교회가 했던 것과 같은 계시록 해석, 종말론 해석을 아직도 다 청산하지 못하고 있습니다. 이런 왜곡된 종말론의 가장 부정적인 병폐는 종말론 자체를 거부 내지는 무시하게 만든다는 것입니다. '종말론은 위험한 것이고, 우리를 광적으로 몰아가기 쉽고, 어렵고 기괴하다'라는 잘못된 인식이 심화되어 버렸습니다. 그래서 교회 안에서도 이 주제를 여간해서 잘 다루지 않게 되고, 차츰 성도들의 관심에서도 멀어지게 되었습니다. 종말론 실종이 일어난 것입니다. 이것이 가장 큰 피해입니다.

우리는 종말 의식을 잃어버려서는 안 됩니다. 우리는 오늘의 본문이 보여주는 것처럼 마지막 종말의 관점에 서서 지금 나의 삶을 돌아보는 일을 자주자주 해야만 합니다. 그래야만 우리는 현실에 매몰되는 일을 피할 수 있습니다. 마치 지금 주어져 있는 이 상황이 전부이고 영원한 것인 양 생각하는 병적인 현실지상주의를 극복할 수 있습니다. 사도 바울은 "이 세상의 외형은 지나감이니라"(고전 7:31)고 말합니다. 이런 종말론적 관점이 바르게 작용할 때 우리는 지금 우리가 처한 상황을 절대화하지 않고, 우리에게 잠시 맡겨주신 것들을 어떻게 주님의 뜻대로 잘 활용할지 생각할 수 있게 됩니다. 바른 종말론적 관점은 우리로 하여금 더 자유롭고 건설적인 방식으로 이 세상 속에서 선한 청지기의 삶을 살아갈 수 있게 만듭니다.

땅을 망하게 하는 자들의 심판과 주의 종들에게 주시는 상

이십사 장로들의 천상의 찬양은 특별한 한 시점을 그 주제로 삼습니다. 이는 18절에 나오는 "때"(ὁ καιρός 호 카이로스)입니다. 18절의 구성은 일단 "이방들의 분노"와 "하나님의 진노"를 대비시키는 것으로 시작합니다. "이방들의 분노"는 하나님을 향한 대적 행위를 가리킵니다. 나라들이 연합하여 하나님을 대적하고 하나님의 백성을 박해합니다. 이는 음녀 바벨론의 "음행의 진노의 포도주"에 땅의 왕들이 동참하여 성도들의 피에 취하는 일 속에서 잘 예시됩니다(18:3, 17:2, 6). 이에 대하여 하나님의 진노가 임하였습니다. 여기서도 엘뗀(ἦλθεν '그것이 왔다')이라는 단순과거 시제의 동사를 사용하는 것을 주목할 필요가 있습니다. 앞에서와 같이 종말의 시점을 근거로 하기 때문입니다.

한역과 달리 원문에서는 "하나님의 진노"와 "때"가 바로 연이어서 나타납니다(ἦλθεν ἡ ὀργή σου καὶ ὁ καιρός 엘뗀 헤 오르게 수 카이 호 카이로스). "때"를 위해서는 별도의 동사를 사용하지 않고, 엘뗀 동사에 그대로 연속되게 하고 있습니다. '하나님의 진노가 왔고, 또한 그때가 왔다'는 것입니다. 여기서 말하는 "그때"는 무엇을 말하는 것일까요? 역사의 마지막 때입니다. 그것은 한 면에서는 하나님의 심판의 때이고, 또 다른 한 면에서는 하나님께서 자기 백성을 거두시는 때

입니다. 이 양면을 오즈번은 다음과 같은 교차 대조 구조의 짝으로 잘 정리해주고 있습니다.[2]

A 죽은 자를 심판하시며
　B 종 선지자들(에게 상 주시며)
　B′ 성도들과 또 작은 자든지 큰 자든지 주의 이름을 경외하는 자들
　　에게 상 주시며
A′ 땅을 망하게 하는 자들을 멸망

이 교차 대조 구조 속에서 A와 A′ 부분은 하나님의 심판의 대상이 되는 사람들을 가리킵니다. 반면 B와 B′ 부분은 하나님의 상을 받을 사람들을 가리키고 있습니다. 이런 구분은 20장의 "크고 흰 보좌" 앞에서의 최후 심판의 장면(20:11-15)과 연결됩니다. 성도들에 대한 상의 언급은 22:12에 나타납니다. '나의 상'(μισθός μου 미스또스 무) 이라 부르는 예수님의 상을 "각 사람에게 그가 행한 대로 갚아 주리라"고 말씀하십니다.

하나님의 심판의 때에 "땅을 망하게 하는 자들"은 반드시 심판을 받게 될 것입니다. "땅을 망하게 하는 자들"이라는 표현과 유사한 문구가 19:2의 "음행으로 땅을 더럽게 한 큰 음녀"라는 표현 속에 나타나고 있습니다. 11:18에서는 디아프떼이로(διαφθείρω) 동사를 사용하고, 19:2에서는 프떼이로(φθείρω) 동사를 사용하지만, 이 두 단

---

2 Osborne, 『요한계시록』, 566.

어의 의미 차이는 크지 않습니다. 두 단어가 다 같이 '망하게 하다'와 '더럽게 하다'의 의미를 동시에 가집니다. 따라서 "땅을 망하게 하는 자들"은 '땅을 더럽게 하는 자들'로 읽을 수 있고, "땅을 더럽게 한"은 '땅을 망하게 한'으로 바꾸어 읽을 수 있습니다. 어떻게 읽든 상관없이 하나님의 심판의 대상은 동일합니다. 하나님을 대적하는 세상 나라와 그 권세, 그리고 거기에 속한 자들은 다 하나님의 심판을 면하지 못합니다.

반면 하나님은 그의 종들인 선지자들과 또 성도들에게 상을 주실 것입니다. 여기서 상(μισθός 미스또스)은 승리자들에게 주는 브라베이온(βραβεῖον)과는 달리 삯 또는 보상의 의미를 가집니다. 우리가 하나님께 이런 보상을 받을 근거는 아무것도 없습니다. 다만 하나님께서 우리의 믿음의 삶과 행위를 눈여겨보시고 귀하게 인정해주신다는 것을 말할 뿐입니다. 우리는 받을 자격 없는 자들이지만, 주님은 우리에게 주시고 싶은 것이 있어서 주시는 것입니다. 주님은 그것을 "상"으로 부르시지만, 우리에게는 철저히 은혜일 뿐입니다.

우리는 이 "때"를 바라보며 살아가야 합니다. 천상의 찬양은 '그때가 왔다'라는 과거 시제의 찬양이지만, 우리에게는 이것이 아직 미래의 영역입니다. 우리도 언젠가는 천상의 존재들과 같이 마침내 '그때가 왔다'라고 노래할 순간이 있을 것입니다. '그때'를 바라보면서 오늘 믿음을 지키며 살아가는 것이 하나님의 종들의 삶의 자세입니다. '그때'에 부를 찬송을 오늘 앞당겨 부르며 살아가는 것이 종말 신앙으로 무장한 성도들의 삶의 모습입니다. 이 찬송은 엄청나게 큰 힘을 가지고 있습니다. 우리의 현재의 삶을 미래의 약속에 맞추어 바꾸어나가게 하기 때문입니다. 종말의 비전은 오늘의 현실을 바꾸는 변혁의 능력입니다.

사랑하는 성도 여러분!

우리는 종말의 찬양을 오늘 앞당겨 부르는 하나님의 종말 백성입니다. 우리는 이 종말의 노래를 회복해야 합니다. 그동안 우리는 빗나간 종말론 때문에 이 노래를 잃어버리고 살았습니다. 힘차게 이 노래를 부르지 못하였습니다. 그것이 우리를 나약하게 만들었습니다. 그것이 우리를 세상 앞에 무릎꿇게 만들었습니다. 그것이 우리를 우리답지 못하게 만들었습니다. 그것이 우리를 하나님의 관점으로부터 멀어지게 만들었습니다. 다시 한 번 우리는 잃어버린 노래를 회복하고 하나님의 미래대로 우리의 미래를 만들어가야 합니다. 갈수록 더 비뚤어지고 왜곡되어 가는 이 땅의 현실을 바꾸어가야 합니다. 우리가 종말의 노래를 잃어버리면 세상은 정말 깜깜한 암흑천지가 되고 맙니다. 우리가 일어나 종말의 노래를 회복하고 하나님과 발맞출 때, 다시 한 번 하나님은 한국 교회에 복을 주실 것입니다. 세상을 위하여 그런 교회를 쓰실 필요가 있기 때문입니다. 그러나 하나님은 그와 함께 발맞추지 않는, 교회 같지 않은 교회를 버리실 것입니다. 존재의 이유를 잃어버린 촛대(등잔대)를 아끼실 이유가 없습니다. 우리가 외쳐 부를 종말의 노래를 주신 하나님께 감사를 드립니다. 힘차게 그 노래를 부르며 어둠의 세상을 밝힐 하늘의 큰 군대가 일어나기를 갈망합니다.

요한계시록 설교 13

13 붉은 용 사탄의 활동과 운명

계 12:1-17

요한계시록 12장부터는 교회와 붉은 용 사탄과의 영적 싸움을 본격적으로 다루고 있습니다. 이 용의 모습은 대단히 도발적이고 호전적인 모습으로 그려지고 있습니다. 용은 잔뜩 화가 나있고(12:12, 17), 끊임없이 공격거리를 찾아 박해를 가하며(12:13), 항상 전쟁을 일으킬 태세를 갖추고 있습니다(12:17). 그러나 이 용은 이미 패배한 자이며, 하늘에서 쫓겨난 자이고, 또한 마지막에는 불못에 던져질 자입니다(20:10). 하지만 현실 세계 속에서 이 용은 실제적인 탄압과 유혹의 도구들을 교묘하게 사용하는데 탁월한 수완을 가지고 있는 존재입니다. 따라서 우리는 이 용의 정체와 계략과 그 운명에 대해 잘 알고 있어야만 합니다.

용(사탄)은 하나님의 일을 방해하는 자

하나님은 세상의 구원에 모든 관심을 기울이시는 분입니다. 그는 세상을 사랑하사 그의 아들을 보내어 구원하시는 분입니다(요 3:16).

흰 옷 입은 큰 무리 성도들의 찬양과 같이 "구원하심이 보좌에 앉으신 우리 하나님과 어린 양에게 있"습니다(7:10). 오늘 본문에 나오는 하늘의 찬양에서도 "우리 하나님의 구원과 능력과 나라와 또 그의 그리스도의 권세가 나타났다"고 노래합니다(12:10). 여기서도 하나님의 구원이 가장 먼저 언급되고 있습니다. 그만큼 하나님께는 구원이 최우선의 관심사이기 때문입니다.

이에 반해 사탄은 하나님의 구원의 일을 방해하는 자입니다. 이를 구체적으로 보여주는 것이 여인이 낳은 아이를 삼키려 하는 일입니다. 12:1에 묘사되고 있는 여인의 모습은 너무나 영광스럽고 장엄합니다. 이 여인은 구름을 옷 입은 천사(10:1)와 달리 해를 옷 입고 있으며, 두 발 아래 달을 밟고 있고, 머리에는 열두 개의 별로 이루어진 관을 쓰고 있습니다. 이 여인이 "장차 철장으로 만국을 다스릴 남자" 곧 메시아를 낳습니다. 그렇다면 이 여인은 마리아일까요? 그렇게 보기 쉬우나 이어지는 본문의 묘사는 그것을 허용하지 않습니다. 마리아의 생애 속에 광야로 피하여 3년 반을 거주한 일이 실제로 일어난 것도 아니며, 무엇보다 그 여자의 남은 자손을 "예수의 증거를 가진 자들"(12:17) 곧 그리스도의 교회와 일치시키는 것도 이를 지지하지 않습니다.

이 여자의 남은 자손이 곧 그리스도의 교회라고 말하기 때문에 이 여자를 교회라고 너무 단순화시켜서 부르는 것도 무리가 있습니다. 우리는 이 여인을 쾨스터(Craig R. Koester)가 제안하는 것처럼 "그리스도 탄생 전과 후를 다 아우르는 하나님의 백성"의 통칭으로 보는

것이 좋겠습니다.[1]

사탄은 하나님의 구원의 통로인 메시아를 삼키려 하며, 하나님의 구원의 계획이 역사 속에 펼쳐지지 못하도록 적극적으로 방해합니다. 그러나 그 시도는 성공하지 못합니다. 그리스도는 그의 지상 사역을 다 마치고 하나님의 보좌 우편에 앉으십니다. 5절은 이 과정을 아주 간략하게 압축하여 "그 아이를 하나님 앞과 그 보좌 앞으로 올려가더라"라고 진술합니다. "올려가더라"로 번역된 헤르파스떼(ἡρπάσθη)는 하르파조(ἁρπάζω 강한 힘으로 '끌어가다, 들어올리다') 동사의 단순과거 수동태형입니다. 원문 그대로 읽으면 '그녀의 아이가 채어 올려졌다'가 됩니다. 이 수동태 동사의 행위자가 누군지 밝히지는 않지만, 하나님 외에는 이 일을 하실 분이 없습니다(따라서 신적 수동태 divine passive). 메시아 사역의 중간 과정들은 다 생략되고 시작과 최종 결과만 진술되고 있습니다. 사탄의 방해에도 불구하고 하나님의 구원의 계획은 그 뜻대로 다 이루어졌습니다.

하나님의 일을 방해하는 사탄은 결국 하늘에서 내쫓기는 결과를 맞고 말았습니다. 천사장 미가엘과 "그의 사자들(ἄγγελοι 천사들)"이 용과 그의 사자들, 곧 용을 따르는 천사들과 싸워 이기고 그들을 하늘에서 내쫓습니다. 이것이 한 면에서는 기뻐해야 할 일이지만 또 다른 한 면에서는 긴장을 유발하는 일이기도 합니다. 사탄의 존재가 소멸되거나 완전 결박 상태에 빠진 것은 아니기 때문입니다. 용은 자기에게 허용된 시간 동안 계속해서 그 대상을 바꾸어가며 방해의

---

[1] Koester, *Revelation*, 542. Beale, Mounce, Osborne 등도 다 유사한 관점.

활동을 이어갑니다. 이번에는 메시아를 산출한 여인을 공격의 대상으로 삼습니다. 하나님의 백성 전체를 땅 위에서 도말하려 하는 것입니다. 그러나 출애굽 때의 일(출 19:4)을 상기시키는 방식으로 이 여인은 "독수리의 두 날개를 받아" 하나님께서 예비하신 안전한 곳으로 피신합니다.

이번에는 용이 "그 여자의 남은 자손"을 공격의 대상으로 삼습니다. 이 남은 자손은 "하나님의 계명을 지키며 예수의 증거를 가진 자들"(17절), 곧 그리스도의 교회입니다. 교회가 가진 "예수의 증거"는 요한계시록의 핵심 주제 중의 하나입니다. 요한의 계시록 전체가 곧 "예수 그리스도의 증거"(1:2)이며, 요한은 이 증거 때문에 유배를 당하였습니다(1:9). 그리스도인들은 이 증거를 위하여 살며 싸우고 또 죽습니다(6:9, 12:11, 20:4). 사탄은 이 "예수의 증거"를 가장 싫어합니다. 그래서 그것을 붙들고 살아가는 그리스도인들을 싫어하는 것입니다. 그리스도인들이 사탄의 집중적인 공격의 대상이 되는 이유는 다른 데 있지 않습니다. 바로 그들이 가진 "예수의 증거" 때문입니다.

이 "예수의 증거"는 우리 성도들의 핵심적인 무기이기도 합니다. 우리는 어린 양의 피와 "증언하는 말씀"(ὁ λόγος τῆς μαρτυρίας 호 로고스 테스 마르튀리아스, '증거의 말씀')으로 싸웁니다(12:11). 이 싸움은 반드시 이기는 싸움입니다. 왜냐하면 이 증거의 핵심이 예수 그리스도의 승리이며, 다르게 말하면 사탄의 패배이기 때문입니다.

용(사탄)이 하늘에서 내쫓겼다는 것의 의미

12:10은 하늘에서 들려오는 큰 찬양의 음성을 소개합니다. "이제 우리 하나님의 구원과 능력과 나라와 또 그의 그리스도의 권세가 나타났다"고 선포합니다. 이렇게 선포하는 이유는 "우리 형제들을 참소하던 자 곧 우리 하나님 앞에서 밤낮 참소하던 자가 쫓겨났"기 때문입니다. 여기에 사탄을 가리키는 "참소하던 자"라는 표현이 두 번 사용되고 있습니다. 원문에서는 두 표현이 약간의 차이를 가집니다. 첫 번째 것은 호 카테고르(ὁ κατήγωρ)라는 명사를 사용하는데, 이는 참소자를 가리키는 용어입니다. 이에 비해 두 번째 것은 호 카테고론(ὁ κατηγορῶν)이라는 분사 형태로 표현되어 있습니다. 우리말 번역의 "참소하던 자"보다는 '참소하는 자'로 읽는 것이 적합하겠지요. 현재 시제를 사용하여 사탄의 본질이 다름 아닌 참소하는 일이라는 것을 보여주고 있습니다.

참소자로서의 사탄은 누구보다 예리한 눈을 가지고 있습니다. 참소자는 면도칼 같이 예리한 분석을 하는 자이고, 한 치의 양보도 없는 엄정성을 가진 자입니다. 조금의 실수도 허용하지 않는 정확성을 가지고 있으며, 감정에 휩쓸리지 않는 냉정함을 가지고 있습니다. 이것이 참소자의 자질입니다. 만일 사탄이 사용하는 이런 잣대를 우리에게 들이댄다면 우리는 누구나 다 낙담할 수밖에 없습니다. 그러나 우리는 그가 가지지 못한 것이 무엇인지를 잘 보아야 합니다. 그는 하나님에게서 찾아볼 수 있는 긍휼과 자비, 사랑과 체휼의 마음을 가지지 못하였습니다. 하나님께는 인자하심과 준엄함이 동시에 있습니다(롬 11:22). 하나님은 사탄처럼 어느 하나만을 고집하지 않으십니다.

그리스도의 십자가에서 나타난 것처럼 하나님은 공의의 하나님이면서 동시에 사랑의 하나님이십니다. 하나님은 그의 앞에 설 자격이 조금도 없는 우리를 그리스도 안에서 찾으시고 만나주십니다. 그리스도의 의로 말미암아 그는 우리를 의롭다 하셨습니다. 사도 바울이 확신에 차서 외치는 것처럼, 하나님의 의의 선언을 뒤집을 자는 아무도 없습니다. "누가 능히 하나님께서 택하신 자들을 고발하리요 의롭다 하신 이는 하나님이시니 누가 정죄하리요 죽으실 뿐 아니라 다시 살아나신 이는 그리스도 예수시니 그는 하나님 우편에 계신 자요 우리를 위하여 간구하시는 자시니라"(롬 8:33-34).

여기서 중요한 것은 우리의 의가 되시고 우리를 위하여 간구하시는 예수 그리스도는 하나님의 우편에 계시지만, 우리를 '참소하는 자'인 사탄은 하나님의 면전에서 쫓겨났다는 사실입니다. 그는 더 이상 하나님 앞에 서지 못합니다. 그는 하나님의 법정에 설 수 있는 자격을 박탈당하였습니다. 이것은 우리가 더 이상 불법적인 참소자인 사탄에 의해 정죄당하지 않는다는 것을 의미합니다. 우리는 우리의 구원자가 되시는 하나님과 그리스도의 권세를 영원히 찬양하며 살 수 있게 되었습니다.

우리의 남은 싸움

용(사탄)의 운명은 결정되었습니다. 그는 이미 하늘에서 쫓겨났습니다. 어린 양이 다시 오실 때 그는 최종적으로 패배하여 영원한 불못에 던져지게 될 것입니다(20:10). 이것이 용의 운명이긴 하지만,

그러나 그의 활동이 다 끝난 것은 아닙니다. 하나님의 허락 아래 그는 아직도 자기의 때를 가지고 있습니다. 그는 자신이 하늘에서 쫓겨난 것에 대해 분노하는 마음을 다스리지 못하며, 그 분노를 어린 양의 교회를 향해 맹렬하게 발산하고 있습니다. 사탄은 주님의 교회를 무너뜨리려는 시도를 잠시도 멈추지 않습니다. 우리가 더욱 정신을 차리고 깨어서 사탄을 대적하며 그와 싸워야 하는 이유가 여기에 있습니다.

우리에게는 승리의 궁극적 비전이 주어졌고, 또 승리를 위한 가장 확실한 무기까지 주어졌습니다. 그런데도 불구하고 이를 잘 활용하지 못하고 흔들리며 비틀거리고 있다면 이처럼 안타까운 일이 있을 수 없습니다. 우리의 무기는 우리에게서 나오지 않습니다. 오직 하나님으로부터의 무기로 무장하여야 합니다. 왜냐하면 '참소자'로서의 사탄은 우리에게서 두려워할 것을 아무것도 찾지 못하기 때문입니다. 사탄이 두려워하는 것은 오직 하나님과 그의 어린 양뿐입니다. 어린 양의 피는 우리에게는 확실한 구원의 증거이지만, 사탄에게는 확실한 패배의 증거입니다. 그러므로 그것이 우리의 가장 확실한 무기가 됩니다.

또한 우리는 "증언하는 말씀"을 가지고 있습니다. 이 증거 말씀의 핵심도 어린 양 예수 그리스도가 승리자라는 것, 그가 만왕의 왕이요 만주의 주시라는 것, 그의 나라와 통치가 영원하다는 것입니다. 사탄은 잠시 동안 마치 자신이 세상의 주관자요 승리자요 구원자인 것처럼 내세우고 거짓으로 사람들을 미혹하겠지만, 궁극적으로 그는 패배자입니다. 이 사실을 밝히고 일깨우는 것이 성도가 가진 증거의 말씀입니다.

어린 양의 피와 이 증거의 말씀으로 우리는 이미 사탄을 이겼습니다. 12:11은 "또 우리 형제들이 어린 양의 피와 자기들이 증거하는 말씀으로써 그를 이겼으니"라고 말합니다. '이기다'를 의미하는 니카오(νικάω) 동사의 단순과거 시제인 에니케산(ἐνίκησαν)이라는 표현을 통하여 우리의 이김이 이미 발생했다는 것을 보여줍니다. 이 이김을 우리는 끝까지 잘 지속시켜가면 됩니다. 이것이 우리의 남은 싸움입니다. "그들은 죽기까지 자기들의 생명을 아끼지 아니하였도다"라는 말씀에서 "죽기까지"(ἄχρι θανάτου 아크리 따나투)는 '죽음에 이르기까지' 또는 '죽음이 올 때까지'를 의미합니다. 이 문구는 서머나 교회에게 "네가 죽도록 충성하라"(2:10)고 요구할 때에도 사용된 바 있습니다. 이런 지속성과 변치 않는 신실함이 우리의 승리의 비결입니다.

사랑하는 성도 여러분!

우리의 싸움은 그리스도께서 이미 이겨 놓으신 승리를 계속 유지하고 지켜가는 싸움입니다. 승리의 주님께서 다시 오실 때까지 그가 이루어 놓으신 승리를 늘 누리며 살아가야 하겠습니다. 끝까지 우리의 신앙 고백을 견고히 붙들고 나아가기를 바랍니다. 끝까지 우리의 사랑과 충절을 오직 그리스도께만 드리며 살아가기를 바랍니다. 끝까지 그가 맡기신 증거의 말씀을 힘차게 선포하며 살아가기를 바랍니다. 끝까지 그가 주신 약속의 말씀을 붙잡아서 그가 오실 때 그와 함께 영광의 합일에 온전히 이를 수 있기를 바랍니다.

요한계시록 설교 14

14 사탄의 전략과 무기

계 13:1-10

요한계시록의 환상들은 일관성이 없어 보입니다. 많은 사람들이 계시록을 어렵게 생각하는 이유가 여기에 있습니다. 그러나 자세히 보면 계시록에는 뚜렷한 일관성이 있습니다. 일관성이 없어 보이는 것은 계시록의 이야기들이 사건 순이나 연대기 순으로 기록되어 있지 않기 때문입니다. 오늘날 우리에게 익숙한 육하원칙을 따라 서술된 것도 아닙니다. 오히려 카메라의 렌즈가 이곳저곳으로 이동하면서 중요한 장면들을 단발적으로 포착하고 있는 그런 모양새입니다. 그래서 얼핏 보면 일관성이 없어 보입니다만, 나중에 가서 모든 장면들을 다 종합해 보면 그때 가서야 일관성이 뚜렷하게 드러납니다.

계시록의 렌즈는 종말의 시점과 현실의 시점 사이를 빈번히 오갑니다. 엄청난 시간의 간격도 마치 아무것도 아니라는 듯이 건너뜁니다. 예를 들어, 우리가 11장에서 보았던 것처럼, 일곱 번째 나팔 심판은 그 내용이 심판 대신 찬양으로 이루어져 있습니다. 그 찬양의 핵심은 11:15이 보여주는 것처럼, "세상 나라가 우리 주와 그의 그리스도의 나라가 되었다"는 것입니다. 우리는 여기에 사용된 과거시제의 동사에 주목합니다. 11:17도 마찬가지입니다. 한역의 "주 하나님 곧 전능하신 이여 친히 큰 권능을 잡으시고 왕 노릇 하시도다"는 원문에는 "친히 큰 권능을 잡으셨고 왕 노릇 하셨도다"로 되어 있습니다. 왜 천상의 존재들이 현재 시제가 아닌 과거 시제로 하나님을 찬양하는 것일까요? 이 찬양의 시점을 잘 고려해야 합니다. 이는 역사의 모든 과정이 다 종료된 시점에서의 찬양입니다. 역사의 모든 과정을 되돌아볼 때 어느 한 순간도 하나님께서 통치하지 않았던 순간이 없었다는 것을 말해주고 있습니다.

때로 네로와 같은 폭군들의 압제와 핍박이 휘몰아치던 때도 있었습니다. 때로는 지진이나 홍수와 같은 파괴적인 자연재해도 있었습니다. 때로는 지금과 같은 바이러스 사태로 인해 죽음과 공포의 격랑이 휘몰아치던 때도 있었습니다. 하지만 그 어떤 순간에도 하나님의 왕적 통치가 멈춘 적은 없습니다. 역사의 마지막 순간에 서면 이 사실이 확실하게 드러나 보입니다. 이를 바탕으로 천상의 존재들이 하나님과 예수 그리스도를 찬양하고 있는 것입니다.

그렇다면 이 찬양과 함께 모든 이야기는 종결되어야 하는 것이 아닐까요? 왜 다시 교회의 투쟁에 관한 이야기가 이어지는 것일까요? 앞서 말씀드린 것처럼 요한의 렌즈가 잠시 역사의 마지막 장면을 비추어 주었습니다. 그러다가 다시 역사 속으로 들어옵니다. 그 속에서는 주님의 교회가 여전히 이 세상 속에서 걸어가야 할 길이 남아 있습니다. 마지막 승리의 때를 바라보면서 교회가 감당해야 할 싸움이 남아 있습니다. 12-13장은 이 싸움에 등장하는 우리의 대적의 정체가 무엇인지를 보여줍니다. 그들이 사용하는 전략과 무기가 무엇인지를 보여줍니다. 우리는 최종적 승리가 우리의 것임을 이미 잘 알지만, 그러나 우리 앞에 놓인 싸움을 가볍게 볼 수 없습니다. 우리의 대적을 잘 아는 것이 우리의 승리의 출발점입니다.

사탄의 전략, 모방과 흉내내기

12장에는 한 크고 붉은 용이 등장합니다. 이 용의 정체는 12:9이 잘 밝혀줍니다(20:2도). "큰 용이 내쫓기니 옛 뱀 곧 마귀라고도 하고 사탄이라고도 하며 온 천하를 꾀는 자라." 사탄은 계시록에서 용으로 묘사되고 있지만, 실제로는 눈에 보이지 않는 영적 존재입니다. 보이지 않는 사탄은 가시적인 세상의 통치 권력을 통해 자신의 뜻을 실행합니다. 이 가시적인 통치 권력이 13장에 소개되는 바다에서 나오는 짐승입니다. 용은 이 짐승에게 자신의 "능력과 보좌와 큰 권세"를 부여합니다(13:2). 이 짐승은 현실 세계 속에서의 용의 대리자입니다. 사탄의 계획과 뜻을 구체적으로 수행하고 실현시키는 하나의 실체적 권력 체계입니다.

우리는 사탄이 사용하는 전략이 무엇인지를 잘 알아야 합니다. 붉은 용 사탄은 모방의 대가입니다. 사탄은 하나님께서 하시는 것을 다 흉내 내려 합니다. 사탄은 흉내쟁이입니다. 먼저 사탄은 하나님의 삼위일체를 흉내 냅니다. 하나님의 삼위일체는 전능하신 성부 하나님과 어린 양 성자와 세상을 밝히는 일곱 등불 성령님으로 구성됩니다. 이를 흉내 내어 사탄의 삼위일체는 크고 붉은 용과 그 용의 대리자인 바다에서 나온 짐승, 그리고 그 짐승의 선전자인 땅에서 올라온 짐승으로 구성됩니다. 이 사탄의 삼위일체를 16:13이 한 자리에 모아놓고 있습니다. "또 내가 보매 개구리 같은 세 더러운 영이 용의 입과 짐승의 입과 거짓 선지자의 입에서 나오니." 여기서 말하는 거짓 선지자는 13:11의 땅에서 올라온 짐승을 가리키는데, 그 역할이 성령의 역할과 비슷합니다. 성령이 예수 그리스도를 위하여 일하시는 것처럼, 땅에서 올라온 짐승은 첫 번째 짐승을 숭배하게 하는 역할을 맡습니다. 이처럼 용과 짐승과 두 번째 짐승은 사탄의 삼위일체를 구성하는데, 이는 하나님의 삼위일체를 모방하는 사탄 진영의 존재 방식입니다.

좀 더 구체적으로 용의 대리자인 짐승은 예수 그리스도의 십자가와 부활을 흉내 냅니다. 짐승의 일곱 머리 중 하나가 상하여 죽은 듯하다가 다시 살아난 일을 통해 온 세상의 경배를 획책하고 있습니다. 13:3의 "상하여"라는 단어는 헬라어로 에스파그메넨(ἐσφαγμένην)인데, '죽임을 당하여'라는 의미를 가진 단어입니다. 그런데 13:8에 보면 예수 그리스도를 "죽임을 당한 어린 양"이라고 표현하고 있습니다. 이 "죽임을 당한"(ἐσφαγμένου 에스파그메누)이라는 단어와 "상하여"는 헬라어로 꼭 같은 단어입니다. 이는 바다에서 나온 짐승이 예수 그리스도의 죽으심과 부활을 흉내 내고 있다는 것을 잘 보여줍니다.

하지만 자세히 보면 짐승의 머리가 실제로 죽은 것은 아닙니다. "죽게 된 것 같"았다고 말합니다(13:3). 흉내만 내고 있을 뿐이지요. 그럼에도 불구하고 땅 위의 사람들은 여기에 현혹되어서 "누가 이 짐승과 같으냐 누가 능히 이와 더불어 싸우리요"(13:4)라고 외치며 짐승을 높이고 경배합니다. 이 또한 흉내 내기입니다. 예배와 찬양의 모방이지요. 계시록에는 하나님과 어린 양에 대한 찬양이 가득합니다. 하나님은 찬양받기에 합당하신 분이며, 또한 찬양받기를 좋아하시는 분이십니다. 우리의 존재 목적이 하나님을 예배하고 찬양하는 것입니다. 그런데 짐승도 찬양받기를 좋아합니다. "누가 이 짐승과 같으냐!" 이것이 짐승을 찬양하는 노래입니다. '짐승이 최고다, 짐승이 우리를 잘 살게 하고, 우리를 편안하게 하며, 우리의 필요를 다 채워준다.' 이렇게 높이는 것을 짐승은 매우 좋아합니다. 하나님께 돌려드려야 할 예배와 찬양을 짐승이 가로채려 하는 것입니다.

큰 것들을 말하는 짐승의 입

짐승이 사용하는 또 하나의 흉내 내기가 있습니다. 그것은 말씀과 설교입니다. 하나님의 백성에게 하나님의 말씀이 없으면 그 영혼은 죽은 것과 마찬가지입니다. 하나님의 말씀은 우리 영혼의 빛이요 생명의 양식입니다. 그런데 짐승도 이를 모방합니다. 그래서 짐승이 사용하는 가장 강력한 무기가 다름 아닌 그의 입입니다. 5절에 보면 "또 짐승이 과장되고 신성 모독을 말하는 입을 받고 또 마흔두 달 동안 일할 권세를 받으니라"고 말합니다. 특이하게도 짐승이 사용하는 무기 중 그 입이 부각되고 있는 것을 봅니다. 2절에 보면 짐승의 외양이 묘사되고 있습니다. 그 모습이 표범과 비슷하고 곰의 발을 가졌고 또 사자의 입을 가지고 있습니다(단 7:1-8 참조). 표범이나 곰, 사자는 모두 무섭고 포악하고 잔인한 동물들입니다. 이런 사나운 동물들을 다 합쳐 놓은 것처럼 짐승이 두려움의 존재라는 것을 말해줍니다.

그런데 실제로 짐승이 사용하는 가장 강력한 무기는 그의 입입니다. 이는 하나님의 말씀이 가지는 힘과 비견되는 요소입니다. 하나님의 말씀은 아무 실체나 능력도 없는 것처럼 보이지만, 우리를 이끌고 움직이고 형성하는 강력한 힘을 가집니다. 사탄도 이것을 잘 알고 있습니다. 그래서 용은 짐승에게 다른 것이 아닌 입을 무기로 주고 있는 것입니다.

짐승은 그 입으로 "과장되고 신성 모독을 말"한다고 하였습니다(13:5). "과장되고"라는 말은 문자적으로는 '큰 것들'(μεγάλα 메갈라)을 가리킵니다. 짐승이 신성 모독의 말을 하는 것은 쉽게 이해할 수 있는 일입니다. 짐승 자체가 "내가 하나님이다"라고 주장하는 존재이기 때문입니다. 그런데 짐승은 여기서 그치지 않고 '큰 것들'을 선전하기를 좋아합니다. 예나 지금이나 강력한 권세를 누렸던 인간의 나라들은 '큰 것들'을 섬겼습니다. 거대한 국가 체계, 거대한 조형물, 거대한 국가 행사 등을 통해 인간의 거대한 힘을 과시했습니다. 사람들은 그 거대한 권력을 위해 수탈당하고 그 영혼이 팔리면서도 큰 것들의 노예가 되어 갔습니다. 자기 아닌 거대한 그것이 자기인 것처럼 믿게 됩니다. 일종의 환상의 노예가 되는 것이지요.

인간은 쉽게 이런 환상의 포로로 전락합니다. 심지어 예수님의 제자들도 그러하였습니다. 그들은 예루살렘 성전을 보면서 "보소서 이 돌들이 어떠하며 이 건물들이 어떠하니이까"(막 13:1)라고 감탄하였습니다. 그들은 자기도 모르는 사이에 헤롯의 속임수에 빠져들고 있었습니다. 헤롯은 자신의 통치 권력을 강화하기 위해 거대한 성전을 지었습니다. 그가 구할 수 있는 최고의 미석을 아낌없이 사용하였습니다. 유대인 역사가 요세푸스에 따르면 헤롯의 성전은 멀리서 보면 산 위에 눈이 덮인 듯이 웅장하고 아름답게 빛났다고 말합니다. 거대한 것이 진리라고 생각하는 사람들은 쉽게 큰 것의 위용 앞에 무릎을 꿇습니다. 그러나 예수님께 그 큰 건물들은 아무것도 아닙니다. 그는 그 건물들이 돌 하나도 돌 위에 남지 않고 다 무너질 것을 내다보셨습니다. 중요한 것은 인간이 쌓은 큰 것들이 아니라 두 렙돈을 드린 과부처럼 하나님만을 전적으로 의지하는 믿음과 사랑의 마음입니다.

하나님의 장막으로서의 그리스도의 교회

짐승이 내세우는 '큰 것들'과 달리 하나님께 속한 것들은 너무나 소박합니다. 하나님은 짐승이 좋아하는 거대한 신전이나 짐승의 상을 좋아하지 않으십니다. 도미티안 황제가 에베소에 세웠던 황제의 신상은 그 높이가 7m가 넘었다고 합니다. 신상이 크면 클수록 그 위용도 높아지는 것처럼 생각하는 것이 세상 나라의 원리일지 모르지만, 하나님의 길은 이것과 정반대입니다. 이를 보여주는 중요한 구절이 13:6입니다. "짐승이 입을 벌려 하나님을 향하여 비방하되 그의 이름과 그의 장막 곧 하늘에 사는 자들을 비방하더라." 짐승의 비방의 대상이 무엇입니까? 무엇보다 짐승은 하나님의 이름을 비방하고 있습니다. 짐승은 자신을 신격화하는 존재이기 때문에 하나님을 하나님이라 부르는 것을 가장 싫어합니다. 짐승이 하나님을 비방하는 것은 어찌 보면 당연한 일입니다.

그런데 짐승이 비방하는 것이 하나 더 있습니다. 하나님의 장막이 그것입니다. 하나님의 장막은 무엇을 말하는 것일까요? 하나님께서 거하시는 곳이니까 어떤 건물 같은 것을 말하는 것일까요? 그렇지 않습니다. 6절은 "그의 장막"(τὴν σκηνὴν αὐτοῦ 텐 스케넨 아우투)을

"곧 하늘에 사는 자들"(τοὺς ἐν τῷ οὐρανῷ σκηνοῦντας 투스 엔 토 우라노 스케눈타스)이라고 설명합니다. 우리는 여기에서 '장막'을 뜻하는 스케네(σκηνή)와 '살다, 거하다'를 뜻하는 스케노오(σκηνόω)라는 동족 단어가 의도적으로 함께 조합되고 있는 것을 봅니다. 이를 통해 하나님의 장막은 건물이 아니라 하늘에 거하는 하나님의 사람들이라는 것을 강조하고 있습니다. 이 "하늘에 사는 자들"은 짐승을 따르고 짐승에게 예배하는 "땅에 사는 자들"(13:8)과 대비되는 사람들입니다.

장막을 중심으로 하나님과 그의 백성의 관계를 한 집에 거주하는 가족의 관계로 묘사하는 문구는 21:3에도 나타나고 있습니다. 다음 두 구절을 비교해보면 그 유사성이 잘 나타나는 것을 볼 수 있을 것입니다.

13:6 "그의 장막 곧 하늘에 사는 자들"
τὴν σκηνὴν αὐτοῦ, τοὺς ἐν τῷ οὐρανῷ σκηνοῦντας
21:3 "하나님의 장막이 사람들과 함께 있으매 하나님이 그들과 함께 계시리니"
ἡ σκηνὴ τοῦ θεοῦ μετὰ τῶν ἀνθρώπων, καὶ σκηνώσει μετ' αὐτῶν

두 구절이 다 하나님의 장막을 하나님의 사람들이라고 말합니다. 13:6은 하나님의 백성이 하늘에 거한다고 말하는 반면, 21:3은 하나님께서 자기 사람들과 함께 자기 장막에 거하시리라는 것을 이야기하고 있습니다.

우리는 여기에서 중요한 원리 한 가지를 발견할 수 있습니다. 하나님은 그의 말씀을 따르는 그의 사람들 속에 거하기를 기뻐하신다는 사실입니다. 이를 예수님은 요한복음 14:23에서 이와 같이 표현하셨습니다. "예수께서 대답하여 이르시되 사람이 나를 사랑하면 내 말을 지키리니 내 아버지께서 그를 사랑하실 것이요 우리가 그에게 가서 거처를 그와 함께 하리라." 하나님께서 원하시는 거처는 그의 말씀을 지킴을 통해 그를 사랑하는 사람들입니다. 이를 역으로 돌려서 보면, 사탄과 짐승이 가장 싫어하는 것이 무엇인지를 알 수 있습니다. 곧 하나님의 장막을 이루는 하나님의 백성, 그의 말씀의 사람들입니다. 그래서 짐승이 하나님을 비방함과 동시에 하나님의 사람들을 또한 비방하는 것입니다. 나아가 짐승도 자신의 대안 무기를 더욱 강화하겠지요. 곧 하나님의 말씀을 모방하는 그의 입입니다. 짐승의 강력한 무기는 큰 것들의 선전을 통해 사람들을 속이는 그의 입입니다.

현실 세계 속에서 짐승의 권세는 막강합니다. 7절을 보면 "짐승이 성도들과 싸워 이기게 되고"라고 말합니다. 이는 짐승의 최종적인 승리를 말하는 것일까요? 물론 그런 것은 아닙니다. 짐승의 승리는 잠깐(5절의 "마흔 두 달")에 지나지 않습니다. 더군다나 이 승리는 외면적인 것에 지나지 않습니다. 짐승은 그 막강한 권세를 통해 우리의 신체나 재산이나 생명을 해칠 수는 있습니다. 그러나 짐승은 우리의 영혼에 손을 대지는 못합니다. 하나님을 향한 우리의 사랑과 충절을 빼앗을 수 없습니다. 짐승이 이긴다는 것은 외면적인 측면에서 성도들을 억압하고 괴롭게 할 수 있다는 것을 말합니다.

이 환난이 얼마나 심한지를 보여주기 위해 10절에서 "사로잡힐 자는 사로잡혀갈 것이요 칼에 죽을 자는 마땅히 칼에 죽을 것"이라고 말합니다. 이 문구는 예레미야 15:2에 기반을 두고 있습니다. 바벨론 포로의 상황 속에서 이스라엘 백성이 당할 일들을 예고하는 구절인데, 그와 같은 두려운 일들이 성도들에게도 일어날 수 있다는 것을 말합니다.

이런 상황 속에서 성도들에게 필요한 것은 인내와 믿음입니다. 비록 짐승의 권세가 영원할 것 같고 결코 무너지지 않을 것처럼 보이지만, 인간의 권세는 언젠가는 다 무너지고 맙니다. 과거 바벨론, 페르시아, 헬라, 로마 제국들이 그러하였습니다. 앞으로 그 어떤 인간 권력이 비슷한 방식으로 짐승 노릇을 하든 그 이김은 잠시 잠깐에 지나지 않습니다. 우리는 다시 한 번 11:17의 찬양을 상기할 필요가 있습니다. "우리가 전능의 주 하나님께 감사하옵는 것은 주께서 큰 권능을 잡으셨고 왕 노릇 하셨기 때문입니다." 하나님은 어느 한 순간도 그의 주권을 손에서 놓으신 적이 없고 왕 노릇 하기를 쉬신 적이 없습니다. 우리는 이 사실을 믿으며 끝까지 인내와 믿음으로 살아가야 합니다.

사랑하는 성도 여러분!

짐승의 강력한 무기는 큰 것들을 말하는 그의 입입니다. 이에 맞서 우리는 무엇을 가지고 싸웁니까? 12:11이 보여주는 것처럼, 우리는 어린 양의 피와 우리가 가진 "증언하는 말씀"으로 싸웁니다. 이 증언의 말씀은 짐승의 거짓과 패배를 폭로하는 진리의 말씀입니다. 어린 양이 마침내 승리하신다는 것을 증언하는 말씀입니다. 이 증언의 말씀이 사탄의 무기를 물리치는 우리의 가장 강력한 무기입니다.

시대의 양상은 변해도 영적 싸움의 본질은 변함이 없습니다. 하나님의 장막으로서의 우리의 본분과 지위를 잊지 말기를 바랍니다. 사탄과 짐승은 이 시대에도 큰 것들을 말하는 거짓의 입으로 사람들의 허영과 욕망을 충동질하기를 쉬지 않겠지만, 우리는 진리의 말씀을 가진 증언의 사람들입니다. 우리는 어린 양 예수 그리스도만이 만왕의 왕, 만주의 주이시고 또한 영원한 승리자라는 것을 증언합니다. 승리자 그리스도와 함께 할 때 우리 또한 "이기는 자"입니다(21:7). 짐승은 잠시 이기는 것 같지만, 끝내 패할 수밖에 없습니다. 이 증언의 말씀을 붙잡고 영적 싸움을 잘 감당하며 끝까지 승리하는 성도들이 되기를 바랍니다.

요한계시록 설교 15

15

짐승의 지배와
십사만 사천 성도의 승리

계 13:11-14:5

오늘 본문은 사탄 진영의 모방 삼위일체 중 세 번째 존재인 땅에서 올라오는 짐승을 소개하고 있습니다. 13:1의 첫 짐승에 이어서 소개되고 있는 이 두 번째 짐승은 그 권세가 첫 짐승보다는 작습니다. 첫 짐승이 열 뿔을 가진 것에 비해 이 두 번째 짐승은 두 개의 뿔을 가지고 있습니다. 뿔은 권세의 상징인데, 그 수가 적다는 것은 그만큼 권세가 약하다는 것을 나타냅니다. 그러나 "용처럼 말을 하더라"(13:11)는 언급을 통해 이 짐승이 용과 한 팀을 이루며 용의 대변인 역할을 한다는 것을 말해주고 있습니다. 이 두 번째 짐승의 주된 역할은 사람들을 꾀어 바다에서 나온 첫 짐승에게 경배하게 하는 일입니다. 계시록은 이 두 번째 짐승을 "거짓 선지자"라 부릅니다(16:13, 19:20, 20:10). 1세기의 맥락 속에서는 황제 숭배의 제사장에 해당하는 존재입니다. 이들은 시민들을 동원하여 황제의 생일이나 기일, 축일 행사에 참석하게 하고, 이런 자리에서 황제에 대한 예배를 강제하였습니다. 천상의 존재들이 하나님과 어린 양을 향하여 '당신은 합당합니다'라고 예배하였던 것처럼(4:11, 5:9), 이들은 신격화된 황제를 향하여 동일하게 '당신은 합당합니다'(vere dignus)라고 외치며 예배를 주관하였습니다. 성령님께서 그리스도의 영광을 높이시는 것처럼, 이 두 번째 짐승은 처음 짐승의 영광을 위해 존재합니다. 그런 점에서 이 두 번째 짐승은 성령님을 모방합니다.

모방 예배를 통한 영혼의 지배

13:12-17은 이 두 번째 짐승의 활동을 상세히 묘사하고 있습니다. 특이하게도 요한은 포이에이(ποιεῖ '그가 ~을 행한다') 동사를 연속적으로 사용하여, 마치 이 짐승의 활동을 생중계하는 것처럼 생생하게 묘사를 하고 있습니다. 이를 살려서 이 부분을 읽어보면 이렇게 됩니다. "그가 먼저 나온 짐승의 모든 권세를 그 앞에서 행하고 있다(ποιεῖ). 그리고 그가 땅과 땅에 사는 자들을 처음 짐승에게 경배하도록 만들고 있다(ποιεῖ). 그리고 그가 큰 이적들을 행하고 있다(ποιεῖ). ⋯ 그리고 그가 모든 사람들로 하여금 그 오른손에나 이마에 표를 받게 하고 있다(ποιεῖ)." 이와 같은 묘사의 방식은 독자들로 하여금 이 둘째 짐승이 하는 일을 생생하게 느끼도록 만듭니다. 이 짐승이 활동하는 현장 속에 실제로 내가 놓여 있다면 내가 느끼는 위기감이 얼마나 클지를 생각해보라는 것이지요.

짐승은 사람들에게 거짓 예배를 강요합니다. 우리가 하나님을 예배하는 것은 우리를 만드시고 구속하신 하나님의 은혜에 감사하기 때문입니다. 우리를 죄에서 해방하기 위하여 어린 양 예수 그리스도께서 피 흘리신 일을 생각할 때마다 우리에게는 구원의 은혜에 대한 감사가 밀려옵니다. 이 감사를 하나님께 돌려드리고, 그가 받으시기에 합당한 영광을 그분께 돌려드리는 것이 우리의 예배입니다. 우리의 예배는 강제될 수 없습니다. 아니, 예배하지 못하도록 강제한다고 해도 우리는 예배하지 않을 수 없습니다.

그러나 짐승의 예배는 강제된 예배입니다. 왜냐하면 그것은 원래 신이 아닌 인간을 신으로 만들어서 예배하도록 강요하는 예배이기 때문입니다. 황제 숭배는 인간 황제들을 공식적으로 신격화(apotheosis)한 후에 이루어집니다. 황제뿐만 아니라 황제의 가족들도 신격화의 과정을 거쳐 예배의 대상이 됩니다. 에베소에서 발굴된 한 비문에 보면 다음과 같은 그 지역 총독의 칙령이 기록되어 있습니다. "우리의 최고의 경의를 드려야 할 황제 아우구스투스께서 율리아 아우구스타[그의 아내]에게 마침내 신격 예우를 내리셨기 때문에, 그녀에게 드리는 경배문에는 신성한 아우구스투스에게 드리는 것과 동일한 권리가 부여되어야만 한다. 이는 원로원과 신성한 아우구스투스께서 … 그녀에게 신성을 돌리는 것이 합당하다고 여겨 이를 부여했기 때문이다."[1]

어제까지 인간이었던 사람을 오늘부터 갑자기 신으로 예배하는 이런 과정이 우리에게는 매우 낯선 일이지만, 당대의 다신교 상황 속에서는 이것이 그렇게 이상한 일도 아니었습니다. 황제를 위하여 신들에게 기도하는 일과 신들 가운데 하나로 황제에게 기도하는 일이 쉽게 뒤섞일 수 있기 때문입니다. 이런 현상은 2세기의 유명한 웅변가인 아엘리우스 아리스티데스(Aelius Aristides)가 한 황제 숭배

---

[1] Winter, *Divine Honours for the Caesars*, 211에서 재인용.

예배자의 모습을 묘사하는 데서 잘 드러나고 있습니다. "그는 일어나 그[황제]에게 찬양을 드리고 이중 기도를 드리는데, 이 기도는 한 면에서는 황제를 위하여 신들에게 기도하는 것이고, 또 다른 한 면에서는 황제 자신에게 자기의 개인적 일들을 위하여 기도하는 것이다."[2] 이런 방식으로 황제는 기도를 필요로 하는 인간이면서 동시에 기도를 받는 신이기도 하였습니다.

그러나 아무리 잘 포장을 한다고 하더라도 황제 숭배는 강요된 예배가 될 수밖에 없습니다. 이를 숨기기 위하여 황제 숭배의 신관들은 교묘한 술수들을 사용합니다. 불이 하늘에서 쏟아지게 한다든지, 짐승의 우상이 말을 하게 만든다든지 하는 것이 그 예입니다. 복화술이나 교묘한 마술이 이런 것을 가능하게 하였을 것입니다. 이런 방식으로 황제 숭배의 신관들은 사람들의 영혼을 지배하고 그들이 이런 조작적 현상에서 벗어나지 못하게 하였습니다.

이것이 땅에서 올라온 짐승이 사용하는 첫 번째 무기입니다. 곧 예배의 모방입니다. 하나님께서 예배받기를 기뻐하시는 것처럼 짐승도 예배를 좋아합니다. 그러나 짐승은 하나님께서 미워하시는 인위적이고 조작적인 방식으로 사람들의 영혼을 도둑질해갑니다. 우리는 사탄이 왜 사람들의 영혼을 이처럼 일차적 표적으로 삼는지를 잘 알아야 합니다. 우리의 영혼이 무엇에 사로잡혀 있는지가 우리의 전부이기 때문입니다.

---

2 Winter, *Divine Honours for the Caesars*, 53, 175에서 재인용.

짐승의 표를 통한 일상생활의 지배

짐승이 사용하는 두 번째 무기는 좀 더 실제적인 영향력을 행사합니다. 사람들에게 짐승 이름의 표(666)를 주어 그것이 없이는 사지도 팔지도 못하게 하는 것입니다. 이 역시 하나님께서 하시는 일을 모방하는 행위입니다. 하나님께서 그의 종들(십사만 사천)의 이마에 인을 치시는 것처럼(7:3-4) 짐승도 사람들의 이마에 자신의 표를 새겨 자기의 거짓 주권을 행사하려 하는 것입니다. 짐승은 모든 부류의 사람들을 다 지배하고 싶어 합니다. 여기에는 "작은 자나 큰 자나 부자나 가난한 자나 자유인이나 종들"(13:16) 등 지위고하를 막론하고 모든 계층의 사람들이 다 포함됩니다.

하나님의 인이 어린 양과 아버지의 이름으로 이루어진 것처럼 (14:1, 22:4), 짐승의 표도 짐승 이름으로 구성됩니다. 고대에는 알파벳이 숫자의 역할을 하기 때문에 이름을 쓰면 그것이 자연히 수로 환산됩니다. 우리 본문은 이 이름을 우리에게 주지 않고 오히려 합산된 수인 육백육십육을 주고 있습니다. 이것이 누구의 이름을 의도한 것인지 우리에게는 하나의 수수께끼가 아닐 수 없습니다. 분명 당대에 성도들을 가장 괴롭혔던 한 황제의 이름을 표현한 것일 텐데, 구체적으로 어느 황제를 가리키는지는 정확히 알 수가 없습니다.

가장 많은 지목을 받고 있는 사람은 네로 황제입니다. 네로의 라틴어 이름을 히브리어로 바꾸어 '네론 케사르' 형태의 수값을 구하면

666이 됩니다.³ '네로 케사르' 형태의 수값은 616이 되는데, 666 대신 616의 이문을 가진 사본들은 '네로 케사르' 형태를 염두에 둔 것으로 보입니다. 이는 이미 초기부터 필사자들이 네로의 이름을 염두에 두고 있었음을 보여주는 보이지 않는 증거입니다. 한 인물이면서 두 이름이 다 가능성을 가지는 이런 양면적 조건을 충족시킬 수 있는 후보는 네로 황제뿐입니다.⁴ 그러나 이 역시 왜 라틴어를 히브리어로 바꾸어서 수값을 계산해야 하는지, 왜 네로보다 '네론' 형태로 그 이름을 맞추어야 하는지에 대해 백 프로 명쾌한 답을 주지는 못합니다. 현재로서는 네로의 이름이 1세기의 정황에 가장 잘 맞아 떨어진다고 봅니다. 그의 이름은 성도들을 무자비하게 살해하고 심지어 밤을 밝히는 등불로 사용하기까지 한 데서 짐승의 이름에 가장 가까운 사람이었던 것이 분명합니다.

짐승의 표는 단지 종교적 영역만 아니라 사람들의 삶의 가장 일상적인 차원에까지 그 영향력을 행사합니다. 그 이름의 표가 없으면 사람들은 사거나 파는 행위에 참여할 수가 없습니다. 이는 경제적, 사회적 관계에서 철저히 배제되는 것을 의미합니다. 당장의 가난과 배고픔을 그 대가로 치를 수밖에 없습니다. 이런 고통을 감내하면서까지 짐승의 표를 거부할 사람은 그리스도인들 외에는 달리 아무도 없을 것입니다.

땅에 속한 사람들은 다 짐승에게 굴복하여 그의 표를 받고, 그 영

---

3 참조, Beckwith, *The Apocalypse of John*, 404-407; Koester, *Revelation*, 597; Bauckham, *The Climax of Prophecy*, 388; Osborne, 『요한계시록』, 657; Fee, *Revelation*, 187; Keener, *Revelation*, 356 등.

4 참조, Koester, *Revelation*, 597; Metzger, 『요한계시록의 이해』, 153.

혼과 육신을 짐승에게 맡기고 있습니다. 그러나 어린 양에게 속한 사람들, 곧 하나님의 인을 받은 십사만 사천은 결코 짐승에게 굴복하지 않습니다. 그들이 예배를 드려야 할 분은 오직 하나님과 어린 양뿐이기 때문입니다. 짐승에게 예배하기를 거부할 때 그들에게는 큰 박해와 고난이 임하지만, 그들은 결코 두려워하지 않습니다. 오늘 우리에게 이런 담대함이 필요합니다. 우리의 생사를 주관하시는 분은 오직 하나님 한 분뿐이기 때문입니다. 거짓으로 예배를 강요하고 우리의 생명까지 빼앗으려 하는 짐승의 권세도 주님을 향한 우리의 사랑과 충절을 꺾을 수는 없습니다.

짐승의 지배에 굴복하지 않는 어린 양의 사람들

세상적 관점에서 보면 짐승이 잠시 승리하는 것처럼 보이지만, 영원한 승리는 어린 양 예수 그리스도의 것입니다. 그의 승리를 보여 주는 짧은 표현을 14:1의 "섰고"라는 단어에서 찾아볼 수 있습니다. "섰고"에 해당하는 헤스토스(ἑστώς)는 히스테미(ἵστημι '서다') 동사의 완료 분사형인데, 완료 시제는 그 섬의 상태가 항구적임을 나타냅니다. 요한은 어린 양이 어쩌다가 시온 산에 서 계시게 되었다고 말하지 않습니다. 그는 영구히 흔들리지 않는 모습으로 그곳에 서 계십니다. 이는 어린 양의 영원한 승리를 묘사합니다.

십사만 사천은 어린 양과 함께 이 승리에 동참하는 성도들입니다. 이 십사만 사천은 짐승에게 굴복하지 않는 믿음의 사람들입니다. 14:3에서 "땅에서 속량함을 받은 십사만 사천"이라고 말하는 것은 좀 더 정확하게 읽으면 '십사만 사천, 곧 땅에서 속량 받은 사람들'이 됩니다. 호이 에고라스메노이(οἱ ἠγορασμένοι)가 관사를 가진 분사 형태로서 '속량 받은 사람들'을 가리키기 때문입니다. 이를 정확하게 읽을 필요가 있는 이유는 7:4-8에 근거하여 십사만 사천을 이스라엘 민족 중에서 구원받은 자들로 제한하려는 사람들이 있기 때문입니다.[5] 그러나 우리 본문은 십사만 사천을 이스라엘 사람으로 제한하지 않습니다. 어린 양의 피로 구속받은 사람들의 상징적 총수가 십사만 사천입니다. 이들이 짐승의 위협에 굴하지 아니하고 끝까지 믿음을 지켜서 어린 양과 함께 승리자들로 시온 산에 견고히 서게 되었습니다.

이들이 "여자와 더불어 더럽히지 아니"하였다고 말하는 것을 문자적으로 읽으면 곤란하겠지요. 그렇다면 오직 남자들만 십사만 사천에 속한다는 이야기이지 않겠습니까? 우리는 그렇게 볼 수 없습니다. 이 표현은 신명기 23:9-10이나 사무엘상 21:5 등을 염두에 두고 이해해야 합니다. 과거 이스라엘 군사들은 전쟁에 나가기 전에 일시적 동정의 상태를 유지해야 했습니다. 십사만 사천은 이런 측면에서 어린 양의 군사로 묘사되고 있는 것입니다. 그리고 또 다른 측면에서는 빛나고 깨끗한 세마포 옷을 입은 어린 양의 순결한 신부로 묘사되고 있습니다.[6] 이들은 어린 양의 피로 속량함을 받은 사람들이며, 어디든지 어린 양을 따라 나아가는 그의 제자들입니다. 여기에는 남자와 여자, 성별과 나이, 인종과 계급의 차이가 없습니다. 모든 구속받은 성도들이 다 여기에 포함됩니다.

---

5 대표적으로 Walvoord, 『요한계시록』, 64.
6 군사 은유와 신부 은유의 복합적 사용에 대해서는 참조, Osborne, 『요한계시록』, 668.

이 십사만 사천의 성도들의 입에 "거짓말이 없"다고 말하는 것은 윤리적 차원만을 말하는 것이 아닙니다. 이들은 짐승의 압력에 굴하지 않고 그 입으로 짐승이 주라는 거짓 고백을 하지 않는 사람들입니다. 오직 어린 양 예수 그리스도만이 만왕의 왕이요 만주의 주라고 고백하는 사람들입니다. 이들의 입에는 거짓 고백이 없습니다. 마음과 입이 따로 놀지 않습니다. 하나님은 이런 사람들을 사랑하십니다. 우리의 예배를 받기에 합당하신 분은 오직 하나님과 어린 양 예수 그리스도뿐입니다. 오늘날 일부 국가에서는 국가나 당이 허용하는 예배만 하라고 강요하기도 합니다. 그러나 그 국가도 하나님 아래 있다고 말하는 것을 허용하지 않습니다. 국가가 하나님의 자리를 넘볼 때는 하나님의 심판을 면하지 못한다고 말하는 것을 허용하지 않습니다. 그러면서 어떻게든 예배만 드리면 되지 않느냐고 회유합니다. 이런 예배가 진정한 예배일까요? 어떤 형태로든 하나님을 제한하는 예배는 변질된 예배입니다.

변질된 예배의 위험성

요즘 코로나 바이러스 사태로 인해 일부 언론에서는 교인들의 명패들을 앞에 두고 홀로 예배를 집례하는 독일 교회나 가톨릭 교회 신부들의 모습을 부각시키는 것을 봅니다. 마치 한국 교회도 그렇게 하도록 훈수를 두는 것 같습니다. 그러나 이런 것은 성경이 가르치는 예배의 정신과는 거리가 멉니다. 우리에게는 예배의 대행자가 없습니다. 우리를 대신해서 예배해주고 기도해주는 사람이 있을 수 없습니다. 어떤 유명한 절에 붙어있는 광고판을 본 적이 있습니다. 하루 축원 기도를 해주는데 1만 원, 삼일은 2만 원, 일주일은 3만 원, 백일은 10만 원, 일 년은 30만 원, 이렇게 광고를 해놓았습니다. 30만 원만 내면 내가 기도하지 않아도 누군가가 일 년 내내 나를 대신해서 기도를 드려준다는 것이지요. 참 좋은 아이디어인가요? 그러나 우리에게는 이런 기도가 없습니다. 누군가 나의 이름을 부르면서 나를 위해 기도해줄 수는 있지요. 그러나 그것은 나를 위한 기도일 뿐 나의 기도는 아닙니다. 우리의 예배도 마찬가지입니다. 어느 누구도 우리의 예배를 대행해줄 수는 없습니다.

하나님은 우리 한 사람 한 사람을 어린 양의 피로 사서 그 앞에 거룩한 제사장으로 세워주셨습니다. 우리 한 사람 한 사람이 어린 양의 순결한 신부요 그의 이름으로 싸우는 어린 양의 군사입니다. 이런 정체성이 분명한 신자가 되어야만 합니다. 이것이 승리한 그리스도와 더불어 시온 산에 함께 서서 "새 노래"를 부르는 승리한 십사만 사천 성도의 본질입니다.

요한계시록 설교 16

16 영적 중심 이동

계 14:6-20

옛 사람들이 그린 지도를 보면 그들이 세계의 중심을 무엇으로 보고 있는지가 잘 드러납니다. 조선 시대에 만들어진 천하도(天下圖)라는 지도에는 전 세계 100여개 나라들을 내해와 외해 사이의 두 대륙에 배열하고 있습니다. 이 나라들 가운데 상당수는 가상의 나라들이며 신화적 성격을 가지기도 합니다. 머리가 3개인 사람들이 사는 삼수국(三首國), 눈이 하나뿐인 사람들이 사는 일목국(一目國), 여인들만 사는 여인국(女人國) 등이 그렇습니다. 무엇보다 눈에 띄는 것은 이 지도의 중심에 자리잡고 있는 나라가 중국이라는 것입니다. 그만큼 조선 시대 우리 선조들이 중국을 세계의 중심으로 생각하는 관념이 컸다는 것을 잘 보여줍니다.

시대를 더 거슬러 올라가서 1세기의 로마 제국을 생각해봅시다. 지중해 주변 세계의 사람들에게 세계의 중심은 당연히 로마였습니다. 이를 잘 보여주는 예가 아우구스투스 황제의 친구요 오른팔인 아그립바(Marcus Agrippa)가 만든 것으로 알려진 지도입니다. 이 지도는 지금 소실되고 없지만, 전해지는 이야기에 따라 재구성된 형태를 드실바(David deSilva)의 책에서 찾아볼 수 있습니다.[1] 이 지도는 로마를 당대 알려진 세계의 중심에 위치시키고 있습니다. 세계는 로마를 중심으로 돌아가고 있고, 모든 길이 로마로 통합니다. 그런데 계시록은 이 중심을 뒤바꾸고 있습니다. 로마가 중심이 아닙니다. 하나님의 보좌가 중심입니다. 모든 만물과 나라와 민족들의 주관자는 하나님이십니다.

오늘 본문은 하나님께서 어떻게 나라들을 심판하시는지, 특히 하나님을 대적하여 스스로 높아진 바벨론을 심판하시는지를 보여주고 있습니다. 바벨론은 1세기의 독자들에게는 로마를 가리킵니다. 당대의 독자들에게 바벨론의 심판이 무엇을 말하는지, 또 오늘 이 시대에 이것이 우리에게 주는 교훈이 무엇인지 함께 생각해보고자 합니다.

음행의 포도주가 진노의 포도주로

바벨론은 하나님을 대적하는 세상 나라의 대명사입니다. 1세기의 독자들에게는 말할 것도 없이 로마 제국이 바벨론이었습니다. 그런데 공중의 천사가 바벨론의 멸망을 선언하고 있습니다. "무너졌도다 무너졌도다 큰 성 바벨론이여 모든 나라에게 그의 음행으로 말미암아 진노의 포도주를 먹이던 자로다"(14:8). 이것은 하나의 예고입니다. 그럼에도 불구하고 천사는 '무너지리라'가 아니라 '무너졌도다'

---

[1] 참조, deSilva, *Unholy Allegiances*, 22.

라는 과거 시제의 동사를 사용합니다. 아직 바벨론은 무너질 기미를 조금도 보이지 않고 오히려 그 기세가 등등합니다. 그러나 하나님의 관점에서는 그것은 이미 무너졌습니다. 하나님께서 반드시 바벨론을 심판하실 수밖에 없기 때문입니다.

바벨론이 많은 나라와 민족들에게 먹이던 것은 "음행의 포도주"입니다(17:2). 이를 우리 본문은 "그의 음행으로 말미암아 진노의 포도주"를 먹였다고 표현하는데, 번역이 다소 애매하게 되어 있습니다. 원문(ἐκ τοῦ οἴνου τοῦ θυμοῦ τῆς πορνείας αὐτῆς 에크 투 오이누 투 뛰무 테스 포르네이아스 아우테스)은 직역하면 '그(바벨론)의 음행의 진노의 포도주로 인해'가 됩니다. 헬라어 사전(BDAG)은 이 경우 진노를 뜻하는 뛰모스(θυμός)를 열정(passion)으로 보기를 제안하고 있습니다. 그렇게 보면 이는 '음행의 열정의 포도주'("the wine of the passion of her immorality" - NASB) 또는 '열정적인 음행의 포도주'가 됩니다. 이렇게 보는 것이 현실감을 더 잘 전달해줍니다. 바벨론은 많은 나라들에게 자신의 포도주를 열정적으로 권하였고 그것에 취하도록 만들었습니다.

1세기의 맥락에서 이 포도주는 로마의 선전, 곧 팍스 로마나(pax Romana)의 이데올로기를 말합니다. 로마는 무력으로 나라들을 정복하고 지배했지만, 언제나 전면에 내세웠던 것은 달콤한 팍스 로마나의 선전이었습니다. 로마의 보호 아래에 들어오면 평화와 안전을 누릴 수 있다고 선전하였습니다. 로마와 함께하면 경제적 번영과 영화를 누리게 된다고 약속하였습니다. 세상적 관점에서 보면 이는 달콤한 유혹의 포도주입니다. 장밋빛 미래를 약속하는 거부하기 힘든 포도주입니다.

많은 나라들이 이와 같은 로마의 포도주에 취해가고 있던 모습을 역사가인 플루타르크는 로마의 관점에 서서 이같이 묘사하고 있습니다. "로마는 차츰 발전하여 강하여졌고, 민족과 백성들뿐 아니라 바다 건너 외국의 왕국들까지 자신에게 통합시켜갔다. 그리하여 그 통제권이 단일하고도 흔들리지 않는 평화의 세상 질서 속으로 돌입하게 되자 마침내 세상이 평안과 안전을 찾게 되었다."[2]

팍스 로마나의 정치적 이데올로기를 종교적 차원에서 뒷받침했던 것이 황제 숭배의 종교였습니다. 로마가 주는 혜택을 더 많이 누리기 원하는 열국의 왕들은 스스로 나라를 로마에 바치고 앞장서서 황제 숭배에 열을 올렸습니다. 대표적인 예가 버가모입니다. 버가모는 BC 29년, 로마 본토보다 앞서서 아우구스투스 황제를 예배하는 신전을 건립하였습니다. 이후 황제로부터 네오코로스(neokoros 황제 신전 봉안처)라는 특권적인 지위를 부여받았습니다. 이를 부러워하던 에베소도 이 지위를 얻기 위해 애를 썼고 마침내 그 목적을 이루었습니다. 그러자 버가모는 에베소와의 차별성을 강조하기 위해 '첫번째 네오코로스' 도시임을 부각시켰고, 후에 트라얀 황제 때 다시 한 번 이 지위를 확보함으로써 디스-네오코로스(dis-neokoros 두 번 네오코로스가 된 도시)가 된 것을 자랑하였습니다. 에베소도 이에 뒤지지 않으려고 하드리안 황제의 신전을 짓고 디스-네오코로스의 지위를 획득하였습니다. 그러자 버가모는 또 다시 에베소와의 차별성을 강조하기 위해 '처음으로 디스-네오코로스가 된 도시'라는 호칭을

---

2 Plutarch, *Moralia*, 317. deSilva, *Unholy Allegiances*, 23에서 재인용.

사용하였습니다.[3]

　지금 우리가 이런 이야기를 들으면 웃음이 나오지만, 당대의 상황에서는 그만큼 황제 숭배가 도시의 위상이나 경제적 이익과 직결되는 문제였음을 기억할 필요가 있습니다. 드실바에 따르면 1세기 말에 와서는 소아시아 지역의 35개 도시가 네오코로스의 지위를 누리고 있었다고 합니다.[4] 그만큼 황제 숭배가 보편화되어 있었다는 것을 말해줍니다. 이런 도시들의 입장에서 볼 때 로마는 신과 같이 든든하고 영원한 도시(Roma Aeterna)였습니다.

　그러나 하나님은 이와 다르게 보십니다. 그 도시는 교만의 도시요 신성 모독의 도시입니다. 무엇보다 성도들의 피를 흘리고 그 피에 취하여 있던 죄악의 도시입니다(17:6). 그래서 천사를 통해 "무너졌도다 무너졌도다 큰 성 바벨론이여"라고 선언하시는 것입니다. 평화와 번영에 대한 로마의 약속은 거짓과 속임수 위에 세워져 있었습니다. 지각이 있는 로마의 지식인들도 이를 잘 알고 있었습니다. 예를 들어, 역사가 타키투스는 한 외부인의 눈을 빌어 로마를 이와 같이 평합니다. "이들은 폭력과 약탈과 강탈에다가 '질서'라는 이름을 주며, 모든 것을 사막으로 만들어 놓고 그것을 '평화'라 부른다."[5] 평화와 안전에 대한 로마의 선전이 얼마나 모순되고 거짓된 것인지를 잘 보여줍니다. 로마의 번영을 유지하기 위해 수많은 나라의 수많은 피지배 민족들은 피땀을 짜내어야 했습니다. 온 세계로부터 각종 사치

---

[3] 이에 대한 상세한 이야기와 고고학적 자료를 위해서는 참조, deSilva, *Unholy Allegiances*, 28-62.
[4] deSilva, *Unholy Allegiances*, 28.
[5] Tacitus, *Agr.* 30. deSilva, *Unholy Allegiances*, 66에서 재인용.

품들이 로마로 몰려드는 동안(18:12-14) 무거운 세금과 수탈에 시달리던 수많은 사람들은 배고픔과 가난의 비참을 견디어야 했습니다.

바벨론을 향한 하나님의 진노의 심판이 그 위에 임할 때 바벨론의 처지는 완전히 뒤바뀌게 됩니다. 전에는 포도주를 마시는 자요, 또한 그 음행의 포도주를 열정적으로 권하던 자였는데, 이제는 짓밟히고 으깨어져서 그 자체가 포도주가 되고 있습니다(14:19-20). 하나님의 심판이 포도주의 이미지로 그려지고 있는 것이 매우 인상적입니다. 물론 이런 이미지는 이사야 63:1-3에 기반을 두고 있습니다만, 이것이 바벨론의 뒤바뀐 지위와 연결되면서 반전의 효과가 극대화되고 있습니다. 바벨론의 음행의 포도주는 하나님의 진노의 포도주로 뒤바뀌고 있습니다. 포도주를 마시던 자가 이제는 포도주로 바뀌고 있습니다.

우리는 이런 반전을 눈여겨보아야 합니다. 세상의 눈으로 볼 때는 영원한 도시 바벨론이 세상의 중심인 것처럼 보였습니다. 그러나 하나님의 진노 앞에 바벨론은 무너져 버린 멸망의 도시가 되고 말았습니다. 우리는 세상의 눈이 아닌 하나님의 눈으로 오늘 우리의 현실을 바르게 바라볼 수 있어야 합니다. 역사의 중심에는 하나님이 계십니다. 하나님은 그의 보좌에 앉으사 어린 양을 통해 역사를 주관하시며 다스리십니다. 중심이 바르게 잡힌 사람이 역사의 주역으로 설 수 있게 됩니다. 어린 양의 신부인 우리가 어린 양과 함께 하나님의 뜻대로 역사를 만들어가는 사람들이 되어야 합니다.

안식을 얻지 못하는 사람들과 영원한 안식의 사람들

바벨론의 위세가 맹위를 떨치고 있는 동안에는 하나님의 백성에게 안식이 없습니다. 바벨론은 짐승 이름의 표를 통해 사람들을 통제합니다. 그것을 받는 사람들에게는 안전과 번영을 약속하지만, 그것을 받지 않는 사람들에게는 핍박과 아픔을 안깁니다. 스스로를 하나님의 자리에 높이는 짐승의 권세나 황제의 권세가 세상의 중심의 자리에 놓여 있을 때 하나님의 백성에게는 안식이 없습니다. 그러나 하나님이 만물의 중심의 자리에 서실 때는 모든 것이 뒤바뀝니다. 짐승과 결탁하여 그 거짓 약속의 표를 받은 "땅에 거주하는 자들" 위에는 하나님의 진노의 포도주가 임합니다. 그들은 심판의 불과 유황으로 고난을 받게 되고 "그 고난의 연기가 세세토록 올라"갑니다. 이 심판의 시간이 이르면 그들을 지켜줄 것으로 믿었던 짐승 이름의 표는 아무런 역할을 하지 못합니다. 그것을 의지하였던 자들은 괴로움 속에서 "밤낮 쉼을 얻지 못"하게 됩니다(14:11).

반면 짐승 이름의 표를 받지 아니함으로 말미암아 세상 속에서 쉼을 잃고 고된 삶을 살아야 했던 성도들은 "수고를 그치고 쉬"게 됩니다(14:13). 이것은 성령님께서 주시는 위로와 약속의 음성입니다. 여기에 또 하나의 명백한 대비가 나타나는 것을 눈여겨볼 필요가 있습니다. 짐승에게 속하는 자들은 쉼을 잃어버리는 반면, 어린 양에게 속하는 자들은 쉼을 얻게 됩니다. 참된 안식은 오직 하나님께서 주십니다.

거짓과 위선에 가려진 세상의 평화와 안전을 추구하는 자들은 마지막 순간에 가서야 자신들이 선 기반이 모래성일 뿐임을 깨닫게 됩니다. 그러나 만물의 창조자요 온 세상의 근원이면서 중심이신 하나님과 그의 말씀 위에 선 자들은 결코 넘어지지도 흔들리지도 않습니다. 하나님 자신의 든든함을 그 백성이 또한 동일하게 누리기 때문입니다.

삶의 중심이 바로 잡힌 성도들

사랑하는 성도 여러분! 여러분의 삶의 중심이 바로 잡히기를 기원합니다. 하나님의 통치가 이루어지는 그의 보좌로부터 모든 것이 새롭게 정립되기를 바랍니다. 영적 중심 이동이 명확하게 이루어져야 합니다. 우리의 삶에 중심 역할을 하고 있던 모든 것들이 그 자리를 하나님께 내어드리게 해야 합니다. 하나님께서 내 삶의 중심의 자리에 서셔야만 합니다. 하나님께서 온 만물의 중심의 자리에 서셔야만 합니다. 평화와 안전과 번영을 약속하며 우리를 하나님 아닌 다른 것들에 무릎 꿇게 만드는 다양한 현대판 우상 숭배의 현상들을 우리는 똑바로 바라볼 수 있어야 합니다. 브라이언 왈쉬와 실비아 키이즈마트(Brian Walsh and Sylvia Keesmaat)가 잘 지적하는 것처럼, "고대 세계에서 평화와 번영의 이미지가 불평등과 폭력의 현실을 가린 것처럼, 광고에 투영된 현대의 이미지들은 우리의 생활 방식이 낳은 노동 착취와 불평등, 국제적 폭력을 가리고 있"습니다.[6] 우리는 이런 현실에 눈을 떠야 합니다. 현대인들은 매혹적으로 가공된 우상들

---

6 Walsh and Keesmaat, 『제국과 천국』, 104.

(이미지들)에 사로잡혀 쉽게 불의를 간과하고 불의에 편승하며 살아가고 있습니다. 이것이 낳는 병폐와 아픔에 대해 방관자로 머물려는 자세를 우리는 버려야 합니다. 우리 속에 영적, 우주적 중심 이동이 분명하게 이루어져야 합니다. 돈과 권력, 쾌락, 인기, 안전, 번영 등 세상이 약속하는 것들이 하나님의 자리를 탐하거나 하나님을 등지게 하는 것들이라면 거기에 조금도 굴복하지 말아야 합니다. 하나님께서 우리에게 주시는 안식과 그의 손길이 베풀어주시는 모든 좋은 것들을 감사함으로 누릴 뿐만 아니라, 하나님의 평화와 샬롬이 세상 속으로 흘러가도록 애쓰는 삶을 살아야 합니다. 그 속에 우리의 진정한 복락과 평화가 있음을 기억하시기 바랍니다.

요한계시록 설교 17

17
하나님을 찬양하는 자들과 비방하는 자들

계 15:1-16:21

일곱 대접 심판의 예고는 15:1에 나타납니다. 하지만 본격적으로 일곱 대접 심판이 시행되는 것은 16장에 들어가서입니다. 그 사이에 15:2-4에는 매우 뜻깊은 찬양 하나가 소개됩니다. 이 찬양은 짐승의 표를 받지 않고 그 때문에 일어나는 박해에도 불구하고 신실하게 믿음을 지킨 성도들의 찬양입니다. 이 성도들과 대비적으로 16:2에서는 첫 번째 대접 심판의 대상이 짐승의 표를 받은 사람들임을 밝히고 있습니다. 여기에 하나의 대조가 나타납니다. 짐승의 표는 짐승의 권세의 상징입니다. 그 권세에 굴복하지 않고 믿음을 지킨 자들은 현실 세계 속에서 모진 고난과 핍박을 받아야 했습니다. 그러나 상황이 역전되는 순간이 일어납니다. 이제는 짐승의 표를 받은 사람들이 하나님의 진노의 심판을 받고 있습니다. 짐승이 아니라 하나님이 참 주권자이심이 드러난 것입니다. 성도의 찬양은 바로 이 사실을 노래하고 있습니다. 참된 주권자요 전능자이신 하나님께 그의 의의 행위들을 인하여 그를 높이는 찬양을 돌려드리고 있습니다. 반면 짐승에게 속한 자들은 결코 하나님께 영광을 돌리지 않습니다

(16:9). 우리 본문은 하나님께 영광을 돌리는 자들과 돌리지 않는 자들의 대조로 이루어져 있습니다. 우리는 이런 대조를 중심으로 본문을 상고하면서 이것이 오늘 우리에게 주는 교훈이 무엇인지를 생각해보도록 하겠습니다.

하나님께 영광을 돌리는 사람들

짐승의 탄압에도 불구하고 끝까지 믿음을 지킨 성도들이 하나님께 돌리는 찬양의 제목은 15:3이 밝히는 것처럼 "모세의 노래, 어린 양의 노래"입니다. 모세의 노래는 이스라엘 백성이 모세를 따라 홍해를 건넌 후에 불렀던 출애굽기 15장의 노래를 가리킵니다. 하나님의 구원의 큰 역사를 주제로 하는 노래입니다. 신약의 성도들에게는 이 하나님의 구원이 어린 양의 죽음과 부활을 통해 경험됩니다. 그런 점에서 "모세의 노래"는 곧 "어린 양의 노래"입니다.

누가 이 찬양을 부르고 있습니까? 15:2은 "짐승과 그의 우상과 그의 이름의 수를 이기고 벗어난 자들"이라 밝히고 있습니다. 원문은 이들을 투스 니콘타스 에크 투 떼리우(τοὺς νικῶντας ἐκ τοῦ θηρίου)라고 부르는데, 특이하게도 '이기다'를 뜻하는 니카오(νικάω) 동사와 전치사 에크(ἐκ)를 결합시키고 있습니다. 이는 단순히 이긴다는 것보다 '~으로부터 이긴다' 또는 '~을 극복하고 이긴다'는 의미를 전달합니다. 우리말 번역의 "벗어난"이라는 말이 원문에 별도로 들어 있는 것은 아니고, 전치사 에크를 그런 의미로 읽고 있을 뿐입니다. 실제로는 "벗어난"보다 "이기고"에 더 무게를 두어서 읽어야 하겠지요.

더군다나 니콘타스(νικῶντας)라는 분사가 현재 시제로 되어 있어서, 성도들이 아직 다 이긴 것은 아니고 이기고 있는 중임을 나타냅니다. 싸움이 아직 다 끝난 것은 아닙니다. 그러나 이들은 이미 이기고 있습니다. 왜냐하면 그들은 승리하신 그리스도의 길을 따르고 있기 때문입니다. 이것이 성도의 승리의 비결입니다. 우리는 우리의 능력이나 우리가 가진 자질로 싸우는 것이 아니라, 어린 양의 피와 우리에게 주신 증거의 말씀으로 싸웁니다(12:11). 이런 조건을 끝까지 잘 유지하는 한 우리는 언제나 이기는 자들입니다.

우리의 찬양의 주제는 이런 승리의 조건을 이루어주신 하나님의 행위입니다. 승리하는 성도들의 찬양은 "주 하나님 곧 전능하신 이시여 하시는 일이 크고 놀라우시도다"(15:3)로 시작합니다. "하시는 일"은 타 에르가 수(τὰ ἔργα σου) 곧 '당신의 행위들'의 번역입니다. '너의'에 해당하는 수(σου)를 적절히 옮기기가 어려워서 높임체의 동사형("하시는")을 대신 택하고 있습니다. 하나님의 행위들은 우리를 구원하고 돌보시기 위해 행하시는 하나님의 능력의 일들을 가리킵니다. 여기에는 그의 대적자들을 심판하는 일도 포함됩니다. 우리는 하나님의 권능의 행위들이 나타나는 것을 볼 때마다 그를 찬양하지 않을 수 없습니다.

하나님의 행위들과 함께 "주의 길"(αἱ ὁδοί σου 하이 호도이 수, '당신의 길들')이 또한 찬양의 제목이 되고 있습니다. 하나님의 행위들이 우리의 경탄을 자아낼 만큼 크고 놀라운 것처럼, 하나님의 길들은 우리가 따르지 않을 수 없도록 의롭고 참됩니다. 하나님의 구원 속에 펼쳐진 그의 능력의 행위들과, 그가 보이신 의롭고 참된 길들은 그를 바라고 의뢰하는 모든 이들에게 영원한 찬양의 제목이 됩니다. 왜냐하면 그는 결코 우리를 실망시키지 않으시기 때문입니다. 그를 의뢰하는 자들을 그는 반드시 구원과 의의 길로 인도하십니다.

이어서 15:4에서는 우리가 주의 이름을 영화롭게 하지 않을 수 없는 당위성을 노래합니다. "주여 누가 주의 이름을 두려워하지 아니하며 영화롭게 하지 아니하오리까." 이 표현은 매우 강한 표현입니다. 미래의 확실한 약속을 나타낼 때 사용하는 우 메(οὐ μὴ) + 가정법 형태의 문장인데, 누구든 주를 두려워하지 않는 일은 결코 있을 수 없으며, 그의 이름을 영화롭게 하지 않는 일은 결코 있을 수 없다는 것을 나타냅니다. 원문에서는 "주의 이름"이 두려워 한다는 동사가 아니라 영화롭게 한다는 동사와 연결되어 있습니다. 그래서 좀 더 정확하게 이를 옮기면 '주여, 누가 두려워하지 않을 것이며, 또한 당신의 이름을 영화롭게 하지 않을 것입니까?'가 됩니다. 하나님께서 행하시는 구원의 일을 우리가 듣고 목격할 때마다 우리는 꼭 주님의 이름을 영화롭게 하지 않을 수 없는 것입니다.

번역에 있어서 우리가 하나 더 주의할 것은 15:4의 중반부에 나타나는 "오직 주만 거룩하시니이다" 부분이 이유를 나타내는 접속사 호티(ὅτι)에 의해 앞부분과 연결되어 있다는 점입니다. 호티는 한 번만 나타나는 것이 아니라 세 번이나 반복적으로 사용되고 있습니다. 이 강조된 연결점을 잘 살려서 읽을 필요가 있습니다. 왜 우리가 주를 두려워하며 그의 이름을 영화롭게 하지 않을 수 없는가요? 첫 번째 호티, 오직 주만 거룩하시기 때문입니다. 주님 외에는 달리 거룩하신 분이 없습니다. 그래서 우리가 그를 두려워하며 그의 이름을 영화롭게 하는 것입니다.

두 번째 호티, 만국이 와서 주께 경배할 것이기 때문입니다. "주의 의로우신 일이 나타났으매 만국이 와서 주께 경배하리이다"라는 번역에서 일단 "주의 의로우신 일이 나타났으매" 부분을 분리해서 읽어야 합니다. 왜냐하면 이는 세 번째 호티에 해당하는 부분이기 때문입니다. 두 번째 호티가 다루는 것은 "만국이 와서 주께 경배하리"라는 것입니다. 만국 백성의 주님을 향한 행진과 경배를 이야기하고 있습니다. 하나님의 구원의 복음이 모든 민족에게 전파되고 모든 민족들 가운데서 구원받는 자들이 나타나게 될 것입니다. 그래서 그들이 하나님 앞으로 행진하여 나아올 것이며 하나님을 경배하게 될 것입니다. 이처럼 온 세계와 민족들을 향한 복음의 확산의 비전을 가질 때[1] 우리는 하나님의 이름을 영화롭게 하지 않을 수 없습니다.

세 번째 호티, "주의 의로우신 일이 나타났"기 때문입니다. "의로우신 일"로 번역된 디카이오마타(δικαιώματα)는 의의 요구(롬 8:4)나 규정(히 9:1, 10)을 가리키기도 하지만, 여기서는 의의 행위를 가리키는 말로 사용되고 있습니다. 꼭 같은 단어가 19:8에서는 성도들의 "옳은 행실"로 번역되고 있습니다. 하나님께서 행하시는 일은 모두가 다 의로운 일들입니다. 그에게는 굽은 것이 없고, 모든 것을 의롭고 공정하게 행하십니다. 이 일이 특히 자기 아들의 십자가를 통해 우리를 구원하신 일 속에서 밝히 드러났습니다. 십자가는 그의 의와 사랑의 집합체입니다.

이 세 개의 호티는 우리가 하나님의 이름을 영화롭게 하지 않을 수 없는 이유들입니다. 하나님의 거룩하심의 속성 때문에, 열방의 민족들이 하나님께로 나아옴의 비전 때문에, 그리고 하나님의 드러

---

1 요한계시록에서 선교의 주제가 핵심적으로 중요함을 강조하는 학자로는 참조, Osborne, 『요한계시록』, 62-4.

난 구원의 행위들 때문에 우리는 하나님을 찬양하는 것입니다. 우리가 하나님을 찬양하는 데에는 다 이유가 있습니다. 그것이 하나님의 속성이든 아니면 하나님의 행위이든, 우리는 분명한 이유를 가지고 하나님을 찬양합니다. 교회 안에서 누군가가 무턱대고 할렐루야를 외치면 무턱대고 아멘을 외치는 경우들이 참 많은 것을 봅니다. 우리는 좀 더 진지하게 왜 하나님을 찬양하지 않을 수 없는지 그 수많은 이유들을 생각하고 돌아보며 헤아릴 줄 아는 성도들이 되어야 합니다.

우리의 찬양은 주님 다시 오실 때까지 이 세상 속에서 계속될 것입니다. 그리스도의 복음이 사람들을 이기고 그들의 아픔을 치유하며 그 영혼을 온전케 하여 새 사람 만드는 것을 볼 때마다 우리는 하나님의 이름을 송축하지 않을 수 없습니다. 그분이 이루신, 그리고 지금도 역사 중인 구원의 큰 일들은 영원히 우리의 찬양의 제목입니다.

하나님께 영광 돌리기를 거부하는 사람들

성도들이 '누가 주를 두려워하지 않을 것이며, 또한 당신의 이름을 영화롭게 하지 않을 것입니까?'라고 노래하지만, 모든 사람들이 다 하나님께 영광을 돌리는 것은 아닙니다. 어떤 사람들은 하나님께 영광 돌리기를 완강하게 거부합니다. 어떤 사람들이 그렇습니까? "짐승의 표를 받은 사람들과 그 우상에게 경배하는 자들"(16:2)이 그러합니다. 이들을 묘사할 때 사용하는 분사들 에콘타스(ἔχοντας '가진')와 프로스퀴눈타스(προσκυνοῦντας '경배하는')가 다 현재 시제의 동사들입니다. 이는 그들의 현재의 삶이 계속 짐승에게 예속되어 있다는 것을 보여줍니다. 그들은 충성된 짐승 숭배자들입니다. 이들의 찬양은 13:4에 나타나는 것처럼 "누가 이 짐승과 같으냐 누가 능히 이와 더불어 싸우리요"라는 것입니다. 이들은 영광과 능력과 존귀를 짐승에게 돌리며 짐승에게 의존하여 사는 자들입니다. 현실 세계의 관점에서 보면 이들이 힘있는 자들이고 이기는 자들입니다.

이들이 자신들의 힘을 사용하여 성도들에게 박해를 가하였다는 사실이 16:6에 잘 드러나고 있습니다. "그들이 성도들과 선지자들의 피를 흘렸으므로 그들에게 피를 마시게 하신 것이 합당하니이다 하더라." 이들은 짐승의 권세와 승리가 영원할 것으로 믿고 성도들의 피를 흘리게 하였던 자들입니다. 그러나 하나님의 진노의 심판이 이를 때 그들의 상황은 역전됩니다. 이를 잘 보여주는 것이 천사가 대접을 '쏟았다'(ἐξέχεεν 엑세케엔, 단수)고 말하는 것과 이들이 성도들의 피를 '흘렸다'(ἐξέχεαν 엑세케안, 복수)고 말하는 것 사이의 연관성입니다. 둘 다 꼭 같이 엑케오(ἐκχέω '쏟다') 동사를 사용하고 있습니다. 성도들의 피를 쏟았던 사람들 위에 심판의 대접이 쏟아지고 있습니다.

뿐만 아니라 천사의 대접에서 쏟아진 심판이 강과 물 근원을 피로 바꾸어 놓은 것도 의미심장한 일입니다. 성도들의 피를 흘리게 하였던 그들이 이제는 피를 마시지 않을 수 없게 되었습니다. 이와 같은 심판을 두고 천사가 "그들이 성도들과 선지자들의 피를 흘렸으므로 그들에게 피를 마시게 하신 것이 합당하니이다"라고 말합니다. "합당하니이다" 부분은 자세히 보면 단수가 아닌 복수 동사를 사용하고 있습니다. 악시오이 에이신(ἄξιοί εἰσιν) 곧 '그들이 합당하다'("they deserve it" – NASB)로 되어 있습니다. 이는 심판하시는 하나님의 행위가 합당하다는 것을 말하는 것이 아니라, 짐승 숭배자들이 자기 행위에 합당한 것을 받고 있다는 것을 이야기합니다. 성도들의 피를 쏟았던 자들이 물 대신 피를 마시는 것이 자기들의 행위에 가장 어울리는 심판이라는 것이지요.

차례로 이어지는 재앙들 속에서 이들은 하나님의 이름을 비방합니다(16:9). '누가 주의 이름을 영화롭게 하지 아니하오리이까'라고 성도들이 노래하였던 것과는 정반대로 이들은 하나님의 이름을 비방하면서 그에게 영광 돌리기를 끝내 거부하고 있습니다. 그 완고함을 잘 보여주기 위해 하나님을 비방한다는 내용을 네 번째 대접 심판부터 3번 연속해서 반복하고 있습니다(16:9, 11, 21).

이것이 죄악에 빠진 사람들의 일반적인 모습입니다. 사람들은 자신에게 합당한 벌을 받으면서도 자기들이 행한 악한 행실은 조금도 돌아보지 않습니다. 오히려 당장 자기 앞에 닥친 괴로움에 대해서 원망만 할 뿐입니다. 그들이 괴롭힌 사람들의 괴로움이 어떠했을까에 대해서는 조금도 생각하지 않습니다. 오히려 자신들의 괴로움만이 전부인 것처럼 생각합니다. 그만큼 죄인들은 이기적이고 자기중심적입니다.

사랑하는 성도 여러분!

우리에게 하나님의 이름은 언제나 찬양과 경배의 대상입니다. 하나님은 그 이름으로 우리에게 복주시고 우리를 구원하십니다. 그의 이름을 찬양하는 것이 우리에게는 큰 즐거움이요 축복입니다. 우리는 주님의 이름을 높이고 영화롭게 하는 사람들입니다. 왜냐하면 오직 그분만이 거룩하신 분이기 때문입니다. 그의 의의 행위들이 이미 드러났고 밝혀졌기 때문입니다. 그래서 온 땅의 민족들이 주님 앞에 나와서 그를 경배할 것이기 때문입니다. 이 구원의 영광에 먼저 참여하도록 부름 받은 우리는 우리에게 베푸신 하나님의 구원의 큰 일을 인하여 그를 무한히 높이고 찬양합니다. 물이 바다를 덮음 같이 온 땅 위에 하나님의 영광이 가득하길 소망하면서 오늘도 찬양의 선봉에 서는 하나님의 백성 되기를 바랍니다.

18

음녀 바벨론의 교만과 하나님의 심판

계 17:1-18:8

음녀 바벨론은 하나님을 대적하는 세상 나라의 총체적인 이름입니다. 1세기의 맥락에서 볼 때는 말할 것도 없이 로마 제국이 음녀 바벨론입니다. 로마는 전통적으로 일곱 산의 도시(urbs septicollis)라 불렸고, 매년 12월이 되면 셉티몬티움(Septimontium)이라는 축제를 열어 도시의 결속을 도모하였다고 합니다.[1] 이를 연상시키는 방식으로 음녀 바벨론은 일곱 산 위에 앉아 있습니다(17:9). 또한 많은 물 위에 앉았다고 말하는데(17:1), 이는 로마가 다스리는 "백성과 무리와 열국과 방언들"을 가리킵니다(17:15). 이처럼 음녀 바벨론은 쉽게 로마를 연상시킴에도 불구하고 요한이 이를 직접 로마라 부르지 않고 바벨론이라 부르는 것은 하나님을 대적하는 나라가 꼭 로마에만 국한되는 것은 아니기 때문입니다. 어느 시대에라도 일어나 하나님을 대적하는 세상 나라가 있을 수 있는데, 이를 총체적인 관점에서

---

[1] 참조, Keener, *Revelation*, 408.

조망하기 위해 바벨론이라는 이름을 사용하는 것입니다. 우리는 이 음녀 바벨론의 특성이 무엇인지, 그리고 그 심판과 종국이 무엇인지를 살펴보면서, 이것이 오늘 이 시대의 하나님의 백성인 우리에게 어떤 의미를 가지는지 생각해보고자 합니다.

음녀 바벨론의 음행의 포도주

요한은 성령 안에서(ἐν πνεύματι 엔 프뉴마티) 천사의 인도를 받아 한 여인의 모습을 보게 됩니다. 이 여인은 비싸고 사치스러운 옷감인 자주 빛과 붉은 빛의 옷을 입고 있으며, 금과 보석과 진주로 온 몸을 장식하고 있습니다. 이 음녀는 홀로가 아니라 짐승을 타고 있는 모습으로 등장합니다. 이는 짐승과 음녀 바벨론이 한 짝을 이룬다는 것을 말해줍니다. 이런 모습은 어린 양과 그의 신부 교회가 서로 짝이 되는 것과 대조를 이룹니다(19:7-8). 그러나 신부 교회가 "빛나고 깨끗한 세마포 옷"(19:8) 곧 그 의로운 행실로 옷을 입은 것과 달리, 음녀 바벨론은 사치와 유혹의 옷, 곧 그 가증한 행실의 옷을 입고 있습니다.

음녀 바벨론은 포도주에 취하여 있는 자의 모습으로 소개됩니다. 이 포도주는 다름 아닌 "성도들의 피와 예수의 증인들의 피"(17:6)입니다. 나아가 이 음녀 바벨론은 손에 음행의 더러운 것이 가득한 잔을 들고 온 세상을 취하게 만들고 있습니다. 이 음녀는 "땅의 왕들을 다스리는 큰 성"(17:18)이며, 땅의 왕들이 이 음녀와 더불어 음행에 빠집니다(18:3). 이는 1세기의 맥락에서 보면 팍스 로마나(pax Romana)의 정치적 선전과 연관성을 가집니다. 세상의 나라들은 로마가 약속하는 정치적 평화 및 안전과 경제적 번영을 위해 황제 숭배와 같은 우상 숭배에 쉽게 빠져들었습니다. 왕들뿐만 아니라 성도와 대비되는 개념인 "땅에 사는 자들" 역시 음녀의 음행의 포도주에 취하여 있습니다(17:2).

음녀의 포도주 잔에는 "가증한 물건과 그의 음행의 더러운 것들"이 가득하다고 말합니다(17:4). "가증한 물건"으로 번역된 브델뤼그마(βδέλυγμα)는 혐오물을 가리키는데, 우상 숭배와 관련된 용어입니다. "더러운 것들"은 음행과 관련됩니다. 음녀는 그의 포도주 잔에 이런 것들을 가득 채우고 땅의 많은 나라와 왕들에게 이것을 마시게 합니다. 하나님의 관점에서 바라보면 그들이 마시는 것은 가증한 것이요 더러운 것들이지만, 음녀의 유혹에 빠지는 자들의 관점에서 바라보면 이는 매우 사랑스럽고 매혹적인 것으로 보일 것입니다. 음녀가 약속하는 평화와 안전, 밝은 미래와 번영의 꿈, 이런 것들을 마다할 나라가 없습니다.

우리로 하여금 유혹에 빠지게 하는 것들이 그 본질은 혐오스러운 것이 분명한데, 우리 앞에 나타날 때는 혐오스러운 것으로 나타나지 않는다는 것이 문제입니다. 오히려 매혹적이고 사랑스러운 모습으로 나타납니다. 그것을 취하지 않을 수 없을 만큼 충분한 포장과 설득력을 갖추고 나타납니다. 이것이 우리가 성령으로 충만해야 할 이유입니다. 유혹의 포도주는 우리의 영적 분별력을 흐리게 만듭니다. 우리는 유혹의 독주가 아니라 성령으로 충만하여 하나님께서 보시는 것처럼 혐오스러운 것들을 혐오스럽게 볼 수 있어야 합니다. 더러운 것들이 더럽게 보인다는 것이 영적으로 깨어 있는 사람의 특징입니다.

음녀 바벨론의 힘은 음행의 포도주와 더불어 "그 사치의 세력"(18:3)에 있습니다. "그 사치의 세력"은 원문으로는 헤 뒤나미스 투 스트레누스 아우테스(ἡ δύναμις τοῦ στρήνους αὐτῆς)인데, 직역하면 '그녀의 사치의 능력'이 됩니다. 이는 음녀 바벨론이 자랑하는 막강한 능력 가운데 하나입니다. 정치적, 군사적 능력뿐만 아니라 경제적 부를 주무르는 능력도 가지고 있습니다. 물론 그 혜택을 누리는 자들은 왕들과 거상들, 일부 엘리트 계층의 사람들이겠지요. 수탈과 과도한 세금에 의거한 부가 이런 사람들의 사치의 기반을 이룹니다.

이런 혜택들을 누리기 위해 음녀와 결탁하는 자들은 음녀가 제시하는 우상 숭배에 참여하지 않으면 안 됩니다. 우상 숭배를 통하여 음녀와 결합하는 왕들과 나라들은 어린 양과의 싸움을 위해 하나의 공동 대의를 찾습니다. 왕들은 이 목적을 위해 자기들의 능력과 권세를 짐승에게 바칩니다. 짐승의 몸에는 하나님을 모독하는 이름들이 가득하며(17:3), 하나님을 대적하는 일을 위해서는 음녀와 철저히 뜻을 합합니다. 현실적 차원에서는 이것이 많은 성도들과 증인들의 피를 의미합니다(17:6). 네로의 광기를 경험한 1세기의 그리스도인들에게 있어서는 음녀 바벨론의 가공할 만한 힘을 이야기한다는 것이 그 자체로 몸을 오싹하게 만드는 일이었을 것입니다.

이런 박해와 싸움은 주님 다시 오실 때까지 그치지 않을 것입니다. 모양을 달리하여 여러 가지 형태로 핍박이 다가오겠지만, 그 본질은 동일합니다. 정치적 평화 및 안전과 경제적 번영을 앞세워 하나님 대신 우상화된 세상의 권세 앞에 절하게 하는 것입니다. 여기에 동참하지 않고 우상 앞에 절하기를 거부하는 자들에게는 피의 대가가 돌아갑니다. 우리가 더욱 깨어서 하나님의 눈으로 세상을 바라보며 분명한 신앙 고백을 견지하고 살아가야 할 이유가 바로 여기에 있습니다.

음녀 바벨론의 교만과 패망

음녀 바벨론은 자신의 미래를 내다보지 못합니다. 자신의 영화와 권세가 영원할 것으로 생각합니다. 로마는 이런 사상을 '영원한 로마'(Roma Aeterna)라는 구호 속에 담아내었습니다. 그 강한 권세 앞에 누가 감히 도전할 수 있겠습니까? 이런 자신감이 음녀 바벨론으로 하여금 "나는 여왕으로 앉은 자요 과부가 아니라 결단코 애통함을 당하지 아니하리라"(18:7)고 외치게 만듭니다. 이 문구는 과거 역사 속의 바벨론이 내세우던 말입니다. "여러 왕국의 여주인"(사 47:5)을 자처하던 바벨론은 이렇게 말합니다. "내가 영영히 여주인이 되리라 … 나뿐이라 나 외에 다른 이가 없도다 나는 과부로 지내지도 아니하며 자녀를 잃어버리는 일도 모르리라"(사 47:7-8). 그러나 하나님은 "한 날에 갑자기" 바벨론이 자식과 남편을 동시에 잃을 것이며, 재앙과 손해와 파멸이 그 위에 임할 것임을 예고하십니다(사 47:9-11). 바벨론이 의존해온 그 어떤 주술과 계략들도 이 파멸을 막지 못할 것이라고 말씀하십니다. 이는 "여러 왕국의 여주인"을 자처하는 자조차도 생명의 주관권이나 자기 운명의 주관권을 자신이 가지지 못한다는 것을 보여줍니다. 인간의 생사와 나라들의 흥망을 주관하시고 다스리는 분은 오직 하나님 한 분뿐이라는 것을 보여주고 있습니다.

교만의 외침은 옛 바벨론 만의 것이 아닙니다. 옛 두로의 왕 역시

"나는 신이라 내가 하나님의 자리 곧 바다 가운데에 앉아 있다"(겔 28:2)고 외칩니다. 이는 두로가 지중해 무역을 통하여 막강한 부를 축적하고 그 마음이 교만하여진 데서 일어난 결과입니다. 하나님은 이런 교만의 마음을 치실 것이며, 신이라 부르짖는 자가 원수의 칼 앞에 벌벌 떠는 한낱 인간일 뿐임을 드러내시겠다고 예고하십니다.

'나는 여왕이다', '나는 여주인이다', '나는 신이다' 이런 말들이 다 거짓된 자기주장의 화행(speech-act)에 속합니다. 자신의 생명이나 운명에 대한 주관권을 가지지 못한 인간 존재가 마치 그 모든 것을 다 주관할 수 있는 것처럼 주장하는 것은 자신을 과신하며 잘못 평가한 데 따른 결과입니다. 진정으로 인간을 바르게 평가하실 수 있는 분은 하나님 한 분뿐이십니다. 진정한 심판자이신 하나님 앞에서는 인간이 애써 가리려 하는 죄와 불의한 일들을 조금도 숨기지 못합니다(18:5, 8).

교만에 빠졌던 옛 바벨론이 무너질 때는 "한 날에 갑자기" 그 파국을 맞았던 것처럼 계시록의 음녀 바벨론도 무너질 때는 "하루 동안에"(18:8) 또는 "한 시간에"(18:10, 17, 19) 무너지고 맙니다. 물론 우리는 이 하루나 한 시간을 문자적으로 읽지는 않습니다. 그만큼 예상치 못한 방식으로 순식간에 무너지게 된다는 것을 이야기합니다.

그 무너짐은 속으로부터 시작됩니다. 영원히 함께 할 것 같던 연합체가 분열되기 시작합니다. 짐승이 음녀를 미워하기 시작하고, 열 뿔 곧 열 왕들이 음녀를 배반합니다. 결국에는 음녀가 망하게 되고 불살라져서 다시는 일어서지 못하게 됩니다. 이것이 하나님을 대적하는 세상 나라의 결국입니다.

교만은 패망의 선봉이라 하였습니다. '나는 여왕이다', '나는 여주인이다', '나는 신이다' 부르짖던 나라들이 다 멸망의 뒤안길로 사라져 갔습니다. 앞으로의 역사도 마찬가지입니다. 하나님을 인정하지 않을 뿐 아니라 하나님의 자리에 자신을 세우려 하는 모든 개인이나 나라들은 스스로의 교만 속에서 반드시 파멸을 맞이하게 될 것입니다. 생명의 주관자는 하나님이십니다. 나라들의 흥망을 주관하시는 분도 하나님이십니다. 이 하나님과 함께 하는 자들이 영원히 거하게 될 것입니다. 그들이 흔들리지 않는 나라의 백성입니다.

성도들의 고난과 종국적 승리

음녀 바벨론의 기세가 하늘을 찌를 때 성도들의 처지는 비참하고 힘든 상황일 수밖에 없습니다. 음녀가 "성도들의 피와 예수의 증인들의 피에 취한지라"(17:6)고 말하는 구절이 이것을 잘 보여줍니다. 피흘림의 현실을 강조하기 위해 한 번만 써도 될 "피에"(ἐκ τοῦ αἵματος 에크 투 하이마토스)라는 문구를 일부러 반복하고 있습니다. 그리스도를 위해 일순간 생명을 잃고 사랑하는 모든 사람들과 단절된다는 것은 정말로 큰 아픔입니다. 그러나 이들은 홀로 있지 않습니다. 만주의 주요 만왕의 왕이신 어린 양이 이들과 함께 하십니다.

17:14은 어린 양과 성도들 간의 연합의 관계를 잘 보여주고 있습니다. 성도들은 어린 양과 "함께 있는 자들"로 지칭됩니다. 성도들은 어린 양과 함께 싸우며 또한 그의 승리에 동참합니다. 14절 맨 끝에 나오는 "이기리로다"라는 단어는 원문에는 나오지 않습니다. "어린 양은 만주의 주시요 만왕의 왕이시므로 그들을 이기실 터이요" 부분은 어린 양의 승리를 못 박고 있습니다. 그 다음 부분은 접속사 카이

(καί 그리고)로 앞부분과 연결되어 있는데, 여기에는 동사가 들어 있지 않습니다. 우리말 성경은 "이기리로다"가 생략된 동사일 것이라고 추정해서 "또 그와 함께 있는 자들 곧 부르심을 받고 택하심을 받은 신실한 자들도 이기리로다"라고 번역을 해놓았습니다. 이것도 하나의 가능한 독법입니다.

또 다른 독법은 카이 이하 부분을 좀 더 독립적인 방식으로 읽는 것입니다. '이기리로다' 대신 '이다/있다' 동사가 생략된 것으로 보는 것이지요. 그렇게 읽으면 이 부분은 '또 그와 함께 있는 자들은 부르심 받은 자들이요, 택하신 자들이요, 신실한 자들이다'가 됩니다. 대체로 영어 성경들은 이런 독법을 많이 취합니다. 킹 제임스 역(KJV)은 "and they that are with him are called, and chosen, and faithful"(그와 함께 한 자들은 부름받고 택함받고 신실한 자들이다)로 번역하고 있습니다. NIV 경우는 "and with him will be his called, chosen and faithful followers"(그의 부름받고 택함받고 신실한 따르미들이 그와 함께 있을 것이다)로 번역합니다.

요한이 만일 "이기리로다"를 의도했다면 이 동사를 썼을 것이 분명합니다. 왜냐하면 어린 양이 "이기실 터이요"라고 할 때 사용된 니케세이(νικήσει '그가 승리할 것이다')가 단수형인데 비해 "그와 함께 있는 자들"(οἱ μετ' αὐτοῦ 호이 메트 아우투)은 복수이므로 복수형 꼬리를 가진 동사를 써주어야 하기 때문입니다. 물론 이런 문법적인 요구도 절대적인 것은 아닙니다. 어떻게 보든 중요한 것은 이들이 주님과 함께 하는 자들이라는 사실입니다. 이것이 성도의 본질입니다.

우리가 설 곳은 주님께서 서신 그곳입니다. 우리가 따를 길은 주님께서 걸으신 그 길입니다. 우리는 그의 십자가와 고난의 길을 따르지만, 그와 함께 승리하는 사람들입니다. 우리의 승리는 그가 이기셨다는 사실에 속합니다. 살든지 죽든지 오직 주님과 함께함이 우리의 본분이며 또한 우리의 승리입니다.

그러므로 주님은 우리를 향하여 "내 백성아, 거기서 나와 그의 죄에 참여하지 말고 그가 받을 재앙들을 받지 말라"(18:4)고 부르십니다. 이 문장의 주된 명령어는 '나오라'입니다. 그 나옴의 목적이 음녀의 죄들에 참여치 않기 위함이며, 또한 음녀가 받을 재앙들을 받지 않기 위함입니다. 이 구절은 음녀의 결국이 무엇인지를 잘 보여주는 동시에, 우리 성도들을 위해서는 다른 축복의 길이 예비되어 있다는 것을 암시합니다. 우리는 음녀 바벨론과 함께 멸망의 심판에 처할 자들이 아닙니다. 오히려 어린 양의 승리와 그의 신부로서의 영원한 밀월에 참여할 자들입니다. 그러므로 우리는 단호히 뿌리치고 나와야 합니다.

사랑하는 성도 여러분!

음녀 바벨론이 지배하는 세상 속에 살아가는 것은 결코 쉬운 일이 아닙니다. 그러나 하나님을 대적하고 자신을 하나님의 자리에 놓는 모든 교만한 행위의 결국은 멸망일 뿐입니다. 하나님은 우리를 이런 교만의 제국에서 불러내십니다. "내 백성아, 나오라." 우리는 이 명령을 듣고 실천해야 합니다. 이는 우리가 세상과 단절된 삶을 살라는 것이 아닙니다. 세상 속에 살면서도 세상과는 다른 신분, 다른 미래, 다른 지향점을 가지고 세상과는 다른 방식으로 사는 사람들이 되라는 것을 이야기합니다. 음녀 바벨론이 자랑하였던 권세의 능력, 사치와 부의 능력은 이 시대에도 막강한 위력을 과시합니다. 이런 능력들은 거짓과 죄악까지도 미화시키는 힘을 가지고 있습니다. 각종 화려한 이미지들(가공된 우상들)을 내세워 우리의 눈과 마음을 사로잡습니다. 이런 비뚤어지고 뒤틀린 세상 속에서 어린 양의 순결한 신부로 살아가는 것이 결코 쉬운 일은 아닙니다. 그러나 우리는 "내 백성아, 나오라"고 부르시는 주님의 음성을 들어야 합니다. 권력과 사치의 능력을 과시하는 바벨론 앞에 무릎을 꿇어서는 안 됩니다. 우리는 그 더러움과 가증함을 보아야 하고, 그 무너짐의 결국을 보아야 합니다. 우리에게는 다른 능력이 있습니다. 거룩함과 정결함의 능력이 그것입니다. 우리에게 주신 이 고귀한 능력을 더욱 빛내며 주님의 이름에 영광 돌리는 그리스도인 되기를 기원합니다.

요한계시록 설교 19

19 땅의 사람들의 애곡과 하늘 성도의 찬양

계 18:9-19:5

　오늘의 본문은 음녀 바벨론의 멸망을 배경으로 하는 두 가지 대비되는 노래를 다루고 있습니다. 하나는 애곡이고 다른 하나는 찬양입니다. 바벨론의 멸망은 그 자체가 대사건입니다. 영원히 무너질 것 같지 않던 "큰 성 바벨론"(18:2)도 무너질 때는 한순간에 무너집니다. 이는 자멸이 아니라 하나님의 심판의 결과입니다. 오늘 본문에는 바벨론의 멸망을 두고 두 가지 대비되는 반응이 나타나는 것을 봅니다. 바벨론에 의존하여 살아가던 땅의 사람들 속에는 애곡이 울려 퍼집니다. 반면 바벨론에 의해 핍박받던 하나님의 백성들 속에는 찬양이 울려 퍼집니다. 18장 말까지는 멸망과 애곡을 다루고 있습니다. 이어서 19:1-5까지는 하늘로부터의 찬양을 다루고 있습니다. 우리는 음녀 바벨론의 멸망과 이 대비되는 노래들이 오늘 우리에게 주는 의미가 무엇인지를 생각해보고자 합니다.

땅의 사람들의 애곡

먼저 오해하기 쉬운 본문에 대한 설명부터 시작해보겠습니다. 19:3을 보면 "두 번째로 할렐루야 하니 그 연기가 세세토록 올라가더라"는 말씀이 나옵니다. 얼핏 읽으면 "그 연기"는 할렐루야 찬양의 연기라고 생각하기 쉽습니다. 그래서 많은 사람들은 찬양의 연기가 세세토록 하나님께로 올라간다는 의미로 이 본문을 읽고 있습니다. 그러나 원문은 그것을 허용하지 않습니다. 여기서 "그"는 관사가 아니라 인칭대명사입니다. 호 카프노스 아우테스(ὁ καπνὸς αὐτῆς)는 문자 그대로 읽으면 '그녀의 연기'가 되는데, 이때 3인칭 여성 속격 대명사인 아우테스(αὐτῆς)는 음녀 바벨론을 가리킵니다. 따라서 이 문구는 하나님의 심판으로 불타는 바벨론의 연기가 세세토록 올라가고 있다는 것을 말해줍니다. "세세토록"이라는 표현은 보통 하나님과 관련하여 많이 사용되는데, 여기서는 이것이 음녀 바벨론과 관련하여 사용되고 있는 것이 특이합니다. 이는 바벨론의 멸망이 영구적이라는 것을 보여줍니다. 다시는 일어설 수 없도록 영구히 불타는 모습을 묘사하고 있습니다.

19:3의 연기는 18:9의 연기와 직결됩니다. 18:9에는 "그가 불타는 연기"라는 표현이 나타나는데, 이를 원문의 표현(τὸν καπνὸν τῆς πυρώσεως αὐτῆς 톤 카프논 테스 퓌로세오스 아우테스) 그대로 읽으면 '그녀의 연소의 연기'가 됩니다. 여기서도 아우테스는 음녀 바벨론을 가리킵니다. 우리는 '연기'라는 단어를 중심으로 18:9과 19:3이 하나의 수미쌍관 구조(inclusio)를 이루는 것을 볼 수 있습니다.

계시록에서 연기는 여러 가지 복합적인 효과를 자아내는 상징물로 사용됩니다. 8:4에 보면 성도의 기도가 '향연'으로 표현되고 있습니다. 이 연기가 하나님께 계속해서 올라가고 있는 모습은 매우 아름다운 그림입니다. 하나님의 영광스러운 임재를 나타낼 때도 연기가 사용됩니다. 15:8에서는 이를 "성전의 연기"로 표현하는데, 이는 과거 지성소와 관련하여 향단의 연기가 중요한 기능을 가졌던 것과 직결되는 이미지입니다.

이처럼 신비롭고 긍정적인 차원과 연결된 연기도 있지만, 이와 정반대로 음습하고 어두운 부정적 차원의 연기도 나타납니다. 9:2-3에 나오는 무저갱의 연기가 대표적입니다. 오늘 본문에 나오는 '연소의 연기' 또한 어둡고 두려운 심판의 분위기를 대변해주고 있습니다. 이 세상에서 불타는 것들은 다 그 끝이 있습니다. 가연성 물질이 다 연소되고 나면 불도 꺼지고 연기도 그칩니다. 그러나 음녀 바벨론의 불탐과 관련해서는 그 연기가 세세토록 올라간다고 말합니다. 이는 용과 짐승과 거짓 선지자가 던져지는 "유황불 붙는 못"(19:20, 20:10)과 유사한 이미지입니다. 거기에도 "세세토록"이라는 문구가 나타나고 있습니다. 음녀 바벨론이 불타는 것은 단지 하나의 화재 사건이 아니라 하나님의 심판의 결과라는 것을 보여줍니다. 그 심판은 최종적이고 항구적입니다.

바벨론의 멸망은 땅의 사람들에게는 애곡의 대상이 되고 있습니다. 우리 본문에는 세 부류의 사람들의 애곡이 소개되고 있습니다. 왕들과 무역상들과 선장 및 선원들의 애곡이 그것입니다. 이들은 바벨론의 부귀영화와 직접 연관성을 가지는 자들입니다.

"땅의 왕들"은 계시록 기록 당대의 상황에서는 로마와 결탁된 나라들과 그 왕들을 가리킵니다. 그들의 지위나 번영이 전적으로 로마의 손에 달려 있었습니다. 그들의 눈에 로마는 영원한 도시(Roma Aeterna)요 결코 무너지지 아니할 성입니다. 그런데 그토록 믿고 의지했던 로마가 무너진다면 그것은 세상의 기둥이 무너지는 것과 같은 일일 수밖에 없습니다. 왕들의 탄식은 이런 상황을 염두에 둔 것입니다. 18:10의 "그의 고통을 무서워하여"라는 표현은 왕들이 자기가 받을 고통을 무서워한다는 것이 아니라, 음녀의 고통(τοῦ βασανισμοῦ αὐτῆς 투 바사니스무 아우테스)을 무서워한다는 이야기입니다. 남에게는 괴로움을 주어도 결코 자기 자신은 괴로움을 당하지 않으리라고 믿었던 그 "큰 성, 견고한 성"이 괴로움 당하는 것을 볼 때 엄청난 공포가 왕들에게 밀려오는 것입니다. "한 시간에 네 심판이 이르렀다"고 말하는 것은 문자 그대로의 한 시간을 말하는 것은 아닙니다. 이는 "큰 성, 견고한 성"이라는 표현과 대조를 이룹니다. 크고 견고하기에 그 운명도 영구하리라고 생각했던 기대감이 한순간에 무너지고 있는 모습을 잘 보여줍니다.

두 번째 탄식은 "땅의 상인들"의 것입니다. 18:11에 보면 이들은 음녀 바벨론을 위하여 울고 애통하고 있습니다. 그러나 진정으로 음녀 바벨론 때문에 애통하는 것은 아닙니다. 오히려 자기 자신들을 위한 애통입니다. 그들의 생존의 기반이 무너져 내렸기 때문입니다. 이들은 바다나 육로를 통해 온 세계를 대상으로 무역을 하는 무역상들입니다. 이들이 음녀 바벨론의 사치를 위해 세계 곳곳에서 조달하였던 물품들을 18:12-13에서는 총 29가지나 소개하고 있습니다. 유사한 물품의 목록을 우리는 에스겔 27:12-24에서 찾아볼 수 있습니다. 두 목록에서 절반 정도가 일치하고 있습니다. 에스겔의 목록은 옛날 지중해 무역을 관장하였던 두로가 여러 민족들로부터 사들였던 각종 특산품들의 목록입니다. 두로의 상선들이 일시에 침몰함으로 말미암아 선장과 선원들이 애곡하는 모습도 소개되고 있습니다(겔 27:26-36). 계시록의 오늘 본문은 두로의 심판에 대한 에스겔의 옛 예언과 많은 연관성을 가지고 있습니다.

두로의 무역망이 지중해 연안과 아라비아에서 크게 벗어나지 못하였던 것에 비해 로마의 무역망은 훨씬 더 방대한 지역에 퍼져 있었고, 훨씬 더 진귀하고 사치스러운 물품들을 포함하고 있습니다. 여기에는 "금과 은과 보석과 진주" 같은 보석류, "세마포와 자주 옷감과 비단과 붉은 옷감" 같은 고급 옷감류, "각종 향목과 각종 상아 그릇, 값진 나무와 구리와 철과 대리석으로 만든 각종 그릇" 종류, "계피와 향료와 향과 유향"과 같은 고급 향신료, "포도주와 감람유와 고운 밀가루와 밀"과 같은 식료품, "소와 양과 말과 수레" 같은 가축 관련 물품들, 그리고 "종들과 사람의 영혼들"로 표현된 인신매매가 그것입니다. 특히 마지막에 "종들과 사람의 영혼들"을 언급하는 것은 로마 당대의 현실을 잘 드러냅니다. "종들"은 원문에는 '몸들'(σωμάτων 소마톤)로 표기되어 있습니다. 노예들을 '몸들'로 표현한 것은 이들의 가치가 몸에서 나오는 노동력 외에는 달리 없다고 보는 로마 사람들의 인식을 반영합니다. "사람의 영혼들"(ψυχὰς ἀνθρώπων 프쉬카스 안뜨로폰)이라고 할 때 사용된 프쉬케는 영혼을 가리키기도 하지만 목숨을 뜻하기도 합니다. 이 표현은 자기 목숨을 지키기 위해 원형 경기장에서 싸워야 했던 검투사들을 가리키는 것으로 보입니다.[1] 이들도 노예들과 동일한 신분의 사람들이며, 로마 경제의 어

---

1 이렇게 보는 관점은 참조, Metzger, 『요한계시록의 이해』, 171.

두운 한 축을 이루는 '매매 물건' 가운데 하나였습니다.

상인들은 로마의 사치와 허영을 만족시키기 위해 모든 진귀한 것들을 끊임없이 로마로 모아들였습니다. 이런 상황과 관련하여 2세기에 서머나를 중심으로 활동하였던 웅변가 아리스티데스(Aelius Aristides)는 이런 말을 하였다고 합니다. "로마에서는 인도와 심지어 아라비아 펠릭스로부터 들어오는 엄청나게 많은 화물들을 볼 수 있는데, 어쩌면 미래에는 그 지역 나무들이 다 황폐해져서 그곳에 사는 사람들이 여기로 와서 자기들의 생산물을 얻고자 애걸을 해야만 하는 상황이 생길지도 모른다."[2] 이는 한 지식인의 수사적인 표현이지만, 얼마나 로마가 당대 사치품들의 거대한 소비 시장이 되어 있었는지를 잘 보여줍니다.

로마는 세상 나라들을 향해 팍스 로마나 아래에서의 안전과 번영을 약속하였지만, 항상 자신이 우선이어야 한다는 원칙을 포기한 적이 없습니다. 드실바(David deSilva)는 이런 측면을 로마 경제의 "기생충적 측면"이라고 질타합니다.[3] 로마의 사치는 피정복자들의 땀과 눈물에 기생하고 있습니다. 이는 오늘날의 세계 경제의 한 왜곡된 측면이기도 합니다. 누군가의 사치는 다른 누군가의 눈물이라는 것을 우리는 보아야 합니다.

로마의 사치가 계속되는 한 무역상들은 바다와 땅끝까지 가서라도 진귀한 물품들을 얻고 공급하여 돈을 벌 수 있었을 것입니다. 그러나 바벨론의 멸망과 함께 그 모든 것이 끝이 나고 맙니다. 더 이상

---

2 Aelius Aristides, *Or.* 26.11-12. Koester, *Revelation*, 702에서 재인용.

3 deSilva, *Unholy Allegiances*, 67.

그들의 물건을 사줄 사람들이 없기에 그들 역시 애곡의 노래를 부르고 있는 것입니다. 상인들의 애곡에 이어 그들과 한 팀을 이루는 선장과 선원들의 애곡이 뒤따르고 있습니다. 이들 역시 바벨론이 누리던 "보배로운 상품으로 치부하였"던 자들입니다(18:19). 이 문구는 원문을 따라 좀 더 정확하게 읽으면 '바벨론 안에서 … 바벨론의 보배로운 상품으로 치부하였다'(ἐν ᾗ ἐπλούτησαν … ἐκ τῆς τιμιότητος αὐτῆς 엔 헤 에플루테산 … 에크 테스 티미오테토스 아우테스)가 됩니다. 원문은 선장과 선원들이 치부하게 된 조건 두 가지를 언급하고 있는데, 한역은 그중 하나를 빼버렸습니다. 그런데 이 빼버린 것이 더 중요합니다. '그들이 치부하였다'(ἐπλούτησαν 에플루테산)는 단어는 '바벨론 안에서'를 가리키는 엔 헤(ἐν ᾗ)와 우선적으로 연결되기 때문입니다. 이는 선장과 선원들의 치부가 철저히 바벨론에 의존한다는 것을 잘 보여줍니다.

어떤 재벌 2세가 아버지의 무역 회사 일을 하면서 아버지가 닦아 놓은 해외 거래처를 통해 물건 하나를 들여왔는데 그것이 히트를 쳐서 큰돈을 벌었다고 해봅시다. 이 아들은 그 히트 상품으로 돈을 번 것은 사실이지만, 이 모든 것이 다 아버지 회사 안에서 이루어진 일입니다. '아버지 회사 안에서'라는 조건이 '히트 상품으로'라는 조건보다 더 선행되는 조건입니다. 마찬가지로 선장과 선원들이 치부한 것도 '바벨론 안에서'라는 조건이 '바벨론의 보배로운 상품으로'라는 조건보다 선행합니다. 그들의 부요는 그들이 바벨론 안에 있었기 때문에 가능하였습니다. 그들의 모든 운명이 바벨론에 철저히 의존되어 있는 것이지요.

바벨론이 무너지는 순간 그들의 치부의 근원도 사라지고 맙니다.

우리가 세상에서 영원하리라고 생각하면서 의존하는 모든 것들이 한순간에 다 무너질 수 있습니다. 우리는 의존할만한 것이 되지 못하는 것들을 의존해서는 안 됩니다. 선장과 선원들의 애곡은 에스겔 27장에 나오는 두로의 상황과 많은 유사성을 가집니다. 선장과 선원들이 의존하고 있던 두로의 왕은 자신의 권력과 부에 도취하여 "나는 신이라 내가 하나님의 자리 곧 바다 가운데에 앉아 있다"(겔 28:2)라고 부르짖었습니다. 하나님은 이런 교만한 두로 왕을 쳐서 그가 한낱 인간에 지나지 않는다는 것을 보여주셨습니다. 우리는 부러지기 쉬운 "갈대 지팡이"(겔 29:6) 같은 인간이나 인간의 권력을 의지해서는 안 됩니다. 영원한 반석이신 하나님 외에는 우리가 의지할 이가 아무도 없습니다.

번영 자체가 축복은 아닙니다. 선장과 선원들처럼 자신들의 치부를 위해 그 영혼을 바벨론에 파는 자들이 되어서는 안 됩니다. 하나님 대신 부요와 번영 자체를 의지하고 살 때 그것이 곧 우상이 됩니다. 바벨론도 이런 이유 때문에 멸망했고, 바벨론에 의지해서 치부하던 자들 역시 이런 이유 때문에 파국을 맞이하고 있습니다.

바벨론의 멸망은 "큰 맷돌 같은 돌"이 바다에 던져지는 모습으로 그려지고 있습니다(18:21). 앞에서는 "불타는 연기"의 이미지로 바벨론의 멸망이 그려지고 있지만, 여기서는 또 다른 이미지 하나가 사용되고 있습니다. 물속에 가라앉는 돌의 이미지는 과거 역사 속의 바벨론에게 적용되었던 이미지입니다. 예레미야는 바벨론으로 끌려가는 스라야를 시켜 바벨론의 심판을 기록한 책을 돌에 묶어 유브라데 강에 던지게 하였습니다(렘 51:60-64). 이는 바벨론의 멸망이 이처럼 확실하다는 것을 보여주는 상징적 행위입니다. 계시록에서도 음녀 바벨론은 "큰 맷돌 같은 돌"이 바다에 가라앉는 것처럼 다시는 일어서지 못하도록 멸망 당하게 될 것을 예고하고 있습니다. 그때에는 흥을 돋우는 악기의 소리나 맷돌 소리 같은 일상의 소리도 그칠 것이며, 신랑과 신부의 음성도 들리지 않을 것입니다. 즐거움의 소리가 그치는 것은 하나님의 심판이 임할 때에 일어나는 대표적인 현상입니다(사 24:8, 겔 26:13 등).

하나님을 대적하여 높아진 모든 세상 나라들이 맞이할 운명이 바로 이것입니다. 영원할 것 같던 인간의 제국은 일순간에 무너지고 맙니다. 이를 의존하며 살았던 사람들 속에는 고통의 애곡이 일어날 수밖에 없습니다. 그러나 우리는 이와 대조되는 또 다른 모습 하나가 소개되는 것을 봅니다.

성도들의 할렐루야 찬양과 그 이유

"그 연기"(19:3) 곧 바벨론의 불타는 연기가 하늘에 속한 하나님의 백성에게는 찬양의 제목이 되고 있습니다. 이것은 남의 몰락을 두고 즐거워하는 고약한 심보의 표현일까요? 결코 그렇지 않습니다. 19:1의 "할렐루야"는 '여호와를 찬양하라'라는 본래의 명령의 의미를 온전하게 살려서 읽어야 합니다. 왜냐하면 그를 찬양해야 할 이유가 19:2에서 이유를 나타내는 접속사 호티(ὅτι)에 이끌려 소개되고 있기 때문입니다. 그 사이에 들어 있는 "구원과 영광과 능력이 우리 하나님께 있도다"라는 문구는 동사가 없는 불완전 문장입니다. '구원과 영광과 능력이 우리 하나님의 것(τοῦ θεοῦ 투 떼우)'이라고만 외치고 있습니다. 이는 우리가 찬양을 돌려드려야 할 하나님이 어떤 분이신지를 압축적으로 진술하는 시적 표현입니다. 이에 이어서 우리가 하나님을 찬양해야 할 이유가 무엇인지를 2절에서 밝히는데, 그 이유는 다른 것이 아니라 '그의 심판들이 참되고 의롭기 때문'입니다. 그리고 다시 한 번 호티를 사용하여 그가 큰 음녀를 심판하신 것과 자기 종들의 피를 갚으신 것을 그 찬양의 이유로 들고 있습니다. 이런 흐름을 잘 살려서 이 부분 전체를 다시 번역해 보면 이렇게 됩니다.

> 여호와를 찬양하라! (구원과 영광과 능력은 우리 하나님의 것!)
> 왜냐하면 그의 심판들이 참되고 의롭기 때문에,
> 왜냐하면 그가 그녀의 음행으로 땅을 더럽히고 있던 큰 음녀를 심판하셨고, 또한 그가 자기 종들의 피를 그녀의 손에 갚으셨기 때문에

우리가 하나님을 찬양하는 이유는 그의 의로운 심판 때문입니다. 바벨론의 멸망은 자기 죄의 대가입니다. 하나님을 거역하고 그의 이름을 모독하였으며 하나님의 종들을 죽이고 핍박하였습니다. 이 모든 악한 일들에 대한 하나님의 공의로운 심판이 큰 음녀에게 내려진 것입니다. 비록 세상의 관점에서 보면 큰 음녀가 세상의 모든 권세를 다 가진 주권자요 "여왕"(18:7)처럼 보이겠지만, 실제로 세상을 주관하시는 분은 하나님이십니다.

음녀 바벨론의 운명과 성도들의 운명은 극과 극의 차이를 가집니다. 따라서 하나님은 "내 백성아, 거기서 나오라"(18:4)고 부르시는 것입니다. 이는 세상을 등지라는 말씀이 아니라 다른 통치권 아래에서 살라는 말씀입니다. 우리는 음녀 바벨론으로 묘사되는 세상 통치

아래에 살지 않고 참 왕이신 하나님의 통치 아래에서 사는 하늘의 백성입니다. 따라서 우리에게는 하나님께서 하실 일이 무엇인지에 대한 확실한 지식이 있어야만 합니다. 그래야만 우리는 바벨론과 함께 멸망에 처하는 자들이 아니라, 하나님의 구원을 누리고 노래하는 하늘 백성의 삶을 살아갈 수 있습니다.

사랑하는 성도 여러분!

세상 속에서 하늘 백성의 정체성을 지키며 살아가는 것이 갈수록 어렵습니다. 우리는 부귀와 번영이 무조건 축복으로 통하는 세상 속에서 살아가고 있습니다. 그 속에서 낙오자가 될지도 모른다는 두려움 때문에 많은 스트레스를 받고 있습니다. 이 세상은 우리의 영혼까지 팔아야만 생존할 수 있도록 몰아가는 세상입니다. 이런 현상을 잘 집약한 신조어로 어플루엔자(affluenza)라는 단어가 있습니다. 이는 '풍요로운'(affluent)과 '독감'(influenza)이라는 두 단어를 결합해서 만든 신조어입니다. 더 많은 것을 가지면 더 많이 만족하는 것이 아니라, 끊임없이 더 많은 것을 추구하는 일종의 사회 병리 현상을 가리킵니다. 이 전염병에 걸리면 자신을 남들에 비해 뒤떨어지는 자로 보는 무력감에 사로잡히게 되고, 끝없는 스트레스가 일어나며, 채워지지 않는 욕망에 쫓기는 삶을 살게 됩니다. 맘모니즘의 우상 숭배가 낳은 이 시대의 병적 현상을 잘 압축하고 있는 단어입니다. 어플루엔자의 바이러스는 그 어떤 바이러스보다 더 무서운 영혼의 바이러스입니다. 여기에 감염된 세상 속에는 진정한 행복과 안식이 없습니다. 하나님은 우리에게 자유와 기쁨과 감사를 주시지만, 우상 숭배의 길에는 끝없는 속박과 불안과 두려움이 따릅니다.

교회가 이런 세상의 길을 덩달아 따라가서는 안 됩니다. 교회조차 번영주의와 기복 신앙의 길을 따르면 사람들의 영혼은 이중으로 고통을 당할 수밖에 없습니다. 세상에서 당하는 고통을 교회에 와서도 꼭 같이 당하기 때문입니다. 우리는 세상의 길이 아니라 그리스도의 길을 따라야 합니다. 그는 우리와 함께 영원히 누리고 싶어 하는 것들을 가지고 계십니다. 이를 위하여 그는 다시 우리를 찾아오실 것입니다. 이런 그리스도의 계획과 약속에 발맞추어 살아가는 그리스도인이 되어야 합니다. 우리가 택한 길이 세상의 길과 정면으로 충돌한다 할지라도 우리는 세상의 길에 굴복하지 말고 담대히 그리스도의 길을 걸어가야 합니다. 우리는 비통한 애곡을 노래할 자들이 아니라, 영광스러운 하늘의 찬양에 참여할 자들이기 때문입니다. 찬양의 이유가 분명한 참된 할렐루야의 찬양을 늘 부르는 성도들이 되기를 바랍니다.

20 어린 양의 혼인 잔치

계 19:6-21

우리는 헨델의 오라토리오 「메시아」를 잘 알고 있습니다. 헨델은 259페이지에 달하는 이 곡의 악보를 24일만에 작성하고 그 끝에 SDG라고 적었다고 합니다. 이는 Soli Deo Gloria(오직 하나님께 영광)의 약자입니다. 이 오라토리오의 가사 대본은 찰스 제넨스(Charles Jennens)가 썼습니다. 이 곡 중에서 가장 널리 알려진 부분은 할렐루야 코러스입니다. 그 가사의 핵심은 이것입니다. "할렐루야! 주 우리 하나님 곧 전능하신 이가 통치하시도다. 세상 나라가 우리 주와 그리스도의 나라가 되어 그가 세세토록 왕 노릇 하시리로다. 만왕의 왕, 만주의 주께 할렐루야!" 이 노래는 요한계시록 11:15과 19:6, 16에 기반을 두고 있습니다. 이 곡이 런던에서 초연될 때 영국 왕 조지 2세가 할렐루야 코러스 부분에서 자리에서 일어났다고 알려져 있습니다. 그래서 지금까지도 이 부분이 연주될 때는 모든 청중이 기립하는 관습이 계속 이어지고 있습니다. 만왕의 왕이요 만주의 주이신 예수 그리스도 앞에서 우리는 기립 정도가 아니라 엎드려 경배하는 것이 합당할 것입니다. 하지만 문화의 한 영역 안에서 그리스도의 왕 되심이 존중받고 있다는 것은 감사한 일이 아닐 수 없습니다.

우리는 헨델의 할렐루야 코러스가 재현해보고자 했던 하늘의 코러스를 오늘의 본문 속에서 발견합니다. 이 코러스는 세상의 그 어떤 찬양대도 만들어낼 수 없는 우주적 장엄함을 갖추고 있습니다. "허다한 무리의 음성과도 같고 많은 물 소리와도 같고 큰 우렛소리와도 같은 소리"(19:6)가 하늘과 땅을 흔들고 있습니다. 19:6은 14:2과 매우 유사합니다. "내가 하늘에서 나는 소리를 들으니 많은 물소리와도 같고 큰 우렛소리와도 같은데 내가 들은 소리는 거문고 타는 자들이 그 거문고를 타는 것 같더라"(14:2). 이 마지막 거문고에 대한 언급만 빼고는 두 구절이 유사한 구성 요소를 가지고 있습니다. 이 두 구절의 공통점은 외적인 면에만 그치는 것이 아니라 주제의 측면에서도 나타납니다. 어린 양과 교회가 결코 떨어질 수 없는 짝으로 함께 등장한다는 것이 그것입니다. 14장에서는 이를 어린 양과 십사만 사천의 관계로, 그리고 19장에서는 어린 양과 그의 아내의 관계로 표현하고 있습니다. 어린 양과 그의 교회는 세상의 그 어떤 관계보다 더 친밀하고 견고한 불가분의 관계를 이루고 있습니다. 우리는 오늘의 본문을 통해 이 관계의 특성이 무엇인지, 또한 이것이 오늘 우리에게 주는 교훈이 무엇인지를 함께 상고해보고자 합니다.

찬양의 요청과 찬양의 이유

우리가 19:1-2에서도 살펴보았던 것처럼, "할렐루야"를 단지 하나의 익숙한 구호처럼 이해해서는 안 됩니다. '여호와를 찬양하라'는 그 본래의 의미를 잘 살려서 읽을 필요가 있습니다. 왜냐하면 이 명령에 이어서 여호와를 찬양하지 않을 수 없는 이유가 호티(ὅτι) 접속사를 통해 제시되고 있기 때문입니다. 이는 19:6의 "할렐루야 주 우리 하나님 곧 전능하신 이가 통치하시도다"에서도 마찬가지입니다. 우리는 원문을 따라 이 구절을 좀 더 정확히 이해할 필요가 있습니다. 여기에서도 "할렐루야"의 명령 뒤에는 호티가 따라 나옵니다. 여호와를 찬양하지 않을 수 없는 이유가 제시되고 있는 것이지요. 그 이유가 곧 "주 우리 하나님 곧 전능하신 이가 통치하시도다"입니다. "통치하시도다"는 원문에서 에바실류센(ἐβασίλευσεν)으로 되어 있는데, 이는 바실류오(βασιλεύω '통치하다, 왕 노릇 하다') 동사의 단순과거 시제에 해당합니다. 이런 점들을 종합해서 이 구절을 다시 번역하면, "할렐루야(여호와를 찬양하라) 왜냐하면 주 우리 하나님 곧 전능하신 이가 통치하셨기 때문에"가 됩니다.

이 구절에는 '여호와를 찬양하라'는 명령과 그 명령의 이유가 함께 나타나고 있습니다. 그런데 왜 그 이유를 현재가 아닌 과거 시제로 표현했을까요? 두 가지 이유를 생각할 수 있습니다. 하나는 18장에서 묘사한 것처럼 음녀 바벨론이 하나님에 의해 이미 심판을 받았기 때문입니다. 바벨론이 전성기를 누리고 있을 때는 하나님의 통치가 사라져 버린 것처럼 보입니다. 바벨론의 교만과 성도에 대한 핍박이 영영 끝나지 않을 것만 같습니다. 그러나 세상이 아무리 혼란스러워 보여도 모든 것을 통치하시는 분은 하나님이십니다. 그는 때가 되면 악의 상징인 음녀 바벨론을 반드시 심판하십니다.

또 하나의 이유는 이 찬양이 역사의 마지막 시점에서의 찬양이기 때문입니다. 그리스도께서 재림하시고 역사가 종결되는 시점에서 역사의 전 과정을 돌아볼 때 그 모든 것을 주관하신 분이 하나님이라는 사실을 우리는 분명히 볼 수 있게 됩니다. 우리는 자주 우리의 시각을 이 종말의 자리로 옮겨서 그 관점으로 세상을 바라볼 필요가 있습니다. 그렇게 할 때 우리는 하나님께서 모든 것을 주관하시고 통치하셨노라고 분명히 고백할 수 있게 됩니다. 이런 종말론적 관점을 잘 구비한 성도가 더욱 담대한 믿음의 사람이 될 수 있습니다.

어린 양의 혼인 잔치에 초대받은 사람들

여호와를 찬양하라는 요청은 이어서 "우리가 즐거워하고 크게 기뻐하자"는 권면으로 연결됩니다. 그 기쁨의 이유는 어린 양의 혼인의 날이 이르렀기 때문입니다. "어린 양의 혼인 기약이 이르렀고 그의 아내가 자신을 준비하였으므로 그에게 빛나고 깨끗한 세마포 옷을 입도록 허락하셨으니 이 세마포 옷은 성도들의 옳은 행실이로다"(19:7-8). 이 구절은 매우 중요하기 때문에 자세히 잘 살펴볼 필요가 있습니다.

먼저 어린 양의 신부(아내)가 "자신을 준비하였다"고 말하는 것은 신부 스스로가 자기 단장을 마쳤다는 것을 이야기합니다. 신부의 예복 곧 "빛나고 깨끗한 세마포 옷"을 입는 것은 신부 스스로가 해야 할 일입니다. 8절을 좀 더 정확하게 번역해 보면 이렇게 됩니다. '그(어린 양의 아내)가 빛나고 깨끗한 세마포 옷을 스스로 입도록 허락하셨는데, 이는 그 세마포 옷이 성도들의 옳은 행실들이기 때문이다.' 한역 성경의 "이 세마포 옷은 성도들의 옳은 행실이로다" 부분은 이 문구를 이끄는 이유 접속사 가르(γάρ)를 살리지 못했습니다. 이것을 잘 살려서 읽으면, 성도들의 옳은 행실을 가리키는 세마포 옷은 성도들 저마다가 다 가지고 있다는 것을 전제합니다. 없는 예복을 하나님께서 그 자리에서 주시는 것이 아닙니다. 하나님께서 하시는 일을 가리키는 단어는 "허락하셨다"는 단어 하나입니다. 원문에서는 하나님을 숨은 행위자로 가지는 수동태 동사 에도떼(ἐδόθη '주어졌다')가 사용되고 있습니다.

그렇다면 무엇이 하나님에 의해 어린 양의 신부에게 주어졌을까요? 그것은 세마포 옷이 아닙니다. 에도떼는 '그가 스스로 입도록'에 해당하는 문구인 히나 페리발레타이(ἵνα περιβάληται)와 연결됩니다. 특히 페리발레타이는 여기서 능동 의미의 중간태로 사용되어서 신부가 스스로 옷을 입는 것을 나타냅니다. 결국 신부 스스로가 자기의 예복을 입도록 그것을 하나님께서 허락하셨다(주셨다)는 것인데, 이는 신부가 이미 자기의 예복을 준비하여 갖추고 있었다는 것을 전제로 합니다.

이를 뒷받침해주는 문구가 '이는 그 세마포 옷이 성도들의 옳은 행실들이기 때문에'라는 가르(γάρ)에 이끌리는 이유절입니다. 성도들의 옳은 행실은 시간의 산물입니다. 이는 긴 시간 삶 속에서 시간의 흐름을 타고 만들어지는 열매들입니다. 그것이 어느 한순간 뚝딱 생겨날 수는 없습니다. 이 옳은 행실이 꼭 윤리적인 행위만을 이야기하는 것은 아닙니다. 그리스도와의 살아 있는 관계 속에서 행한 모든 일들이 다 여기에 포함됩니다. 짐승과 음녀 바벨론으로 대표되는 세상의 유혹과 핍박 속에서도 정절을 지킨 것이나, 그 때문에 당하는 환란 속에서 형제자매들을 돌아본 것, 그리스도의 이름으로 사랑과 믿음의 행위들을 행한 것 등이 다 여기에 포함됩니다. 하나님은 우리의 삶의 긴 여정 속에서 거두어진 옳은 행실의 열매들을 어린 양의 혼인 예식의 자리에서 예복으로 꺼내 입도록 허락하시는 것입니다.

이 예복을 입는 것은 오직 허락받은 사람만 할 수 있는 일입니다. 그냥 옷을 빌려 입는 것과는 그 의미가 전혀 다릅니다. 학위 수여식을 할 때 우리는 가운을 입고 학위를 받지 않습니까? 그 옷 자체는 누구라도 입어볼 수 있습니다. 모델도 입을 수 있고, 축하하러 온 아내나 남편도 입어볼 수 있습니다. 그러나 학위 수여가 이루어지는 예식의 자리에서는 총장의 허락을 받은 사람만 그 옷을 입을 수 있습니다. 그 옷을 입을 자격을 갖춘 사람이 그 자격을 부여하는 분의 허락 아래에서 예복을 입게 되는 것입니다. 어린 양의 혼인 예식에서도 마찬가지입니다. 신부의 예복은 오직 신부만 입도록 허락을 받습니다. 신부의 자격을 갖춘 사람들에게는 누구에게나 다 옳은 행실의 예복이 있습니다. 하나님은 우리에게 이미 갖추어져 있는 "옳은 행실"의 예복을 그날 그 자리에서 입도록 허락하시는 것입니다.

이 옷은 결코 빌려 입을 수 없습니다. 한순간에 뚝딱 만들어서 갖출 수 있는 것도 아닙니다. 하나님은 없는 것을 입으라고 하지도 않으시고, 없는 것을 그때 가서 주시는 것도 아닙니다. 지금 우리가 그리스도와 동행하며 살아내는 삶의 열매가 그때 그 자리에서 우리가 입을 예복입니다. 뒤에 가서 우리에게 어떤 예복이 주어질 것처럼 생각해서는 안 됩니다. 그러므로 우리는 매일매일 믿음을 잘 지키며 그리스도와 동행하는 삶을 살아서 "옳은 행실"의 예복을 잘 갖추도록 힘써야 합니다.

천사는 "어린 양의 혼인 잔치에 청함을 받은 자들은 복이 있도다"

라고 선포합니다(19:9). 계시록에는 일곱 개의 복의 선언(칠복)이 나옵니다. 그중에서도 이 말씀은 가장 복됩니다. 우리는 어린 양의 혼인 잔치에 하객으로 청함을 받은 것이 아닙니다. 우리는 어린 양의 신부로 그 자리에 청함을 받습니다. 내가 바로 그 자리의 주인공입니다. 주님의 교회가 바로 그 자리의 주인공입니다. 영광 중에 있는 천사들도 그 순간만큼은 하객에 지나지 않습니다. 얼마나 복된 기약입니까? 얼마나 가슴 설레는 일입니까? 우리는 이 순간을 바라보면서 날마다 설레는 마음으로 주님과 동행하는 삶을 살아야 합니다.

혼인 잔치에 대비되는 또 다른 잔치

그 기약된 날이 도래할 때 우리의 신랑 예수 그리스도는 백마를 탄 왕의 모습으로 등장하십니다. "그의 입에서 예리한 검이 나오니 그것으로 만국을 치겠고"(19:15), 또한 그는 "공의로 심판하며 싸우"실 것입니다(19:11). 특히 그가 싸워서 물리치는 존재는 거짓과 미혹으로 사람들을 우상 숭배에 빠지게 하였던 짐승과 거짓 선지자(땅에서 올라온 짐승)입니다. 그리고 짐승에게 절하고 그를 숭배하였던 땅의 사람들을 심판하십니다. 그 심판의 모습을 17절에서는 "하나님의 큰 잔치"라 부르고 있습니다.

오늘 본문에는 '잔치'(헬라어로는 δεῖπνον 데이프논, '만찬')라는 단어가 두 번 대비적으로 사용되고 있는데, 우리는 이것을 잘 주목할 필요가 있습니다. 한번은 "어린 양의 혼인 잔치"(9절)이고, 또 한번은 "하나님의 큰 잔치"(17절)입니다.

19:9 "어린 양의 혼인 잔치"(εἰς τὸ δεῖπνον τοῦ γάμου τοῦ ἀρνίου)

19:17 "하나님의 큰 잔치"(εἰς τὸ δεῖπνον τὸ μέγα τοῦ θεοῦ)

극명하게 대비되는 두 운명이 잔치(만찬)라는 공통적인 용어로 쌍을 이루고 있습니다. 예수 그리스도께서 오시는 날이 성도들에게는 자신이 신부로 참여하는 혼인의 잔칫날이 되겠지만, 짐승의 추종자들인 땅의 사람들에게는 짐승과 함께 멸망에 이르는 심판의 큰 잔칫날이 될 것입니다.[1] 그 잔치에 초대받은 자들은 사람이 아니라 새들입니다. 왕들과 장군들, 장사들과 기사들, 자유인과 종들 등의 살을 먹는 공중의 새들이 또 하나의 주인공으로 초청을 받고 있습니다. 아찔할 만큼 대비가 심합니다.

한쪽에는 즐거움의 찬양이 가득하지만, 다른 한쪽에는 기괴하고 음습한 새들의 괴성이 가득합니다. 한쪽에는 거룩함과 정결함이 차고 넘치지만, 다른 한쪽에는 흉측하고 더러운 시신들이 가득합니다. 왜 이것을 하나의 쌍으로 대조시키는 것일까요? 이런 의도적인 대조를 통해 우리에게 던지는 메시지가 무엇일까요? '당신은 어디에 속한 사람인가?'를 묻고 있습니다. 당신은 짐승과 함께 멸망에 던져질 사람인가, 아니면 어린 양과 함께 영원한 사귐의 영광과 환희에 거할 사람인가? 이것을 묻고 있습니다. 우리는 자신이 어디에 속한 사람인지를 분명히 해야 합니다. 그래야만 우리는 우리의 남은 생애 동안 그날을 바라보면서 보다 선명하게 어린 양의 신부의 삶을 살아

---

[1] 이것이 에스겔 37:17-20에 예고된 두 만찬을 역순으로 적용한 것이라는 지적은 참조, Smalley, *The Revelation to John*, 497.

낼 수 있습니다.

사랑하는 성도 여러분!

여러분 앞에 놓인 어린 양의 혼인 잔치의 기약을 설레는 마음으로 바라보시기를 바랍니다. 그것은 바로 여러분 자신의 혼인의 날입니다. 우리는 이 복되고 영광스러운 '그날'의 소망을 품고 오늘을 살아가야 합니다. 이런 종말 신앙이 분명한 성도가 지금 이곳에서의 삶도 바르게 살아갈 수 있습니다. 우리는 어린 양의 혼인 잔치에 신부로 부름받은 사람들입니다. 그 자리에 우리는 예복 없이 참여할 수 없습니다. 우리가 지금 그 예복을 준비하지 않으면 나중에 입을 예복이 없습니다. 그날에 하나님께서 "자, 이제 각자 자기의 예복을 갖추어 입도록 하라"고 말씀하실 때 우리가 벌거벗은 자로 발견되어서는 안 됩니다. 지금 이곳에서부터 우리는 그리스도와 함께 동행하는 신부의 삶을 살아가야 합니다.

이런 삶을 살아갈 때 그리스도의 신부 교회는 세상을 밝히는 빛의 사명을 잘 수행할 수 있습니다. 교회 안에 종말 신앙이 점점 희미해져 가고 있습니다. 교회가 소망의 관점을 잃어가고 있습니다. 그런 교회가 어디에서 자기 정체성을 찾을 수 있겠습니까? 자기 정체성을 잃어버린 교회가 어떻게 세상을 밝힐 수 있겠습니까? 어린 양의 신부로 부름받은 교회가 어린 양과 같은 곳을 바라보고 있지 않다면 이것보다 더 큰 불행은 없습니다. 교회가 종말 신앙을 잃어버리면 쉽게 세상과 짝하게 됩니다. 그렇게 되면 결국은 세상에게 짓밟히고 맙니다. 지금 그런 현상이 우리 눈앞에 끊임없이 나타나고 있습니다. 이런 비극이 되풀이되지 않게 해야 합니다. 나 한 사람부터 시작해서 우리 모두가 어린 양의 정결한 신부로서의 자신의 본분을 잘 지켜나가는 그리스도인이 되기를 바랍니다.

요한계시록 설교 21

21

붉은 용 사탄의 결박과 성도의 통치

계 20:1-15

우리는 요한계시록의 환상들을 시간적인 순서를 따른 것으로 볼 필요는 없습니다. 하나의 사건을 다른 각도에서 보여주는 것이 얼마든지 가능하기 때문입니다. 19장과 20장의 관계가 그러합니다. 사탄 진영의 패망을 19장에서는 짐승과 거짓 선지자에게 초점을 맞추어 이야기하고 있습니다. 그리고 20장에서는 모방 삼위일체의 우두머리인 용에게로 그 초점을 옮깁니다. 이 두 장면은 시간 순서를 따라 일어나는 일이라기보다 사탄 진영의 패망을 각기 다른 각도에서 보여주는 앵글의 이동으로 보는 것이 좋습니다. 만일 시간 순서대로 본다면 19장의 마지막 전쟁이 일어나고 다시 20장의 또 다른 마지막 전쟁이 되풀이되는 것으로 보아야 할텐데, 우리는 마지막 전쟁이 두 번이나 있을 이유가 없다고 봅니다. 하나의 마지막 전쟁을 한번은 짐승의 관점에서, 그리고 또 한번은 용의 관점에서 각기 다르게 보여주는 것일 뿐입니다.

16:14에 예고된 "전능하신 이의 큰 날에 있을 전쟁"에 대한 언급은 유사한 방식으로 19:19과 20:7-8에도 언급되고 있습니다. 이

전쟁은 모두 하나의 '그 전쟁'(τὸν πόλεμον 톤 폴레몬)으로 지칭되고 있습니다.

16:14 "전쟁을 위하여 그들을 모으더라"(συναγαγεῖν αὐτοὺς εἰς τὸν πόλεμον)

19:19 "모여 … 전쟁을 일으키다가"(συνηγμένα ποιῆσαι τὸν πόλεμον)

20:7-8 "모아 싸움을 붙이리니"(συναγαγεῖν αὐτοὺς εἰς τὸν πόλεμον)

위의 세 본문이 다 하나의 같은 전쟁('그 전쟁')을 지칭합니다. 일반적으로 전쟁을 한다거나 싸운다고 말할 때 계시록에서는 관사 없이 폴레모스(πόλεμος '전쟁, 싸움')를 사용합니다(9:7, 9:9, 11:7, 13:7 등). 그러나 위의 세 본문은 공통적으로 관사를 가진 '그 전쟁'을 언급하고 있습니다. 이 마지막 '그 전쟁'이 19장에서는 어린 양의 전쟁으로 묘사되고 있고, 20장에서는 전능하신 하나님의 전쟁으로 묘사되고 있습니다. 이는 서로 다른 전쟁을 가리키는 것이 아니라 한 전쟁의 다른 장면을 가리킵니다. 우리는 이 전쟁의 성격이 무엇인지, 또 이것이 우리 성도들을 위하여 어떤 의미를 가지는지 함께 생각해보고자 합니다.

용의 결박과 성도의 천 년 통치

우리는 12장에서 큰 붉은 용이 하늘에서 내쫓긴 것을 보았습니다. 20장에서는 이 상태를 더 나쁜 모습으로, 곧 무저갱에 결박된 상태로 묘사하고 있습니다. 20:2은 이 용의 정체를 "옛 뱀이요 마귀요 사탄이라"고 밝힙니다. 일부 사본에는 "온 천하를 꾀는 자"라는 문구가 더 들어가 있는데, 이는 12:9의 영향 때문입니다. 비록 20:2이 "온 천하를 꾀는 자"라는 문구를 가지고 있지는 않지만, 기본적으로 이 용이 12장에 나오는 그 용과 동일한 존재라는 것을 밝히고 있습니다.

용이 사슬에 결박되었다는 것은 하나의 상징적인 표현입니다. 영적인 존재인 사탄을 사슬("쇠사슬"이라 번역하였으나 원문에 재질에 대한 언급은 없음)에 묶는다는 것은 불가능한 일입니다. 이 상징적인 표현은 사탄의 활동이 그만큼 제약 상태에 놓여 있다는 것을 말해줍니다. 그렇다고 해서 그가 전적으로 무능하게 되었다는 것은 아닙니다. 용은 그의 대리자인 짐승을 통해 땅의 사람들 속에 큰 영향을 행사하고 있습니다.

그런데 우리 본문은 용을 결박한 목적과 관련하여 "다시는 만국을 미혹하지 못하게 하기" 위함이라고 밝힙니다(20:3). 이를 나타내는 원어 히나 메 플라네세 에티 타 에드네(ἵνα μὴ πλανήσῃ ἔτι τὰ ἔθνη)는 '만국을 아직 미혹하지 못하도록'으로 읽는 것이 좋습니다. 여기에 사용된 에티(ἔτι)는 '다시'의 의미보다는 '아직'의 의미로 더 많이 사용되는 부사입니다. 사탄의 미혹의 활동은 20:8에서 보는 것처럼 정해진 때가 있습니다. 아직은 만국을 미혹하여 전쟁을 일으킬 그 시간이 이르지 아니했기 때문에 그때까지 결박의 상태에 놓여 있는 것입니다. 여기서 말하는 사탄의 결박은 그의 일상적인 활동과 관련된 것이 아닙니다. 사탄은 결박 상태 속에서도 평소 하던 일을 계속합니다. '아직' 하지 못하도록 억제를 받는 것은 마지막 전쟁을 위한 미혹의 활동입니다. 때가 되면 사탄은 결박에서 풀려나 본격적으로 미혹의 행위를 하게 될 것입니다. 이 놓임은 "반드시"(δεῖ 데이, '~해야만 한다') 일어나야만 될 일입니다. 이는 하나님의 결정 속에 들어 있는 일입니다. 물론 그 결과는 사탄이 의도하는 것과는 달리 그의 최종적인 패배와 심판이 될 것입니다.

사탄의 결박과는 다른 측면에서 4절에 보면, "또 내가 보좌들을 보니 거기에 앉은 자들이 있어 심판하는 권세를 받았더라"는 말씀이 나타납니다. 당장 여기에 이들이 누구인지에 대한 언급은 나타나지 않습니다. 보좌나 거기에 앉은 자들을 다 복수로 표현하고 있습니다. 이들이 누구일까요? 보좌나 심판의 권세에 대해 언급하고 있는 것을 보면 이들은 하나님과 어린 양을 가리키는 것이 아닐까요? 그러나 그렇게 보기 어려운 것은 "받았더라"라는 표현이 원문에는 '그들에게 주어졌다'(ἐδόθη αὐτοῖς 에도떼 아우토이스)로 되어 있기 때문입니다. 하나님과 어린 양이 심판하는 권세를 '가졌다'고 말할 수는 있겠지만 그들에게 그것이 '주어졌다'고 말할 수는 없지 않겠습니까? 하나님께 심판권을 부여할 만큼 그보다 더 높은 존재가 누가 있겠습니까?

따라서 우리는 이 보좌에 앉은 자들을 4절 하반부에서 말하는 순교자들 및 성도들과 연결시키는 것이 적합하리라고 봅니다. 그들에게 심판권이 주어졌다는 것은 그들이 그리스도의 왕적 통치에 참여하고 있다는 것을 말해줍니다. 그들은 심판의 대상이 아니라 오히려 심판을 시행하는 사람들입니다.

이들을 가리켜 4절 둘째 부분은 "예수를 증언함과 하나님의 말씀 때문에 목 베임을 당한 자들의 영혼들과 또 짐승과 그의 우상에게 경배하지 아니하고 … 그의 표를 받지 아니한 자들"이라고 말합니다. 이들은 예수님을 증거하다가 순교를 당한 자들이며, 또한 그런 극단적인 결과까지 가지는 않았을지라도 짐승의 핍박을 순교의 각오로 견디어낸 신실한 성도들입니다. 이들이 그리스도의 통치에 참여하여 천 년 동안 왕 노릇 합니다. 이때의 천 년은 문자적인 천 년의 기간을 말하는 것이라기보다 그리스도의 초림에서 재림까지의 전 기간을 아우르는 상징적 기간입니다. 이 기간 동안 그리스도는 하늘의 보좌에 앉아 세상을 다스리시며, 그와 함께한 성도들 또한 그의 통치에 참여합니다.

요한이 목 베인 자들의 영혼들(τὰς ψυχὰς 타스 프쉬카스)을 보았다고 말하는 것은 이들이 아직 완전한 부활의 상태에 이른 것은 아님을 보여줍니다. "살아서"(ἔζησαν 에제산, '그들이 살았다')라는 것은 그들이 육체적으로는 죽은 상태이지만 영혼 차원에서는 살았다는 것을 말해줍니다. 요한은 이것을 "첫째 부활"(5절)이라고 부릅니다. 이는 이들이 일차적으로 부활하고 나머지 사람들은 이차적으로 부활한다는 것이 아닙니다. 그런 순차적 차원의 부활을 말하는 것이 아니라, 마지막 때의 완전한 부활(몸의 부활)과는 구별되는 차원에서 '첫째' 부활이라고 말하는 것입니다. 이는 영혼 차원의 부활입니다. 몸은 죽었어도 그 영혼은 살아난 상태를 가리킵니다. '그들이 살았다, 그리고 왕 노릇 했다'라는 표현은 목 베임을 당한 자들에게만 국한되지 않고 짐승에게 굴복하지 않은 성도들을 다 포함합니다. 죽지 않은 성도들도 이 영혼 차원의 부활에 참여하고 있다는 것을 보여줍니다.

요한은 이어서 이 "첫째 부활에 참여하는 자들은 복이 있고 거룩하도다"라고 말합니다. 만일 이 "첫째 부활"을 일부 순교자들에게만 국한시킨다면 이런 복의 선언을 모든 그리스도인들에게 공개적으로 하기는 어려울 것입니다. 순교자들뿐만 아니라 신실한 그리스도인들은 누구나 다 이 첫째 부활에 참여합니다. 그들은 영적으로 살아서 그리스도의 왕적 통치에 참여합니다.

이 본문은 우리 성도들의 시각이 근본적으로 변화되어야 한다는 것을 보여줍니다. 비록 나 한 사람은 작고 보잘것없는 존재일지 모르지만, 우리는 나 자신을 보기 전에 먼저 만왕의 왕이요 만주의 주이신 예수 그리스도를 바라보아야 합니다. 그는 지금도 온 세상의 왕으로서 그의 통치권을 시행하고 계십니다. 우리가 바라보아야 할 분은 바로 이분입니다. 우리의 믿음이 약해지고, 그래서 무기력감이 몰려오며, 나의 작은 영향력으로 어떻게 세상을 변화시킬 수 있을까 하는 회의가 일어날 때마다, 우리는 왕의 왕 되신 예수 그리스도를 바라보아야 합니다. 그는 우리를 자신의 왕적 통치에 참여시켜 주십니다. 우리에게는 한 나라의 대통령보다 더 중요한 지위와 책무가 주어져 있습니다. 우리는 그리스도와 함께 온 세상에 대한 왕적 통치를 이루어가도록 부름받은 사람들입니다.

첫째 부활에 참여하는 자들이 복된 이유

오늘 본문은 왜 첫째 부활에 참여하는 자들이 복되다고 말하는 것일까요? 우리는 그 이유를 세 가지로 정리해볼 수 있습니다. 첫째, 이들 위에는 "둘째 사망"이 다스리는 권세를 행사하지 못하기 때문입니다. "둘째 사망"을 20:14은 "불못"이라 정의하고 있습니다. 이 "둘째 사망"의 권세는 용과 짐승에게 속하여 하나님의 심판에 처하여지는 자들의 몫입니다. 그러나 성도들은 심판을 넘어선 자들이기 때문에 "둘째 사망"이 이들에 대해서는 아무런 권세 행사를 하지 못합니다. 물론 성도들도 죽음을 피하지는 못합니다. 본문은 "둘째 사망"만을 이야기할 뿐 '첫째 사망'에 대해서는 아무런 언급이 없습니다. 그러나 유추해보면 '첫째 사망'은 육체의 죽음을 가리킨다는 것을 알 수 있습니다. 성도들도 이런 육체의 죽음을 피해 가지는 못합니다. 짐승은 이를 무기로 삼아 성도들을 위협하고 굴복시키려 합니다. 그러나 육체적 차원의 '첫째 사망'을 겪더라도 우리는 영혼 차원의 "첫째 부활"에 참여하는 자들이기 때문에 조금도 두려워할 것이 없습니다. "첫째 부활"에 참여하는 자들에게는 몸 차원의 '둘째 부활'(언급되지는 않았지만)도 주어지지만, '첫째 사망'을 두려워하여 짐승에게 굴복하는 자들은 영원한 "둘째 사망"의 심판을 면하지 못하게 될 것입니다. 하나님께서 우리를 "둘째 사망"의 권세에서 건져주신 것은 너무나 큰 축복이며 은혜입니다.

나아가서 우리 성도들에게는 "하나님과 그리스도의 제사장(들)"(20:6)이라는 존귀한 타이틀이 돌려지고 있습니다. 우리는 세상에서 하나님과 그리스도를 섬기기 위하여 특별히 구별된 사람들입니다. 나아가서 우리는 세상 속에서 하나님과 그리스도를 대리하는 역할을 수행합니다. 이것이 성도의 존귀와 영광입니다. 이는 모든 성도들에게 주어진 특권입니다. 일부 직분자들만 그런 것이 아니라, 모든 신실한 성도들이 다 하나님과 그리스도의 제사장이 되어 세상 속에서 존귀롭게 왕적 통치에 참여하는 것입니다. 이런 존귀가 여러분에게 주어져 있다는 것을 믿고 담대히 이 직무를 수행해가시기 바랍니다.

"첫째 부활"에 참여하는 자들이 복된 두 번째 이유는, 우리가 용과 짐승의 운명과는 정반대의 길을 간다는 데에 있습니다. 용의 운명은 19장에서 이미 밝힌 짐승의 운명과 다르지 않습니다. 마지막 때에 용은 최후의 미혹 행위를 통해 "땅의 사방 백성"을 모아 하나님과 그의 백성을 대적할 것입니다. 용의 미혹을 받아 하나님을 대적하는 군대의 이름이 "곡과 마곡"(20:8)입니다. 이 미혹의 행위를 위해 용이 결박에서 풀려나는 것은 전적으로 하나님의 계획에 따르는 일입니다. 이는 용이 그 가야 할 길로 가도록 하기 위한 절차입니다. 멸망으로 향할 용의 길과 구원으로 향할 하나님의 백성의 길을 명확하게, 그리고 최종적으로 구분짓기 위함입니다. 용과 짐승과 거짓 선지자는 모두 불못에서 만나게 될 것입니다. 이 거짓 삼위일체를 따르던 모든 자들도 또한 이 불못에 던져지게 될 것입니다. 그곳은 "세세토록 밤낮 괴로움"이 있는 곳입니다(20:10). 이것이 용과 그의 추종자들이 가야 할 길이지만, 성도들은 세세토록 구원의 주님을 찬양하며 어린 양의 신부로서의 영광과 축복을 누리게 될 것입니다. 이것이 우리가 복된 사람들인 이유입니다.

세 번째로 우리가 복된 이유는 우리의 이름이 생명책에 기록되었기 때문입니다. 본문은 우리에게 "크고 흰 보좌와 그 위에 앉으신 이"(20:11)의 최후 심판의 장면을 보여주고 있습니다. 이 장면 속에는 두 종류의 책이 등장합니다. 복수로 "책들"(βιβλία 비블리아)이라 불리는 것이 있고, 단수로 "다른 책"(ἄλλο βιβλίον 알로 비블리온)이라 불리는 것이 있습니다. 복수로 된 "책들"은 심판을 위한 책입니다. 반면 "다른 책"은 곧 "생명책"인데, 이는 그리스도께 속한 자들의 명부입니다. 이 생명책에 기록되지 못한 자들은 다 불못에 던져집니다. 하나님은 모든 것을 다 통합해서 기록해 놓은 하나의 큰 책에서 우리의 이름을 찾으시는 것이 아니라, 처음부터 생명책에 따로 우리의 이름을 기록하십니다. 예수 그리스도를 믿는 자들은 이미 사망에서 생명으로 옮겨 갔습니다(요 5:24, 요일 5:13). 우리의 영원한 주소 이전은 그리스도를 믿는 믿음 안에서 이미 이루어졌습니다. 이처럼 우리가 이 세상에서 이미 영원히 구별된 하나님의 자녀로 살 수 있게 되었다는 것이 우리에게는 큰 복이 아닐 수 없습니다.

사랑하는 성도 여러분!

우리는 "둘째 사망" 곧 "불못"의 권세를 이미 이긴 자들입니다. 우리의 장래가 영원히 바뀌어 있다는 것을 알기에 우리는 이 세상 속에서 보다 담대하고 자유로운 삶을 살 수 있습니다. 그 어떤 위협이나 핍박에도 굴하지 않고 "하나님과 그리스도의 제사장"으로서의 존귀와 영광을 빛내며 살아갈 수 있습니다. 때때로 나 자신이 작고 보잘것없는 사람이라는 생각이 들 때마다 여러분의 영혼의 눈을 크게 떠서 여러분의 자리가 하늘의 보좌들 속에 놓여 있다는 것을 바라보시기를 바랍니다. 그곳에 앉아서 그리스도와 함께 왕 노릇 하도록 부름받은 이 특권을 감사함으로 누릴 수 있기를 바랍니다. 우리가 이런 거룩한 직무를 잘 수행할 때 이 세상은 다시 소망을 찾기 시작할 것입니다. 교회가 빛을 잃으면 세상은 영적으로 깜깜한 암흑천지가 되고 만다는 것을 우리는 잘 알아야 합니다. 다 함께 일어나 힘차게 시온의 빛을 발하는 주의 백성 되기를 바랍니다.

요한계시록 설교 22

22
새 하늘과 새 땅에 나타난 하나님의 뜻

계 21:1-8

　요한이 마지막으로 본 새 하늘과 새 땅, 그리고 새 예루살렘의 환상은 계시록 전체에서 가장 아름답고 영광스러운 환상입니다. 새 예루살렘에 대해서는 21:9-22:5에 보다 상세한 언급이 나타나고 있습니다. 이에 비해 새 하늘과 새 땅에 대해서는 비교적 간단하게 언급하는 편입니다. 그래서 우리가 여기에 대해서 많이 알 수가 없습니다. 이 새 하늘과 새 땅은 전적으로 새로운 창조일까? 아니면 지금 있는 세상을 새롭게 한 것일까? 이런 질문이 가장 빈번하게 일어나는 논점입니다. 새 하늘과 새 땅의 중심을 이루는 새 예루살렘에 대한 묘사를 볼 때, 새 하늘과 새 땅 또한 전적으로 새로운 무에서의 창조로 보이지는 않습니다. 없어져야 할 것들이 다 없어지고, 영광스러운 것들이 더 영광스럽게 단장된 것이 새 하늘과 새 땅의 모습입니다. 이와 관련하여 매튜 헨리(Matthew Henry)가 오래전에 했던 말이 매우 적절한 표현입니다. "이 세상[새 하늘과 새 땅]은 지금 새롭게 창조된 것이 아니지만 새롭게 열리게 되고, 그 상속자들이었던 모든 사람들로 채워지게 된다. 그러므로 새 하늘과 새 땅은 별개의

다른 세상이 아닐 것이다."¹

우리가 새 하늘과 새 땅을 너무 물질적인 차원에서 바라보는 것은 적절하지 못하며, 이것이 본문의 주된 관심을 이루는 것도 아닙니다. 본문의 주된 초점은 하나님과 그 백성의 관계입니다. 그래서 우리 본문 속에는 관계의 용어들이 자주 사용되고 있는 것을 봅니다. 2절에는 신부와 남편의 관계가 나타납니다. 3절에는 왕이신 하나님과 그 백성의 관계가 나타납니다. 7절에는 아버지이신 하나님과 그 자녀의 관계가 나타납니다. 거기에다 3절에서 하나님의 장막이 그 백성 속에 있다는 것도 거처의 용어를 통한 관계의 표현입니다. 7절에서 하나님께서 마련하신 모든 것들을 이기는 자가 상속물로 받아 누리도록 하시겠다고 말씀하시는 것도 가족 언어를 통한 관계의 표현입니다. 그렇다면 우리는 오늘의 본문을 하나님과 그 백성의 관계에 초점을 맞추어 좀 더 상세히 살펴보면서, 이것이 오늘 우리의 신앙생활에 어떤 의미를 가지는지 생각해보고자 합니다.

우리와 영원히 함께하기를 원하시는 하나님

우리는 새 하늘과 새 땅, 그리고 새 예루살렘을 보여주신 하나님의 뜻이 어디에 있는지를 잘 알아야만 합니다. 먼저 우리가 주목할 것은 이것의 기원입니다. 21:2에 거룩한 성 새 예루살렘이 "하나님께로부터 하늘에서" 내려온다고 이야기합니다. 우리말 성경은 순서

---

1 M. Henry, 『매튜 헨리 주석 디모데전서~계시록』, 1178.

를 바꾸어 놓았습니다만, 원어에 따르면 이것이 '하늘에서 하나님께로부터'(ἐκ τοῦ οὐρανοῦ ἀπὸ τοῦ θεοῦ 에크 투 우라누 아포 투 떼우) 내려온다고 되어 있습니다. 새 예루살렘이 물질적, 공간적으로 하늘에서 내려오는 것에만 주목하지 않도록 "하나님께로부터"를 첨가하고 있는 것입니다. 하나님이 이 모든 것의 기원이요 발원이라는 것을 보여줍니다. 하나님께서 우리를 위하여 이 모든 것을 준비하신 분임을 보여주고 있습니다.

신혼 남녀가 결혼을 하게 되면 살 집부터 준비하지 않습니까? 이것을 준비하는 과정이 쉽지는 않지만, 그래도 참 가슴 설레는 일입니다. 어디에 집을 구해서 알콩달콩 새로운 삶을 살아볼까? 두 사람의 취향을 살려서 어떤 스타일로 집을 꾸며볼까? 아이가 태어나면 어디에다 아이 방을 만들어볼까? 여러 가지 가슴 설레는 생각들이 현실의 수고를 잊게 만듭니다. 이렇게 수고스럽게 집을 구하는 것은 신랑이나 신부가 사랑하는 사람과 둘이서 함께 엮어가는 새로운 삶을 살기 위함입니다.

새 하늘과 새 땅, 그리고 새 예루살렘을 준비하시는 하나님의 마음도 동일합니다. 그는 우리가 그와 영원히 함께하기를 원하시기 때문에 이를 위한 환경을 준비하시는 것입니다. 2절에 "그 준비한 것이"라는 말이 나오는데, 이를 가리키는 헤토이마스메넨(ἡτοιμασμένην)은 '준비하다'를 뜻하는 헤토이마조(ἑτοιμάζω) 동사의 완료 수동태 분사형입니다. 수동태를 사용한 것은 이를 준비하신 분이 하나님임을 암시합니다(신적 수동태 divine passive). 또한 완료 시제를 사용한 것은 그 준비가 완벽하게 다 이루어졌다는 것을 나타냅니다.

이런 준비를 다 이루신 하나님의 뜻이 어디에 있겠습니까? 3절에 보면 "하나님의 장막이 사람들과 함께 있으매 하나님이 그들과 함께 계시리니"라고 말하는 것을 봅니다. 하나님은 우리와 함께 있기를 원하시기 때문입니다. "하나님의 장막"(ἡ σκηνὴ τοῦ θεοῦ 헤 스케네 투 테우)이라는 표현과 "계시리니"로 번역된 스케노세이(σκηνώσει '그가 거할 것이다')는 동족 용어로서 서로 쌍을 이룹니다. 우리가 13:6에서도 보았던 것처럼, 계시록에서 하나님의 장막은 "하늘에 사는 자들" 곧 하나님의 백성과 직결됩니다. 하나님은 그의 거처를 그의 백성 가운데 두시는 분이십니다. 하나님은 홀로 독처하기를 기뻐하시는 분이 아닙니다. 하나님께서 자기의 사람들인 '그들과 함께 장막을 치실 것이다'(σκηνώσει μετ' αὐτῶν 스케노세이 메트 아우톤)라는 표현은 너무나 아름다운 장면을 담아내고 있습니다.

하나님께서 자기 자녀들과 함께 같은 장막에 앉아서 도란도란 이야기를 나누며 자녀들의 재롱을 즐기시는 모습을 상상해 보시기 바랍니다. 그 자녀들을 무한히 사랑하시고 기뻐하시는 아버지가 그들과 함께 같은 처소에 거하면서 흉허물없이 함께 삶을 나눈다는 것은 너무나 소박하면서도 행복한 그림입니다. 우리는 순간 이런 느낌을 받습니다. '아, 하나님도 큰 것을 바라시는 것이 아니구나. 우리가 하나님을 위하여 솔로몬의 성전보다 더 화려하고 웅장한 처소를 만들어 드리려고 애쓸 필요가 없구나. 아니, 그런 생각 자체가 너무나 주제 넘는 일이구나.' 하나님께서 바라시는 것은 그런 화려한 처소에서 홀로 지내시는 것이 아닙니다. 우리와 함께 장막 생활 하시겠다는 것이 중요합니다. 그의 장막에서 우리가 빠져서는 안 됩니다. 이것이 하나님의 바람이고 그분의 강력한 뜻입니다.

"함께 계시리니"라는 말과 유사한 표현이 3절 끝에 나오는데, "함께 계셔서"가 그것입니다. 이때는 에이미(εἰμί) 동사의 3인칭 단수 미래형인 에스타이(ἔσται '그가 있을 것이다')를 사용합니다. 이 부분에도 강조 사항 한 가지가 나타납니다. "하나님은 친히"라고 번역된 아우토스 호 떼오스(αὐτὸς ὁ θεὸς)라는 표현이 그것입니다. 대명사 아우토스를 강조적으로 사용하여 '하나님 바로 그분'이 우리와 함께해주시리라는 것을 일러줍니다. 그는 천사들을 보내어 우리를 도우실 수도 있고, 바람을 자기 사신으로 불꽃을 자기 사역자로 삼으실 수도 있는 분이지만(시 104:4), 그분 자신이 친히 우리와 함께해주신다는 것은 다른 모든 것들을 다 능가합니다. 우리에게는 그분 자신보다 더 좋은 것이 없습니다.

이처럼 하나님은 자신을 자기 백성과 하나로 꽁꽁 묶으십니다. 영원한 언약 관계 속에 자신을 묶으십니다. 예수 그리스도 안에서 맺으신 하나님의 언약은 영원히 변함이 없습니다. 이기는 자를 향해서 하나님은 "나는 그의 하나님이 되고 그는 내 아들이 되리라"(21:7)고 말씀하십니다. 다시 한 번 언약의 언어를 사용하고 있습니다. 이 언약 속에 있는 자들을 위하여 하나님은 자기의 전부를 던져서 우리의 하나님으로서의 역할을 다하실 것입니다. 그의 위엄과 권능을 우리를 위해 사용하실 것입니다. 그의 영광과 부요가 다 우리를 위한 것입니다. 하나님은 우리를 위해 자기의 모두를 다 던지실 준비가 되어 있습니다. 이것이 우리의 아버지로서의 우리 하나님이십니다. 하나님은 이런 관계 속으로 우리를 부르십니다.

우리는 어떻게 해야 할까요? 우리 역시 우리의 모두를 다 던져야 합니다. 우리의 모든 것이 다 그의 것입니다. 우리의 모든 힘과 정성과 수고를 다 그를 위해 쏟아야 합니다. 무엇보다 우리의 삶의 방향과 목표가 그분과 일치해야 합니다. 하나님은 우리를 위해 모든 좋은 것을 다 준비하셨는데, 우리가 다른 곳을 바라보거나 다른 것을 추구해서는 안 됩니다. 그가 준비하신 것에 맞추어 우리의 삶의 방향과 활동이 이루어지게 해야 합니다.

하나님과의 관계를 통해 우리가 누리는 것들

하나님과의 관계 속에서 우리가 누리는 것들은 우리의 아버지요 목자이신 하나님의 보호와 인도와 공급입니다. 4절에서 보는 것처럼 하나님은 모든 눈물을 우리의 눈에서 닦아 주십니다. 뿐만 아니라 6절에서 보는 것처럼 그는 우리에게 생명수 샘물을 값없이 마시도록 공급해주십니다. 하나님께서 우리 위에 장막을 치신다는 주제나 우리의 눈물을 씻어주시며 우리를 생명수 샘으로 인도하여 주신다는 주제는 7:15-17에도 나타나고 있습니다. 이 주제는 이사야 25:8, 49:10과 같은 본문에 기반을 두고 있습니다. 그런데 7:17에서는 우리를 생명수 샘으로 인도하시는 분이 우리의 목자이신 어린 양이었습니다만, 오늘 본문에서는 하나님 자신의 역할이 더 많이 부각되고 있습니다.

하나님은 그가 사랑하시는 자녀들의 눈물을 친히 닦아주십니다. 우리가 지금 이 세상의 삶 속에서 경험하는 모든 것들 속에는 눈물이 잠재되어 있습니다. 왜냐하면 그 어떤 것도, 그 어떤 사람도 영원하지 않기 때문입니다. 가장 아끼고 사랑하는 사람들을 잃을 날이 반드시 올 것입니다. 상실의 고통은 삶의 필수적인 통과 과정 중의 하나입니다. 그러나 장차 하나님과 함께 거하게 될 때에는 사망도, 애곡과 애통도, 아픔과 고통도 다 사라지게 될 것입니다. 이 모든 것들이 다 죽음과 관계된 것들입니다. 하나님께서 우리에게 "생명수 샘물"을 주실 때에는 우리가 이 세상에서 필연적으로 겪을 수밖에 없는 사망의 상실이 갑자기 낯선 것이 되고 말 것입니다.

하나님은 이 선물을 "이기는 자"(21:7)에게 주시겠다고 약속하십니다. 하나님은 우리가 그를 바라보면서 이기는 자 되기를 원하십니다. 이 세상 속에는 아직도 우리가 싸우며 걸어가야 할 길이 남아 있습니다. 죽음은 여전히 우리에게 큰 두려움으로 남아 있으며, 짐승의 권세는 이 죽음의 위협을 통해 그 세력을 확보합니다. 그러나 우리는 "몸을 죽이고 그 후에는 능히 더 못하는 자들"(눅 12:4)을 두려워할 필요가 없습니다. 우리에게 생명수 샘물을 주시는 분은 하나님이시기 때문입니다. 우리는 이것을 믿고 끝까지 "이기는 자"로 살아가야 합니다. 이것이 우리와 모든 것을 함께 나누기를 원하시는 하나님의 뜻입니다.

하나님과의 관계 속에 함께할 수 없는 것들

하나님과의 관계는 가장 친밀한 관계이면서 동시에 단절이 요구되는 관계이기도 합니다. 우리는 하나님과 말할 수 없이 복되고 친밀한 관계를 누리지만, 그러나 그 관계에서 배제되는 자들도 있다는 것을 잘 보아야 합니다. 그 목록을 우리는 21:8에서 찾아볼 수 있습니다. "두려워하는 자들과 믿지 아니하는 자들과 흉악한 자들과 살인자들과 음행하는 자들과 점술가들과 우상 숭배자들과 거짓말하는 모든 자들"이 그것입니다.

이 목록에 나오는 행악자들은 크게 둘로 구분됩니다. "두려워하는 자들" 앞에 나오는 관사 토이스(τοῖς)는 두려워하는 자들로부터 우상 숭배자들까지를 다 관장합니다. 그리고 또 다른 관사(토이스)가 '모든 거짓말쟁이들' 앞에 붙어 있습니다. 물론 여기에 너무 큰 의미를 둘 필요는 없겠지만, 일단 두려워하는 자들로부터 우상 숭배자들까지를 하나의 통속으로 취급하고 있다는 점은 주목할 필요가 있을 것입니다. 이들은 "이기는 자"와 대조되는 사람들입니다. 오직 하나님만이 생명의 주관자이심을 믿고 죽음의 위협도 두려워하지 않는 사람이 "이기는 자"입니다. "두려워하는 자들"이라고 할 때 사용된 데일로스(δειλός)라는 단어는 겁쟁이를 가리키는 단어입니다. 이들은 세상에서 거짓 주인 노릇 하고 있는 짐승의 위협에 굴복하는 사람들입니다. 그래서 짐승에게 절하며 거짓 고백과 우상 숭배에 빠지고 마는 자들입니다. 이들은 하나님의 약속에서 배제됩니다. 이들에게 돌아가는 것은 불과 유황의 불못 곧 "둘째 사망"일 뿐입니다.

사랑하는 성도 여러분!

우리는 새 하늘과 새 땅을 준비하시고 보여주시는 하나님의 마음이 어디에 있는지를 잘 볼 수 있어야 합니다. 하나님은 우리와 영원히 함께할 처소로 새 하늘과 새 땅을 준비하십니다. 하나님과 우리 사이의 밀월 관계를 방해하거나 침해할 가능성이 있는 모든 요소들이 다 제거된 곳이 새 하늘과 새 땅입니다. 거기에는 죄나 형벌의 두려움도 없고, 사망과 상실의 고통도 없으며, 용과 짐승의 권세도 미치지 못합니다. 모든 더럽고 악한 것들이 다 제거되고 거룩하고 영광스러운 것만 가득합니다.

이와 같은 새 하늘과 새 땅을 우리에게 보여주시는 하나님의 목적은 그가 얼마나 우리와 함께하기를 원하시는지 우리가 알기를 바라신다는 데에 있습니다. 하나님은 그의 백성이요 사랑하시는 자녀인 우리와 사이에 완전하고 거룩하고 격의없는 사귐이 있기를 원하십니다. 이런 관계 속으로 하나님은 우리를 부르고 계십니다. 우리 자신보다 하나님께서 그 관계를 얼마나 원하시는지를 우리는 잘 보아야만 합니다. 그래서 그는 자신이 친히 준비하신 새 하늘과 새 땅을 우리에게 보여주시는 것입니다. 그리스도 안에서 영화롭고 아름답게 단장된 어린 양의 신부 새 예루살렘의 모습을 우리에게 보여주시는 것입니다. 우리가 그런 모습으로 그와 함께 영원히 거하기를 그가 바라신다는 것입니다.

우리는 하나님의 이 간절한 마음을 잘 읽어야만 합니다. 우리의 눈이 새 하늘과 새 땅, 새 예루살렘의 외적인 구성 요소들에 사로잡혀서는 안 됩니다. 그것이 어떤 보석으로 이루어져 있고, 내가 장차 살 집이 얼마나 화려하고 값진가 하는 것이 우리의 주된 관심이 되어서는 안 됩니다. 하나님 자신이 친히 우리와 함께 장막 생활 하시겠다고 말씀하시는 이 약속보다 더 우리의 마음을 사로잡는 것이 있어서는 안 됩니다. 이 관계 속으로 우리를 부르시는 하나님의 부름에 응답하는 성도들이 되기를 바랍니다. 하나님의 계획과 준비에 같은 기대와 관심을 두고 그것을 향해 달려 나가는 성도들이 되기를 바랍니다. 세상의 유혹이나 방해가 우리를 가로막지 않도록 끝내 "이기는 자"로 굳건히 서는 성도들이 되기를 바랍니다.

요한계시록 설교 23

23 별처럼 빛나는 어린 양의 신부

계 21:9-22:5

　새 예루살렘! 우리의 가슴을 뛰게 만드는 계시록의 환상의 정점입니다. 많은 작곡가들에게 영감을 줄 만한 주제인데, 의외로 여기에 대한 찬송이 적습니다. "예루살렘 금성아 복 가득하도다"라는 버나드(Bernard of Cluny, 1145년경)의 찬송이 있지만 지금은 잘 부르지 않습니다. "행군 나팔 소리에 주의 호령 났으니"라는 찬송(360장)에서는 후렴부에서 "저 요단강 건너" 새 예루살렘에서 면류관 받을 소망을 노래하고 있습니다. "저 요단강 건너편에 찬란하게 뵈는 집"이라는 찬송(489장)에서도 요단강을 건너 "예루살렘 새 집에서 주의 얼굴 뵈오리"라는 소망을 노래합니다. 그러고 보니 새 예루살렘은 우리가 요단강을 건너가야, 다시 말해서 죽은 후에야 경험하게 되는 그런 장소로 그려지고 있습니다. 매우 아쉬운 부분이 바로 이것입니다. 일반적으로 많은 성도들 역시 새 예루살렘을 황금과 보석으로 꾸며진 내세의 세상으로 이해합니다. 이는 오늘 본문에 대한 오해에서 비롯됩니다. 우리는 이런 물질적, 장소적 차원의 새 예루살렘 대신 인격적, 관계적 차원의 새 예루살렘 이해를 가질 필요가 있습니다. 왜냐하면 천사가 요한에게 "내가 신부 곧 어린 양의 아내를 네게 보이리라"(9절) 하고서 보여주는 것이 "거룩한 성 예루살렘"(10절)이기 때문입니다. 이는 새 예루살렘이 별처럼 빛나는 어린 양의 신부 곧 완전한 교회를 가리킨다는 것을 말합니다. 우리는 이 신부의 빛남에 대해 깊이 생각해볼 필요가 있습니다.

신부에게는 빛남이 있고, 그 빛남은 하나님의 영광으로부터

11절은 새 예루살렘의 모습을 "하나님의 영광이 있어 그 성의 빛이 지극히 귀한 보석 같고 벽옥과 수정 같이 맑더라"고 묘사합니다. 여기에는 빛남과 관련된 두 단어가 나타납니다. 하나는 하나님의 영광이고, 또 하나는 새 예루살렘의 빛입니다. "빛"으로 번역된 포스테르(φωστήρ)는 별 또는 별의 광채를 가리키는 단어입니다. 빌립보서 2:15에서 하나님의 자녀들이 어그러지고 거스르는 세대 가운데서 "빛들로 나타낸다"('별들로 비춘다')고 할 때도 동일한 단어를 사용합니다. 어린 양의 신부에게는 밤하늘에 빛나는 별처럼 광채가 있습니다.

신부의 광채는 하나님의 영광으로부터 나옵니다. 하나님께서 신부인 교회를 아름답게 만드셨기 때문에 교회가 빛이 나는 것입니다. 하나님께서 신부를 어린 양의 피로 구속하여 자기 앞에 거룩하고 영광스러운 제사장 나라로 세우셨습니다. 교회는 세상 속에서 광채를 발산하는 존재가 되어야 합니다. 빛나는 별이 되지 못하고 죽은 재무더기나 돌덩어리 같은 존재가 되어서는 안 됩니다. 오늘날 교회가 빛도 잃고 맛도 잃어버린 채 세상 속에서 짓밟히고 모욕 당하는 것은 너무나 가슴 아픈 일입니다. 세상은 교회를 사람의 집단으로 봅니다. 당연한 일입니다. 다르게 볼 수 있는 관점이 없기 때문입니다. 그러나 우리마저 교회를 그렇게 보면 안 됩니다. 하나님께서 보시는 관점을 회복해야 합니다. 하나님은 우리를 그의 영광을 가진 어린 양의 신부로 보십니다. 이것이 우리의 빛남의 원천입니다.

나아가서 하나님의 자녀인 우리 한 사람 한 사람이 빛나는 존재가 되어야 합니다. 내가 나를 바라볼 때, 때로 작고 보잘것없는 존재로 보이지만, 우리는 자신을 하나님의 관점에서 바라보아야 합니다. 나는 하나님의 사랑의 대상이며, 어린 양의 신부이고, 하나님의 영광이 머무는 존귀한 존재입니다. 우리가 이런 관점에서 자신을 바라보면 바라볼수록 더욱 빛남이 있는 모습으로 바뀌게 될 것입니다.

신부의 빛남의 기반은 열두 지파 열두 문과 열두 사도의 기초석

새 예루살렘은 신부 곧 집합적 인격체이지만, 물질적인 성의 모습으로 묘사되고 있기 때문에 많은 경우 이것이 인격체에 대한 묘사라는 것을 잊기 쉽습니다. 그래서 우리가 장차 요단강 건너가서 살게 될 곳은 각종 보석으로 꾸며진 아름다운 곳이라는 방식으로 새 예루살렘을 생각하게 되는 것입니다. 이것은 깨어져야 할 하나의 고정관념입니다. 이는 우리가 영원히 거하게 될 곳이 아름다운 곳이 아니라는 말이 아니라, 이것이 오늘 본문의 주된 관심이 아니라는 이야기입니다. 우리 본문은 성의 이미지를 통하여 어린 양의 신부의 본질이 무엇인지를 말해주고 있습니다.

이 성을 물질적인 방식으로 보려고 하면 이해되지 않는 것이 한 두 가지가 아닙니다. 예를 들어, 16절을 보면 새 예루살렘 성은 그 길이와 너비와 높이가 꼭 같이 만 이천 스다디온이라고 말합니다. 일 스다디온은 약 192m에 해당합니다. 어떤 영어 성경(NASB)은 좀 더 접근하기 쉽게 만 이천 스다디온을 아예 1,500마일(약 2,400km)로 환산을 해놓았습니다. 그런데 성의 가로와 세로 길이가 이만큼 넓다는 것은 충분히 이해할 수 있는 일이지만, 높이도 꼭 같이 2,400km나 된다는 것은 이해하기 어렵습니다. 이 성은 거대한 정육면체의 형태를 이루고 있습니다. 이것을 실제적인 건축물의 모습으로 보기는 어렵습니다. 우리는 이것이 가지는 상징적인 의미가 무엇인지를 생각해보아야 합니다. 길이와 너비와 높이가 꼭 같은 정육면체 건축물을 어디에서 찾아볼 수 있을까요? 옛날 솔로몬 성전의 지성소(내소)가 길이와 너비와 높이가 이십 규빗으로 꼭 같은 정육면체의 모습으로 이루어져 있었습니다(왕상 6:20). 새 예루살렘은 이것이 엄청난 규모로 확대된 형태입니다. 이를 바탕으로 새 예루살렘을 일종의 지성소 곧 하나님의 임재의 처소로 나타내고 있는 것입니다.

 이 성의 성곽(성벽)은 열두 개의 문들을 가지고 있는데, 그 문들 위에는 이스라엘 열두 지파의 이름들이 새겨져 있습니다. 그리고 이 성곽은 열두 개의 기초석 위에 세워져 있는데, 그 기초석 하나 하나에는 열두 사도들의 이름이 새겨져 있습니다. 이는 신부 교회가 이스라엘 열두 지파와 열두 사도들의 기초 위에 서 있다는 것을 말해줍니다. 특히 열두 사도들을 가리키는 열두 기초석 하나 하나가 각기 다른 보석으로 이루어져 있고, 그 위에 열두 사도들의 이름이 새겨져 있다는 것은 매우 의미가 큽니다. 이름이 새겨진 열두 보석은 과거 대제사장이 입는 에봇의 흉패를 상기시킵니다. 보석의 종류도 대체로 일치합니다(출 28:17-21, 39:8-14). 하나님은 에봇의 보석들 위에 새겨진 이스라엘 열두 지파의 이름들을 보면서 그들을 기억하십니다. 하나님은 에봇을 입고 자기 앞에 나아오는 대제사장이 "영화롭고 아름답게"(출 28:2, 40) 나아오기를 바라시지만, 대제사장 혼자만 그런 것이 아니라 이스라엘 열두 지파의 구성원 모두가 "영화롭고 아름답게" 자기 앞에 서기를 원하시는 것입니다.

오늘 본문에서는 그 열두 지파의 이름이 열두 사도의 이름으로 바뀌고 있습니다. 이는 열두 사도의 증언 위에 세워진 신약 교회가 영광스러운 하나님의 백성이라는 것을 말해줍니다. 어린 양의 신부인 우리가 하나님께 보배와 같이 빛나는 존재입니다. 우리의 빛남은 우리 자신에게서 나오지 않습니다. 우리는 이스라엘 열두 지파와 열두 사도의 장구한 유업과 신실한 증언 위에 서 있습니다. 이것이 우리의 정체성을 만드는 기반입니다. 교회는 허구 위에 서지 않습니다. 교회는 자신이 지어낸 어떤 이야기를 지키기 위해 목숨을 걸지 않습니다. 교회는 철저히 역사 속에서 하나님께서 행하신 일들과 이에 대한 신실한 증인들의 증언 위에 서 있습니다.

19절에서 성곽의 기초석이 "각색 보석으로 꾸몄는데"라고 말합니다. 여기에 나오는 "꾸몄는데"(κεκοσμημένοι 케코스메메노이)라는 단어는 21:2에서 새 예루살렘의 모습을 두고 "남편을 위하여 단장한 것 같더라"라고 할 때 사용한 "단장한"(κεκοσμημένην 케코스메메넨)과 같은 단어입니다. '장식하다'의 의미를 가지는 코스메오(κοσμέω) 동사를 사용하고 있는데, 이는 화장품을 가리키는 코스메틱의 뿌리이기도 합니다.

신부 교회의 단장은 세상의 그 어떤 값비싼 화장품을 가지고도 할 수가 없습니다. 교회의 기초를 이루는 열두 사도의 신실한 증언 외에는 달리 교회를 빛나게 할 것이 없습니다. 우리는 이것을 분명히 알아야 합니다. 교회가 다른 어떤 것으로 자신을 단장하여 스스로를 빛낼 수 있다고 믿는 것은 환상에 지나지 않습니다. 하나님께서 행하신 일들에 대한 신실한 증언에 힘쓸 때 교회는 가장 아름답게 빛나게 됩니다.

신부의 빛남은 만국의 영광이 옮겨옴을 통해 확산

새 예루살렘 곧 어린 양의 신부의 빛남은 하나님의 영광과 직결됩니다. 그래서 23절에서 다시 한 번 하나님의 영광을 언급합니다. 앞서 11절에서는 이 성이 하나님의 영광을 가지고 있다고 말하였는데, 23절에서는 그 영광의 더 적극적인 역할을 강조합니다. 곧 그 영광이 새 예루살렘 성을 비추었다고 말합니다. 따라서 해와 달 같은 천체의 물질이 쓸 데가 없다고 말합니다. 22:5에서도 다시 한 번 등불과 햇빛이 쓸데없다는 것을 강조합니다. 하나님의 영광이 이 성을 비추고 있기 때문입니다. 또한 어린 양이 그 성의 등불 역할을 하고 있기 때문입니다. 그만큼 이 성이 빛난다는 것을 말해주고 있습니다.

24절에서 "만국이 그 빛 가운데로 다니고"라고 말하는 것은 새 예루살렘의 빛남에 대한 언급입니다. "그 빛"이라는 번역이 23절의 하나님의 영광과 어린 양의 등불을 가리키는 것으로 보기가 쉽습니다. 그러나 원문은 새 예루살렘을 가리키는 속격 대명사 아우테스(αὐτῆς)를 사용하여 '새 예루살렘의 빛'을 이야기하고 있습니다. 물론 새 예루살렘의 빛은 하나님의 영광과 등불이신 어린 양에게서 나옵니다. 그러나 여기서 그치지 않고 새 예루살렘 자체도 빛의 존재라는 것을 강조하고 있습니다. 신부 교회는 빛을 가진 존재입니다.

"그 빛 가운데로"라는 표현은 좀 더 엄밀하게 읽으면 '새 예루살렘의 빛으로 말미암아'(διὰ τοῦ φωτὸς αὐτῆς 디아 투 포토스 아우테스)가 됩니다. 다시 말해서 만국이 새 예루살렘의 빛으로 말미암아 다니게 된다는 것입니다. 빛이 없으면 어둠 속을 다니는 것이 매우 위험합니다. 구덩이에 빠질 수도 있고 돌부리에 걸려 넘어질 수도 있습니다. 그러나 빛이 있다면 그 빛을 힘입어 안전하게 다닐 수 있게 됩니다. 어둠에 묻혀 있는 이 세상은 신부 교회의 빛이 있기 때문에 그 빛으로 말미암아 멸망과 파국을 피하여 다닐 수 있게 됩니다. 이것이 교회가 세상 속에 존재하는 목적입니다. 교회는 만국을 비추는 빛으로 세움을 받았습니다(마 5:14). 우리는 이 역할과 사명을 잘 감당해야 합니다.

새 예루살렘의 빛은 축소되지 않고 확산되는 성격을 가집니다. 만국이 그 빛을 힘입어 살게 되는 것을 넘어서, "땅의 왕들이 자기 영광을 가지고 그리로 들어가리라"고 말하는데, 이는 새 예루살렘의 영광이 더 크게 확산되는 모습을 묘사합니다. "들어가리라"로 번역된 단어는 원문에 따르면 '그들이 옮긴다'를 의미하는 페루신(φέρουσιν)을 쓰고 있습니다. 이 문구 전체를 좀 더 정확하게 번역하면 '땅의 왕들이 자기들의 영광을 그 성 안으로 옮기고 있다'가 됩니다. 26절도 마찬가지입니다. '사람들이 만국의 영광과 존귀를 그 성 안으로 옮길 것이다'가 정확한 번역입니다. 이는 왕들이나 사람들이 새 예루살렘 안으로 단순히 들어오는 것을 이야기하는 것이 아니라,

만국의 영광이 새 예루살렘 안으로 옮겨지는 것을 이야기합니다. 영광의 축의 대이동이 일어나고 있습니다.

이것은 나와 상관없는 먼 나라 사람들의 이야기가 아닙니다. 우리 그리스도인 모두가 예수 그리스도를 알기 전에는 자기중심적으로 살았던 사람입니다. 조그만 성취에도 우쭐해지고 모든 영광을 내가 독차지해야 했습니다. 그런 우리가 이제는 '모든 영광을 하나님께 돌립니다'라고 말하는 사람이 되었습니다. 뭔가 축하받을 만한 일을 이루었을 때에도 우리는 '하나님께서 하셨습니다, 하나님께 영광을 돌립니다' 이런 말을 할 줄 압니다. 처음부터 그랬던 것은 아닙니다. 우리 속에서 영광의 축이 바뀌었기 때문에 이런 고백을 하게 되는 것입니다. 나 중심에서 하나님 중심으로 사는 사람이 되었다는 이야기입니다. 이런 놀라운 변화가 온 세계 곳곳에서 이루어지고 있습니다. 왕들은 왕들대로, 일반 사람들은 일반 사람들대로 자기들의 영광을 새 예루살렘 안으로 옮기고 있습니다. 그만큼 어린 양의 신부 교회의 영광이 널리 인정되고, 또한 크게 확산되는 모습을 말해주고 있습니다.

이런 모습은 이사야 60:3-11의 회복된 시온의 노래에 기반을 두고 있습니다. 하나님께서 무너진 시온을 회복시키실 때, "나라들은 네 빛으로, 왕들은 비치는 네 광명으로 나아오리라"(사 60:3)고 말씀합니다. 또한 "네 성문이 항상 열려 주야로 닫지 아니하리니 이는 사람들이 네게로 이방 나라들의 재물을 가져오며 그들의 왕들을 포로로 이끌어옴이라"(사 60:11)고 말씀합니다. 우리는 새 예루살렘에 대한 본문의 묘사가 이사야의 언어와 비전에 많은 빚을 지고 있다는 것을 발견할 수 있습니다.

우리는 이사야의 비전을 물질적인 방식으로 이해하기보다는 영적인 차원에서, 곧 메시아의 오심과 통치라는 관점에서 이해하고 있습니다. 이방 나라들의 재물이 예루살렘으로 옮겨질 것이기 때문에 장차 예루살렘이 엄청난 부자가 되리라는 것을 말하는 것이 아니라, 메시아의 영광이 온 세상 위에 미치게 된다는 것을 말하고 있습니다. 열방이 여호와의 말씀을 사모하여 예루살렘으로 나아오게 되리라는 것을 이야기합니다(사 2:2-3). 이 일은 예수 그리스도의 오심을 통해 이미 이루어졌고, 또 지금도 이루어져가고 있습니다. 마지막때에 이 영광스러운 모습은 완전하고 최종적인 형태로 완성될 것입니다. 만왕의 왕이요 만주의 주이신 어린 양의 영광이 만국의 사람들을 온전하게 비칠 것입니다. 또한 어린 양의 신부인 교회의 빛이 어린 양과 하나님의 영광을 찬송하는 만국의 사람들로 인해 더욱 온전히 빛나게 될 것입니다.

사랑하는 성도 여러분!

여러분의 영혼의 눈을 크게 뜨고 이 영광의 비전으로 여러분 자신을 늘 바라보시기 바랍니다. 우리는 흔히 누구보다 내가 나를 잘 안다고 말하지만, 실상 우리는 우리의 전부를 다 보지는 못합니다. 더군다나 우리는 하나님께서 우리를 보시는 것처럼 그렇게 우리를 알지는 못합니다. 그래서 우리에게는 하나님의 계시가 필요하고 성령의 도우심이 필요합니다. 하나님께서 우리를 얼마나 영화롭고 빛나게 만들어 놓으셨는지를 그분의 눈으로 볼 수 있어야 합니다. 회복된 시온의 영광을 보여주시면서 하나님은 "이는 내가 너를 영화롭게 하였음이라"(사 60:9)고 말씀하십니다. 하나님은 어린 양의 피로 우리를 씻어 자기 앞에 거룩하고 영광스러운 교회로 세우셨습니다. 여러분 자신을 늘 하나님의 관점에서, 또한 어린 양과의 관계의 관점에서 바라보시기를 바랍니다.

신부는 반드시 빛이 나야만 합니다! 어린 양의 신부는 더욱더 그러합니다. 영광으로 빛나는 새 예루살렘의 관점으로 교회를 바라볼 수 있기를 바랍니다. 우리가 이 관점을 잃어버리면 세상 속에서 쉽게 표류하게 됩니다. 교회가 냄새나는 사람들의 집단 중의 하나로 전락하고 맙니다. 세상은 교회를 그렇게 바라보고 있습니다. 교회의 본질을 그들이 알지 못하기 때문에 그 이상의 것을 기대하기는 어려울 것입니다. 그러나 우리에게는 다른 비전이 있습니다. 우리는 우리 자신을 종말론적 새 예루살렘의 관점에서 바라보아야 합니다. 어린 양의 신부로서의 빛남을 품어야 합니다. 이 빛을 발산해야 합니다. 숨기지 말아야 합니다. 이 비전을 품고 날마다 영광에서 영광으로 변모되어가는(고후 3:18) 그리스도인 되시기를 바랍니다. 여러분에게 주어진 영광을 마음껏 빛내며 살아가시기를 바랍니다.

요한계시록 설교 24

24
아멘 주 예수여 오시옵소서!

계 22:6-21

예수님과 그의 신부 교회는 결코 떨어져 있을 수 없습니다. 지금 지상 교회는 영적으로 신랑 그리스도와 함께 하고 있긴 하지만, 때가 되면 얼굴과 얼굴을 맞대고 그를 보며 그의 임재를 직접 누리게 될 것입니다. 이 일은 예수님께서 친히 약속의 말씀을 통해 보장하신 일입니다. 오늘 본문은 세 번에 걸쳐서 "내가 속히 오리라"는 예수님의 약속의 말씀을 소개합니다. 이에 대해 신부 교회는 성령님과 함께 그리스도를 향하여 '오소서'라고 응답하며, 또한 세상을 향하여 '오시오'라고 초청합니다. 여러분은 예수님의 약속을 진지하게 받아들이십니까? 약속은 그것을 약속으로 받는 사람들의 삶을 변화시킵니다. 약속은 우리의 삶을 바꾸는 변혁적 능력을 가집니다. 이것이 무엇을 의미하는지를 오늘 본문의 말씀이 잘 보여주고 있습니다.

"내가 속히 오리라"는 예수님의 약속

요한계시록의 종결부는 처음 시작 부분과 맞물리도록 구성되어 있습니다. 이는 1:1과 22:6을 비교해보면 금방 알 수 있습니다. 두 구절이 다 같이 "반드시 속히 되어질 일"을 언급하면서 이와 관련된 말씀이 하나님으로부터 천사를 통하여 하나님의 종들 곧 교회에 전달된다는 것을 말하고 있습니다. 22장 6절까지는 이를 전달하는 천사의 말이지만, 7절은 아무 전환 문구 없이 예수님의 말씀으로 바뀌고 있습니다. "보라 내가 속히 오리니 이 두루마리의 예언의 말씀을 지키는 자는 복이 있으리라 하더라." 여기에는 두 가지 중요한 내용이 담겨 있습니다. 하나는 "내가 속히 오리라"는 약속의 말씀이고, 또 하나는 계시록이 담고 있는 "예언의 말씀"을 지키는 자가 복되다는 축복의 선언입니다. 이 선언을 통해 예수님은 요한이 전하는 계시록의 기록이 예수님 자신의 계시의 말씀이라는 것을 인증하십니다. 이는 예수님의 자필 서명과 같은 기능을 가집니다.

여기에 이어 요한 자신의 서명도 나타납니다. "이것들을 보고 들은 자는 나 요한이니"(8절)라는 표현이 그것입니다. 예수님의 계시의 말씀은 천사를 통하여 요한에게, 또 요한을 통하여 그리스도의 교회에 전달되고 있습니다. 요한은 자신이 보고 들은 것에 압도되어 이를 보이던 천사의 발 앞에 엎드려 절하려 하였습니다. 그러자 천사가 요한을 제지하면서 "이 두루마리의 예언의 말씀을 인봉하지 말라"(10절)고 명합니다. 인봉을 한다는 것은 그 내용을 숨겨서 감춘다는 것을 말합니다. 이는 계시의 목적과 반대입니다. 예수님의 계시의 말씀은 더 밝히 드러나고 선포되어서 주님의 오심 앞에 우리가 잘 준비되도록 해야 합니다.

우리는 매일 매 순간 깨어서 살아가야 합니다. '그날이 멀다'고 생각하면 우리는 영적으로 잠에 빠지게 됩니다. 쉽게 세상과 짝하게 됩니다. 예수님의 약속을 잊어버리고 살게 됩니다. 예수님은 "내가 속히 오리라"고 말씀하십니다. 이 '속히'(ταχυ, 타퀴)라는 말이 시간적으로 짧은 시간만을 말하는 것은 아닙니다. 그것은 어떤 일이 이루어지는 모양새를 나타내기도 합니다. 그리스도의 오심이 예기 없이 갑작스럽게 이루어질 것임을 이야기합니다. 그의 오심은 미리 예고되었지만, 그것이 이루어지는 것은 예기 없이 갑자기 이루어집니다. 우리는 이것을 22:7과 그것의 쌍둥이 구절인 16:15을 비교해보면 잘 알 수 있습니다.

22:7 보라 내가 속히 오리니 … 지키는 자는 복이 있으리라
ἰδοὺ ἔρχομαι ταχύ. μακάριος ὁ τηρῶν …
16:15 보라 내가 도둑 같이 오리니 누구든지 깨어 자기 옷을 지켜 … 자는 복이 있도다
ἰδοὺ ἔρχομαι ὡς κλέπτης. μακάριος ὁ γρηγορῶν καὶ τηρῶν …

이 두 구절이 같은 구조를 가진다는 것은 원문을 보면 더 명확히 드러납니다. 동시에 우리는 22:7의 '속히'(ταχύ)가 16:15의 '도둑 같이'(ὡς κλέπτης 호스 클렙테스)와 호환된다는 것을 알 수 있습니다. 도둑이 오는 것은 예상은 할 수 있는 일이지만, 실제로 도둑이 들 때는 언제인지도 모르게 순식간에 이 일이 이루어집니다.

예고된 일이 예기 없이 갑작스럽게 이루어지는 일은 학생들의 시험에서 가장 흔한 예를 찾아볼 수 있습니다. 시험이 10일 후에 있다고 예고와 예기가 동시에 주어진다면 그 10일 동안 바짝 준비하면 됩니다. 그러나 곧 시험이 있다고 예고는 되었지만, 정확히 언제인

지 예기되지는 않은 경우가 많이 있습니다. 이 경우 시험은 속히 옵니다. 전혀 시험이 있을 것 같은 분위기가 아닌 날인데도 갑자기 시험이 이루어질 수 있습니다. 이것이 속히 오시겠다는 예수님의 약속이 가지는 성격입니다. 그 약속이 지금 이천 년이 지나도록 이루어지지 않았다고 해서 결코 이루어지지 않을 것이라고 생각해서는 안 됩니다. 예수님의 약속은 결코 빈말로 전락하지 않습니다. 오늘 우리에게도 예수님은 여전히 속히 오십니다. 예기 없이 그 일은 이루어질 것입니다. 그러므로 우리는 늘 깨어서 항상 준비된 자세로 살아갈 수밖에 없습니다.

우리의 준비의 모습이 어떠해야 하는지를 잘 보여주는 것이 11절의 말씀입니다. "불의를 행하는 자는 그대로 불의를 행하고 더러운 자는 그대로 더럽고 의로운 자는 그대로 의를 행하고 거룩한 자는 그대로 거룩하게 하라." 참 알쏭달쏭한 말씀입니다. 바로 앞에서 "때가 가까우니라"(10절)고 밝혔고, 그렇다면 여기에 따른 긴박한 권면의 말씀이 뒤따를 것으로 예상되는데, 11절은 그런 기대에 부합하고 있습니까? 자칫 잘못 읽으면 이 구절이 불의를 행하는 자는 그대로 불의를 행하고 의로운 자는 그대로 의를 행한다는 일반적인 상황 진술처럼 보일 수도 있습니다. 그러나 실제로는 그렇지 않습니다. 이 구절은 네 개의 명령어(3인칭 명령)로 이루어져 있습니다. 처음 두 개와 나머지 두 개가 서로 쌍을 이룹니다. 그러면서 첫 쌍과 둘째 쌍이 서로 대조를 이루고 있습니다. 이를 좀 더 문자적으로 옮겨보면 이렇게 됩니다.

> 불의를 행하는 자는 그대로 불의를 행하라
> 더러운 자는 그대로 더러워지라
> 의로운 자는 그대로 의를 행하라
> 거룩한 자는 그대로 거룩해지라

말할 것도 없이 이 명령들의 초점은 '의로운 자'와 '거룩한 자' 곧 성도들에게 맞추어져 있습니다. '불의를 행하는 자'와 '더러운 자'에게 명령을 한다고 해서 그들이 들으리라고 기대할 수는 없을 테니까요. 그들은 자기들이 살던 방식 그대로 살아가겠지요. 그러나 성도들은 이들과 구별된 삶을 살아야 합니다. 다니엘서 12:10이 이와 유사한 상황을 말해줍니다. "많은 사람이 연단을 받아 스스로 정결하게 하며 희게 할 것이나 악한 사람은 악을 행하리니 악한 자는 아무것도 깨닫지 못하되 오직 지혜 있는 자는 깨달으리라." 하나님께서 기대를 거는 사람들은 "지혜 있는 자"요 약속의 말씀을 약속으로 받는 사람들입니다. 세상 사람들이 어떻게 살아가든 거기에 큰 기대를 걸 수는 없지만, 중요한 것은 주님의 약속을 받은 주의 백성의 삶이 더욱 의롭고 거룩하게 되어가야 한다는 것입니다.

어린 양의 신부 교회인 우리는 우리가 가도록 되어 있는 그 길을 따라 살아가지 않으면 안 됩니다. 11절이 2인칭 명령(너희가 ~하라)보다 3인칭 명령(~한 사람은 ~하라) 형태를 사용하는 것은 '그런 사람은 그렇게 하도록 되어 있다'는 어조를 가집니다. '불의를 행하는 자는 불의를 행하라'는 말씀은 결코 악을 권장하는 말씀이 아닙니다. 불의를 행하는 자나 더러운 자가 쉽게 바뀌기를 기대할 수는 없다는 것입니다. 그런 사람은 그렇게 살도록 되어 있으니까 내버려 두라는 것입니다. 반면 그리스도로 말미암아 의롭게 되고 거룩하게 된 사람은 그 변화된 성품을 따라 살아가지 않을 수 없습니다. 그것이 우리에 대한 주님의 기대입니다. 더군다나 "내가 속히 오리라"는 주님의 약속을 약속으로 받는 우리는 더욱더 의를 행하며 거룩하여지는 삶을 살아가야 합니다. 그것이 오시는 그리스도를 맞이하기 위해 깨어서 자기 옷을 살피는 신부 교회의 합당한 삶의 자세입니다.

예수님께서 속히 오시겠다고 말씀하시는 이유

예수님은 왜 "내가 속히 오리라"고 말씀하시는 것일까요? 일단 우리는 계시록의 첫 독자들의 상황을 염두에 두어야 합니다. 그들은 믿음을 지키기 위하여 핍박과 손해를 감수해야 했습니다. 그런 상황 속에서 속히 오실 주님을 대망하며 사는 것이 큰 힘이 되었습니다. 왜냐하면 속히 오시겠다는 주님의 약속은 성도들의 시간관을 바꾸어주기 때문입니다. 성도들의 눈은 현재를 넘어 미래를 앞당겨 볼 수 있게 됩니다. 영원히 지속될 것만 같은 현재의 상황도 끝이 날 때가 올 것입니다. 기세가 등등한 악의 통치도 마침내는 막을 내리게 될 것입니다.

일제 강점기에 요한계시록은 금서 중의 하나였습니다. 성도들이 계시록을 통해 일제의 강압 통치도 끝이 있다는 것을 믿고 외쳤기 때문입니다. 일제의 입장에서는 가장 듣기 싫은 말일 수밖에 없습니다. 그래서 요한계시록을 읽지 못하도록 한 것입니다. 우리가 현실의 상황만을 바라보면 끝이 보이지 않는 일도 하나님의 눈길을 통해서 바라보면 끝이 보이기 시작합니다. "내가 속히 오리라"는 주님의 말씀은 그와 같은 하나님의 섭리의 관점에서 내가 선 자리를 돌아보게 합니다. 힘들고 어려운 일들도 이 소망의 원근법을 따라 극복해 갈 수 있게 됩니다. 교회가 자신의 현실을 하나님의 섭리의 관점에서 바라볼 때도 마찬가지 결과가 생깁니다. 교회를 탄압하는 짐승의 통치는 속히 막을 내리게 될 것입니다.

또 하나 주님께서 "내가 속히 오리라"고 말씀하시는 이유는 그가 우리에게 주실 상이 있기 때문입니다. 12절에 보면 "보라 내가 속히 오리니 내가 줄 상이 내게 있어 각 사람에게 그가 행한 대로 갚아 주리라"고 말씀하십니다. "내가 줄 상"이라는 문구는 원문에는 '나의 상(또는 삯)'(μισθός μου 미스또스 무)으로 표현되어 있습니다. 미스또스는 복음서에서 주로 '삯'으로 번역된 단어입니다(마 20:8, 눅 10:7 등). 승리자의 상을 가리키는 브라베이온(βραβεῖον, 고전 9:24, 빌 3:14 등)에 비해 미스또스는 보상의 의미를 가집니다. "행한 대로 갚아 주리라"고 말씀하시는 것도 보상의 뉘앙스를 짙게 풍깁니다. "그가 행한 대로 갚아 주리라"는 표현이 18:6에서 음녀 바벨론에 대하여 사용된 적이 있습니다. "그가 준 그대로 그에게 주고 그의 행위대로 갑절을 갚아 주"신다는 표현이 그것입니다. 사실 행위대로 갚아준다는 표현은 우리에게 별로 달가운 표현은 아닙니다. 나의 행위를 살핀다면 내가 받을 것이 벌 밖에 뭐가 있을까 하는 생각이 들기 때문입니다. 그러나 22장의 문맥에서 주님께서 말씀하시는 것은 18:6과는 정반대입니다. 주님은 우리에게 벌을 주시려고 우리의 행위를 살피시는 것이 아니라, 우리가 수고한 것을 인정하고 위로해주시기 위해 우리의 행위를 살피십니다. 우리가 보상을 바라고 주님을 섬겨서는 안 됩니다. 우리는 누가복음 17:10의 말씀처럼 "우리는 무익한 종이라 우리가 하여야 할 일을 한 것뿐이라"는 자세로 주님을 섬깁니다. 그러나 주님은 우리가 그를 위하여 행한 작은 일까지도 잊지 않고 기억하십니다. 그래서 '나의 상'이라고 말씀하시는 것입니다. 이것은 우리가 받고 싶다고 해서 받고 안 받고 싶다고 해서 안 받는 그런 상이 아니라 주님께서 주시고 싶어서 주시는 상입니다. 결정권이 우리에게 있는 것이 아니라 그분에게 있습니다.

이 상을 "각 사람에게" 주신다는 것은 모든 사람이 일일이 다 받을 것이 있다는 것을 보여줍니다. 그것은 각 사람이 행한 일이 무엇인가에 대한 주님의 평가에 근거합니다. 다시 한 번 강조하지만 우리가 보상을 바라고 주님을 섬겨서는 안 됩니다. 미스포스를 우리가 보상(또는 삯)으로 읽는다 하더라도 그것은 주님의 관점('나의 상')의 표현입니다. 주님께서 우리의 수고를 인정하고 평가해주시는 것에 근거하여 주시는 상입니다. 우리에게는 그것은 철저히 은혜로 주어집니다. 우리가 주님 앞에 손 내밀 근거는 아무것도 없습니다. 다만 주님께서 주시겠다고 하니 우리는 감사할 것밖에 없는 것입니다.

이런 은혜의 주님을 대망하며 우리는 늘 한결같은 자세로 살아가야 합니다. "자기 두루마기를 빠는 자들은 복이 있"다고 말씀하십니다(22:14). 분사 플뤼논테스(πλύνοντες, πλύνω 씻다, 세탁하다)는 현재 시제로 되어 있어서 계속적인 행위를 말해주고 있습니다. 우리는 계속적으로 자신을 돌아보며 자신을 정결케 하는 삶을 살아가야 합니다. 왜 자기 두루마기를 늘 깨끗이 하면서 사는 자들이 복이 있을까요? 그것은 바로 그런 사람들에게 "생명나무에 나아가며 문들을 통하여 성에 들어갈 권세"가 있을 것이기 때문입니다. '생명나무에의 권세'를 말씀하시는 것은 놀라운 일입니다. 권세(ἐξουσία 엑수시아)라는 말은 권리 또는 통제권을 말하는 단어인데, 생명나무에의 권리를 어떻게 우리가 주장할 수 있겠습니까? 이 역시 전적으로 은혜의 선물입니다. 우리에게는 아무 자격이 없지만, 주님은 우리가 이것을 눈치 보지 않고 당당히 누릴 수 있도록 허락해주시는 것입니다. 이처럼 가장 좋은 것, 가장 좋은 미래를 우리에게 주시려고 주님은 "내가 속히 오리라"고 말씀하시는 것입니다. 그는 반드시 우리에게 오셔야만 하는 필요성을 가지고 있습니다.

하지만 모든 사람이 다 이런 축복을 누리는 것은 아닙니다. 주님의 은혜로 당당히 성에 들어가는 자들이 있지만, 어떤 사람들은 성 밖에 던져지게 될 것입니다. 15절은 그들을 가리켜 "개들"이라고 말합니다. 이 "개들"은 문자적인 짐승보다 영적으로 더럽고 혐오스러운 것들을 좋아하는 자들을 가리킵니다. 그 구체적인 항목이 열거되고 있습니다. 점술가들, 음행자들, 살인자들, 우상 숭배자들, 거짓을 좋아하고 행하는 자들이 그들입니다. 이들은 거짓의 세상에 최적화된 사람들입니다. 이들은 우리 주님의 약속에 이끌려 산 사람들과는 달리 이 세상이 거짓으로 약속하고 속삭이는 것들에 이끌려서 살아온 사람들입니다. 이들과 달리 우리는 우리에게 주실 은혜의 상을 가지고 우리를 찾아오실 주님의 약속 말씀에 우리의 삶의 방향을 맞추고 살아갑니다. 이런 삶이 세상 속에서는 손해 보는 삶처럼 보일지 모르지만, 진정으로 복된 삶인 것을 믿고 살아갈 수 있기를 바랍니다. 왜냐하면 이런 우리에게 생명나무에의 권세가 약속되어 있기 때문입니다.

속히 오시겠다는 주님의 약속에 대한 우리의 응답

"내가 속히 오리라"고 말씀하시는 주님의 약속에 대해 신부 교회가 무응답으로 있을 수는 없습니다. 17절은 신부 교회의 응답이 무엇인지를 보여줍니다. 그 응답을 도우시는 분이 성령님이십니다. 그래서 "성령과 신부가" 함께 응답합니다. "성령과 신부가 말씀하시기를 오라 하시는도다." "오라"로 번역된 에르쿠(ἔρχου)는 에르코마이(ἔρχομαι '오다, 가다')의 현재 명령형인데, 예수님을 향하여 하는 요청의 명령입니다. 따라서 '오소서'라고 고쳐서 읽으면 좋을 것입니다. "내가 속히 오리라"는 예수님의 말씀에 대하여 우리는 '주님, 어서 속히 오십시오'라고 대답하는 것이지요. 물론 우리는 말로만 대답하는 것이 아니라, 주님의 오심을 맞기 위한 모든 삶의 자세를 갖추고 이와 같이 대답해야 합니다. "듣는 자도 오라 할 것이요"라는 것은 앞의 집단적인 신부 교회를 이번에는 개별화시킨 접근입니다. 교회를 이루는 한 사람 한 사람 듣는 자들이 역시 에르쿠(ἔρχου)라고 응답하는 것입니다. 이 경우도 역시 "오라"는 '오소서'로 바꾸어 읽어야 하겠지요.

또 한 번의 초청이 있습니다. 이번에는 "목마른 자도 올 것이요 또 원하는 자는 값없이 생명수를 받으라"는 명령이 나타납니다. 앞의 두 번의 "오라(오소서)"는 예수님을 향한 2인칭 명령('당신께서 오소서')인데, 이 세 번째 명령은 목마른 자를 향한 3인칭 명령으로 '목마른 자, 그 사람은 오시오(ἐρχέσθω 에르케스또), 원하는 자, 그 사람은 생명수를 값없이 취하시오'라는 부름입니다. 이는 교회가 세상을 향하여 발하는 초청의 음성입니다. 교회는 예수님의 오심을 대망하면서 동시에 이 세상을 향하여 선교와 전도의 사명을 계속해 나가야 합니다. 이것이 주님께서 원하시는 일임을 본문이 잘 밝혀주고 있습니다.

사랑하는 성도 여러분!

우리는 "내가 진실로 속히 오리라" 말씀하시는 주님 앞에 "아멘 주 예수여 오시옵소서" 응답하며 살아가야 합니다. 주님의 약속의 말씀이, 그리고 이에 대한 우리의 신앙 고백의 응답이 우리의 모든 삶을 바꾸는 전환점이 됩니다. 이 말들이 단순히 입의 말로만 그치는 것이 아니라, 우리의 신앙 고백의 화행(speech-act)으로 말하여진 것이라면, 우리는 이 화행에 맞추어 우리의 삶의 모든 것을 조정하지 않으면 안 됩니다.

영국에서 유학을 하고 있는 동안 간간이 한국에서 가족들이 선물 꾸러미를 보내주었습니다. 먹을 것도 있고 옷도 있고, 정성과 사랑이 담긴 작은 선물들을 받으면 빡빡한 유학 생활의 활력소가 되었습니다. 한국에서 소포를 보내고 나면 어머니께서 "소포 보냈다"라고 전화를 주십니다. 전화를 받고 나면 그날부터 빨간 우체국 차를 기다리기 시작합니다. 바깥에 지나가는 빨간 차가 다 우리 집으로 오는 듯합니다. 이렇게 소포 하나도 마음을 쏟으며 목을 빼고 기다리게 되는데, 주님의 약속의 말씀은 얼마나 더 그러하겠습니까!

"아멘 주 예수여 오시옵소서!" 마라나타의 신앙을 품고 살아 가십시다. 우리만 대망하는 것이 아닙니다. 성령님도 신부 교회와 함께 '오소서'라고 부르짖습니다. 이 간절한 부르짖음이 우리의 삶을 더욱 정결하고 거룩하게 만드는 열심으로 이어지기를 바랍니다. 나아가 세상을 향하여 '오시오, 와서 값없이 생명의 물을 마시오'라고 초청하며 열심으로 복음을 전하고 사랑의 섬김을 행할 수 있기를 바랍니다. 주님 오실 때 나만 홀로 그를 맞을 것이 아니라, 생명의 열매들을 많이 품고 주님 앞에 서기를 소망합니다.

참고 문헌

THE SYMPHONY OF VICTORY IN
THE KINGDOM OF GOD

참고 문헌

고려신학대학원 교수회. 『요한계시록 주석』. 서울: 총회출판국, 2009.
박윤선. 『요한계시록 강해: 참 교회의 승리와 구원의 완성』. 수원: 영음사, 2019.
변종길. 『요한계시록 주석』. 대구: 말씀사, 2017.
이필찬. 『요한계시록 어떻게 읽을 것인가』. 서울: 성서유니온, 2000.
최승락. "요한계시록 강해". 「현대종교」 340(2002. 12) – 345(2003. 5).
_____. "설교자를 위한 신약연구 – 요한계시록". 「그말씀」 177(2004. 3) – 186(2004. 12).
Aune, David E. *Revelation*. WBC. 3 vols. Dallas: Word Books, 1997–1998.
Bauckham, Richard. *The Climax of Prophecy: Studies on the Book of Revelation*. Edinburgh: T&T Clark, 1993.
_____. 『요한계시록 신학』. 이필찬 역. 서울: 한들출판사, 2000.
Beale, Gregory K. *The Book of Revelation*. NIGTC. Grand Rapids: Eerdmans, 1999.
_____. 『요한계시록』. 오광만 역. 서울: 새물결플러스, 2016.
Beasley-Murray, G.R. *The Book of Revelation*. NCBC. London: Marshall, Morgan, and Scott, 1974.
Beckwith, Isbon T. *The Apocalypse of John*. Eugene: Wipf and Stock, 2001.
Charles, R.H. *A Critical and Exegetical Commentary on the Revelation of St. John*. ICC. Edinburgh: T&T Clark, 1920.

deSilva, David A. *Unholy Allegiances: Heeding Revelation's Warning*. Peabody: Hendrickson, 2013.

Ellul, Jacques. 『요한계시록 주석』. 유상현 역. 서울: 한들출판사, 2000.

Farrer, A. *The Revelation of St. John the Divine*. Oxford: Clarendon Press, 1964.

Fee, Gordon. *Revelation*. NCCS. Eugene: Cascade Books, 2011.

Frye, Northrop. *The Great Code: The Bible and Literature*. Harmondsworth: Penguin Books, 1981.

Hays, Richard B. 『신약의 윤리적 비전』. 유승원 역. 서울: IVP, 2002.

Hemer, Colin J. *The Letters to the Seven Churches of Asia in Their Local Setting*. Grand Rapids: Eerdmans, 1986, 1989.

Hendriksen, W. 『요한계시록』. 서울: 아가페출판사, 1983.

Henry, Matthew. 『매튜 헨리 주석 디모데전서~계시록』. 김영배 역. 고양: 크리스챤다이제스트, 2007.

Hoekema, Anthony A. 『개혁주의 종말론』. 류호준 역. 서울: 기독교문서선교회, 1986.

Hughes, Philip E. 『요한계시록 주석』. 오광만 역. 서울: 여수룬, 1993.

Irenaeus, *Against the Heresies*. Ancient Christian Writers 55. New York: Paulist Press, 1992.

Johnson, Dennis E. *Triumph of the Lamb: A Commentary on Revelation*. Phillipsburg: P&R Publishing, 2001.

Keener, C.S. *Revelation*. NIVAC. Grand Rapids: Zondervan, 2000.

Koester, Craig R. *Revelation*. AYB. New Haven & London: Yale University Press, 2014.

Ladd, George E. *A Commentary on the Revelation of John*. Grand Rapids: Eerdmans, 1972.

Lindsey, Hal. 『대유성 지구의 종말』. 서울: 생명의 말씀사, 1970.

Mathewson, David. *A New Heaven and a New Earth: The Meaning and*

        Function of the Old Testament in Revelation 21.1-22.5. London: Sheffield Academic Press, 2003.

Metzger, Bruce M. *A Textual Commentary on the Greek New Testament*. Stuttgart: Deutsche Bibelgesellschaft, 1994.

_____. 『요한계시록의 이해』. 최홍진 역. 서울: CLC, 2014.

Morris, Leon. *The Book of Revelation*. TNTC. Leicester: IVP, 1987.

Mounce, Robert H. *The Book of Revelation*. NICNT. Grand Rapids: Eerdmans, 1977.

Osborne, Grant R. 『요한계시록』. BECNT. 김귀탁 역. 서울: 부흥과개혁사, 2012.

Peterson, Eugene H. 『묵시: 현실을 새롭게 하는 영성』. 홍병룡 역. 서울: IVP, 2002.

Poythress, Vern S. 『요한계시록 맥잡기』. 유상섭 역. 서울: 크리스챤출판사, 2002.

_____. 『하나님 중심의 성경 해석학』. 최승락 역. 서울: 이레서원, 2018(특히 13장).

Ramsay, W.M. *The Letters to the Seven Churches*. Peabody: Hendrickson, 1994.

Roloff, Jürgen. *The Revelation of John*. Minneapolis: Fortress Press, 1993.

Seebass, H. "Babylon". *NIDNTT*. I. 140-42.

Smalley, Stephen S. *The Revelation to John: A Commentary on the Greek Text of the Apocalypse*. London: SPCK, 2005.

_____. *Thunder and Love: John's Revelation and John's Community*. Milton Keynes: Nelson Word, 1994.

Suetonius. *The Twelve Caesars*. Tr. Robert Graves. London: The Folio Society, 1957.

Swete, H.B. *The Apocalypse of St. John*. London: Macmillan, 1906.

Thiselton, Anthony C. *The Power of Pictures in Christian Thought: The Use and*

Abuse of Images in the Bible and Theology. London: SPCK, 2018.

Walsh, B.J. and Keesmaat, S.C. 『제국과 천국: 세상을 뒤엎은 골로새서 다시 읽기』. 홍병룡 역. 서울: IVP, 2011.

Walvoord, John F. *The Revelation of Jesus Christ*. Chicago: Moody Press, 1966.

_____. 『요한계시록』. 장동민 역. 서울: 두란노, 1988.

Winter, Bruce W. *Divine Honours for the Caesars: The First Christians' Responses*. Grand Rapids and Cambridge: Eerdmans, 2015.

Witherington, Ben. *Revelation*. NCBC. Cambridge: Cambridge University Press, 2003.